Thea Schippan
Lexikologie der deutschen Gegenwartssprache

Thea Schippan

Lexikologie
der deutschen
Gegenwartssprache

Max Niemeyer Verlag
Tübingen 2002

Die Deutsche Bibliothek – CIP-Einheitsaufnahme

Schippan, Thea:
Lexikologie der deutschen Gegenwartssprache / Thea Schippan. – Tübingen : Niemeyer, 1992
ISBN 3-484-73002-1

2., unveränderte Auflage 2002

© Max Niemeyer Verlag GmbH, Tübingen 1992
Das Werk einschließlich aller seiner Teile ist urheberrechtlich geschützt. Jede Verwertung außerhalb der engen Grenzen des Urheberrechtsgesetzes ist ohne Zustimmung des Verlages unzulässig und strafbar. Das gilt insbesondere für Vervielfältigungen, Übersetzungen, Mikroverfilmungen und die Einspeicherung und Verarbeitung in elektronischen Systemen.
Printed in Germany.
Satz und Druck: Laupp & Göbel, Nehren
Einband: Industriebuchbinderei Nädele, Nehren

Vorwort

Das Buch soll eine *Einführung* in die Lehre von Wort und Wortschatz sein.
  Sein Gegenstand ist so komplexer Natur, die Literatur über ihn kaum mehr überschaubar, so daß bei weitem nicht alle, vielleicht nicht einmal alle wesentlichen Probleme, die mit dem Lexikon verbunden sind, eingehend behandelt werden können. Im Gegenteil: erst weitere Studien werden dazu beitragen, alle wichtigen lexikalischen Erscheinungen der deutschen Sprache zu erfassen. Dazu soll dieses Buch anregen. Hier wird versucht, möglichst unterschiedliche Herangehensweisen zu demonstrieren, um der Breite der Forschungsansätze gerecht zu werden.
  Es soll aber auch deutlich werden, wie viele Fragen noch offen sind.
  Das Buch ist – wie schon die „Lexikologie der deutschen Gegenwartssprache", die 1984 erschien, – keine Forschungsmonographie, die einer einzigen der vielen gegenwärtigen sprachwissenschaftlichen Richtungen und Strömungen verpflichtet ist. Es ist vielmehr beabsichtigt, möglichst viele Autoren, auch mit divergierenden Ansichten, zu Wort kommen zu lassen. Aber einem Prinzip fühle ich mich auch in diesem Buch verpflichtet: Wort und Wortschatz sollen unter *funktionalem* Aspekt betrachtet werden.
  Das Manuskript entstand in einer Zeit, in der die gesellschaftlichen Veränderungen in unserem Land, die Wiedervereinigung Deutschlands, nicht ohne Auswirkungen auf die sprachliche Kommunikation bleiben können. Noch ist nicht absehbar, welche Wandlungen die Lexik, die beweglichste Komponente der Sprache, erfahren wird, was bleibt, was verdrängt wird, welche Innovationen, welche Differenzierungen eintreten werden. Vielleicht kann das Buch Aufmerksamkeit für gerade diese Prozesse wecken und zur Beobachtung des deutschen Wortschatzes und seiner Veränderungen anregen.

Inhaltsverzeichnis

1. Gegenstand und Aufgaben einer deutschen Lexikologie 1
   - 1.1. Der Wortschatz als integrative Komponente des Sprachsystems 1
   - 1.2. Wortschatz und Grammatik 6

2. Der deutsche Wortschatz 10
   - 2.1. Die Schichtung des deutschen Wortschatzes 10
   - 2.1.1. Zur Verbreitung des deutschen Wortschatzes 10
   - 2.1.2. Die Existenzweisen des deutschen Wortschatzes 12
   - 2.2. Der deutsche Wortschatz in Österreich 14
   - 2.3. Der deutsche Wortschatz in der Schweiz 16

3. Lexikologie als sprachwissenschaftliche Disziplin 18
   - 3.1. Zur Geschichte der Wortschatzbetrachtung 18
   - 3.2. Disziplinen der Lexikologie und Aspekte der Wortschatzbetrachtung 28
   - 3.2.1. Lexikologiekonzepte 28
   - 3.2.2. Onomasiologie und Semasiologie 31
   - 3.2.3. Etymologie und Wortgeschichte 40
   - 3.2.4. Lexikologie und Wortbildungstheorie 45
   - 3.2.5. Lexikologie und Phraseologie 47
   - 3.3. Lexikologie und Stilistik 50

4. Die Stellung der Lexikologie im Ensemble von Nachbarwissenschaften 53
   - 4.1. Lexikologie und Lexikographie 53
   - 4.2. Lexikologie und Onomastik 62
   - 4.3. Lexikologie und Psychologie 65

5. Das Wort als sprachliche Grundeinheit 72
   - 5.1. Das Wort – ein sprachliches Zeichen 72
   - 5.1.1. Zeichentheoretische Grundlagen 72
   - 5.1.2. Arten sprachlicher Zeichen 79

5.2.		Morphem und Wort	80
	5.2.1.	Morphem	80
	5.2.2.	Wort	85
	5.2.2.1.	Probleme einer Wortdefinition	85
	5.2.2.2.	Lexem und Wort	95
5.3.		Die Motivation	96
	5.3.1.	Der Begriff der Motivation	96
	5.3.2.	Phonetisch-phonemische Motivation	99
	5.3.3.	Morphematische Motivation	100
	5.3.4.	Semantische oder figurative Motivation	101
	5.3.5.	Motivation und Text	102
	5.3.6.	Idiomatisierung und Lexikalisierung	105
	5.3.7.	Remotivation	106

6\. Wortbildung 107

6.1.	Wortbildungstheorien	107
6.2.	Lexikologische Probleme der Wortbildung	110
6.3.	Methoden der Wortbildungsanalyse	112
6.4.	Arten und Typen der Wortbildung	114
6.5.	Diachrone Aspekte der Wortbildung	118

7\. Lexikalische Bedeutung 121

7.1.	Bedeutungstheorien	121
7.1.1.	Zur Problematik von Bedeutungskonzeptionen	121
7.1.2.	Behavioristische Bedeutungsauffassungen und klassischer Strukturalismus	122
7.1.3.	Gebrauchs- und handlungstheoretische Bedeutungskonzepte	123
7.1.4.	Zeichentheoretische Bedeutungskonzepte	125
7.1.4.1.	Zeichenmodelle	125
7.1.4.2.	Bedeutung als Relation	128
7.1.4.3.	Bedeutung als Wissensrepräsentation	129
7.1.4.4.	Semantik und Pragmatik	132
7.2.	Wortbedeutung im Sprachsystem und in der sprachlichen Tätigkeit	133
7.3.	Lexikalische Bedeutung als sprachspezifisches Wissen	136
7.3.1.	Determination der lexikalischen Bedeutung	136
7.3.2.	Variabilität der Bedeutung	141
7.4.	Lexikalische Bedeutung – Begriff und Sachwissen	144
7.4.1.	Die denotative Bedeutung des Lexems	144
7.4.2.	Bedeutung – Begriff – Sachwissen	149
7.4.3.	Bedeutung und Fachwissen	154
7.4.4.	Konnotative Bedeutung	155

7.5.	Semem als Beschreibungseinheit	160
7.5.1.	Sememstruktur der Wortbedeutung	160
7.5.2.	Polysemie	162
7.5.3.	Polysemie und Homonymie	168
7.6.	Beschreibung von Wortbedeutungen	170
7.6.1.	Analytische und holistische Konzepte	170
7.6.2.	Onomasiologische Ermittlung	174
7.6.3.	Ermittlung des kontextuellen Verhaltens	176
7.6.4.	Experimentelle Ermittlungsverfahren	179
7.6.5.	Analytische Konzepte der Bedeutungsbeschreibung	181
7.6.5.1.	Annahmen für die Zerlegbarkeit von Wortbedeutungen	181
7.6.5.2.	Konzept der Seme und Wege der Semanalyse	182
7.6.5.3.	Leistungen und Grenzen analytischer Konzepte	186
7.6.6.	Holistische Konzepte der Bedeutungsbeschreibung	187

8. Das lexisch-semantische System der Sprache ... 188

8.1.	Das lexisch-semantische System als Voraussetzung, Medium und Resultat der sprachlichen Tätigkeit	188
8.1.1.	Psycholinguistische Aspekte	188
8.1.2.	Soziolinguistische Aspekte	190
8.2.	Lexisch-semantisches System und Text	193
8.3.	Lexisch-semantische Beziehungen im System	196
8.3.1.	Paradigmatik und Syntagmatik	196
8.3.2.	Syntagmatische Beziehungen	197
8.3.3.	Paradigmatische Beziehungen	202
8.3.3.1.	Sachgruppen und thematische Reihen	202
8.3.3.2.	Hierarchische Beziehungen im Wortschatz	204
8.3.3.3.	Identitäts- und Äquivalenzbeziehungen im Wortschatz – Synonymie	206
8.3.3.4.	Beziehungen der Gegensätzlichkeit (Polarität) im Wortschatz	214
8.3.4.	Felder und Feldtheorien	218

9. Die soziale Gliederung des Wortschatzes ... 228

9.1.	Berufs- und Fachwortschätze	228
9.1.1.	Die Gliederung der Fachwortschätze	228
9.1.2.	Terminologien und Fachwortschätze	230
9.1.2.1.	Termini und Terminologien	230
9.1.2.2.	Merkmale der Terminologien	231
9.1.2.3.	Schichtung der Terminologien und Fachwortschätze	232
9.1.2.4.	Quellen der Entstehung fachsprachlicher Lexik	233
9.1.3.	Rückwirkung der Fachlexik auf die Gemeinsprache	235
9.2.	Gruppenspezifische Wortschätze	237

10.	Veränderungen im deutschen Wortschatz	240
10.1.	Ursachen und Triebkräfte der Veränderungen im Wortschatz	240
10.2.	Neologismen und Archaismen	243
10.2.1.	Neologismen	243
10.2.2.	Archaismen	248
10.2.2.1.	Ursachen der Archaisierung	248
10.2.2.2.	Funktionen der Archaismen in der deutschen Sprache der Gegenwart	249
10.3.	Bedeutungswandel	250
10.3.1.	Ursachen und Bedingungen des Bedeutungswandels	250
10.3.2.	Die sprachlichen Bedingungen des Bedeutungswandels	259
10.4.	Entlehnungen	261
10.4.1.	Ursachen der Entlehnung fremden Wortgutes	261
10.4.2.	Arten und Wege von Entlehnungen	263
10.4.3.	Formen der Entlehnung	263
10.4.4.	Funktionen fremden Wortgutes in der deutschen Sprache der Gegenwart	267
10.4.5.	Angloamerikanisches Wortgut in der deutschen Sprache der Gegenwart	267

Literaturverzeichnis 271

Sachregister 297

1. Gegenstand und Aufgaben einer deutschen Lexikologie

1.1. Der Wortschatz als integrative Komponente des Sprachsystems

Lexikologie als Bezeichnung einer linguistischen Disziplin ist gebildet aus griech. *lexikós* – ‚sich auf das Wort beziehend' und *logos* – ‚Lehre'. Als relativ junge sprachwissenschaftliche Disziplin sieht die Lexikologie ihren wissenschaftlichen Gegenstand im Inventar lexikalischer Zeichen (Morphemen, Wörtern und festen Wortgruppen), im Aufbau des Wortschatzes und im Regelsystem, das Wortgebrauch und -verstehen bestimmt. Sie untersucht und beschreibt den Wortbestand einer Sprache, seine Schichtung und Struktur, Bildung, Bedeutung und Funktionen seiner Elemente. Sie ist die Theorie des lexikalischen Teilsystems, des Lexikons. Mit dem Wort erlernen und übernehmen wir die in unserer Sprache üblichen Zuordnungen einer Bezeichnung zu den Sachverhalten und Gegenständen der Realität und ihren ideellen Abbildern, aber auch die mit sprachlichen Zeichen verbundenen Verallgemeinerungen, Begriffe, Wertungen und verdichteten Urteile und Vorurteile. Das kleine Kind lernt schon „gute" von „schlechten" Wörtern zu unterscheiden. Mit den Wörtern erwirbt es Wissen von der Welt und damit auch vom Denken, Fühlen und Wollen seiner Umwelt. So vermittelt ein Wort wie *Miez* dem Kleinkind erste Begriffe, erste Merkmale des Tieres. Das Kind verbindet seine Sinneserfahrungen mit gesellschaftlichen Verallgemeinerungen, auf die sich das Wort bezieht. Es lernt mit Hilfe der Wörter auch die Dinge seiner Umwelt voneinander zu scheiden, aus dem Kontinuum der Ereignisse kann es Objekte ausgrenzen. Allmählich wendet es selbst die Bezeichnungen richtig an, nachdem es zunächst alles Weiche, Wuschlige, Fellige *Miez* genannt hatte. Schließlich erkennt es auch, daß *Miez, Katze, Kätzchen* dasselbe bedeuten und daß man mit diesen Wörtern diese Tiere rufen, über sie erzählen, von ihnen reden kann. Es lernt, worauf sich die Wörter beziehen und wie man sie gebrauchen kann – es eignet sich die Bezugs- und Gebrauchsregeln seiner Sprache an, indem es lernt, mit Wörtern zu operieren, etwas darzustellen und auf Menschen einzuwirken.

Das Lexikon oder den Wortschatz betrachten wir als das strukturierte Inventar der Lexeme. Das sind Benennungseinheiten, Wörter und feste Wortverbindungen, die als relativ feste Zuordnungen von Formativ und Bedeutung reproduzierbar sind, gespeichert werden und Basiselemente für die Bildung von Sätzen und Texten sind. Sie sind „Werk der Nation und der Vorzeit" (HUMBOLDT), sprachlicher Ausdruck von Verallgemeinerungen und Wertungen, von rationalen und emotionalen

Bewußtseinsinhalten. Sie sind gleichermaßen Werkzeug der kommunikativen und der kognitiven Tätigkeit. Als Elemente des Sprachsystems treten sie dem Einzelnen als „objektiv", als „gesellschaftlich" gegenüber. Mit ihnen übernimmt er gesellschaftliches Wissen, mit ihnen objektiviert er seine Denkresultate.

Lexeme haben untrennbar miteinander verbundene Funktionen: Mit ihnen verweisen wir auf das Einzelne und benennen den Begriff, das Allgemeine – wir ordnen sie entsprechend den Bezugsregeln dem Bezeichneten zu. Sie sind Mittel der Übernahme und Aneignung gesellschaftlichen Wissens, gesellschaftlicher Wertungen, Urteile und Klischees; sie sind Medium der Kommunikation und dienen damit dem A u s d r u c k unserer Einschätzungen, Intentionen, Wünsche und Aufforderungen. Das Wort ist das wichtigste Mittel der K u n d g a b e sozialer Einstellungen und der Herstellung sozialer Kontaktes. Das Wort ist Träger kognitiver Einheiten und dient der D a r s t e l l u n g von S a c h v e r h a l t e n. Wörter geben auch Auskunft über ihre Nutzer, über soziale Gruppen oder Individuen, indem sie Merkmale ihrer Zeit, ihrer Region tragen. So erkennt man u. U. am Wortgebrauch den Beruf des Sprechers, sein Alter oder seine Herkunft. Insofern haben Wörter eine I n d i z f u n k t i o n. Sie können den Sprecher/Schreiber als Mitglied einer sozialen Gruppe ausweisen oder symptomatisch für eine bestimmte Kommunikationssituation sein. So werden *herumlümmeln, Luder, Sauwetter* in der Alltagskommunikation verwendet, *Datenträger, Staubpartikel, Diskette* gehören zur fachsprachlichen Lexik.

Wir bezeichnen den Wortschatz als eine i n t e g r a t i v e K o m p o n e n t e des Sprachsystems. Damit wird ihm eine zentrale Stellung in unserem Sprachbesitz zugeschrieben. Empirische Befunde vom Spracherwerb bezeugen das: Beim Erwerb der Muttersprache wie auch später von Fremdsprachen erlernen wir mit den Wörtern/Vokabeln nicht allein die Bedeutungen, sondern auch die Regeln der Aussprache, der grammatischen Formung und Verbindung, die Regeln der Verwendung in bestimmten Kommunikationssituationen. Die lexikalischen Kenntnisse sind mit phonetisch-phonologischen, syntaktischen, morphologischen und pragmatischen verbunden. Beim Erlernen der Sprache spielt die Aneignung der Lexik eine fundamentale Rolle: zuerst erwerben wir die Wörter, erst dann erfolgt die Entfaltung der Grammatik. Mit dem Lexem erwerben und speichern wir die Regeln seiner lautlichen und graphischen Repräsentation, die Regeln seiner Abwandlung, seine morphologischen Kategorien, die Regeln seiner Fügbarkeit und die Möglichkeiten seiner Verwendung in kommunikativen Situationen unter bestimmten kommunikativen Rahmenbedingungen, d. h. seine pragmatischen Eigenschaften. Wir erlernen Präferenzen (Vorschriften) und Restriktionen (Verbote, Einschränkungen) der Wortverwendung. Daraus kann man die Schlußfolgerung ziehen, daß das Lexikon eine integrative Rolle spielt, daß viele Bereiche unseres sprachlichen Wissens lexikalisch organisiert sind. Das Lexikon enthält die Liste aller Morpheme einer Sprache, alle usuellen Wörter und festen Verbindungen; im Lexikon sind die Regeln der Wortbildung gespeichert und die Paradigmen der Abwandlung.

Diese integrative Funktion ist auch bestimmend für den großen Anteil lexikalischen Wissens am Sprachwissen überhaupt. Wir wollen das am Beispiel des Lexems *Bekanntschaft* zeigen:

1. Das Formativ – phonologische Charakterisierung: Unter Formativ verstehen wir das gesellschaftlich invariante Abbild von Lauteinheiten, das der Materialisation durch Laut- oder Schriftkörper zugrunde liegt und dem Bedeutungen zugeordnet werden. *Bekánntschaft* trägt den Wortakzent auf dem Basismorphem. Dieser Akzent ist durch die Regel festgelegt, daß bei Derivationen mit *-schaft* der Akzent auf dem Basismorphem liegen muß: *Bekánntschaft, Errúngenschaft*.
2. Grammatische Charakterisierung: *Bekanntschaft* ist ein Derivat, *-schaft* leitet ein Substantiv von einem Partizip ab. Mit diesem Suffix ist das Genus des Substantivs als Femininum festgelegt. Damit ist es regelmäßig in ein Wortbildungsparadigma eingeordnet: *Feindschaft, Freundschaft*.
3. Semantisch gehört es, bedingt durch das Suffix *-schaft*, zu den Abstrakta. Es kann jedoch semantisch variieren. Auch hierin folgt es einer Regel. Diese semantische Variation korreliert mit der Nutzung der morphologischen Kategorien:
a) *Ihre Bekanntschaft besteht seit Jahren* – sie sind seit Jahren bekannt – ohne Plural: * *ihre Bekanntschaften*
b) *Ihre Bekanntschaften nahmen sie voll in Anspruch* – bekannte Menschen – Plural ist möglich: *Bekanntschaften*

In Abhängigkeit von der semantischen Variante ist auch die Fähigkeit, Konstituente einer Wortbildungskonstruktion zu sein, ausgeprägt. Es kann Grundwort eines Determinativkompositums sein, dessen Bestimmungswort die begleitende Größe bezeichnet: *Herrenbekanntschaft, Damenbekanntschaft*; das Bestimmungswort kann auch lokale Bedeutungen herstellen (wo die Bekanntschaft zustande kam): *Reisebekanntschaft, Straßenbekanntschaft, Badebekanntschaft*. Die erste Konstituente kann sich auf eine Zeitangabe beziehen (wann die Bekanntschaft zustande kam): *Ferienbekanntschaft*. Mit *Bekanntschaft* sind somit Wortbildungsregularitäten gespeichert, deren Kenntnis es auch erlaubt, Bildungen zu verstehen, die zunächst okkasionell auftreten, wie z. B. *Gaststättenbekanntschaft* (‚Bekanntschaft aus einer Gaststätte'), *Weihnachtsbekanntschaft* (Bekanntschaft, zu Weihnachten geschlossen).

4. *Bekanntschaft*, abgeleitet von *bekannt*, übernimmt vom Basiswort syntaktische Eigenschaften, wenn es in der Variante ‚bekannt sein', also ein Verhältnis bezeichnend, auftritt. Die Fähigkeit, die begleitende Größe durch ein präpositionales Objekt auszudrücken (bekannt sein mit X) prägt die syntaktische Verbindbarkeit: *die Bekanntschaft mit X*.

Bekanntschaft kann in enger Verbindung mit bestimmten Verben auftreten und wird so zu einer Konstituente eines bestimmten Funktionsverbgefüges. Es gewinnt phraseologischen Charakter: *Bekanntschaft schließen*.

Mit dem Wort *Bekanntschaft* sind semantische, grammatische, phonologische Charakteristika gespeichert. Nicht alle seine Merkmale sind auf dieses Einzelwort beschränkt. Sie ergeben sich vielmehr aus dem Regelsystem der Grammatik und Semantik, das wir auf das Wort *Bekanntschaft* anwenden. Aufgrund eines seiner Merkmale läßt sich ein anderes voraussagen. Die Grammatiktheorie spricht hier von Redundanzregeln. Das gilt in unserem Fall für die Angabe, daß *Bekannt-*

schaft ein feminines Wort ist; denn dieses Wissen ist schon damit gegeben, daß es ein Derivat mit dem Suffix *-schaft* ist. Damit ist auch festgelegt, daß bei *Bekanntschaft* unter den Bedingungen der Pluralbildung die Bedeutung ‚bekannte Menschen', ‚Bekanntenkreis' aktualisiert wird. Unser lexikalisches Wissen umschließt also Kenntnisse allgemeiner Regeln und die Kenntnis spezifischer, an das Einzelwort gebundener Merkmale.

Der Wortschatz ist eine integrative Komponente. Daher weisen ihm moderne Grammatiktheorien einen zentralen Platz zu:

> Die grundlegenden Prinzipien für phonologische, syntaktische und semantische Strukturen sind voneinander und wohl auch von den Prinzipien des Lexikons unabhängig, aber der Aufbau einzelner Repräsentationen ist vom Lexikon aus organisiert (HANDBUCH 1985, 13).

Das Lexikon steht mit anderen Teilsystemen in Wechselbeziehungen und wirkt im sprachlichen Handeln mit ihnen zusammen. Lexikoneinheiten stellen aber kein statisches Inventar dar, unser lexikalisches Wissen umschließt neben stationärem auch prozedurales Wissen, Regelkenntnisse der Variation, Veränderung und Anwendung der Lexikoneinheiten. Daher wollen wir als Gegenstand der Lexikologie den Wortschatz und seine Einheiten als Medium, Voraussetzung und Resultat sprachlicher Tätigkeit verstehen. Die Lexikologie untersucht das lexikalische Teilsystem als gesellschaftlich determiniertes Inventar lexikalischer Zeichen, die Normen und Regeln seines Aufbaus und der Verwendung in der kommunikativen Tätigkeit; die Wechselbeziehungen mit anderen Kenntnissystemen.

Sie fragt nach

- dem Wesen der lexikalischen Einheiten,
- ihren Funktionen im Erkenntnis- und Kommunikationsprozeß,
- ihren Eigenschaften, auf denen Kommunikationseffekte beruhen,
- den Veränderungen von Lexemen und Lexikon und deren Triebkräften, Ursachen und Bedingungen.

Dazu ist es notwendig, das Wort als sprachliche Grundeinheit von anderen Einheiten, wie Morphem und Satz, abzugrenzen und dabei die Eigenschaften zu ermitteln, die wir als lexikalische Eigenschaften bezeichnen wollen.

Die Lexikologie kann ihr Objekt in seiner Komplexität nur betrachten, wenn sie diese Eigenschaften zunächst isoliert: Sie untersucht die Lexeme als Benennungseinheiten in ihrem Zusammenhang mit lexikalischen Bedeutungen und ermittelt die Bedeutung der Wörter, die keine Benennungsfunktion haben, wie z. B. Funktionswörter, Partikeln und kommunikative Formeln (*auf, doch, Guten Tag*). Sie beschreibt das Wort als Element des Sprachsystems und Teil der Rede/Konstituente des Satzes. Sie stellt die historische, regionale, funktionale und soziale Schichtung des Wortschatzes dar.

Dazu ist es notwendig, das Lexem als begriffstragendes Element der Sprache zu begreifen, zu dessen Erforschung und Beschreibung Erkenntnisse der Psychologie und Soziologie und unser Wissen von der Welt, enzyklopädisches Wissen, genutzt werden müssen. Schon die Vielfalt der Untersuchungsaufgaben macht deutlich, daß die Lexikologie einerseits spezielle Methoden und Disziplinen entwickeln mußte und andererseits in engen Wechselbeziehungen mit anderen Wissenschaften und Wissenschaftsdisziplinen steht, die ebenfalls im Wort einen ihrer Gegenstände sehen: mit der Grammatik, der Stilistik, der Sozio- und Psycholinguistik. Es wird auch darüber zu sprechen sein, daß Wissenschaften, die sich speziell mit einzelnen Aspekten des Lexems und des Wortschatzes beschäftigen, im Laufe der Wissenschaftsentwicklung ihre Selbständigkeit erworben haben und nicht oder nur bedingt als Disziplinen der Lexikologie betrachtet werden können, wie die Wortbildungstheorie, die Phraseologie und – wenn schon mit einer langen Tradition der eigenständigen Entwicklung – die Lexikographie. Sie betrachten wir als Nachbarwissenschaften. Wir unterscheiden

– Allgemeine und spezielle Lexikologie
Die allgemeine Lexikologie versucht, solche Klassifizierungen vorzunehmen und solche Sachverhalte aufzudecken und zu beschreiben, die für viele Sprachen gelten. Die spezielle Lexikologie untersucht Wort und Wortschatz einer Sprache, ist somit Bestandteil der Theorie einer Sprache. So sprechen wir z. B. von der englischen, russischen, deutschen Lexikologie.

– Historische Lexikologie
Die historische Lexikologie ist wie die historische Lautlehre oder die historische Grammatik eine sprachgeschichtliche Disziplin. Auch sie berücksichtigt die Dialektik von Synchronie und Diachronie, um den Zustand des Wortschatzes als Resultat seiner Entwicklung im Zusammenhang mit und in Abhängigkeit von seinen Funktionen im sprachlichen Handeln zu beschreiben.

– Lexikologie als Komponente der Forschungen zur Künstlichen Intelligenz
Mit der Entwicklung der Forschungen der Künstlichen Intelligenz entstand auch eine Forschungsrichtung, die das Lexikon untersucht, das „KI-Lexikon". Ihr Gegenstand sind die kognitiven Fähigkeiten des Menschen und der Ablauf sprachlicher Prozesse beim Wortgebrauch. Es werden formale Modelle der Speicherung und der Verwendung lexikalischer Einheiten entwickelt, Wissensklassen abgegrenzt, die als lexikalisches Wissen Subklassen menschlichen Wissens darstellen.

Lexikalisches Wissen im (weiteren) Sinne der KI umfaßt neben lexikalischem Wissen im engeren Sinne auch Weltwissen (enzyklopädisches Wissen). Aus Sicht der KI ist lexikologische Forschung untrennbar verknüpft mit Forschung über Modelle der Wissensrepräsentation (HANDBUCH, 1985, 469).

1.2. Wortschatz und Grammatik

In den verschiedenen Grammatikmodellen wird das Verhältnis von Wortschatz und Grammatik unterschiedlich abgebildet. Das hängt in erster Linie mit der Auffassung von „Grammatik" zusammen.

Einmal wird Grammatik im weitesten Sinne gefaßt – als das sprachliche Wissen vom Regelsystem einer Sprache überhaupt. Eine Theorie der Grammatik ist dann eine Hypothese über die Fähigkeit, eine Sprache zu gebrauchen. Eine solche weite Auffassung der Grammatik führt zur Annahme interagierender Teilsysteme: des phonologisch-phonetischen, des morphologischen, syntaktischen und semantischen Teilsystems, die mit der pragmatischen Komponente zusammenwirken.

(Als „pragmatische Komponente" wird hier das Sprachhandlungswissen aufgefaßt, das aus kommunikativen Situationen, Bedingungen, Partnerkonstellationen, Sprachhandlungstypen abgeleitet wird und solche Kenntnisse umfaßt, die die Zeichenverwendung steuern, wie das soziokulturelle Hintergrundwissen, Präsuppositionen, die Kenntnis der Kontext- und Situationsabhängigkeit sprachlicher Zeichen. Pragmatik bezieht sich auf sprachliches Handeln. Zur Diskussion des Pragmatik-Begriffes vgl. GREWENDORF/HAMM/STERNEFELD 1987, 374ff.)

Danach besteht eine Grammatik aus einer Menge von Regeln und Bedingungen, die als Anweisungen zum Aufbau von Sätzen und Texten zu verstehen sind. Eine Beschreibung der Grammatik soll die Regeln rekonstruieren, die die Bildung grammatisch korrekter Sätze erlauben und die Interpretation steuern. Nach dieser Auffassung stellt das Lexikon eine Komponente der Grammatik dar, die als integrative Komponente (s. 1.1.) mit den übrigen Komponenten verbunden ist. Eine Beschreibung des Lexikons ist damit Bestandteil der Beschreibung der Grammatik. Sie enthält nicht allein die Liste aller Wörter und Morpheme, sondern auch die Angabe der internen Struktur der Wörter, ihre morphologischen Regeln und die Merkmale der syntaktischen Bedingungen ihres Einsatzes. Die Morphologie kann somit Teil des Lexikons sein, das in diesem Verständnis alle Morpheme und usuellen Bildungen, morphologische Regeln der Formenbildung, Wortbildung und der Interpretation usueller Bildungen enthält. Eine solche Auffassung des Lexikons vertritt die generative Grammatik. Sie benutzt auch für die Wortbildung das methodische Inventar der Konstituentenanalyse und verwendet die Phrasenstrukturregeln zur Bildung von Wörtern. Diesen werden syntaktische Strukturen zugeordnet. Man spricht von der Wortsyntax.

Zum anderen ist nach einer älteren, traditionell engeren Auffassung eine Grammatik das morphosyntaktische Regelsystem einer Sprache. Ihre Beschreibung erfolgt durch Morphologie und Syntax. So versteht sie auch EISENBERG (1989): „Traditionell umfaßt die Grammatik eine Lautlehre, Formenlehre und Satzlehre, häufig noch eine Wortbildungslehre [...] Die Morphosyntax gilt allgemein als das Kerngebiet einer Grammatik" (S. 21). Der Wortschatz stellt nach dieser Auffassung eine Basiskomponente dar, die mit dem morphosyntaktischen Regelsystem „zusammenwirkt".

Im kommenden Abschnitt betrachten wir den Wortschatz – das Lexikon – als eine Komponente des Sprachsystems, deren Einheiten, die Lexeme, in einem relativ selbständigen Subsystem funktional und strukturell geordnet sind. Wir verfügen über lexikalisches Wissen, über Wissen von Lexemen und Regeln ihrer Verwendung, das mit phonologischen und morphosyntaktischen Kenntnissystemen zusammenwirkt. Das bedeutet, daß mit Wortwissen morphologisches und syntaktisches Regelwissen gespeichert ist, das nicht allein das einzelne Wort, sondern die jeweilige semantische und grammatische Wortklasse betrifft.

Lexikalische Bedeutung und morphologische Kategorien

Jedes Wort kann einer Wortart zugerechnet werden und hat damit auch Anteil an den morphologischen Kategorien des Paradigmas seiner Wortart. Lexisch-semantische Klassen können auch gemeinsame morphologische Merkmale haben. Dieser Zusammenhang von lexikalischer Semantik und Morphologie soll an einigen Beispielen vorgestellt werden.

So können semantische Gruppen von Substantiven weitgehend das gleiche Genus haben: die Benennungen der Monate und Wochentage sind Maskulina (auch *der Mittwoch* – *die* Mitte der *Woche*!), die Benennungen der Bäume sind zum größten Teil Feminina (*die Tanne, Buche, Lärche,* aber: *der Ahorn* oder Komposita mit *Baum* als zweiter Konstituente: *der Affenbrotbaum*). Offensichtlich ist der Zusammenhang von Wortbildungssuffix und Genus der Substantive: *-heit/-keit*-Affigierungen sind Feminina, ebenso die Ableitungen mit *-ung*. *-er* ordnet den Maskulina zu (*der Bohrer, der Fleischer*), während *Ge – e* Neutra bilden. Nutzt ein Lexem die Klassen seines Paradigmas unvollständig aus, ist das meist durch die Wortbedeutung, die lexikalische Semantik, determiniert.

Substantive können nach Kasus und Numerus abgewandelt werden. Es ist semantisch begründet, wenn ein Substantiv oder eine seiner lexisch-semantischen Varianten nicht pluralfähig ist. Substantive bestimmter semantischer Klassen verschließen sich der Pluralbildung. Dazu gehören Stoffbenennungen, wie *Öl, Wasser, Kohle, Holz*. Wird dennoch ein Plural gebildet, wird eine spezifische Bedeutung aktualisiert: *Hölzer* benennt entweder Gegenstände aus Holz (Streichhölzer) oder spezielle Holzarten *(edle Hölzer)*. Die Pluralbildung ist dann nicht möglich, wenn das Denotat die amorphe Masse ist. Der Plural signalisiert bei diesen Substantiven entweder Gegenstände aus dem betreffenden Stoff oder spezielle Arten, vgl. *Öle, Wässer, Zemente* usw.

Gleiches Verhalten zeigen auch Nomina qualitatis. Während die Qualitätsbezeichnung nicht pluralfähig ist, bilden die Bezeichnungen der Qualitätsträger den Plural: *die Aufmerksamkeit auf jemanden lenken – kleine Aufmerksamkeiten erhalten die Freundschaft.*

Einige Gruppen der Abstrakta verschließen sich überhaupt der Pluralbildung: **die Lieben, *die Zorne, *die Glücke*.

Bestimmte Gruppen der Kollektiva sind ebenfalls außerstande, den Plural zu bilden, denn hier ist die pluralische Bedeutung in der lexikalischen Semantik enthalten: **die Gelächter, *die Geäste, *die Gebrülle*.

Ähnliches trifft auch für Adjektive zu. Semantische Gruppen können z.B. alle Stufen des Komparationsparadigmas bilden, andere wiederum sind nicht steigerbar, wie Herkunfts- und Stoffadjektive. Diese semantisch bedingte Restriktion wird dann aufgehoben, wenn eine metaphorische Variante aktualisiert wird: *eisernes Tor – eiserner studieren*. Gleiches gilt auch für Herkunftsadjektive: *preußische Gebiete* – aber: *preußischer als die Preußen*.

Verben legen Anzahl und semantische Subklassen ihrer Partner fest. Damit kann auch die Nutzung der Klassen des Paradigmas eingeschränkt sein. Witterungsverben können z.B. kein personales Subjekt haben: **du regnest*. Wird dennoch eine Personalform gebildet, wird eine metaphorische Variante aktualisiert: *du schneist herein; er donnert los*. *regnen* hat keine Leerstelle für ein personales Subjekt. In die Bedeutung ist /Regen/ eingeschlossen. Daher kann *Regen* unspezifiziert nicht als logisch begründetes Subjekt erscheinen: **Regen regnet*, auch nicht mit grammatisch begründetem *es:* **es regnet Regen*. Wird dennoch die Subjektposition besetzt, wird eine metaphorische Variante aktualisiert: *es regnet Blumen, es regnet Wein*. Die Bedeutung von *regnen* als Naturprozeß erlaubt nur, nähere Bestimmungen als Adverbialbestimmungen einzubringen: *es regnet heute, im Norden, in Strömen*.

Das gilt auch für die Fähigkeit des Verbs, das Genusparadigma auszunutzen. Die Möglichkeit, ein Vorgangspassiv zu bilden, ist letztlich durch die Verbbedeutung bestimmt. Verben, wie z.B. Witterungsverben, entziehen sich der Bildung des Vorgangspassivs: **wird geregnet, * wird geblitzt; *wird gegangen* bestätigt wiederum unsere Auffassung, daß eine Verletzung der Strukturregeln Auswirkungen auf die Interpretation der lexikalischen Bedeutung hat: *wird gegangen* meint: ein Mensch wird genötigt zu gehen, d.h. meist: seine Arbeit aufzugeben.

Verbvalenz und lexikalische Bedeutung

Die Verbsemantik determiniert, welche Aktanten (Mitspieler) ein Verb haben kann. So bestimmt die Bedeutung von *sitzen*, daß dieses Verb außer dem Subjekt (wer sitzt) eine präpositionale Angabe des Ortes (wo sitzt wer) an sich bindet *(er sitzt im Zimmer)*. Wird eine solche obligatorische Bestimmung nicht gegeben, wird die Bedeutung ‚im Gefängnis sein' aktualisiert. Die Forderung nach Aktanten ergibt sich letztlich aus der denotativen Bedeutung der Verben, die verallgemeinernd Sachverhalte abbilden.

Den lexisch-semantisch begründeten Leerstellenstrukturen entsprechen syntaktische Grundmodelle der Leerstellenverteilung: wir sprechen von ein-, zwei-, dreiund auch vierwertigen Verben (vgl. dazu EISENBERG 3.2.), je nachdem, wieviele obligatorische Mitspieler durch die Verbbedeutung gefordert werden. Das Verb *stellen* fordert ein Subjekt, eine Ergänzungsangabe (Objekt) und eine Adverbialbestimmung des Ortes (Lokalbestimmung): *Ich stelle die Vase auf den Tisch*. Läßt man einen der Mitspieler aus, wird der Satz ungrammatisch: **Ich stelle die Vase; *Ich stelle auf den Tisch*.

Verbvalenz und Verbsemantik stehen in Wechselbeziehungen zueinander.

Heute spielen die semantischen Kasusrollen in der linguistischen Diskussion eine große Rolle. Eingeführt wurde diese Kategorie der „Tiefenkasus" durch FILLMORE. Nach HELBIG bilden die semantischen Kasus eine vermittelnde Instanz zwischen Argumenten und Aktanten, „einerseits eine Abstraktion aus der Vielfalt der semantischen Komponenten, andererseits (damit verbunden) ein Indiz, das der Identifizierung semantischer Strukturen dienen kann" (1985, 47). Als semantische Kasus – Unklarheit herrscht sowohl über ihre Anzahl als auch über die Kriterien ihrer Abgrenzung – können auf jeden Fall für Tätigkeitsverben Agens- und Patiensgrößen angenommen werden. So stehen z. B. bei *bearbeiten, ergreifen, besitzen* Agens- und Patiensgrößen. Psychologische Forschungen haben ergeben, daß solche lexisch-semantisch begründeten Partner auch als Muster, als syntaktische Rahmenstrukturen gespeichert sind.

Dieser untrennbare Zusammenhang von lexikalischer Semantik und syntaktischen Regularitäten, Lexikon und Syntax, wird besonders bei der Betrachtung der Verbvalenz sichtbar.

Vgl. dazu EISENBERG 1989, insbes. 3.2.2. Valenz und Bedeutung.

Funktional-semantische Felder

Ein anderer Gedanke zum Verhältnis von Wortschatz und Grammatik kommt zum Tragen, wenn der *funktionale* Aspekt berücksichtigt wird. Fragt man nach sprachlichen Mitteln, durch die eine Aussageabsicht realisiert wird, so wirken immer lexikalische und grammatische Mittel zusammen. Eine semantische Klasse oder Kategorie kann sowohl durch grammatische als auch durch lexikalische Mittel ausgedrückt werden. Es bestehen dann synonymische Beziehungen.

Soll z. B. ein ‚künftiges Geschehen' mitgeteilt werden, so kann das geschehen durch das Futur I des Verbs: *Er wird kommen* oder durch Adverbien wie *morgen, bald*, Substantivgruppen *in Zukunft*, Adjektive *künftig* und Präsens des Verbs – *er kommt bald, künftig, in Zukunft*. Das Temporalfeld umfaßt dann die für Temporalangaben vorhandenen lexikalischen Einheiten und grammatischen Kategorien und die Regeln ihres Zusammenwirkens. Dazu gehören auch Restriktionen; denn die lexikalische Bedeutung kann die Verwendung eines Wortes im Zusammenhang mit einer bestimmten Tempusform verhindern: **Er wird gestern kommen*.

Vgl. zu funktional-semantischen Feldern 8.3.4. und die Literatur, die im Rahmen der funktional-kommunikativen Sprachbeschreibung in den vergangenen Jahren entstanden ist: BONDARKO 1977; ›Funktional-kommunikative Sprachbeschreibung‹ 1981. Eine erste Darstellung geben GULYGA, E. V./ŠENDELS, E. I. 1969: ›Grammatiko-leksičeskie polja v sovremennom nemeckom jazyke‹.

2. Der deutsche Wortschatz

2.1. Die Schichtung des deutschen Wortschatzes

2.1.1. Zur Verbreitung des deutschen Wortschatzes

Wie kompliziert die Frage danach ist, was „als Wortschatz der deutschen Sprache" aufzufassen ist, zeigt ein Blick auf folgende Lexeme. Handelt es sich bei *Haberer, Spezi, Schlagobers, Kefe, Anken, Einschrieb, Täubi, Know-how, lütt, Karfiol, Maut* oder *Gauch* um „Wörter der deutschen Sprache"? So unterschiedlich sie auch sind – so ist ihnen doch gemeinsam: sie sind nicht allen, die Deutsch als Muttersprache sprechen, bekannt, oder sie erscheinen in Lautung oder Schreibung als von der Norm der deutschen Phonologie/Phonetik oder Orthographie abweichend. Es handelt sich um Wörter, die regional begrenzt, d.h. nur in bestimmten Regionen bekannt sind, um Wörter, die entweder zu einem regionalen Dialekt oder zu einer Umgangssprache gehören, um Wörter, die Elemente eines Gruppenwortschatzes sind, um veraltetes oder okkasionelles Wortgut.

Der Wortschatz der deutschen Sprache ist in mehrfacher Weise gegliedert. Das betrifft einmal seine Verbreitung. Er gehört entweder zum Binnendeutsch, ist somit eine Komponente der deutschen Sprache, wie sie in Deutschland als Landessprache gebraucht wird. Der deutsche Wortschatz ist aber auch Komponente der deutschen Sprache in Österreich und in der Schweiz, in Luxemburg, in Liechtenstein, in den deutschsprachigen Teilen Belgiens. Historische Ursachen führten dazu, daß Deutsch neben anderen Sprachen auch in anderen Staaten Verkehrssprache ist: in der Schweiz gehören z.B. 7,3 Millionen Menschen zur deutschsprachigen Bevölkerung. 1980 gaben dort über 4 Millionen Einwohner an, daß Deutsch ihre Muttersprache sei. In Luxemburg ist das Letzeburgische Sprache der Presse und des Alltags, das Französische vorwiegend Sprache der Verwaltung. In Liechtenstein ist Deutsch ebenfalls Amtssprache. Im Elsaß und in Lothringen sprechen etwa 1,2 Millionen ein Deutsch, das alemannische, rheinfränkische und moselfränkische Dialekte aufnimmt. Sprachinseln, z.B. in Oberitalien, bewahren den altertümlichen, oft noch mittelalterliches Wortgut umfassenden Wortschatz. Deutsches Wortgut lebt auch in den USA als „Pennsylvaniadeutsch", in Siebenbürgen, in der Sowjetunion und in Kanada. Das alles zeigt, daß der deutsche Wortschatz ein sehr heterogenes Sprachinventar darstellt, dessen Elemente unterschiedliche Entwicklungen durchlaufen haben und die sich heute in vielen regionalen Varianten präsentieren.

Vgl. dazu die Sonderreihe der DUDEN-BEITRÄGE ›Die Besonderheiten der deutschen Schriftsprache im Ausland‹: H. RIZZO-BAUR, Österreich und Südtirol; D. MAGENAU, Elsaß und Lothringen; H. WACKER, USA; D. MAGENAU, Luxemburg und deutschsprachige Teile Belgiens; H. WACKER, Kanada, Australien, Südafrika und Palästina.

Aber auch der „Kernbereich", das Binnendeutsch, kann letztlich nur als Abstraktion der tatsächlichen Existenzweisen oder Existenzformen betrachtet werden; denn es ist regional, sozial, funktional und historisch differenziert. Wir sprechen von verschiedenen Existenzweisen oder Existenzformen der Sprache und meinen damit Mundarten, überlandschaftliche Verkehrssprachen, Umgangssprachen, die Standard- oder Literatursprache, die Existenz vieler Sonder- und Gruppenwortschätze, von Berufs-, Standes- und Fachsprachen. Auch diese Varietäten sind historisch gewachsen und verändern sich. Sie existieren nebeneinander, dienen verschiedenen kommunikativen Zielen, sind unterschiedlich auf die Sprecher verteilt. Sie nehmen Fremdes auf, bauen den Wortschatz durch Neubildungen aus. Wortgut wird an die Peripherie des Wortschatzes gedrängt, veraltet und stirbt aus. So läßt sich das Kategorienpaar „Zentrum und Peripherie" auch auf den deutschen Wortschatz anwenden.

Wir können davon ausgehen, daß die allgemeinen Wörterbücher der deutschen Sprache, wie das DUDEN-Wörterbuch, das ›Deutsche Wörterbuch‹ von WAHRIG oder das ›Wörterbuch der deutschen Gegenwartssprache‹ von KLAPPENBACH/STEINITZ den Wortbestand des Kerngebietes verzeichnen und auch den Wortschatz verschiedener Varietäten aufgenommen haben, soweit er überregionale Geltung besitzt und auch außerhalb der eigentlichen Fachkommunikation verwendet wird. So kann man den deutschen Wortschatz als vielfach gegliedert betrachten:

– Er existiert im Kerngebiet und außerhalb des Kerngebietes.
– Auch das Binnendeutsch gliedert sich in Existenzformen, ist regional, sozial und funktional geschichtet.
– Die Varietäten, die sich aus den Bedingungen der Kommunikation ergeben und deren Verwendung durch kommunikative Faktoren (Kommunikationspartner, -gegenstand, -situationen) gefordert wird, stellen besondere Ausprägungen des deutschen Wortschatzes dar.
– Die historische Schichtung, die sich aus dem Wandel, der Erweiterung des Wortschatzes und dem Veralten von Wortschatzelementen ergibt, prägt ebenso wie die Beziehungen zu anderen Sprachen, die Entlehnungen von Wortgut zur Folge haben, die Gliederung des Wortbestandes.

Die deutsche Sprache wird somit als System von Systemen, als „strukturiertes Diasystem" (COSERIU 1970), als System von Varietäten aufgefaßt. Als solche Varietäten können die historisch gebundenen, die Historiolekte, und die Soziolekte als regional und historisch bestimmte Varietäten aufgefaßt werden.

Basis unserer Lexikologie wird der Kernbestand des deutschen Wortschatzes der Gegenwart in seiner Historizität, mit seinen Wechselbeziehungen mit anderen Sprachen und seiner sozialen und funktionalen Schichtung sein. Das impliziert, daß auch die Varietäten nicht als undifferenzierte Existenzweisen der Sprache aufgefaßt werden.

Im Mittelpunkt steht der literatursprachliche Standard, wie er in den Wörterbüchern der deutschen Gegenwartssprache verzeichnet ist.

2.1.2. Die Existenzweisen des deutschen Wortschatzes

Wir unterscheiden als überlandschaftliche, sozial nicht begrenzte und polyfunktionale Existenzform die Literatursprache, den Standard, von regional, sozial und auch funktional begrenzten Existenzformen (-weisen). Die Vielzahl der Bezeichnungen für diese Varietäten deutet auf die Komplexität, die Überschneidungen im sozialen und funktionalen Bereich dieser Existenzformen hin.

Mundarten sind regional begrenzt, dienen als Alltagssprachen und leben vor allem noch in ländlichen Gebieten. Ihr Wortschatz ist traditionell Gegenstand der Wortgeographie, ist in Mundartwörterbüchern und Wortatlanten fixiert. 1939 wurde der DEUTSCHE WORTATLAS von MITZKA begründet. Die Wortgeographie versteht sich dabei als die Wissenschaftsdisziplin, die die regionale Verbreitung der Wörter und damit die regionale Gliederung des Wortschatzes beschreibt und interpretiert. Nur selten noch gehen Mundartwörter in die Umgangssprachen oder in die Literatursprache über. Gegenwärtig nehmen die Mundarten standardsprachliches Material auf und inkorporieren es in phonologisch angepaßten Formen. Neben den dörflichen und kleinräumigen Mundarten existieren die städtischen Ausgleichsmundarten (Stadtmundarten).

Die Umgangssprachen werden als Stadtsprachen durch die Mundarten beeinflußt, sind also heute als regionale Varianten der Standardsprache meist als Alltagsrede stilistisch markiert. Daher treten auch Termini wie Alltagssprache, Koiné auf. Diese Umgangssprachen sind außerordentlich differenziert zu betrachten. Sie sind einmal literatursprachennahe, zum anderen fallen sie – wie im Norden Deutschlands – weitgehend mit den Mundarten zusammen. Im Süden gibt es ein breites Spektrum der Übergänge. Der einzelne Sprecher beherrscht in der Regel mit seiner Umgangssprache dieses ganze Feld der Ausdrucksmittel, die er dann in Abhängigkeit von seiner Kommunikationsabsicht (davon, was er erreichen will), seinen Kommunikationspartnern (mit wem er kommuniziert), der Kommunikationssituation (den sozialen, zeitlichen, örtlichen und medialen Bedingungen) auswählt und einsetzt.

Das Verhältnis der Mundarten und städtischen Umgangssprachen zur Literatursprache (zum Standard, zu Hoch- und Schriftsprache) unterscheidet sich regional, sozial und funktional. Ein großer Teil des deutschen Wortschatzes ist in allen Existenzformen vorhanden. Unterschiede zeigen sich vor allem in der lautlichen Abwandlung der Formative und in der Bewertung durch die Sprachgemeinschaft.

Aus den Mundarten geht Wortgut in die Literatursprache über – oftmals auf dem Weg über regionale Umgangssprachen – und existiert dort in Form landschaftlicher Dubletten, der Heteronyme. Unter Heteronymen verstehen wir Dubletten mit identischer Bedeutung, die jedoch aus verschiedenen regionalen Varietäten stammen. In Form solcher Heteronyme koexistieren bedeutungsgleiche Wörter mit und ohne Bedeutungsdifferenzierung in der Literatur- oder Standardsprache, wie das Nebeneinander von *Dorfkrug, Gasthaus, Krug, Gaststätte; Samstag* und *Sonnabend, Semmel, Wecken, Strippe, Brötchen* zeigt. Zwischen Heteronymen kann eine Bedeutungsdifferenzierung wie zwischen *Brötchen* und *Semmel* eintreten. So stehen zwar im Obersächs. *Brötchen* und *Semmel* nebeneinander, beziehen sich aber auf unterschiedliche Denotate. Die am häufigsten belegten Heteronyme können neben anderen als Leitwörter einer Landschaft gelten; so *Schlachter* im niederdeutschen Sprachraum, *Metzger* in Süddeutschland und in der Schweiz, im ostmitteldeutschen Raum dominiert *Fleischer*.

Gegenwärtig dringt jedoch mehr literatursprachliches Wortgut in regionale Umgangssprachen und Mundarten ein als umgekehrt. Das läßt sich durch moderne Kommunikationsbedürfnisse erklären. Im Berufsleben bringt es die Mobilität mit sich, daß auch der Mundartsprecher nicht ohne literatur- und fachsprachliches Wortgut auskommt, das er dann auch in der mundartlichen Kommunikation verwendet und auf diese Weise in die Mundart überführt. Beim Übergang in die Mundart wird literatursprachliches Wortgut lautlich angeglichen. Das gilt natürlich auch für fremdes Wortgut, so etwa für *Pyramide* im Erzgebirgischen *Permett*.

Heteronyme als bedeutungsgleiche (-ähnliche) Wörter treten als diatopische Heteronyme in unterschiedlichen regionalen Bereichen auf; diastratische Heteronymie besteht am selben Ort.

Diastratische Heteronyme können verschiedenen Varietäten angehören; wie z. B. ein älteres Mundartwort neben einem standardsprachlich geprägten.

Territoriale Dubletten sind gleichermaßen Elemente der Lexik der großräumigen Umgangssprachen als auch des literatursprachlichen Standards. Sie sind meist mit literatursprachlichen Wörtern austauschbar, aber nicht mit regional begrenzten Wörtern anderer Landschaften. So stehen nebeneinander *Sahne, Rahm* und *Schmant*. Während *Rahm* und *Sahne* jederzeit ausgetauscht werden können (wenn es die Kommunikation verlangt oder im Ermessen des Sprechers liegt), ist das bei *Rahm* und *Schmant*, die beide landschaftlich gebunden sind, nicht möglich.

Regionale Unterschiede treten aber auch in anderer Weise zutage. Ein auf das gleiche standardsprachliche Muster bezogenes Formativ kann in verschiedenen Gegenden andere Bedeutungen tragen. REICHMANN nennt solche Dialektwörter, die sich mit ihrer Phonemseite in das Phoneminventar der Standardsprache übersetzen lassen und in den Dialekten mit unterschiedlicher Bedeutung auftreten, Heteroseme (vgl. REICHMANN 1976, 83). Am Beispiel *Korn* zeigt er im Anschluß an die Bedeutungskarte von HARMJANZ/RÖHR, daß dieses Wort „in Nord- und Teilen Süddeutschlands die Bedeutung (Semem) ‚Getreide', in Mittel- und anderen Teilen Süddeutschlands die Bedeutung ‚Roggen', in zwei Kleinräumen Nordwestdeutschlands die Bedeutung ‚Hafer' bzw. ‚Gerste' hat" (vgl. REICHMANN 1976, 83).

Wenn heute die Lexikologie Wörter regionaler und sozialer Varietäten beschreibt, dann interessieren hier weniger die Verbreitung und die phonologischsemantische Substanz. Sie sind Gegenstand der Dialektologie, der Wortgeographie oder auch der Mundartlexikographie. Sie betrachtet vielmehr diese Wortschatzelemente in ihren Beziehungen zum standardsprachlichen Wortschatz unter funktionalem Aspekt. Sie fragt nach dem kommunikativen Effekt bei der Verwendung regional und sozial gebundenen Wortgutes. So kann die Verwendung regionaler Varianten den Sprecher nach seiner Herkunft charakterisieren. Thomas MANN nutzt das in seinem Roman ›Die Buddenbrooks‹ zur Charakterisierung seiner literarischen Figuren im Sprachporträt. Er läßt die norddeutsche Tony über die Sprache im süddeutschen Raum schreiben:

> „Und wenn ich ‚Frikadellen' sage, so begreift sie es nicht, denn es heißt hier ‚Pflanzerln'; und wenn sie ‚Karfiol' sagt, so findet sich wohl nicht so leicht ein Christenmensch, der darauf verfällt, daß sie Blumenkohl meint; und wenn ich sage: ‚Bratkartoffeln', so schreit sie so lange ‚Wahs!', bis ich ‚Geröhste Kartoffeln' sage, denn so heißt es hier, und mit ‚Wahs' meint sie, ‚Wie beliebt' (TH. MANN, Buddenbrooks, 351).

In der Alltagsrede stellt sich der Sprecher mit der Wahl eines umgangssprachlichen oder eines Mundartwortes auf die Gesprächssituationen und -partner ein. Oft soll die Verwendung regional gebundenen Wortgutes Vertrautheit, familiäre Nähe signalisieren. Damit erhält die regionale Varietät eine soziale Funktion. Vgl. hierzu REICHMANN 1976, 93ff., AMMON 1973.

2.2. Der deutsche Wortschatz in Österreich

Österreich bildet seit 1918 einen selbständigen Staat. Die Staatssprache ist Deutsch. Es gibt, herausgegeben im Auftrag des Bundesministeriums für Unterricht und Kunst, ein Österreichisches Wörterbuch und das von EBNER: „Wie sagt man in Österreich? Wörterbuch der österreichischen Besonderheiten". Wenngleich sich viele lexikalische Besonderheiten ausgeprägt haben, wenngleich diese Besonderheiten lexikographisch erfaßt sind, ist es wohl verfehlt, von einem „Österreichisch" als einer Landessprache zu sprechen. Es gibt eine deutsche Sprache in Österreich, die lexikalische Spezifika aufweist.

Auch der Wortschatz in Österreich ist regional, funktional und sozial gegliedert. Nach WIESINGER genügt es, für die Gliederung der gesprochenen Sprache von einem vierstufigen Modell auszugehen. Er unterscheidet Basisdialekt, Verkehrsdialekt, Umgangssprache und Standardsprache. Dabei weist der Wortschatz in Österreich viele Gemeinsamkeiten mit dem Süddeutschlands auf. Basisdialekte werden im Dorf, Verkehrsdialekte in den Städten gesprochen. Der Tourismus bringt es mit sich, daß spezifisch österreichische Wörter durch deutsche Wörter verdrängt werden. Das betrifft auch das südliche und westliche Bundesgebiet mit Salzburg, Kärnten und Tirol, wo z.B. *Nachtmahl* durch *Abendbrot, Jause* durch *Kaffeetrinken, Kaffeezeit* ersetzt werden. Die Dialekte können stärker als in Deutschland für bestimmte soziale Gruppen Indizfunktion haben. So enthält z.B. der Gruppenwortschatz Jugendlicher zahlreiche Dialektismen: *Haberer, Spezi*. Anderseits unterliegt die Hochsprache Gebrauchsrestriktionen im privaten Bereich. REIFFENSTEIN stellt fest, daß j e d e r Sprecher des österreichischen Deutsch über mehrere Sprachformen verfügt, unter denen er, abhängig von sozialer Zugehörigkeit, vom Partner, der Gesprächssituation und dem Gesprächsthema wählen muß. Die Oppositionen formell : informell, öffentlich : privat, situationsunabhängig : situationsgebunden, regional weit : regional eng bestimmen die Wahl (vgl. REIFFENSTEIN 1977, 176f.). Nach WIESINGER (1983) kennzeichnen folgende Spezifika den Wortschatz in Österreich:

- Der süddeutsche Wortschatz wird dann bevorzugt, wenn es Entscheidungen gegen den mittel- und norddeutschen Wortschatz gibt: *Bub* statt *Junge, Rechen* statt *Harke, Orange* statt *Apfelsine, kehren* statt *fegen*. Diese Heteronyme kennzeichnen auch in Deutschland die Zugehörigkeit zu Dialektgebieten und sind Leitwörter für bestimmte Mundarten.
- Es treten Wörter auf, die nur in Österreich und in Bayern verwendet werden: *Maut, Scherzel* (Brotranft), *Kren* (Meerrettich), *Brösel* (Paniermehl).
- Es gibt einen gesamtösterreichischen Wortschatz, der von Wien aus als Verkehrs- und Verwaltungswortschatz ausstrahlt und in ganz Österreich, aber nicht in Bayern gebraucht wird: *Kundmachung* (Bekanntmachung), *Obmann* (Vorsitzender), *Ansuchen* (Gesuch), *Verlassenschaft* (Nachlaß), *Matura* (Abitur), *Paradeiser* (Tomate), *Obers* (Sahne).
- Ein ostösterreichischer Wortschatz, der auf Neuerungen von Wien beruht, hat sich im Osten und teils im Süden durchgesetzt, dringt teilweise auch nach Westen vor. Hier besteht ein innerösterreichischer Ost-West-Gegensatz: *Fleischhauer – Metzger, Rauchfang – Kamin, Bartwisch – Kehrwisch, Vorraum – Vorzimmer – Gang, Hausgang, Gelse – Mücke*.
- Es gibt auch regional begrenztes Wortgut: *Heuriger*.
- Gemeindeutscher Wortschatz tritt mit österreichischen Bedeutungsvarianten auf: *Bäckerei* bedeutet neben ‚Bäckergeschäft' auch ‚süßes Kleingebäck'.

Österreichisches Deutsch bildet somit keine einheitliche Sprachform. Außerdem nimmt der österreichische Wortschatz an Entwicklungen der binnendeutschen Sprache teil. Dazu gehört auch die verstärkte Aufnahme angloamerikanischen Wortgutes, die verstärkte Nutzung bestimmter Wortbildungsmodelle, wie z.B. auch der Kurzwortbildung, der Affigierung mit Neusuffixen, wie *-i* in *Krimi*. Das gilt auch für Wien, das durch Jahrhunderte hindurch Fremdwörter aus dem Französischen, Italienischen, Tschechischen, Slowakischen, Ungarischen, Slowenischen und Kroatischen aufgenommen hat. Z.B. kommen aus dem Tschechischen *Kolatsche* (Mehlspeise), *Babutschen* (Stoffpantoffeln), das auch im Obersächs. als *Babuschen* existiert (vgl. dazu HORNUNG 1980). Eigenheiten, durch die sich das Deutsch in Österreich vom sprachlichen Standard in Deutschland unterscheidet, resultieren des weiteren aus der Übernahme mundartlicher Lexik in die Hoch- und Schriftsprache und dem weiteren Ausbau auf dem Wege österreichisch-spezifischer Wortbildungsmodelle: Dazu gehören solche Wortbildungsmodelle, die in Österreich mit weit höherer Frequenz als in Deutschland genutzt werden, z.B. *-ler* zur Bildung von Personenbenennungen: *Obstler* (Obsthändler), die Bevorzugung von

-l und *-erl* als Diminutivsuffixe gegenüber *-chen*: *Würstl, Hendl* (Hühnchen), *Krügerl, Stüberl*.

Viele der spezifisch österreichischen Wörter gehören zu bestimmten onomasiologischen Bereichen wie Haushalt, Kleidung, Speisen. Es sind die gleichen Bereiche, in denen sich auch in Deutschland dialektales Wortgut am längsten gehalten hat. Dazu gehören noch Verben, die handwerkliche Tätigkeiten, vor allem in ländlichen Gebieten, bezeichnen. Belege hierfür finden sich auch im belletristischen Text: *Holztristen* (‚um eine Stange aufgehäuftes Heu oder Stroh'), *Holzranten* (‚Stangen'), *auftristen* (‚aufhäufen'), *aufschlichten* (‚aufschichten'), *Scherzl* (‚Wurst-, Brotende'), *keppeln* (‚schimpfen'), *Hosensack* (‚Hosentasche').

Vgl. zum Wortschatz in Österreich: KOLB/LAUFFER 1977, REIFFENSTEIN 1977, WIESINGER 1980, 1983; MOSER/PUTZER 1980; EBNER 1980, HORNUNG 1980.

2.3. Der deutsche Wortschatz in der Schweiz

Die deutschsprachige Schweiz ist ein Gebiet medialer Diglossie. Es gibt kein „Schweizerdeutsch" im Sinne eines überregionalen einheitlichen gesprochenen oder geschriebenen Standards. Die schriftliche Kommunikation vollzieht sich in der deutschen Standardsprache, deren Wortschatz Helvetismen enthält, die mündliche in der Mundart.

Es gibt keine gesamtschweizerische Ausgleichsmundart oder eine überregionale Umgangssprache. Dadurch ist auch der Stellenwert der Mundart anders als in Deutschland. Alle deutschsprachigen Schweizer verfügen aktiv und passiv über Dialektkompetenz. SONDEREGGER spricht davon, daß es soziale Grenzen zwischen Mundart und Hochsprache nicht einmal in den Großstädten gibt. Gesprochen wird auf Konferenzen, selbst in Universitäten und Hochschulen, in der Mundart.

Das Hochalemannische, dessen größten Teil die Schweizer Mundarten ausmachen, wird zwar auch im Süden Baden-Württembergs gesprochen, aber dort hat es neben dem breiten Übergangsfeld der Umgangssprache eine andere Geltung.

Der schriftlichen und offiziellen mündlichen Kommunikation (wie Predigt) dient die deutsche Schrift- und Hochsprache, die Standardsprache. RUPP verweist darauf, daß die Unterschiede zwischen Mundart und Standard meist lautlicher Natur sind, daß die Sprechform einer Mundart in Lexikon, Semantik, Syntax und Valenz mit dem Standard im wesentlichen identisch ist. Da „Schweizerdeutsch" die gesprochenen Mundarten meint, also generell Mundart gesprochen wird, fehlt den Mundarten jede Art sozialer Markierung.

Aber die Standardsprache zeigt Eigenarten, die sich im wesentlichen aus zwei Einflußsphären herleiten: Die Mundarten und die benachbarten romanischen Sprachen, das Französische und das Italienische, wirken auf die Lexik ein. SONDEREGGER schreibt: „Schweizerdeutsch ist bis zu einem gewissen Grad ein Deutsch mit romanischem Akzent" (1964, 13). Deutsche Wörter sind z.T. in der Schweiz unbekannt, wie *Bürgersteig* oder *Fußweg*. Hier gilt nur *Trottoir*. Auf romanische Einflüsse gehen auch zurück *Autocar* – Bus für Ausflugsfahrten, *Trottinett* – Roller. Wörter übernehmen zusätzliche Bedeutungen, die in der deutschen Standardsprache nicht gegeben sind: *Tochter* bedeutet wie südwestdeutsch ‚Angestellte': *Haustochter, Saaltochter, Ladentochter.* *Base* bedeutet auch ‚Tante', *Putsch* auch ‚Stoß', *Sack* bedeutet zusätzlich ‚Tasche', ‚Beutel'. Mundartliche Einflüsse wirken auch auf die Wortbildung: *Altjahr* analog zu *Neujahr, wohnsässig* aus *wohnhaft* und *ansässig*. Auch in die deutsche Sprache in der Schweiz dringt zunehmend angloamerikanisches Wortgut ein.

Für nur in der Schweiz gebrauchtes schriftsprachliches Wortgut der deutschen Sprache gibt es verschiedene Gründe:

– Wörter, die früher auch in Deutschland verwendet wurden, sind nur in der Schweiz erhalten geblieben.
– Wörter oberdeutscher Mundarten sind nur in der Schweiz in die Schriftsprache übernommen worden.
– Wortbildungskonstruktionen lassen die Stammwörter nicht mehr erkennen.

Als schweizerisch können folgende Wörter der Schriftsprache gelten:
Substantive: *Bünt* – ‚eingezäuntes Stück Land', *Fegnest* – ‚unruhiger Geist', besonders von Kindern, *Kefe* – ‚frühe Erbse', *Anken* – ‚Butter', *Finken* – ‚Hausschuh', *Kabis* – ‚Weißkraut', *Anstößer* – ‚Grundstücksnachbar', *Gastung* – ‚Beherbergung und Bedienung von Gästen'.
Adjektive: *aper* – ‚schneefrei', *busper* – ‚wohlauf', *hilb* – ‚windgeschützt'.
Verben: *ganten* – ‚öffentlich versteigern', *güllen* – ‚Jauche ausbringen', *knorzen* – ‚sich abmühen', *koldern* – ‚sich streiten, sich aufregen'.
Vom Hochdeutschen abweichende Verben: *amten – amtieren, entlöhnen – entlohnen, vergenauern – genauer machen, garagieren* – ‚den Wagen in die Garage fahren'.
Die Wortbildung zeigt ebenfalls schweizerische Besonderheiten. Verbalsubstantive werden affixlos auf dem Weg der impliziten Derivation gebildet: *Ablad, Entlad, Einlad – das Ab-, Ent-, Einladen*; *Vorweis – das Vorweisen, Beschrieb – Beschreibung, Einschrieb – Einschreiben, Verschrieb – Verschreibung.* Die Ableitungssuffixe *-e, -i* bei *Täubi* (‚Wut, Zorn'), *Finstere* ‚Finsternis', *-et -ete* in *Heuet, Putzete, Schießet* sind schweizerische Spezifika.
Im Deutsch der Schweiz werden ökonomisch Systemlücken der binnendeutschen Standardsprache gefüllt. Verben werden durch suffixlose Ableitung in weit stärkerem Maße gebildet: *arzten* – ‚den Arztberuf ausüben', *alpen* – ‚das Vieh auf die Bergweide führen'.
Auch vom Hochdeutschen abweichende Funktionswörter sind festzustellen:
Adverbien: *allerenden* (überall), *allgemacht* (allmählich), *erst noch* (noch obendrein), *stetsfort* (fortwährend).
Präpositionen: *emmet* – jenseits + Dativ, *innert* – innerhalb + Gen./Dat.
Helvetismen aus fremden Sprachen haben im Deutschen keine Entsprechung: *Gilet* – ‚Weste', *Jupe* – ‚Rock', *Konfiserie* – ‚Konditorei'.

Zum deutschen Wortschatz in der Schweiz vgl. PANIZZOLO 1982, KAISER 1969/1970, RUPP 1983, RIS 1979, SONDEREGGER 1964, NOKE 1987.

3. Lexikologie als sprachwissenschaftliche Disziplin

3.1. Zur Geschichte der Wortschatzbetrachtung

Als selbständige sprachwissenschaftliche Disziplin ist die Lexikologie noch sehr jung. Erst in den 60er Jahren unseres Jahrhunderts wird in der deutschsprachigen Linguistik die Bezeichnung „Lexikologie" verwendet, stark beeinflußt durch die sowjetische Forschung. So verwundert es auch nicht, daß lexikologische Darstellungen bis dahin unter Bezeichnungen wie ›Deutsche Wortkunde‹ (SCHIRMER ^{4}1960, ^{5}1965), ›Sprachkunde‹ (SCHMIDT 1959ff.), ›Deutsche Wortgeschichte‹ (Hrsg. v. F. MAURER/F. STROH 1957–1960) erschienen. Die ersten Lehrbücher zur deutschen Lexikologie stammen aus sowjetischer Feder: A. ISKOS/A. LENKOVA: Deutsche Lexikologie. 1960; A. LEWKOWSKAJA, Lexikologie der deutschen Gegenwartssprache. 1968; M. D. STEPANOVA/I. I. ČERNYŠEVA, Lexikologie der deutschen Gegenwartssprache. 1975. REICHMANNS ›Germanistische Lexikologie‹ erschien dann 1969. Bezeichnend für die Situation in der deutschen Sprachwissenschaft ist es, daß SCHWARZE und WUNDERLICH in der Einleitung ihres ›Handbuches der Lexikologie‹ noch 1985 schreiben, daß sich „eine eigenständige theoretische Disziplin der Lexikologie" abzeichne (HANDBUCH 1985, 8). Tatsache ist, daß durch die jahrzehntelange Konzentration der Sprachwissenschaft auf Syntax und Morphologie das Lexikon weitgehend unberücksichtigt geblieben ist, daß der Vielfalt in der grammatischen Theoriebildung nur wenige Werke zur Lexikologie gegenüberstehen.

Aber die wissenschaftliche Beschäftigung mit dem Wort ist so alt wie die Beschäftigung mit der Sprache überhaupt. Schon hieraus lassen sich Schlußfolgerungen über die Rolle des Wortes im menschlichen Leben ableiten. *Wort* und *Aussage*, *Wort* und *Rede* werden in vielen Sprachen identifiziert. Auch wir sagen „*er macht viele Worte*", „*mit Worten läßt sich trefflich streiten*", „*Wort und Tat*". Goethes Faust übersetzt zunächst „in principio erat verbum" mit „am Anfang war das Wort". Immer war das Wort als Träger des Begriffs, als Ausdruck menschlicher Abstraktionstätigkeit für den Philosophen, den Literaturwissenschaftler und Kulturhistoriker, später für den Philologen und Sprachwissenschaftler das Element der Sprache, dessen Beobachtung Aufschlüsse über das Wesen der Sprache und darüber hinaus, über menschliches Denken, menschliche Erkenntnisfähigkeit, menschliche Beziehungen und menschliche Geschichte geben sollte. Von den ersten Einsichten in das Wesen geistiger Tätigkeit bis zu gegenwärtigen *philosophischen Strömungen* – immer befragte man das Wort nach den Leistungen und Grenzen menschlichen Denkens. Die *Benennungsfunktion* als die Grundfunktion des Wortes hebt PLATON

(427–347 v. u. Z.) in seinem KRATYLOS Dialog hervor. Wenn LUKREZ (LUCRETIUS CARUS, etwa 99–55 v. u. Z.) in seinem Lehrgedicht „De rerum natura" über das Verhältnis der Namen und Dinge zueinander schreibt, so zeugt das davon, daß die Philosophen des Altertums von der Betrachtung der Sprache, insbesondere des Wortes, eine Antwort auf die Frage nach dem Verhältnis von Wirklichkeit und Denken erhofften. Die Fragen, welcher Natur das Wort sei, ob es Produkt der Natur oder Ergebnis der Konvention sei, wie Lautkörper und Bedeutung einander zugeordnet werden, ob der Mensch mit Hilfe der Sprache (des Wortes) die Natur der Dinge, ihr Wesen erkennen könne, bewegen von Anfang an die abendländische Philosophie.

In Zeiten revolutionärer Veränderungen, ihrer ideologischen Vorbereitung und philosophischer Kontroversen wurde immer auch die Sprache, wurde das Wort zum Gegenstand philosophischer Betrachtungen. So wurde in der Zeit der Aufklärung und besonders in der Frühaufklärung das Verhältnis von Sprache und Denken, von Wort und Begriff, Wort und Wirklichkeit (Sache) zum zentralen Gegenstand der philosophischen Diskussion, zum konstitutiven Bestandteil der Philosophie. BACON glaubte die Wörter „der Betrachtung würdig, weil man aus den Sprachen der Völker und Nationen auf ihre Geistesart und Sitten schließen kann" (ARENS [2]1969, 83). LOCKE (1632–1704) widmet sich in seinem erkenntnisphilosophischen Werk ›Essay concerning Human understanding‹ dem Wesen des Wortes, dem Verhältnis von Wortbedeutung und Sache und fragt, ob durch die Art des Wortgebrauchs die Erkenntnis der Wahrheit gehemmt oder gefördert wird. Auch LEIBNIZ sieht in der Sprachbetrachtung eine Notwendigkeit der Erkenntnislehre: „Um sich dem Ursprunge aller unserer Begriffe und Erkenntnisse ein wenig mehr zu nähern, wird es zu bemerken nützlich sein, wie die Worte, welche man zum Ausdruck für den Sinnen ganz entrückte Handlungen und Begriffe anwendet, ihren Ursprung aus sinnlichen Vorstellungen gewinnen, von woher sie zu abstrakteren Bezeichnungen übertragen worden sind" (ARENS [2]1969, 95).

Das 18. Jahrhundert war ein Jahrhundert der Sprachdiskussion. RICKEN schreibt:

> In Frankreich ließ sich kaum ein bedeutender Vertreter der Aufklärung nennen, der sich nicht an der Sprachdiskussion beteiligt hätte. Du Marsais, Voltaire, Condillac, Diderot, d'Alembert, Rousseau, Helvetius, Turgot haben in Stellungnahmen zur Sprache ihre Positionen als Aufklärer ausgedrückt (1984, 75).

HERDER zeigte in seiner Schrift ›Über den Ursprung der Sprache‹, die er 1770 zum Preisausschreiben der Berliner Akademie einreichte und für die er 1771 den Preis erhielt, daß er das Wort als Voraussetzung und Medium des Denkens auffaßt:

> In mehr als einer Sprache hat also auch Wort und Vernunft, Begriff und Wort, Sprache und Ursache einen Namen, und diese Synonymie enthält ihren ganzen genetischen Ursprung. Bei den Morgenländern ists der gewöhnliche Idiotismus geworden, das Anerkennen einer Sache Namengebung zu nennen; denn im Grunde der Seele sind beide Handlungen eins. Sie nennen den Menschen das redende Tier und die unvernünftigen Tiere die Stummen [...] Ich kann nicht den ersten menschlichen Gedanken denken, nicht das erste besonnene Urteil reihen, ohne daß ich in meiner Seele dialogiere oder zu dialogieren strebe; der erste menschliche Gedanke bereitet also seinem Wesen nach, mit anderen dialogieren zu kön-

nen. Das erste Merkmal, was ich erfasse, ist Merkwort für mich und wird Mitteilungswort für andre (HERDER, 114).

Steht in Deutschland, befördert durch das Preisausschreiben der Berliner Akademie, die Ursprungsfrage im Zentrum der philosophischen Sprachdiskussion, so sind es in Frankreich neben erkenntnisphilosophischen Fragen auch Themen des Sprachgebrauchs in der gesellschaftlichen Praxis. Thematisiert wird hierbei der Mißbrauch der Wörter. Gegen ihn richtet sich die Gesellschaftskritik der Aufklärung; denn er kann die Erkenntnis der Wahrheit hemmen oder verhindern. Die Ursachen für Verwirrung und Mißverstehen werden in der Mehrdeutigkeit der Wörter und der Vagheit der Wortbedeutungen gesehen. Bestimmte Bezeichnungsbereiche, wie z. B. die Wörter für Würdenträger und verschiedene Schichten in der gesellschaftlichen Hierarchie, werden als Quellen der Irreführung durch Sprache benannt (vgl. RICKEN 1984, 200).

RICKEN charakterisiert diesen historischen Abschnitt:

> Dem Höhepunkt der Propagierung des Sensualismus um die Jahrhundertmitte entspricht dann auch ein Höhepunkt der Diskussion des Sprachmißbrauchs, in der sich neben Condillac, Diderot, d'Alembert, Rousseau, Helvetius und Holbach auch Voltaire und Mably zu Wort melden, und an der sich die Berliner Akademie der Wissenschaften mit ihrer Preisfrage nach dem wechselseitigen Einfluß von Sprache und Denken beteiligt (1984, 202).

Diese Diskussion führte immer tiefer in die Wesensbestimmung des Wortes ein – es ging letztlich um die konstitutive Rolle des Wortes für die Begriffsbildung, um die Vagheit der Wortbedeutungen, um das Verhältnis von Wort und Sache – allsamt Fragen, die heute die Lexikologie beschäftigen. Die Aufklärungsphilosophie mußte sich zwangsläufig, wenn es ihr um die Propagierung der Erkenntnisfähigkeit des Menschen ging, der Sprache und insbesondere dem Wort als dem Träger des Begriffs zuwenden.

> Diderots Feststellung, *die Wörter haben sich endlos vermehrt, und die Kenntnis der Dinge ist zurückgeblieben*, ist mehr als die obligate Berücksichtigung eines Modethemas, ebenso wie d'Alemberts Erwähnung des Sprachmißbrauchs und der Diskrepanz zwischen Wörtern und Dingen in seiner Vorrede zur „Encyklopédie" [...] war es ein Ziel [...], zur Beseitigung des Sprachmißbrauchs und des Widerspruchs zwischen Wörtern und Dingen beizutragen (RICKEN 1984, 202).

Bis in unsere Tage wendet man sich dem Wort als Träger des Begriffs zu, um durch seine Untersuchung Aufschluß über das Verhältnis von Sprache und Wirklichkeit, Wirklichkeit und Denken, Sprache und Handeln, um Einsichten in die Triebkräfte sozialen Handelns zu erhalten. „Zeichen", „Bedeutung", „Semantik" sind längst zu philosophischen Kategorien oder Ausdrücken geworden, wie überhaupt in unserem Jahrhundert der Bedeutungsbegriff als Zentralbegriff verschiedener philosophischer Richtungen und Strömungen erscheint.

Semiotik (als eine Art philosophischer Zeichentheorien) und, ihr zugeordnet, die Pragmatik untersuchen die Beziehungen zwischen Zeichen und dem Bezeichneten, dem Begriff, den sie repräsentieren, zwischen Zeichen und den Menschen, wie auch die Beziehungen der Zeichen zueinander. So betont MORRIS drei Typen von Zeichenbeziehungen: die Beziehung der Zeichen zu Objekten, zu Personen und zu anderen Zeichen. Diese Zeichenrelationen sind Gegenstand verschiedener Wissenschaften – sie sind biologischer, psychologischer und soziologischer Natur. Die Sprachuntersuchung, die Untersuchung von Zeichen und Zeichenbeziehungen, soll Wissenschaften und Philosophie neu fundieren – die Zeichentheorie wird als Werkzeug und Fundament wissenschaftlichen Philosophierens betrachtet. In den USA begann eine Inflation semantischer Theorien. 1962 schreibt NEUBERT: „‚Semantic‘ bzw. ‚semantics‘ [...] hat zumindest in den USA eine solche Bedeutungsinflation durchgemacht, daß es oft schwer erscheint, es noch sinnvoll zu verwenden" (15).

Der Grundgedanke, der diese Form des Philosophierens durchzieht, ist der von der „Macht des Wortes". Der Titel des Werkes von STUART CHASE, das für die philosophische Semantik bestimmend wurde, ›The Tyranny of Words‹ (1938), wirkte programmatisch. In der Wirkungsweise der Wörter werden die Triebkräfte menschlichen Handelns gesehen. In seinem Buch ›Semantik. Sprache im Denken und Handeln‹ veranschaulicht HAYAKAWA die Auffassung von der Rolle des Wortes mit einem Bild von Landkarte und Gelände. Nach dieser Metapher sind wir in unserem Handeln durch Symbole – Wörter – (die „Landkarte") gelenkt; denn die Wirklichkeit (das „Gelände") ist unserer Erkenntnis nicht direkt zugänglich. Nun können „falsche Landkarten", „falsche sprachliche Symbole" oder das Unvermögen, die Symbole richtig zu deuten, in die Irre führen. Falsche Symbole verführen. Pathologische „Signal reactions" sind die Ursache für ein „Breakdown of communication", das zum Versagen in allen Lebensbereichen führen kann, im Privatleben, in der Wirtschaft, im öffentlichen Leben. So sind nach Auffassung der „Allgemeinen Semantik", der dominierenden positivistischen philosophischen Strömung in den USA, gesellschaftliche Konflikte bis zu „heißen" Kriegen die Folge gestörter Kommunikation, falschen Wortverständnisses. Man vertritt die Ansicht, daß wir in einer Welt von Symbolen befangen seien, die unser Denken und Handeln bestimmen. Zu solchen Symbolen, die lediglich Fiktionen seien, gehören nach Ansicht der Vertreter dieser neopositivistischen Strömung auch Termini und Bezeichnungen, die Bestandteile philosophischer und politischer Terminologien sind, wie *Demokratie, Bourgeois, Mehrwert*. Ihnen entspreche nichts in der Welt – sie seien irreführende Symbole, und es komme darauf an, dieser Welt der Symbole durch Mißtrauen zu begegnen. Man empfiehlt semantisches Training, um sich der Verführung durch Worte zu entziehen. Der Mensch müsse lernen, daß er Worte so wählt, wie es notwendig ist, um „vom Nervensystem anderer Leute Gebrauch zu machen" (HAYAKAWA 1975, 9). Dieses Konzept zum „Überleben", das der Sprache absolute Macht über den Menschen einräumt, stützt sich nun auf die durchaus richtige Beobachtung, daß mit Sprache manipuliert werden kann, daß mit Hilfe der sprachlichen Zeichen, vor allem der Wörter, das Denken des anderen beeinflußt werden, daß Sprachbeherrschung zum Mißbrauch führen kann. Die richtige Erkenntnis, daß mit Wörtern neben begrifflichen Informationen auch Wertungen vermittelt werden, daß solche Verallgemeinerungen und emotionalen Faktoren der Verhaltenssteuerung dienen, wird auch von Linguisten anerkannt. Die Folgerung jedoch, daß sprachliche Steuerung die eigentliche Antriebskraft menschlichen Handelns sei, daß die sprachliche Kommunikation die grundlegenden Beziehungen zwischen den Menschen „schaffe", muß relativiert, kann nicht aufrecht erhalten werden. Dennoch wäre es falsch, wollte man übersehen, daß Sprache Wirkungspotenzen hat, die es ermöglichen, nicht nur zu überzeugen, sondern auch zu überreden. Im Anschluß an RUSSELLs „unregelmäßige Verben" fordert HAYAKAWA zu Übungen auf, die zu der Einsicht führen, daß die sprachliche Gestaltung von Urteilen Wertungen impliziert: „Ich bin standhaft. Du bist halsstarrig. Er ist ein dickköpfiger Esel." „Ich bin mit Recht empört. Du bist verärgert. Er macht viel Lärm um nichts." (HAYAKAWA ^{4}1975, 99).

Es wäre unmöglich, wollte man alle gegenwärtigen Schulen, Strömungen der Philosophie nennen, die sich der Sprache als Erkenntnisgegenstand zuwenden.

Die Geschichte der Sprachwissenschaft oder auch schon der Beschäftigung mit Sprache und sprachlichem Handeln ist jedoch nicht allein, ja nicht einmal in erster Linie, durch philosophische Erkenntnisinteressen beeinflußt und bestimmt worden. Letztlich waren auch für Sprachuntersuchungen, insbesondere für die Beobachtung der Wörter, Bedürfnisse des „praktischen Lebens", der Wirtschaft, des Handels, der Politik, der Bildung und des Staates ausschlaggebend. Allerdings ist dabei zu bedenken, daß auch die Philosophie auf Fragen des realen Lebens reagierte.

Schon im Altertum wurden Sprachstudien betrieben, um Werke alter Schriftsteller verstehen zu können. So heißt es bei DYONYSIOS THRAX (1. Jh. v. u. Z.), dem ersten Verfasser einer „Grammatik" im Abendland: „Grammatik ist die Kunde vom normalen Sprachgebrauch der Dichter und Schriftsteller. Sie umfaßt 6 Teile: 1) Lesen mit richtiger Aussprache, 2) Erklärung der vorkommenden dichterischen Wendung, 3) Überlieferung der Glossen und mythologischen Beispiele, 4) Auffindung der Etymologie, 5) Darlegung der Analogie, 6) Kritische Betrachtung der Dichtungen, der schönste Teil dieser Wissenschaft" (ARENS ^{2}1969, 19). Die Aufgaben dieser „Grammatik" bestehen weitgehend in der Untersuchung der Wörter.

Im Mittelalter standen Bedeutungsbeschreibungen im Zusammenhang mit der Auslegung kanonischer Texte. Das Rechtswesen forderte die Festlegung von Begriffen.

In Zeiten, in denen Wirtschaft und Verkehr die regionale Begrenztheit überwanden, mußten fremde Sprachen erlernt werden. Das erforderte in erster Linie Kenntnis des Wortschatzes und der Grammatik, also lexikographische Beschreibungen und normative Grammatiken. So entstehen seit dem Ausgang des 15. Jahrhunderts, zur Zeit der Renaissance, in Handelszentren und an Handelsstraßen Europas umfangreiche Wörterbücher und mit ihnen erste Arbeiten zur Lexikographie und somit weitere lexikologische Arbeiten. Zahlreiche Wörterbücher europäischer Sprachen dienten der Beschreibung und Kodifizierung der Landessprachen, die sich gegenüber dem Griechischen und Lateinischen durchsetzten. Durch die Jahrhunderte hindurch entwickelte sich die Lexikographie zu einer selbständigen Wissenschaft. Die Wechselbeziehungen zwischen ihr und der Lexikologie wirkten befruchtend auf beide Wissenschaften (vgl. auch 4.1.). Dennoch ergab es sich, daß die Lexikographie Entscheidungen ohne eine entsprechende Theorie des Wortschatzes treffen mußte und getroffen hat. Hier wird deutlich sichtbar, wie die Bedürfnisse der Praxis die Entwicklung der Theorie forderten.

Hervorragende Persönlichkeiten haben beides verbunden: die Arbeit am Wörterbuch und die theoretische Begründung ihrer Entscheidung. Wörterbücher vieler europäischer Sprachen sind in der Zeit der Renaissance Ausdruck der einsetzenden Beschäftigung mit jenen übergreifenden Verkehrssprachen, die sich zu nationalen Literatursprachen entwickelten. Diese Volkssprachen – Verkehrssprachen – werden auch historisch untersucht. Etymologien werden aufgestellt, so daß sich im Zusammenhang mit der Wörterbuchschreibung auch Anfänge historischer Wortforschungen und der Etymologie finden.

Zu den frühen Wörterbüchern gehören: 1564 von MONCINSKIJ: Lateinisch-polnisches Wörterbuch (Lexicon latino-polonicum); 1475 das niederländisch-lateinische Wörterbuch und lateinisch-niederländische Wörterbuch des Gerhard de SCHUEREN; 1531 der ›Thesaurus linguae latinae‹ des Robert STEPHANUS; 1538 ein lateinisch-englisches Wörterbuch; 1565 ein französisch-lateinisches Wörterbuch; 1572 der ›Thesaurus linguae graecae‹.

Weiter entstanden Wörterbücher für das Bretonische (1499), 1547 für das Walisische, 1511 und 1560–62 für das Böhmische (vgl. BAHNER 1978, ARENS [2]1969).

Auch der Wortschatz der deutschen Sprache wurde schon früh in Wörterbüchern erfaßt wie in dem von DASYPODIUS (1536) und MAALER (1561). (Über die Wechselbeziehungen von Lexikologie und Lexikographie vgl. 4.1.).

Seit der Renaissance brauchte aber auch das aufstrebende junge Bürgertum Wissen über die eigene und über fremde Sprachen. Das Interesse an der Volkssprache nahm zu. Viele Humanisten des 16. Jahrhunderts betrachteten die Pflege der Sprache und der nationalen Literatur als ihr ureigenstes Anliegen. Vgl. z. B. auch ›Ein Clagschrift des Hochberumten vnd Eernuesten herrn Vlrichs von Hutten gekroneten Poeten vnd Orator an alle stend Deütscher nation‹. Im Zusammenhang mit seinem literarischen und reformatorischen Wirken maß auch LUTHER der Rolle des Wortes größte Bedeutung bei. Er schreibt in seinem ›Sendbrief vom Dolmetschen‹:

> Ja/sprichstu aber mal/ob man gleich sollt vnd muste schulen haben/was ist vns aber nütze/ lateynisch/kriechisch vnd ebreyisch zungen vnd andere freye künste zu leren/kunden wyr doch wol deutsch die Bibel vnd Gottis wort leren/die vns gnugsam ist zur selickeyt [...] Ja ich weys leyder wol/das wyr deutschen müssen ymer bestien vnd tolle thier seyn vnd bleyben/wie vns denn die vmbligende lender nennen vnd wyr auch wol verdienen (1968, 56).

Ein praktischer Ratgeber für den Sprachgebrauch sollte auch die Grammatik von Port Royal (1660) sein. Sie diente pädagogischen Zielen – der Vermittlung der Sprache – und wollte Grundregeln für die Sprachverwendung beschreiben. So entstand hier eine Theorie der Wortverwendung – eine Zeichentheorie. In der ›Grammaire Générale‹ heißt es:

> So kann man zwei Aspekte an diesen Zeichen ins Auge fassen. Erstens: das, was sie von Natur aus sind, d. h. als Laute und Schriftzeichen; zweitens: ihre Bedeutung, d. h. die Art,

in der sich Menschen ihrer bedienen, um ihre Gedanken auszudrücken (Nach: AMIROVA/ OL'CHOVIKOV/ROŽDESTVENSKIJ 1980, 195).

Die Grammatik von Port Royal und andere rationale Grammatiken waren nach Methoden der Konfrontation und des Vergleichs aufgebaut, denen ein Begriffssystem als Vergleichsgrundlage diente. So konnten unterschiedliche Sprachen nach einem allgemeinen Kriterium verglichen werden. Auch hier werden die in den folgenden Jahrhunderten typischen Wechselbeziehungen zwischen praktischen Erfordernissen und Entwicklung der Theorie der Wortschatzbeschreibung deutlich. Die Praxis erforderte Normierung und Sprachvergleich. Pädagogische Bedürfnisse des Sprachlehr- und -lernprozesses waren wesentliche Triebkräfte der Entwicklung der Wortschatzbeschreibung. Die wissenschaftliche Untersuchung des Wortes als einer benennenden und bedeutungstragenden Einheit ist mit ihnen verbunden.

Als Sondergebiet der Grammatik wurde die Wortbedeutungslehre zuerst von CH. K. REISIG in den ›Vorlesungen über lateinische Sprachwissenschaft‹ (1839 veröffentlicht) eingeführt. REISIG sieht im Wort einen grammatischen Gegenstand, und so gehören bei ihm Etymologie (Formenlehre des Wortes), Syntax (seine Verbindung mit anderen Wörtern) und Semasiologie (Bedeutungslehre) zur Grammatik. Dieser semasiologische Teil enthält den Versuch einer Klassifizierung des Bedeutungswandels. REISIG will Gesetzmäßigkeiten finden, nach denen sich der Bedeutungswandel vollzieht. Solche Triebkräfte sieht er in den Ideenassoziationen. Die Figuren der antiken Rhetorik (Synekdoché, Metonymie und Metapher) sind für ihn die Arten der assoziativen Veränderung der Gebrauchssphäre des Wortes, die zur Veränderung der Wortbedeutung führen. REISIGs Suche nach „Grundbedeutungen" (am Beispiel der lateinischen Präpositionen) lenkt eigentlich schon hinüber zu den eigentlichen Aufgaben der Semasiologie. Ihre Beziehungen zur Stilistik deckt REISIG im 2. Teil der „Grundsätze über die Wahl der Wörter nach ihrer Bedeutung" auf. Sein Schüler F. HAASE setzt sein Werk fort. F. HEERDEGENS ›Untersuchungen zur lateinischen Semasiologie‹ (Erlangen 1875 bis 1881), seine ›Lateinische Semasiologie‹ (1890), das Schaffen M. H. HECHTs, A. D. DARMSTETTERs und G. FRANZ' sind Zeugnisse intensiver Beschäftigung mit dem Bedeutungswandel.

Sowohl die individualpsychologisch als auch die völkerpsychologisch orientierte Sprachwissenschaft des ausgehenden 19. Jahrhunderts greift Probleme des Wortes, der Wortbedeutung und des Bedeutungswandels auf. Termini wie „Gefühlswert", „assoziative Felder", „psychologische Ursachen des Bedeutungswandels", Untersuchungen zur Rolle des Affektes beim Bedeutungswandel, die Erklärung psychologischer Triebkräfte für das Sprachleben weisen darauf hin, daß im 19. und auch in unserem Jahrhundert sehr enge Beziehungen zwischen Sprachwissenschaft, vor allem Wortforschung, und Psychologie bestehen. Nach ULLMANN kann die Psychologie „gut als Bindeglied zwischen Sprachwissenschaft und Logik fungieren" (1967, 16).

Im Ausgang des 19. Jahrhunderts ist, verbunden mit dem Schaffen H. PAULs (1846–1921) und W. WUNDTs (1832–1920), die Wortlehre psychologisch fundiert. Für PAUL sind grammatische Kategorien „erstarrte psychologische Kategorien"

(PAUL 1880). In H. KRONASSERs ›Handbuch der Semasiologie‹ finden wir die von PAUL geprägten Termini („Spezialisierung", „Generalisierung", „Übertragung") mit eben den Erläuterungen, die PAUL aus der Psychologie in die Sprachwissenschaft übernahm.

So blieb der psychologische Zugriff zu Wort und Wortschatz lange Zeit bestimmend für die lexikologische Betrachtungsweise. Dabei stand die diachronische Forschung im Mittelpunkt.

Schon Jacob und Wilhelm GRIMM sahen in der Beschreibung der Entwicklungsgeschichte des Wortschatzes das eigentliche Anliegen der Wortschatzarbeit. Die Arbeit am Wörterbuch gab ihnen die Möglichkeit nachzuweisen, daß die Sprache nicht verarmt, wenn sich der Formenreichtum reduziert. Die neue Sprache

> bietet also einen ohne alles verhältnis gröszeren, in sich selbst zusammenhängenden und ausgeglichenen reichthum dar, der schwere verluste, die sie erlitten hat, vergessen macht, während die vorzüge der alten sprache oft nur an einzelnen plätzen, abgebrochen und abgerissen, statt im ganzen wirksam erscheinen [...] wahr ist, die alte sprache leistet der grammatik bessere dienste, aber für die auffassung der wortbedeutung wird die neue offenbar wichtiger. die gothische formlehre, wo wir sie nur anrühren, trägt zehnfach mehr frucht als die neuhochdeutsche, doch die magerkeit eines gothischen oder selbst althochdeutschen glossars gegen das mittelhochdeutsche springt ins auge, wie könnte das mittelhochdeutsche sich messen mit einem neuhochdeutschen wörterbuch? (GRIMM, J. u. W. GRIMM, Deutsches Wörterbuch, Erster Band, Sp. III–IV).

Mit den Arbeiten am DEUTSCHEN WÖRTERBUCH erhalten Etymologie und Wortgeschichte, Bedeutungslehre und Wortbildung einen festen Platz im Gefüge der Wissenschaft von der Sprache.

Das Prinzip des Historismus prägte auch die Arbeit am Wortschatz. Wortgleichungen, die Untersuchung der Wandlungsprozesse und der Etymologie dienten dem Nachweis der genetischen und typologischen Verwandtschaft der Sprachen. Schon LEIBNIZ hatte gesehen, daß der Wortvergleich Möglichkeiten zu Auskünften über die Sprachverwandtschaft bietet. Im 19. Jahrhundert war die genealogische Ordnung und Bestimmung der Sprachen zu einem wichtigen Anliegen der Sprachwissenschaft geworden. Der Nachweis der Verwandtschaft forderte, die Bedeutungen in die Untersuchungen mit einzubeziehen, um Spekulationen entgegenzutreten. Zu Beginn unseres Jahrhunderts wurde der Zugang zum Wort immer vielfältiger. Schon allein Übersetzungswissenschaft und Sprachpädagogik, Psychologie und Philosophie nutzten Resultate der Wortschatzforschung.

Die Onomasiologie, die Bezeichnungslehre, entwickelte sich als Forschungsrichtung. Man fragt nach der Bezeichnungsfunktion der Wörter, danach, wie eine Sache oder auch ein Begriff benannt werden. Mit der Richtung „Wörter und Sachen"[1] erhielt die Wortlehre neue Impulse. Als Prinzip dieser Richtung galt, daß

---

[1] In ihr werden die Prinzipien dieser Methode vertreten, die sich auf folgende Formel bringen lassen: „Sprachgeschichte ist Kulturgeschichte". Will die Sprachwissenschaft zu sicheren Ergebnissen gelangen und auch die Etymologie richtig erfassen, dann muß sie die Wörter zusammen mit dem Bezeichneten und der Kulturgeschichte der Sprachgemeinschaft untersuchen.

zwei Bereiche – „Sachen und die bezeichnenden Wörter" – nur in ihrer wechselseitigen Abhängigkeit voneinander erforscht werden sollten. Nach MERINGER (1851–1931) liegt in der Vereinigung von Sachwissenschaft und Sprachwissenschaft die „Zukunft der Kulturgeschichte". Begründet von GILLIERON (1854–1926), stellt sich die Onomasiologie zunächst als Alternative zur Semasiologie dar. Ausgangspunkt für die Betrachtung der Zusammenhänge von Name und Erscheinung ist nicht das Wort, sondern die zu bezeichnende Sache. Auch das Gedankengut dieser Richtung wirkt vor allem in der französischen und deutschen Sprachwissenschaft bis in unsere Tage, besitzen wir doch in den Arbeiten und im Wörterbuch DORNSEIFFs und seiner Schüler wertvolles Material zur Erschließung der semantischen Relationen im Wortschatz.[2] So führen die onomasiologische Fragestellung und die Verbindung von Wortgeschichte und Sachgeschichte auch zu einer neuen Betrachtung des Verhältnisses von Sprache und Sprachgemeinschaft. Die Herleitung der Entwicklungsgeschichte des Wortschatzes aus den Veränderungen der Sachwelt zwingt die Sprachwissenschaft, Kulturentwicklungen, Gesellschaftsgeschichte und geistige Strömungen stärker zu berücksichtigen.

Schon um die Jahrhundertwende – mit der Konsolidierung der junggrammatischen Schule – treten Variabilität und Differenzierung des Wortschatzes wieder stärker ins Blickfeld. Die Entstehung der Dialektologie, die Feststellung seiner sozialen und regionalen Differenzierung machen den Wortschatz zum bevorzugten Gegenstand. Wortgeographie (KRETSCHMER) und Sprachsoziologie etablieren sich als neue sprachwissenschaftliche Richtungen der Wortforschung. Am Wortschatz wird auch gezeigt, welch enger Zusammenhang zwischen sprachlicher Kommunikation und Lebensweise der Menschen besteht:

> Je enger der Lebenskreis, dem ein Mensch angehört, desto beschränkter die Welt seiner Anschauungen; der Arbeiter in der Fabrik, der Bauersmann auf dem Lande, sie haben vor allem Sinnliches, Greifbares zu benennen, während dem Gelehrten, dem Dichter ein Schatz von vielen tausend Wörtern kaum zu genügen vermag, um die Fülle der Gesichte, den Reichtum der Gedanken zu bewältigen. Man ist freilich geneigt, den Umfang des Wortvorrats zu unterschätzen, der z. B. dem Bauern zur Verfügung steht: aus einem oberhessischen Dorf hat man über 5000 Wörter zusammengebracht (BEHAGHEL 1953, 73f.).

Neben H. PAULs programmatischem Werk ›Prinzipien der Sprachgeschichte‹ läßt Behaghels Buch am besten die Auffassungen der junggrammatischen Schule von Wortbedeutungen und Bedeutungswandel erkennen. Veränderungen im Wortschatz werden auf kulturhistorische und psychische Bedürfnisse zurückgeführt.

> Aber nicht darauf allein kommt es an, ob gewisse Dinge in der Außenwelt überhaupt vorhanden sind, sondern auch die Stärke des Eindrucks ist maßgebend; diese aber ist

---

[2] Daß DORNSEIFF dabei vorsah, auch Verwendungsweisen, konnotative Bedeutungen, soziale Gebrauchsrestriktionen zu erfassen, zeigt die Möglichkeiten einer solchen onomasiologischen Darstellung: „Für die Einzelbegriffe sollte nun möglichst alles aufgeführt werden: Gottseliges, Schnodderiges, Fremdwörter, Papierenes, Menschliches-Allzumenschliches, Derbes, was Snobs sagen, die Backfische, Soldaten, Schüler, Kunden (Rotwelsch), Seeleute, Studenten, Gelehrte, Jäger, Börsianer, Pfarrer, die Zeitungen, wie sich der Gebildete ausdrückt im täglichen Verkehr, im Honoratiorendeutsch, in der gehobenen Literatursprache" (DORNSEIFF 1964, 41f.).

hauptsächlich davon abhängig, ob die Dinge Wert für den Menschen haben, ob sie schädlich oder fördernd auf ihn einwirken: die großen Tiere und die mächtigen Bäume, die Tiere und Pflanzen, die für die Ernährung und Bekleidung des Menschen von Bedeutung sind, die Tiere, die sein Leben bedrohen, sie haben viel früher sprachliche Bezeichnungen gefunden, als der unscheinbare Käfer im Sande, als die kleine Blume des Waldes. So kommt es, daß die Namen der größeren Tiere, der großen Waldbäume, der wichtigsten Getreidearten allen germanischen Stämmen gemeinsam sind, einzelne sogar, wie *Wolf, Kuh, Ochse, Birke, Buche, Erle, Gerste*, mit den Benennungen anderer indogermanischer Völker übereinstimmen; für Blumen und Kerbtiere dagegen wechseln die Bezeichnungen oft von Mundart zu Mundart, so daß noch heute der Zoologe und Botaniker des lateinischen Kunstausdrucks ungern enträt. Beispielsweise kennt der Deutsche für *Primula elatior* etwa 70 [...] Ausdrücke [...]; allein im Gebiete des Mittelfränkischen hat man 64 Ausdrücke für *Schmetterling* gezählt (BEHAGHEL 1953, 74).

Als psychische Triebkräfte der Wortschatzentwicklung nennt BEHAGHEL den Grad der Aufmerksamkeit, Eitelkeit, Bequemlichkeit, das Streben nach Deutlichkeit, Anschaulichkeit, aber auch die absichtliche Erschwerung der Verständlichkeit, besondere Höflichkeit oder bewußte Derbheit und Lächerlichkeit.

Im 20. Jahrhundert erhielt die Wortschatzbetrachtung durch den Einfluß F. DE SAUSSURES neue Impulse. Der Gedanke des „Werts", die Bestimmung des Elements durch seine Stellung im System, die Auffassung des sprachlichen Zeichens als einer bilateralen Einheit, die Forderung, Synchronie und Diachronie als zwei unterschiedliche Betrachtungsebenen auseinanderzuhalten, wurden zum Anstoß für synchronische Wortfelduntersuchungen. Die SAUSSUREsche Erkenntnis der syntagmatischen und paradigmatischen Beziehungen führt sowohl zu Gedanken über syntagmatische (PORZIG 1934), als auch über paradigmatische (TRIER 1931, WEISGERBER 1927) Beziehungen im Wortschatz. Der Wortschatz wird ebenso zum Gegenstand struktureller Untersuchungen wie die Grammatik.

Auch in die Theorie der Wortbildung dringt der strukturell-synchronische Aspekt stärker ein. WEISGERBER unterscheidet z. B. Nischen und Stände, d. h., er ordnet die Wortbildungsmittel nach Funktionen und Bedeutungsvarianten. Aber mit der Entwicklung der strukturellen Sprachwissenschaft rückte die Wortschatzuntersuchung im weiteren an die Peripherie. Die Dynamik des lexikalischen Teilsystems ließ sogar die Frage entstehen, ob die Lexik überhaupt als ein System aufzufassen ist. So ist zwar die Lexikologie als Wissenschaft vom Wortschatz noch sehr jung, aber all ihre wissenschaftlichen Zugriffe und Gegenstände sind vorbereitet: so die Fragen der Wortbedeutung, der Etymologie, der Wortbildung; die Untersuchung der Rolle des Wortes im Denk- und Erkenntnisprozeß, die Darstellung der Entwicklung des Wortschatzes, sein Verhältnis zur Grammatik, die Differenzierung des Wortschatzes, die Zusammenhänge des Wortes mit der Kultur und Geschichte des Sprachträgers, die psychologisch-erkenntnistheoretische Erklärung der Funktionen des Wortschatzes in der Kommunikation und die Verschmelzung von Benennungs- und Bedeutungsfunktion, die synchrone Gliederung der Lexik, die Struktur und die lexisch-semantischen Beziehungen – sie und noch viele andere Fragen, Probleme bewegten seit Beginn des Nachdenkens über Sprache verschiedene Wissenschaften.

Der Wortschatz stand immer und steht noch heute im Schnittpunkt verschiedener Wissenschaften. Wie sich in der Vergangenheit Philosophie, Logik, Psychologie, Literatur- und Sprachwissenschaft um den Wortschatz bemühten, um Antworten auf ihre Fragen zu erhalten, so gaben sie andererseits auch Erklärungen für sprachliche Sachverhalte.

Durch die Vielfalt der Wortfunktionen ist es besonders kompliziert, alle Aspekte zu erfassen. Daraus erklärt sich auch, daß Wissenschaften, die wir heute als Disziplinen der Lexikologie auffassen, als Wissenschaften ausgebaut waren, bevor die Lexikologie als selbständige Wissenschaft entstand. Auch heute besitzen Semasiologie, Onomasiologie, Etymologie und Wortbildungstheorie eine relative Selbständigkeit. Mit der Zuwendung der Sprachwissenschaft zum sprachlichen Handeln wird die Frage nach den Kenntnissystemen gestellt, die unser sprachliches Handeln steuern. So erklärt sich das Interesse der Lexikologie an psychologischen, vor allem kognitionspsychologischen Forschungsresultaten. Andererseits bekundet die Gedächtnispsychologie ihr Interesse an sprachwissenschaftlichen Erkenntnissen zur lexikalischen Semantik. Kennzeichnend für diese Entwicklung sind Arbeiten von Psychologen, die mit der Kritik der in der Lexikologie entwickelten Methoden der semantischen Analyse Modelle der holistischen Bedeutungsauffassung verbinden. Die gegenwärtige Semantikforschung orientiert sich auch an diesen psychologischen Modellen der Prototypen- und Stereotypensemantik, an Netzwerkmodellen, die Bedeutungen als Wissensrepräsentationen darstellen. Wie weit diese Verschmelzung lexikologischer und psychologischer Forschungen schon vorangeschritten ist, beweist der Umstand, daß im ›Handbuch der Lexikologie‹ ein ganzes Kapitel psychologische Aspekte des Lexikons erörtert. Es geht hier um Repräsentationen und Verarbeitung von Wortformen und Wortbedeutungen, um die Gesetzmäßigkeiten der Speicherung des Lexikons im Gedächtnis, um Wege der Aktivierung und Verarbeitung, um Verstehen, Benennen, Behalten.

Als Reaktion auf die Entwicklung der Computerlinguistik ist auch die enge Beziehung der Lexikologie zu den Forschungen zur Künstlichen Intelligenz (KI-Forschung) aufzufassen. Die KI-Forschung kann, ausgehend von ihrem Ziel, Bedeutungsverarbeitung und -speicherung zu modellieren, Modelle der Wissensrepräsentation zur Diskussion stellen, die außerordentlich wichtig für die Entwicklung der Lexikologie sind.

3.2. Disziplinen der Lexikologie und Aspekte der Wortschatzbetrachtung

3.2.1. Lexikologiekonzepte

Als sprachwissenschaftliche Universitätsdisziplin tritt die Lexikologie in Europa erst nach dem II. Weltkrieg auf. Zunächst waren die Aufgaben durch sprachpädagogische Vorhaben bestimmt. Insbesondere die internationale Kommunikation forderte bessere Fremdsprachenkenntnisse. Hier engagierten sich besonders sowjetische Linguisten. Es entstanden Lexikologien verschiedener Sprachen. Als

> Grundprobleme der sowjetischen Lexikologie gelten das Problem des Wortes, seine Bedeutung und seine Beziehung zu dem von ihm bezeichneten Begriff; verschiedene Aspekte der Zeichentheorie; die semantischen Gesetzmäßigkeiten innerhalb des Sprachsystems; die Wege der Wortschatzentwicklung; die Wortbildung als einer dieser Wege und als Lehre von der Wortstruktur; das phraseologische System und seine Stellung im Sprachbau; soziolinguistische Aspekte der Stratifikation des Wortbestandes u. a. m. (STEPANOVA/ČERNYŠEVA 1975, 5).

Einen guten Einblick in die Entwicklung der Lexikologie, insbesondere der lexikologischen Semantikforschung seit dem Erscheinen von ZVEGINCEVs „Semasiologie", gibt MEDNIKOVA 1974. Demnach gehören im engeren Sinne zur Lexikologie die Wortbedeutungslehre (Semasiologie), die Bezeichnungslehre (Onomasiologie), die Wortgeschichte (Etymologie) und die Wortbildungstheorie. Die „Stratifikation" des Wortschatzes wird durch die soziolinguistische und historische Lexikologie untersucht. Ihr Gegenstand sind die historische, regionale, soziale und funktionale Schichtung des Wortbestandes und seine Entwicklung. Zur Peripherie der Lexikologie gehört die Phraseologie, die in immer stärkerem Maße Anspruch auf den Status einer eigenständigen sprachwissenschaftlichen Disziplin erhebt. Am Beispiel einer sowjetischen Lexikologie der deutschen Sprache sollen sowohl eine mögliche, von unserer Darstellung abweichende Systematisierung der lexikologischen Gegenstände und Teildisziplinen gezeigt, als auch Entwicklungstendenzen in der Lexikologie nachgewiesen werden. 1975 gliederte sich die ›Lexikologie der deutschen Gegenwartssprache‹ von STEPANOVA/ČERNYŠEVA in: I. Charakteristik des Wortes; II. Wortbildung der deutschen Gegenwartssprache und Methoden der Wortbildungsanalyse; III. Die soziolinguistischen Aspekte der Stratifikation des deutschen Wortbestandes (mit den Unterkap. „Die sozial-berufliche Differenzierung des Wortbestandes" und „Die territoriale Differenzierung des Wortbestandes"); IV. Phraseologie. 1986 erschien von den gleichen Autorinnen eine zweite, stark veränderte Auflage der ›Lexikologie der deutschen Gegenwartssprache‹. Die Änderungen zeigen die Neuorientierung der Lexikologie zu Beginn der 80er Jahre: das Verhältnis von Wort und Text, funktionale Potenzen des Wortschatzes werden neu als lexikologische Gegenstände aufgenommen – die Lexikologie wird um eine pragmatische Komponente erweitert. So enthält auch STEPANOVA/ČERNYŠEVA (1986) ein 5. Kapitel: „Text als Medium der kommunikativ-pragmatischen Potenzen des Wortschatzes".

Im deutschsprachigen Raum erschien 1959 W. SCHMIDTs „Sprachkunde", als Darstellung des deutschen Wortschatzes mit ausgeprägt historischer Sicht für die Hand des Lehrers und der Studenten gedacht. REICHMANNs „Germanistische Lexikologie" ([1]1969) sieht als Ziel

> eine auf der zweiten Metaebene liegende Übersicht über wichtige sprachtheoretische Aussagen zum Phänomenbereich ‚deutscher Wortschatz' im Sinne von ‚Lexikon des Deutschen', die beschreibungstheoretisch-methodischen Wege zu seiner Analyse sowie den je nach Sprach- und Beschreibungstheorie unterschiedlichen Charakter bisheriger Forschungsergebnisse ([2]1976, 1).

Stärker ist hier die Einbettung der Lexikontheorie in eine Sprachtheorie betont. In dieser umgearbeiteten Auflage der „Deutschen Wortforschung" gliedert REICHMANN seine Darstellung nach den Funktionen des Wortschatzes in folgende Kapitel: „Die Beschreibung der Darstellungsfunktion des Wortschatzes durch den lexikalischen Strukturalismus [...]; Ansichten der Erkenntnisfunktion des Wortschatzes [...]; Die Beschreibung der Kommunikationsfunktion des Wortschatzes [...]; Ansätze zur Beschreibung der Symptomfunktion des Wortschatzes". Das ist eine funktionale Auffassung der Lexikontheorie. Die Gliederung greift die Funktionsbestimmung sprachlicher Zeichen durch BÜHLER (1934) auf.

Der Untertitel der ›Englischen Lexikologie‹ von B. HANSEN u. a.: Einführung in Wortbildung und lexikalische Semantik, deutet schon darauf hin, daß hier Bedeutungs- und Wortbildungstheorie als zentrale Bereiche der Lexikologie einer Fremdsprache aufgefaßt werden.

Wieder anders verfahren die Autoren der ›Französischen Lexikologie‹; denn sie beziehen in starkem Maße historische Aspekte („II. Herkunft und Entwicklung des französischen Wortschatzes") und Lexikographie („IV. Wörterbücher der französischen Sprache, eine Auswahlbiographie") mit ein.

Auch in den „Lexikologien" widerspiegeln sich Trends der sprachwissenschaftlichen Forschung: Einmal dominiert die Auffassung, daß die Lexikologie Bestandteil der Grammatik ist, wie auch der Gegenstand, das Lexikon, als Komponente einer Grammatik aufgefaßt wird. In strukturelle Untersuchungen sind Wortbildung und Semantik eingeschlossen. In diesem Sinne betrachtet die generative Grammatik die Lexikontheorie als Bestandteil der Grammatiktheorie. Zum anderen zeigt sich gerade in den jüngeren Arbeiten die Orientierung an handlungstheoretischen Konzeptionen. SCHWARZE/WUNDERLICH ordnen in ihrem ›Handbuch der Lexikologie‹ (HANDBUCH 1985) die Lexikologie in die Konzeption einer generativen Grammatik ein und kommen zu einer psychologisch orientierten, integrativen Darstellung des Lexikons als einer zentralen Komponente menschlicher Sprache. Dieses HANDBUCH gliedert sich in die Kapitel „Wortbedeutung und Lexikonstruktur", „Wortbedeutung und Satzbedeutung", „Wörter in psychischen Prozessen" und „Anwendungen". Als wichtige Anwendungsbereiche der Ergebnisse lexikologischer Forschungen werden Lexikographie, „Lexikalisches Lernen im Fremdsprachenunterricht" und die Forschungen zur Künstlichen Intelligenz genannt.

Nachdem sich die Lexikologie als selbständige Disziplin der Sprachwissenschaft etabliert hatte, wurden sehr bald Bestrebungen sichtbar, Teildisziplinen wieder auszugliedern. Das betraf die Wortbildungstheorie (vgl. 3.2.4. und 6.) und die Phraseologie (vgl. 3.2.5.). Aber eine Theorie des Wortschatzes sollte nicht darauf verzichten, bei der Darstellung ihres Gegenstandes auf Bildungsprinzipien, Wortbildungsarten und -typen einzugehen, zumal gegenwärtig lexikalistische und grammatische Auffassungen der Wortbildung konkurrieren (vgl. dazu: OLSEN 1986). Dennoch betrachten wir die Wortbildungstheorie und die Phraseologieforschung als selbständige sprachwissenschaftliche Disziplinen.

Unverzichtbar erscheint jedoch die funktionale Betrachtung des Wortschatzes, die Beschreibung der pragmatischen Komponente. Daher wird diese Lexikologie das Wort sowohl als Element des Lexikons, des Sprachsystems, als auch als Teil der Rede darstellen.

3.2.2. Onomasiologie und Semasiologie

Onomasiologie – Bezeichnungslehre
Wissenschaft von den Benennungen (griech. *onoma* – der Name)

Ein Kind, das beginnt, sich die Welt geistig anzueignen, verbindet seine Empfindungen, Wahrnehmungen und Erfahrungen mit den „Namen" der Dinge. Es fragt: „Wie heißt das?" und erwartet eine Antwort, die ihm sagt, was das Ding „ist". „Was ist das?" und „Wie heißt das?" fordern im Alltag die gleiche Antwort. Mit der Benennung (Bezeichnung) einer „Sache" erwerben wir die gesellschaftlich übliche kognitive Kategorie, den Begriff, dem diese Sache zugeordnet wird. Die Benennung hypostasiert eine gedankliche Einheit. Mit dem Lexem erwerben wir die in der Sprachgemeinschaft usuellen Gliederungen und Ordnungen. Anfangs identifiziert das Kind Ding und Benennung. Erlernen wir eine Fremdsprache, so fragen wir: „Wie heißt dieses oder jenes auf englisch, französisch, russisch ...?" Wir fragen also danach, welche Benennungseinheiten für die „Welt" und unsere Begriffe von ihr vorhanden sind.

Eine andere Frage stellen wir, wenn wir im konkreten Sprechakt fragen: „Was ist das?" Hier erwarten wir zwar eine Auskunft über die „Sache" und den Begriff, den wir von ihr haben, aber sie kann uns wiederum nur in sprachlicher Form gegeben werden und beruht somit letztlich auf dem subjektiven Sprachbesitz des Antwortenden.

Ein Beispiel soll dieses Verhältnis von Benennung und Bedeutung verdeutlichen: „Was ist das für ein Vogel?" erfordert gegebenenfalls die Antwort – „Ein Sperling". Der Antwortende hat die lexikalische Einheit gewählt, von der er annimmt, daß ihre Bedeutung den Gegenstand umfaßt. Die Benennung des konkret gegebenen Sachverhalts wird gewählt. Wir sprechen in diesem Fall von Nomination, der Nutzung eines Zeichens im Redeakt. Fragen wir jedoch: „Wie heißt der Vogel auf englisch?" so erwarten wir die in einem lexikalischen System vorhandene Benennung. Mit BELLMANN (1988) unterscheiden wir Benennung und Nomination: „Erstbenennung ist ein referentieller Akt nur insofern, als einem Objekt bzw. dessen Begriff ein Ausdruck zu künftiger Verwendung zugeordnet wird" (12).

Vor allem in der Sowjetunion entwickelte sich die Nominationstheorie. Dort allerdings werden beide Prozesse, die Erstbenennung und Nomination im Redeakt, als Nomination bezeichnet. Tatsächlich gibt es zahlreiche Überschneidungen im Gegenstandsbereich von Onomasiologie und Nominationstheorie.

Als lexikologische Disziplin befaßt sich die Onomasiologie mit dem Inventar der Benennungseinheiten einer Sprache, den Benennungsprinzipien; Prinzipien der Auswahl von Benennungseinheiten; der Ordnung der Benennungseinheiten nach den Kriterien ihrer Benennungsfunktion, wie der Ordnung zu Sachgruppen, thematischen Reihen, onomasiologischen Gruppen; den Veränderungen im Benennungssystem.

Ein Beispiel soll onomasiologische Fragestellungen verdeutlichen:
1. Welche Benennungen existieren im Deutschen zur Bezeichnung von ‚Institutionen zur Heilbehandlung'? (= Begriff ‚Institutionen zur Heilbehandlung')
   Klinik, Krankenhaus, Sanatorium, Lazarett, Heilanstalt, Heilbad
2. Welche thematischen Reihen existieren in dieser Sachgruppe?
   1. ‚ambulante Behandlung'   2. ‚stationäre Behandlung'
   Arztpraxis   *Krankenhaus*
   Ärztehaus   *Klinik*
   Poliklinik   *Heilanstalt*
   Ambulanz   *Sanatorium*
3. Nach welchen Prinzipien werden im Deutschen Krankheiten benannt? Das ist auch die Frage nach der Motivation (vgl. 5.3.).
   – Die Benennungsmotive sind Symptome der Krankheit: *Gelbfieber, Keuchhusten, Wundstarrkrampf, Schlafkrankheit, Gürtelrose*
   – Der Name des Erregers dient als Benennungsmotiv: *Virusgrippe, Arbovirusgrippe*
   – Der Name des Entdeckers oder Beschreibers der Krankheit wird Teil der Benennung: *Bechterewsche Krankheit, Schottmüllersche Krankheit*
   – Der Name der Wirkungsstätte des Wissenschaftlers geht in die Benennung ein: *Merseburger Trias* (Symptomtrias der Basedowschen K.) (Vgl. dazu WIESE 1984 und die angegebene Literatur)
4. Wie werden Benennungen übertragen?
   Tierbenennungen können z.B. metaphorisch in andere Sachbereiche übertragen werden. Eine solche Übertragung beruht auf Ähnlichkeitsassoziationen. So werden z.B. Tierbenennungen als Benennungen für Krankheiten genutzt: *Krebs, Wolf.*

Einer der ersten Forscher, der die Frage nach den Bezeichnungen für Sachen stellte, war SCHUCHARDT. Er ging davon aus, daß sich die Sprachgeschichte aus der Geschichte der Menschen herleitet; denn soziologische Gegebenheiten bestimmen auch die Sprachgeschichte: „Geschichte des Gegenstandes ist Geschichte der Gattung. Geschichte des Wortes ist übereinstimmend mit der Geschichte der Sachen, eigentlich der Menschen" (1885, 127). Dabei sieht SCHUCHARDT durchaus, daß die „Sache" als das Primäre nicht mechanistisch mit dem Wort verbunden ist, sondern daß der Benennungsakt durch die Interessen, Bedürfnisse und Wertungen der Menschen gesteuert wird. So kann man SCHUCHARDT als den eigentlichen Begründer der Onomasiologie ansehen (Vgl. 3.1.)

> Ein Fortschritt im allgemeinen Sinne wird nur dadurch erzielt, daß Sachforschung und Wortforschung nicht bloß, wenn auch hilfsbereit, nebeneinanderstehen, sondern daß sie sich durchdringen, sich miteinander verflechten und zu Ergebnissen zweifacher Art führen. Kurz, das u n d in „Sachen und Wörter" verwandle sich aus einem Additionszeichen in ein

Multiplikationszeichen; es entwickle sich eine Sachwortgeschichte [...] Wie einem Sein oder Geschehen der Satz, so entspricht einer Sache das Wort; nur ist die Beziehung nicht umkehrbar. Ich kann fragen, wie heißt diese Sache? Ich muß fragen: was bedeutet dieses Wort? Die Sache besteht für sich voll und ganz; das Wort nur in Abhängigkeit von der Sache, sonst ist es leerer Schall" (SCHUCHARDT 1885, 124f.).

Die Onomasiologie begreift sich von Anfang an als komplementäre Disziplin der Semasiologie, der Bedeutungslehre. Die Skizze soll den grundlegenden Zusammenhang von Semasiologie und Onomasiologie, von Sache – Wort – Begriff – Bedeutung erläutern:

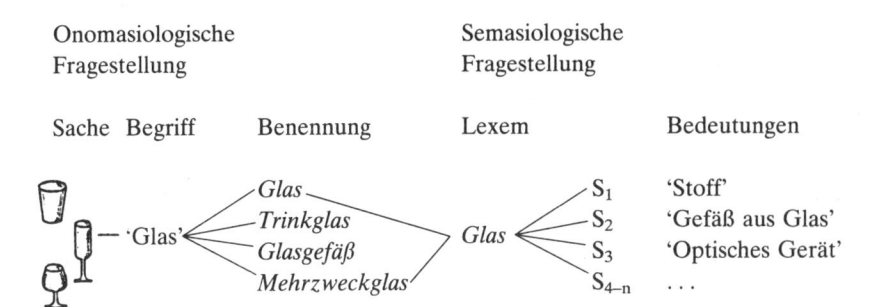

Onomasiologische Fragestellung			Semasiologische Fragestellung	
Sache	Begriff	Benennung	Lexem	Bedeutungen
🥃🍷🍸🍷	'Glas'	Glas Trinkglas Glasgefäß Mehrzweckglas	Glas	S_1 'Stoff' S_2 'Gefäß aus Glas' S_3 'Optisches Gerät' S_{4-n} ...

Die Onomasiologie erfaßt aber nicht nur die Beziehungen zwischen einer Sache und einem Wort für diese Sache, sondern sie fragt auch nach den sachbezogenen Beziehungen im Wortschatz. Dieser Fragestellung liegen lexikographische Bedürfnisse zugrunde. Die Richtung, die als sprachgeschichtliche onomasiologische Schule in Frankreich von GILLIERON begründet wurde, von R. MERINGER 1909 mit dem Titel einer Zeitschrift ›Wörter und Sachen‹ ihren Namen erhielt, findet im Werk DORNSEIFFs ihre lexikographischen Konsequenzen. Sein onomasiologisches Wörterbuch ›Der deutsche Wortschatz nach Sachgruppen‹ erschien 1933 in der ersten Auflage. Im Vorwort schreibt er:

> Es wird nicht von den einzelnen Wörtern ausgegangen, um deren Bedeutung aufzuführen, sondern von den Sachen, von den Begriffen, und dafür die Bezeichnungsmöglichkeit gesucht: die Wortdecke für die Gedanken. Ein Verzeichnis der Welt nach Gegenständen und Beziehungen ist zugrunde gelegt, und daran sind die Wörter ähnlicher oder fast gleicher Bedeutung (Synonyma) aufgereiht.

F. DORNSEIFF war sich über Vorteile und Grenzen eines onomasiologischen Wörterbuchs im klaren: „Ich möchte durchaus nicht die semasiologische Betrachtung für minderwertig erklären. Bezeichnungslehre und Bedeutungslehre stehen zueinander wie Wörterbuch nach Sachgruppen und alphabetisches Wörterbuch. Man braucht sie beide [...]" (1964, 119). Und über die Schwierigkeiten: „Eine Einteilung der Welt und sämtlicher Vorgänge in ihr ist ein Unternehmen, das, wenn es mit philosophischem Anspruch aufgefaßt würde, die Kräfte sämtlicher Phänomenologen übersteigen würde. Systematisch-philosophisch ist die vorliegende Klassifikation ohne Anspruch. Jede Einteilung beruht auf dem Ermessen ihres Urhebers, die meinige will für ihre sprachlichen Zwecke brauchbar sein" (1964, 147). Die Zusammenstellung von onomasiologisch geordnetem Material ist jedoch nicht nur für die Wörterbucharbeit, sondern auch für sprachpädagogische Ziele wichtig; denn zum Sprachwissen gehört das Wissen um Möglichkeiten des Wortschatzes, einen thematischen oder begrifflichen Bereich mit unterschiedlicher Akzentuierung aufzugliedern. Auch für vergleichende Wortschatzstudien leistet die Onomasiologie wertvolle Vorarbeit; denn jede Sprache gliedert einen Sachbereich anders auf. So können thematische Reihen und Sachgruppen zusammengestellt werden.

Zu einer **thematischen Reihe** gehören solche Wörter, die gleichen Sach- oder Wirklichkeitsbezug haben und ihren Sachbereich nach bestimmten Kriterien aufgliedern. Das Ordnungsprinzip ist durch die Bezeichnungsobjekte vorgegeben. Die Frage bei der Zusammenstellung thematischer Reihen lautet: Welche Benennungen (Wörter, Phraseologismen) stehen zur Verfügung, um die Sache (das Bezeichnungsobjekt: die Klasse von Sachen oder Sachverhalten) zu benennen?

Die Art der Gliederung läßt erkennen, daß der Benennungsprozeß den Interessen und Bedürfnissen des Sprachträgers folgt. Am Beispiel der Krankheitsbenennungen (vgl. S. 32) konnte gezeigt werden, daß mit den Benennungen bestimmte Merkmale, Aspekte des Benennungsobjekts hervorgehoben werden. Sehweisen, Gliederungs- und Ordnungsbestrebungen prägen die Struktur thematischer Reihen.

Das Interesse der Namengeber, sprachgeschichtlich zu erklärende Traditionen, aktuelle Bedürfnisse, kulturell-soziale Gegebenheiten bestimmen, wie Benennungen motiviert werden und welche Lexeme zu einer thematischen Reihe gehören. So ist es z. B. von diesen Standpunkten abhängig, ob in eine thematische Reihe ‚Kunsthandwerk' auch Wörter wie *Gartenzwerg* aufgenommen werden, ob in eine Reihe ‚Medizin' auch *Heilpraktiker* gehört und ob *Astrologie* in die thematische Reihe ‚Wissenschaft' aufzunehmen ist.

Die thematische Reihe umfaßt also alle Lexeme, die einen Sachbereich zu einer bestimmten Zeit aufgliedern und damit gedankliche Einheiten voneinander abgrenzen. Es ist auch durchaus möglich, die Elemente einer thematischen Reihe zusätzlich nach ihrem Alter (z. B. /archaisch/), ihrer Herkunft (z. B. /französisch/), ihrer Region (z. B. /niederdeutsch/), ihrer Funktion (z. B. /Scheltwort/), ihrer sozialen Verbindlichkeit (z. B. /Kinderwort/, /Fachwort Medizin/) zu markieren. Schon daraus geht hervor, daß auch thematische Reihen veränderlich sind, Wörter kommen und vergehen; die Struktur der Reihen verändert sich, da sich die Beziehungen zwischen den Elementen verändern können.

Thematische Reihe „Druckerzeugnisse"

Reihe I	Merkmal ‚gebunden'	Sachmerkmale	Sprachmerkmale
Buch	+		
Foliant	+	‚alt' ‚groß'	/bildungsspr./
Wälzer	+	‚dick' ‚schwer'	/ugs., scherzh./
Schwarte	+	‚abgenutzt'	/salopp/
Schinken	+	‚minderwertig'	/ugs., abwert./
Schmöker	+	‚zur Unterhaltung'	/ugs./

Reihe II	Merkmal ‚broschürt'	‚geheftet'
Broschüre	+	
Zeitschrift	+	
Heft	+	
Magazin	+	‚bebildert'
Illustrierte		‚bebildert'

Reihe III	Merkmal ‚aus losen Blättern' ‚geheftet'
Zeitung	
Blatt	
Zeitschrift	
Illustrierte	

Die für die Einteilung in thematische Reihen notwendige Systematik läßt sich durch die Gegenüberstellung des Wortmaterials ermitteln.
Beispiel: Benennungen von Lebewesen
Benennungen für

1.	Lebewesen	:/: 2.	Nichtlebewesen
1.1.	Individuen	:/: 1.2.	Gruppen / Kollektive
1.1.1.	Menschen	:/: 1.1.2.	Tiere :/: 1.1.3. Pflanzen
1.1.1.1.	Menschen ohne Spezifika:	:/: 1.1.1.2.	Menschen mit Spezifika
	Mensch, Person	1.1.1.2.1.	Geschlecht
			Frau :/: Mann
		1.1.1.2.2.	Beruf
			Lehrer, Bäcker
		1.1.1.2.3.	Herkunft
			Städter, Erfurter
		usw.	

Man kann in einem Wörterbuch auch onomasiologische und semasiologische Betrachtungsweisen vereinen. Solche Konzeptionen muß man im Zusammenhang mit den Ergebnissen der Psycholinguistik und der kognitiven Psychologie sehen, die davon ausgehen, daß unser lexikalisches Wissen nach Prinzipien geordnet ist, die mit immer wiederkehrenden Situationen und Handlungsverläufen im Zusammenhang stehen. Für solche umfassenden Zusammenhänge sind Termini wie Frame, Kernkonzept, Geschehenstyp vorgeschlagen worden. Stellt man sich die Lexikalisierung eines solchen Konzepts vor, so erhält man ein letztlich durch den widergespiegelten Sachverhalt determiniertes lexisch-semantisches Netz:

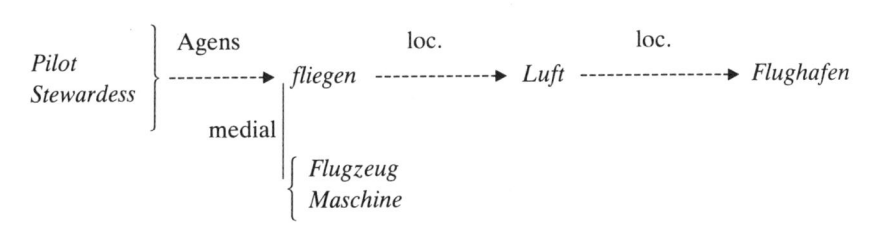

Pilot ⎫ Agens   loc.   loc.
Stewardess ⎬ ----------▶ *fliegen* -------------▶ *Luft* ----------------▶ *Flughafen*
              ⎭   medial
                       ⎰ *Flugzeug*
                       ⎱ *Maschine*

Dieses Konzept enthält konkrete lexikalische Einheiten, die *typisch* für die sprachliche Bewältigung dieses Sachverhaltes sind, die somit in „geschehenstypischen Zusammenhängen" gespeichert werden. Dieses Konzept „greift" in benachbarte über:

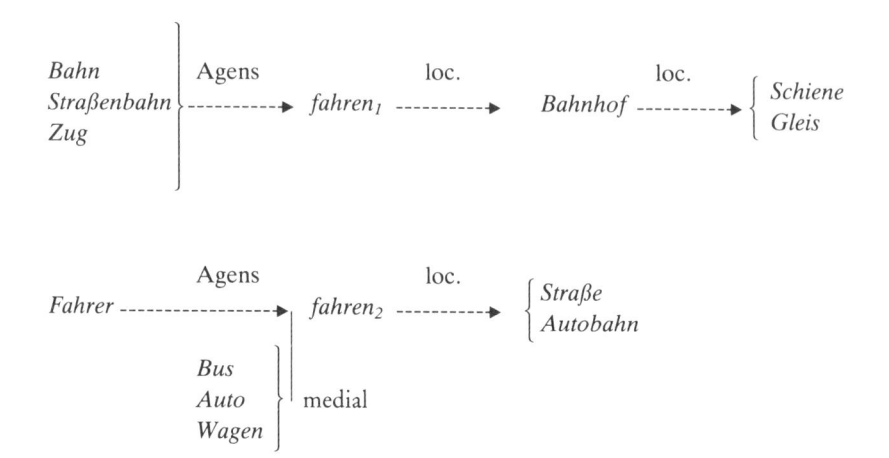

$$
\begin{Bmatrix} Bahn \\ Straßenbahn \\ Zug \end{Bmatrix} \xrightarrow{Agens} fahren_1 \xrightarrow{loc.} Bahnhof \xrightarrow{loc.} \begin{Bmatrix} Schiene \\ Gleis \end{Bmatrix}
$$

$$
Fahrer \xrightarrow{Agens} fahren_2 \xrightarrow{loc.} \begin{Bmatrix} Straße \\ Autobahn \end{Bmatrix}
$$

$$
\begin{Bmatrix} Bus \\ Auto \\ Wagen \end{Bmatrix} \text{medial}
$$

Diese Konzepte wiederum sind mit übergeordneten Begriffen und Sachverhalten verbunden. Ihre Benennungen bilden ein „Netz": *Verkehr, Verkehrsteilnehmer, Fahrzeug, Verkehrsmittel* ... Zwischen einzelnen „Knoten" des Netzes bestehen typische Beziehungen, wie die Beziehung des Verbs zur Agensgröße, wie mediale, lokale, finale u. a. Relationen. Der sprachliche Charakter dieser Netze zeigt sich auch darin, daß einem der Lexeme (*fahren*) mehrere Teilnetze zugeordnet werden können.

Onomasiologisch sind auch die Untersuchungen angelegt, die nicht nach der Benennung einer Sache oder eines Sachverhaltes fragen, sondern nach den lexikalischen Einheiten und grammatischen Klassen, durch die eine semantische Kategorie in einer Sprache verbalisiert werden kann. BONDARKO (1977) hatte den Versuch unternommen, funktional-semantische Felder zusammenzustellen. Im Zentrum eines Feldes steht eine grammatische Kategorie – die Glieder des Feldes sind benennende Lexeme und grammatische Formen. So wurden z. B. das Feld der Modalität, der Kausalität, der Temporalität beschrieben. Glieder dieser Felder sind z. B. Modalwörter, Adverbien, aber auch Präpositionen und Konjunktionen.

Neuerdings werden auch, um sprachpädagogischen Aufgaben gerecht zu werden, funktional-kommunikative Felder[3] beschrieben. Auch sie sind in ihrem Wesen

---

[3] In der ehemaligen DDR erschienen eine Reihe Arbeiten zur „funktional-kommunikativen Sprachwissenschaft". Der Grundgedanke dieser tätigkeitsbezogenen Sprachbeschreibung besteht darin, daß diejenigen grammatischen, lexikalischen und prosodischen Mittel eine Art „Feld" bilden, die für einen Handlungstyp (ein Kommunikationsverfahren) bevorzugt eingesetzt werden. Die Grenzen dieser Herangehensweise sind u. a. darin zu sehen, daß die Faktoren, die sprachliches Handeln bestimmen, in ihren Auswirkungen auf die Wortwahl

Bezeichnungsfelder – sie werden durch lexische und grammatische Mittel mit gleicher kommunikativer Funktion gebildet. So läßt sich z. B. ein „Feld der Aufforderung" zusammenstellen. Dazu gehören Wörter und grammatische Mittel, die appellativische Funktionen haben, wie: Verben der Aufforderung *bitten, auffordern, aufrufen, appellieren, fordern, anflehen, anrufen, erbitten, abfordern, anfordern, erbeten,* aber auch Phraseologismen wie *die Bitte an jmd. richten, mit der Bitte an jemanden herantreten;* oder grammatische Formen der Aufforderung und lexische Mittel des Nachdrucks: *bitte, wohl (Willst du wohl . . .).*

Auch die Onomasiologie erweitert ihren Gegenstand. Onomasiologisches Herangehen an den Text dient dazu, semantische Beziehungen im Text aufzudecken. Dazu werden Bezeichnungsketten erfaßt. Diese Bezeichnungsketten, deren Glieder synonymisch, antonymisch u. a. verbunden sein können, lexikalisieren den Gedankengang des Autors, seine Standpunkte und Wertungen. Solche Bezeichnungsketten lassen sich z. B. aus folgendem Text isolieren:

„Besser sehen kann man lernen":
Der größte Teil der Sehschwächen, die mit Brillen und Kontaktlinsen korrigiert werden, gehen auf eine mangelnde Fähigkeit des Auges zurück, sich richtig auf Nahes und Fernes einstellen zu können. Doch dieses Können kann man durch Training üben. Dazu gehört das Palmieren, das Abschirmen beider Augen. Auf diese Weise lernen die Augenmuskeln, sich zu entspannen:

Sehschwäche	*besser sehen*	*lernen*
Brillen		*Training*
Kontaktlinsen		*üben*
mangelnde Fähigkeit		*Palmieren*
des Auges		*Augenmuskeln*
		entspannen

Der Text belegt die Aussage der Überschrift: Besser sehen kann man lernen. Zwei nominative Ketten stehen einander gegenüber: die Kette, durch die der Mangel ausgedrückt wird (Sehschwäche) und die zweite Kette, durch die *lernen* expliziert wird. In diesen nominativen Ketten entfaltet sich das Thema. Im Rezeptionsprozeß leiten uns die Vernetzungen bei der Sinnerschließung.

So hat die Onomasiologie seit ihrer Begründung durch MERINGER und SCHUCHARDT tiefgreifende Wandlungen erfahren. War zunächst ihr Augenmerk auf die Benennung der Sachen in einem Sprachsystem gerichtet, so wandte sie sich später den Nominationsprozessen zu.

Nur die Richtung der Fragestellung – die Richtung vom Sachverhalt zur Sprache, vom zu Bezeichnenden zur Bezeichnung – verbindet unterschiedliche Vorgehensweisen. Das allein rechtfertigt, verschiedene Zugriffe zum Verhältnis von Bezeichnungsobjekt und Bezeichnung unter dem Stichwort „onomasiologisch" zu vereinen. In diesem Sinne hat die Onomasiologie verschiedene Untersuchungsobjekte und Methoden entwickelt und sich der Nominationstheorie genähert:

---

unberücksichtigt bleiben. So erlauben diese Felder nicht, Varianten bei der Auswahl sprachlicher Mittel zu begründen. Sie bleiben bloße Zusammenstellungen nach bestimmten Handlungsmerkmalen.

- Sie fragt nach den Bezeichnungen für ein Bezeichnungsobjekt: eine Sache, einen Sachverhalt, ein Konzept, einen kommunikativen Typ, einen funktional-semantischen „Kern". Durch die Zusammenstellung nominativer Einheiten (hier sind auch Lexeme der Prädikation eingeschlossen) können Sehweisen, Standpunkte, Nominationsabsichten aufgedeckt und Prinzipien der Nomination einer Sprache bestimmt werden.
- Sie fragt nach den sachlich und kommunikativ bedingten Zusammenhängen im Wortschatz, nach Bezeichnungsgruppen, thematischen Reihen und Feldern, entwickelt Konzeptionen für sachlich/begrifflich geordnete Wörterbücher und vereinigt dabei onomasiologische und semasiologische Methoden der Beschreibung des Wortschatzes als einer Komponente sprachlichen Handelns.
- Sie fragt nach Bezeichnungszusammenhängen im Text und leistet so Vorarbeit für die Erschließung der Textbedeutung. Geht man von der Beobachtung der sprachlichen Handlung aus, so lautet die onomasiologische Frage: Wie bezeichnet man X? Man erfragt die Position des Senders. Geht man von der Position des Rezipienten aus, so ist die onomasiologische Frage als der erste Schritt der Interpretation aufzufassen: Welche Bezeichnung hat der Autor gewählt? Welche nominativen Ketten strukturieren den Text?

Der nächste Schritt macht eine neue Frage notwendig: Was bedeuten diese Benennungen? Welche semantische Struktur wird repräsentiert? Diese Fragen klärt die Semasiologie.

Semasiologie – Wortbedeutungslehre
Wissenschaft von den Wortbedeutungen (griech. *sema; semeion-* ‚Zeichen')

Fragt die Onomasiologie danach, wie Objekte bezeichnet werden, so kehrt die Semasiologie in gewissem Sinne die Sehweise um und fragt, was ein Lexem, ein Wort, bedeutet.

Auch hier können unterschiedliche Objekte erfaßt werden. Wir können z. B. fragen, was das Wort *Jugend* in der deutschen Sprache bedeutet, und erhalten die Antwort, daß es in Abhängigkeit von Kontext und Situation Bedeutungsvarianten (Sememe) haben kann:

S_1 – ‚junge Menschen' *Die Jugend tanzt.*
S_2 – ‚Jugendalter' *In seiner Jugend . . .*
S_3 – ‚Jugendlichkeit' *Er hat sich seine Jugend bewahrt.*

Eine semantische Grundstruktur entfaltet sich in einem Netz von Bedeutungen, die jeweils bestimmte Aspekte unseres semantischen Wissens betonen.

Die Bedeutung von *Jugend* wird durch die Kenntnisse, die die Angehörigen einer Sprachgemeinschaft mit dem Jungsein verbinden, konstituiert. Das ist einmal die Beziehung auf junge Menschen, auf das Verhalten und Aussehen junger Menschen (‚Jugendlichkeit'), zum anderen auf den Lebensabschnitt. In dieser semantischen Variation manifestiert sich die Dynamik unseres semantischen Wissens, die Variabilität der Wortbedeutung. *Reparieren* z. B. umschließt Varianten, die sich aus dem Wissen der Sprachgemeinschaft um die Handlungsschritte, die Arten und Objekte des Reparierens ergeben:

ein Dach reparieren	– ‚decken'
Schuhe reparieren	– ‚besohlen', ‚nähen' ...
eine zerbrochene Freundschaft reparieren	– ‚zwischenmenschliche Beziehungen wieder herstellen'

Die Semasiologie erforscht, welche Bedeutung (Semantik) ein Wort im System, in einem bestimmten Kontext oder in einer konkreten Situation hat; in welchen Merkmalen die Bedeutungen zweier oder mehrerer Wörter übereinstimmen, in welchen sie sich unterscheiden.

Zum Beispiel wurde an eine Zeitung die Frage gerichtet, worin der Bedeutungsunterschied von *Kapelle* und *Orchester* besteht. Auf eine solche Frage gibt die Semasiologie Auskunft. Hier wurde geantwortet, daß beide Wörter im Laufe der Geschichte zu partiellen Synonymen geworden sind, daß man von einem *Tanzorchester* und einer *Tanzkapelle*, von der *Staatskapelle Berlin* und dem *Philharmonischen Orchester* spricht. In diesen Verbindungen sind beide Lexeme bedeutungsgleich. Eine gewisse Bevorzugung erfährt *Orchester* für ‚größeres Ensemble von Instrumentalisten mit chorischer Besetzung', während *Kapelle* eher für kleinere Musikensembles verwendet wird: *Blaskapelle, Militärkapelle*. Aber Überschneidungen sind durch den gemeinsamen semischen Kern ‚Ensemble von Instrumentalisten' durchaus möglich: *Blasorchester* und *Blaskapelle; Tanzkapelle* und *Tanzorchester*, aber nur *Kammerorchester* und *Symphonieorchester*. Typische Verwendungsweisen von *Kapelle* sind *Blas-, Dorf-, Schrammelkapelle* (vgl. WDG 2036). Die Aussagen der Prototypentheorie (vgl. 7.6.1., 7.6.6.) lassen sich auf solche Fälle durchaus anwenden.

Schließlich richtet auch die Semasiologie ihren Blick auf Textzusammenhänge und fragt, welche semantischen Beziehungen zwischen Wörtern im Text bestehen. Bedeutungsbeziehungen im Text sind als Bedeutungsbeziehungen im System angelegt. Der Gegenstand der Semasiologie sind daher auch Bedeutungsbeziehungen im System und im Text.

Onomasiologie und Semasiologie untersuchen die lexikalischen Einheiten und Beziehungen sowohl unter synchronischem als auch unter diachronischem Aspekt, also sowohl den Zustand als auch die Veränderungen des Systems der Benennungen und der Wortbedeutungen.

Semasiologische und onomasiologische Methoden der Wortschatzuntersuchung und Wortschatzbeschreibung schließen einander nicht aus, sondern ergänzen einander: Soll die Bedeutung der Lexeme ermittelt werden, so erfragt man zuerst die Benennungsobjekte; Bedeutungen werden durch den Rückgriff auf das Benannte ermittelt. Will man Benennungen für ein Objekt zusammenstellen, so erfaßt man sie auf Grund ihrer Bedeutungen.

3.2.3. Etymologie und Wortgeschichte

(griech. *etymos* – ‚wahr'; *Etymon* – die sogenannte Urform und Urbedeutung eines Wortes – seine historische Wurzel)

Neben den Fragen: „Wie wird eine Sache benannt?" und „Was bedeutet das Wort?" bewegen uns weitere „naive" Fragen: „Warum trägt ein Objekt gerade diese seine Benennung?" „Warum wird die gleiche Sache in verschiedenen Sprachen unterschiedlich benannt?" „Warum, z. B., heißt der Tisch *Tisch*, *table* und *stol*?"

„Wie sind die Benennungen entstanden?" So fragt man: „Sind *alt* und *Eltern* miteinander verwandt?" „Kommt *Wildbret* von *braten*?" (mhd. *bräte*, ahd. *brāto* – ‚schieres Fleisch' hat ursprünglich nichts mit *braten* zu tun, erhielt aber im Mhd. durch Anlehnung an *braten* die Bedeutung ‚gebratenes Fleisch'.)

Die Etymologie ist die Wissenschaft von der Herkunft der Wörter, der Veränderung und Entwicklung ihrer Formen und Bedeutungen, ihrer Verwandtschaft mit anderen Lexemen.

In der Antike suchte man das Wesen der Dinge der Welt in den ursprünglichen, „wahren" Bedeutungen ihrer Benennungen zu erkennen. Das Mittelalter trieb Etymologie, um den Sinn der Texte zu erschließen. Die eigentliche sprachwissenschaftliche Etymologie entstand im 18. Jahrhundert.

Im Verlauf ihrer Entwicklung mußte sie eine Reihe wichtiger sprachtheoretischer Fragen klären, damit sie die zunächst spekulativen Erklärungen überwinden konnte und die Wortgeschichte wissenschaftlich nachzeichnen lernte. Das Ziel der Etymologie besteht darin, den Weg eines Wortes in der Geschichte aufzudecken und abzubilden. Das ist nur möglich, wenn das Wort im Zusammenhang mit der Geschichte des Bezeichneten und der Bezeichnenden gesehen wird. Die Wortgeschichte läßt sich nicht allein aus der Laut- und Bedeutungsgeschichte, mit der Herkunft aus fremden Sprachen erklären, sondern nur auf soziokulturellem Hintergrund, also im Zusammenhang mit der Geschichte des Sprachträgers.

Ist somit einerseits Einblick in die Vergangenheit des Sprachträgers eine notwendige Voraussetzung für die Erschließung der Wortgeschichte, so gewährt andererseits die Wortgeschichte Einsichten in die Geschichte der Sprachgemeinschaft.

Die Etymologie der Wörter ist in etymologischen Wörterbüchern lexikographisch erfaßt. Vor allem die junggrammatische Schule brachte etymologische Wörterbücher hervor, die wir heute noch nutzen, so KLUGE; KLUGE/MITZKA; aber auch PAULS ›Deutsches Wörterbuch‹ enthält etymologische Angaben.

Ahorn – verwandt mit lat. *acer* – ‚spitz', ‚scharf'
Erle – aus ahd. *erila*, umgestellt aus älterem *elira* (davon die Nebenform *Eller*; eine weitere Nebenform ist mnd. *else*, dazu *Elsbaum*, *Elsbeere*, aus germ. *aliso*). Verwandt mit lat. *alnus*, russ. *ojlcha*; vgl. auch *Elritze* und *Erlkönig*.

Diese Eintragungen weisen auf die Verwandtschaft mit lateinischen Lexemen hin, geben Auskunft über das Alter der Wörter und nennen das mögliche ursprüngliche B e n e n n u n g s m o t i v (Etymon): ‚spitz' bei *Ahorn* nach der Form der Blätter, ‚gelb' bei *Erle*.

Die Wortgeschichte ist leichter zu erschließen, wenn Lexeme durchsichtig motiviert sind. Dann sind uns die „Bausteine" der Lexeme, die Morpheme (vgl. 5.2.1.), vertraut, so daß wir von ihnen auf die Benennungsmotive, die Anlässe, die Sehweise und die Interessen des Namengebers schließen können. So ist *Sauerkraut* – ‚saures Kraut' – benannt nach der Konservierung, *Weißkraut, Rotkraut* – benannt nach der Farbe.

Ist jedoch das Benennungsmotiv, d. h. das Merkmal des Objekts, das Anlaß zur Wahl der Elemente für die Bildung der Benennung wurde, nicht mehr erkennbar, dann sprechen wir davon, daß ein solches Wort etymologisch motiviert ist. Während also deutlich ist, warum *Sauer-, Weiß-* und *Rotkraut* mit dieser ersten Komponente benannt wurden, ist das Etymon von *Kraut* nur noch historisch zu erschließen: Für *Kraut* werden folgende Etymologien angegeben: ahd. mhd. *krūt*, vielleicht urverwandt mit griech. *bryein* – ‚sprossen', ‚strotzen' (dazu: *Embryo(n)*), bezeichnet Pflanzen, insofern bei ihnen das Blattwerk die Hauptsache ist.

Die historisch-vergleichende Methode als Hauptmethode der Etymologie

Die historisch-vergleichende Methode wurde zu Beginn des 19. Jahrhunderts entwickelt. Man vermutete, daß alle idg. Sprachen einer gemeinsamen Ursprache oder Grundsprache entstammen. Die historisch-vergleichende Methode sollte dazu dienen, diese ursprünglichen Einheiten zu finden, zu rekonstruieren und damit die genealogischen Verhältnisse nachzuweisen. Das Gemeinsame könnte dann als Bestandteil der Ursprache angesehen werden. Den gemeinsamen Wortschatz suchte man mit Hilfe von Wortgleichungen aufzudecken. Wörter genealogisch verwandter Sprachen werden in ihren jeweils ältesten Formen miteinander verglichen.

Wortgleichungen:

deutsch	*Mutter*	*zwei*	
aind.	*matár*	*dva*	
griech.	*meter*	*dýo*	
lat.	*mater*	*duo*	
ahd.	*muoter*	*zwēne*	*zwa*
russ.	*mat'*	*dva*	

Nur bei Berücksichtigung lautlicher und semantischer Übereinstimmungen, gleicher oder ähnlicher Denotate (Bezeichnungsobjekte und Objektklassen) und des soziokulturellen Zusammenhangs kann die Etymologie zu gültigen Ergebnissen gelangen. Nicht immer deutet eine gemeinsame Grundform auch auf gleiche Herkunft; denn oftmals können auch Entlehnungen, formale Ähnlichkeiten und Veränderungen der Formativ-Bedeutungs-Beziehungen die Ursache für solche Ähnlichkeiten und Übereinstimmungen sein. Der Erforschung der „urspünglichen" Zuordnung von Formativ und Bedeutung, dem Nachweis der Verwandtschaft stellen sich eine Reihe von Hindernissen in den Weg:

– Die formativische Übereinstimmung kann falsch gedeutet werden, da im Laufe der Geschichte Laute zusammenfallen.
– Die Bedeutungen werden nur nach einem Merkmal, das durch das Benennungsmotiv ausgedrückt wird, erschlossen. Wir wissen aber, daß die Motivbedeutung und die Wortbedeutung nicht identisch sind. Vergleicht man z. B. auch in der Gegenwartssprache *Taschentuch* mit den Benennungsmotiven *Tasche* und *Tuch*, so ist es nicht möglich, die Bedeutung des Kompositums zu erschließen, obwohl beide Wörter in ihrer eigentlichen Bedeutung in die Wortbildungskonstruktion eingegangen sind. Wieviel komplizierter erweist sich die Bedeutungserschließung von Wörtern aus weit zurückliegenden Zeiten.
– Eine Quelle der Fehldeutungen besteht darin, daß Entlehnungen nicht erkannt und entlehntes Wortgut als urverwandt angenommen wird. Auch Rückentlehnungen müssen berücksichtigt werden. Das germ. *bank* (ahd. *bank*, engl. *bench*) wurde in romanische Sprachen übernommen in der Bedeutung ‚Unterlage' zum ‚Arbeiten, Sitzen, Verkauf von Waren', wie sie heute noch in *Drehbank, Sitzbank, Gartenbank, Schulbank, Fleischbank* existieren. Schließlich wurde *Bank* aus ital. *banco* rückentlehnt in der Bedeutung ‚Wechselbank', ‚Bankgeschäft'. Franz. *banque* wurde in der Bedeutung ‚Spielbank' wieder ins Deutsche übernommen.

Die Etymologie verfolgt nicht nur die Geschichte der einzelnen Lexeme, sondern auch die von Wortbildungsmorphemen und ganzen Wortfamilien.[4]

Etymologie der Wortbildungsmorpheme (Affixe)

Ein Teil der heutigen Derivationsmorpheme ist aus selbständigen Wörtern entstanden und geht auf idg. Ursprung zurück. Nach PAUL kam ihnen aber eine „deutliche selbständige Bedeutung" von Anfang an nicht mehr zu. „Die Schöpfung neuer Wörter vollzog sich dann auch nicht mehr durch eine Zusammensetzung von Stamm- und Ableitungssilbe, sondern nach Analogie des Verhältnisses der schon vorhandenen Ableitungen zu ihren Grundwörtern. Die Weiterentwicklung mußte vielfach dazu führen, daß Stamm und Suffix so eng miteinander verschmolzen, daß die Verbindung keinen anderen Eindruck machte als ein einfacher Stamm [...] Ferner sind manche Suffixe in ihrer Lautgestalt stark reduziert worden, zuweilen bis zum völligen Schwund" (PAUL 1920, V,47).

Die Etymologie deckt somit die Entstehung der Affixe auf, ihre Verschmelzung mit Basismorphemen zu nicht mehr gliederbaren Einheiten. *-chen* und *-lein* sind Ergebnisse solcher Verschmelzungen: im Gotischen wurden zu einigen Appellativa Diminutiva auf *-la -lô* gebildet: *magus* – ‚Junge' – *magula*, *barn* – ‚Kind' – *barnilô*. In

---

[4] In W. SCHMIDTs ›Deutscher Sprachkunde‹ werden die Wortfamilien oder Wortsippen *ziehen, Bahre, beißen, biegen, bleich, fahren, vor, fließen, heben, können, Mehl, recht, scharf, schießen, sitzen, stehen, Stall, Weg, winden, zwei* beschrieben. Wir finden den Hinweis, daß von der Wurzel, die dem Verb *ziehen* zugrunde liegt, 200 Ableitungen gebildet wurden (SCHMIDT [8]1978, 55ff.).

allen germanischen Sprachen dient es zur Bildung von Eigennamen: *Wulfila, Attila*. Ein anderes Suffix zur Diminutivbildung ist *-ka* und *-ko*. Es ist noch in Familiennamen erhalten: *Reinecke, Meinecke, Gerecke*. Ein anderes Diminutivsuffix ist *-în*, das noch in mhd. *mâgedîn* enthalten ist. Aus der Verschmelzung von *-la, -lo, -ka, -ko* mit *-în* haben sich *-lîn* und nd. *kîn*, hd. *-chîn* entwickelt. Die Schwächung des *-chîn* zu *chen* ist schon früher eingetreten; denn nur *-lîn* wurde von der Diphthongierung betroffen.

Im Idg. wurden Nomina actionis auf *-ti* (*-tei, -toi*) gebildet. Die Suffixe traten an starke Verben an und verschmolzen in vielen Fällen mit der Basis zu einer nicht mehr gliederbaren Einheit *Schrift – schreiben, Trift – treiben, Haft – haben*. In anderen Fällen existiert das Basisverb überhaupt nicht mehr: *Kluft, Sucht, Beichte*.

Wortfamilien

Die Etymologie geht nicht nur der Geschichte des Einzelwortes nach, sondern untersucht das Schicksal aller Wörter, die eine gemeinsame Basis haben. „Basis" bedeutet in diesem Zusammenhang Wurzelmorphem. Wir nennen solche Gruppen von Wörtern, die etymologisch verwandt sind und deren Kernwort in der Gegenwartssprache noch existiert, Wortfamilie.

Die Wortfamilien oder Wortsippen sind das Produkt des ständigen Ausbaus des Wortschatzes durch Wortbildung. Sie entstehen durch Derivation, Komposition und weitere Mittel der Wortbildung. Sie geben auch Aufschluß über die Bedeutsamkeit des bezeichneten Geschehens- oder Sachbereichs. Es verwundert nicht, daß Wortfamilien, deren Kernwörter Verben sind, die Grundtätigkeiten der Menschen benennen, ausgebaut und weit verzweigt sind. So sind die Familien der Verben *gehen, ziehen, fahren, laufen, sprechen, binden, arbeiten*, der Adjektive *hoch, groß, klein, gut*, der Substantive *Mann, Land, Bauer*, aber auch solcher Wörter wie *heute, morgen* weit ausgebaut.

Häufig lassen sich semantische Beziehungen zwischen den Gliedern einer Wortfamilie nicht mehr feststellen. Die Lexeme haben sich semantisch voneinander entfernt. In vielen Fällen ist der formativische Zusammenhang noch deutlich, während die semantischen Beziehungen verblaßt oder gelöscht sind. Jeder Sprachteilnehmer wird *versagen* mit *sagen, zerstören* mit *stören, zerschleißen* mit *schleißen* in Verbindung bringen, ohne daß sich die Bedeutung der Präfixbildungen aus der Bedeutung der Stämme herleiten ließe. Nur mit Hilfe eines etymologischen Wörterbuchs erkennt man andererseits die Beziehungen zwischen *alt* und *Eltern, Geselle* und *Saal*, dem Suffix *-bar* und *Bahre, Blech* und *bleich, entsetzlich* und *sitzen, Maulwurf* und *Mehl*. Die lautliche, aber auch die semantische Entfernung führt dazu, daß sich aus den Zweigen einer Wortfamilie neue Familien bilden. Wir sprechen hier von etymologischen Zweigen. Das Verb *ziehen* ist Kernwort einer Wortfamilie mit folgenden etymologischen Zweigen:

ziehen mit allen Präfigierungen, Ableitungen und Zusammensetzungen, wie *ver-, ent-, ab-, aus-, zu-, in-, her-, hinüber-, hinaus-, herunter-, an-,*

	be-, hineinziehen; abziehen – Abzug, verziehen – Verzug, entziehen – Entzug, beziehen – Bezug, anziehen – Anzug;
züchten	Mit seinen Ableitungen und Zusammensetzungen, wie *Züchtung, Züchter, Züchterverein, Zuchtvieh, Zuchtbuch, Viehzucht, Geflügelzucht, Rinderzucht, Zuchttier, Tierzüchter*;
zeugen	mit Ableitungen und Zusammensetzungen, wie *Zeuge, Zeugung, bezeugen, Zeugnis, Abiturzeugnis, Zeugenaussage, Zeugnisverweigerung, Zeugenstand*;
zögern	mit Ableitungen, wie *verzögern, Verzögerung*,
zucken	*Zuckung, wegzucken, verzücken, Verzückung*.

Bei strenger Beachtung des semantischen Zusammenhangs ließe sich diese Wortfamilie weiter aufgliedern. Hier wurden nur die etymologischen Zweige genannt, die jeweils von einem abgeleiteten Verb gebildet wurden.

Für die Verzweigung einer Wortfamilie gibt es eine Reihe von Gründen: das Verblassen von Bedeutungselementen, neue Merkmalskombinationen durch neue usuelle Kontexte, Wortbildungsprozesse unterschiedlicher Art usw. So ist *fertig* mit *fahren* verwandt und gehört eigentlich zur Wortfamilie *fahren*; denn ahd. *fartig*, *fertig* ist eine Ableitung von *fârt* (‚Fahrt‘, ‚Reise‘) und bedeutet ursprünglich ‚zur Fahrt, zum Gehen bereit‘ (›Etymologisches Wörterb.‹ 426f.). Dagegen bestehen keine verwandtschaftlichen Beziehungen zwischen *fest* und *Fest*. *Fest* geht zurück auf lat. *festum* – ‚Festtag, Feier‘, ist also ein Lehnwort. *fest* hingegen ist ein germanisches Wort – ahd. *festi* – und bedeutet ‚hart, stark, beständig‘. „Außergerm. läßt sich nur ein Zusammenhang mit armen. *hast* ‚dick, dicht' und aind. *pastyàm* ‚Behausung, Wohnstätte' (im Sinne von ‚fester Wohnsitz') herstellen, so daß ie. *past- ‚fest' erschlossen werden kann" (Etymologisches Wörterb. 427f.).

Volksetymologie

Seit Beginn etymologischer Untersuchungen glaubt man, die „Dinge" besser erkennen zu können, wenn man die Benennungen, die „Namen", auf ihr ursprüngliches Motiv zurückführt. Mit Hilfe der historisch-vergleichenden Methode und sprachsoziologischer Untersuchungen kann das schon bis zu einem gewissen Grad gelingen. Da nun aber auch der „Durchschnittssprecher" durch seine Alltagserfahrung geneigt ist, Wort und Sache zu identifizieren (er glaubt, mit der Benennung auch die Sache zu erkennen), ist er bestrebt, etymologisch nicht oder nicht mehr durchschaubare Wörter in seinen Wortschatz einzuordnen und mit bekanntem Wortmaterial zu erklären. Oftmals stimmen aber die Vermutungen nicht, und es kommt zu „Fehletymologien", „Pseudo-" oder Volksetymologien. Man versucht, unbekanntes Wortmaterial mit klang- und – wie man glaubt – sinnähnlichen Lexemen in Verbindung zu bringen. Häufig übernimmt dann tatsächlich im Laufe der Wortgeschichte ein Wort die Bedeutung des mit ihm in Zusammenhang gebrachten Lexems.

Fehl- oder Volksetymologie tritt oftmals auf, wenn fremdes Wortgut nicht verstanden und deshalb ähnlich klingenden deutschen Wörtern gedanklich zugeordnet wird: *Laute* wird mit *laut* assoziiert. Es geht aber über gleichbedeutendes franz. *luth* über altfranz. *leüt* auf arab. *al-ud* – ‚Holzinstrument' zurück. Landschaftlich gebundenes Wortgut wird umgedeutet, weil die Sprachformen in anderen Regionen nicht bekannt sind: *Maulwurf* wird gedeutet als ‚Tier, das Hügel mit dem Maul aufwirft'. *Maul* ist jedoch eine Umdeutung aus nd. *molt* – ‚Erde, Erdhügel'. Veraltetes Wortgut wird mit bekanntem Wortmaterial erklärt, vor allem, wenn keine semantische Stützung mehr vorhanden ist: *Meerrettich* gilt als ‚Rettich, der übers Meer zu uns gekommen ist'. Ahd. *mērirātich* mhd. *meretich* ist etymologisch verwandt mit *mehr* und bedeutet ‚größerer Rettich'. Fremdes Wortgut kann auch mit anderen Fremdwörtern in Verbindung gebracht werden: *Duell* wird im 17. Jh. aus lat. *duellum*, einer Nebenform von *bellum* – ‚Krieg' eingeführt. Ihm wird aber die Bedeutung ‚Zweikampf' zugeordnet und mit lat. *duo* – ‚zwei' erklärt.

Volksetymologie ist somit eine Form der Neumotivierung. Ist die Motivation nicht erschließbar, wird eine semantische Stütze gesucht. K. BALDINGER folgert, daß Volksetymologie psychische Realität schaffe, indem sie im Spannungsfeld zwischen Unmotiviertheit und dem latent vorhandenen Bedürfnis nach Motivation gedeihe, unabhängig davon, ob die Etymologie „falsch" oder „richtig" ist. Dieses Bedürfnis nach Motivation versteht sich aus der systemhaften Ordnung des Wortschatzes und den Gesetzmäßigkeiten seiner Speicherung im Gedächtnis. Unabhängig davon, ob ein Wort neu motiviert ist, wirken Benennungsmotive als Stütze in der geistigen und sprachlichen Tätigkeit.

3.2.4. Lexikologie und Wortbildungstheorie

Unter Wortbildung verstehen wir die Bildung neuer Wörter aus/mit vorhandenen Elementen nach Mustern und Modellen.

Gegenstände der Wortbildungstheorie sind daher

– die Prozesse der Wortbildung,
– das zur Bildung neuer Wörter vorhandene Inventar an Wortbildungsmitteln,
– die genutzten Muster und Modelle
– die Resultate der Wortbildungsprozesse – Wortbildungskonstruktionen.

Diese zwar aufeinander bezogenen, aber unterschiedlichen Gegenstände erklären auch, warum die Wortbildungstheorie enge Beziehungen zu Syntax, Morphologie/Morphematik, Semantik und Lexikologie eingeht. Indem sie die Regularitäten der Bildung neuer Wörter und die Entstehung neuer Einheiten als Produkte der Fügung kleinerer Elemente beschreibt, betrachtet sie ihren Gegenstand unter syntaktischem Aspekt. Sie untersucht Wortbildungskonstruktionen als regulär gebildete Syntagmen und kann somit die Produktivität und Kreativität der Wortbildung erklären. Untersucht sie jedoch die Elemente – Morpheme und Wörter – also das morphematische Inventar, so ist sie einer umfassenden Morphematik zuzuordnen. Da Wortbildungsprozesse die Wortart (Wortklasse) prägen und durch die

Wortart ihrer Elemente bestimmt sind, besteht auch die Berechtigung, die Wortbildungstheorie als Bestandteil der Morphologie zu sehen.

Schließlich haben Wortbildungsprozesse semantische Konsequenzen: es entsteht eine neue lexikalische Einheit, das Syntagma wird lexikalisiert. Durch die Lexikalisierung wird die semantische Selbständigkeit der Konstituenten partiell oder ganz aufgehoben. Mit ihr sind Prozesse der Idiomatisierung verbunden: die Bedeutung einer Einheit unterscheidet sich von der Summe der Konstituentenbedeutungen: *Großvater* ≠ *großer Vater*; ein Handschuh ist kein Schuh. Schließlich ordnen Wortbildungselemente die Wortbildungskonstruktion in semantische Kategorien ein. So verfügen wir z. B. mit Verbalpräfixen über Mittel zur Bildung von Verben bestimmter Aktionsarten: *verblühen, zerlegen, loslaufen* sind egressive und ingressive Verben, d. h. sie bezeichnen Ende und Beginn der Handlung oder des Prozesses; mit bestimmten Nominalsuffixen können Nomina agentis, wie *Lehrer, Schreiberling, Friseur*, gebildet werden. Somit hat die Wortbildung auch einen lexikalisch-semantischen Aspekt. Die Produkte der Wortbildung gehen mit dem Prozeß der Lexikalisierung in den Wortschatz (das Lexikon) ein, sie haben Inventarcharakter und gehören damit zum Gegenstand der Lexikologie.[5] Diese Mittelstellung führte auch in der Vergangenheit dazu, daß die Wortbildungstheorie als Teilgebiet der Syntax, der Morphologie und der Lexikologie betrachtet wurde. Sie ist bei PAUL und BEHAGHEL Teil der Grammatik. Auch moderne Grammatiken der deutschen Sprache haben die Wortbildung in ihre Darstellung aufgenommen (ERBEN, BRINKMANN, DUDEN-GRAMMATIK). Die GRUNDZÜGE EINER DEUTSCHEN GRAMMATIK oder auch EISENBERG widmen ihr kein selbständiges Kapitel, während GREWENDORF/HAMM/STERNEFELD die Wortbildung in die Morphologie einordnen.

Als Bestandteil der Lexikologie wird sie von sowjetischen Lexikologen betrachtet. Auch die ›Deutsche Sprachkunde‹ (W. SCHMIDT) enthält ein Kapitel zur Wortbildung ebenso wie die ›Lexikologie der deutschen Gegenwartssprache‹ von STEPANOVA/ČERNYŠEVA. Die Autoren geben aber zu bedenken, daß der Wortbildungstheorie bei einer engeren Auffassung von Grammatik (s. dazu 1.2.) auch eine selbständige Stellung eingeräumt werden kann. Die Spezifik der Wortbildung hatte bereits früher dazu geführt, Wortbildungsfragen als Probleme einer selbständigen Wortbildungslehre zu betrachten. 1947 erschien die ›Deutsche Wortbildung‹ von HENZEN. Dieses Buch galt lange Zeit als Standardwerk der deutschen Wortbildung, obwohl hier die diachronische Betrachtungsweise dominierte und kaum strukturelle Aspekte der Wortbildung der deutschen Gegenwartssprache behandelt wurden. Auch FLEISCHER ist sich der besonderen Stellung der Wortbildung im

---

[5] Darüber hinaus werden auch Wortbildungsmorpheme zum Lexikon gezählt. CHOMSKY betrachtet in den ›Aspekten der Syntax-Theorie‹ (1969) das Lexikon als eigenständige Komponente der Grammatik. Im Lexikon sind Wörter und Morpheme aufgelistet, und lexikalische Einsetzungsregeln entnehmen diese Einträge, damit sie in die syntaktische Struktur eingesetzt werden können. Auch alle weiterführenden Arbeiten der generativen Grammatik, die im Lexikon keine statische Liste von Einträgen sehen, sondern eine modellhafte Abbildung der Wortbildungskreativität, ordnen die Morpheme dem Lexikon zu. Nach ihren Auffassungen enthält das Lexikon neben usuellen Bildungen eine endliche Liste von Morphemen. Vgl. dazu GREWENDORF/HAMM/STERNEFELD 1987.

Sprachsystem bewußt und greift die Forderung auf, die Wortbildungstheorie als selbständige Disziplin zwischen Grammatik und Lexikologie anzusiedeln.

In jüngerer Zeit hat sich die nominationstheoretisch orientierte Wortbildungsforschung als eigenständige Forschungsrichtung entwickelt. Sie konzentriert sich auf die Wortbildung als Mittel der Nomination, so daß folgende Probleme besondere Aufmerksamkeit verdienen: lexikalische Nomination als Erstbenennung, stilistische Aspekte der Nomination, Zweitbenennungen und ihre Funktionen, Nomination und Wortbildung, Wortbildung und Text. Die Fragen der Nominationstheorie sind eigentlich nicht neu; sie werden jedoch einem neuen theoretischen Rahmen zugeordnet. Man fragt: Welche Benennungsprinzipien besitzt eine Sprache, und nach welchen Regeln, welchen Bedürfnissen richtet sich eine Sprachgemeinschaft bei der Entscheidung für eine Art der Nomination? Hier interessieren die Gründe für die Bildung einer Wortbildungskonstruktion. Sie „betrachtet Wortbildungskonstruktionen [...] als eine Art der sprachlichen Realisierung gedanklicher Strukturen neben den anderen Arten Wortgruppe und Simplex [...] Damit rücken der Zusammenhang von Wortbildung und Begriffsbildung sowie das Verhältnis von Wortbildungskonstruktionen zueinander und zu den anderen Benennungsarten in den Mittelpunkt wortbildungstheoretischen Interesses" (BARZ 1988 (b), 19). Durch den Einfluß nominationstheoretischer Sehweisen richtet sich das Augenmerk der Wortbildungstheorie wieder stärker auf Fragen der Wortbildungsaktivität, auf die Kreativität der Sprecher bei der Bildung neuer Wörter (vgl. dazu: JAZYKOVAJA NOMINACIJA 1977, FLEISCHER 1984, BARZ 1988).

Auch in der generativen Grammatik ist die Zugehörigkeit der Wortbildung zur Syntax oder zum Lexikon umstritten. Vgl. dazu 6. und die dort angegebene Literatur.

In einer Lexikologie sind also die Probleme besonders zu betrachten, die die lexisch-semantischen Aspekte der Wortbildung berühren: die Prozesse der Motivation, Demotivierung, Lexikalisierung und Idiomatisierung; die Zusammenhänge von Wortbildung und Wortbedeutung und Bedeutungswandel.

3.2.5. Lexikologie und Phraseologie

Die Phraseologie begreift sich erst in jüngerer Zeit als relativ selbständige sprachwissenschaftliche Disziplin. In den vorliegenden Lexikologien der deutschen Sprache wird sie als Bestandteil der Lexikologie aufgefaßt. Das erklärt sich aus ihrem Gegenstand: sie beschreibt Lexeme, also Einheiten des Lexikons.

In den ›Problemen der semantischen Analyse‹ werden die Phraseologismen als Paralexeme bezeichnet (297ff.). Auch in der ›Lexikologie der deutschen Gegenwartssprache‹ (STEPANOVA/ČERNYŠEVA) ist ihnen ein ganzes Kapitel gewidmet. Unter Phraseologismen wollen wir feste Einheiten aus mehr als einem Wort verstehen. Der Kernbereich des phraseologischen Bestandes einer Sprache ist durch Reproduzierbarkeit, Stabilität, Lexikalität und Idiomatizität gekennzeichnet.

Reproduzierbarkeit	– Phraseologismen sind relativ feste Bestandteile des Sprachsystems und werden in der sprachlichen Handlung nicht neu gebildet, sondern als Einheiten reproduziert.
Stabilität	– Phraseologismen sind relativ stabile sprachliche Ganzheiten, ihre Abwandlung ist nur begrenzt möglich.
Lexikalität	– Sie bilden gegenüber dem freien Syntagma eine neue semantische Einheit. Ihre Konstituenten können ihre Selbständigkeit teilweise oder ganz verlieren (vgl. auch 2.2.4.)
Idiomatizität	– Die Bedeutung eines Phraseologismus läßt sich nicht aus den Bedeutungen seiner Konstituenten erklären.

Nicht alle Phraseologismen haben alle diese Merkmale; denn auch hier unterscheiden wir zwischen Peripherie und Zentrum. Manche der Phraseologismen tendieren stärker zu freien Wortgruppen, wie das z. B. für die Funktionsverbgefüge gilt: *Antwort geben, Fragen stellen, Zweifel hegen*, andere dagegen sind nur als phraseologische Einheit aufzufassen: *in Bausch und Bogen, klipp und klar, für jmdn. durchs Feuer gehen*. In *mit Mann und Maus* ist keine Substitution einer Konstituente durch ein anderes Wort möglich: **mit Frau und Maus*, **ohne Mann und Maus*; die Bedeutung ‚mit allen' läßt sich nicht aus der Bedeutung ‚Mann' oder ‚Maus' ableiten.

Da Phraseologismen in der syntaktischen Struktur die Stelle eines Wortes einnehmen können, gelten sie als Wortäquivalente, was die Zuordnung der Phraseologie zur Lexikologie ebenso rechtfertigt wie Idiomatizität, Reproduzierbarkeit und Lexikalität. Phraseologismen können als nominative Einheiten sowohl Gegenstände als auch Handlungen, Sachverhalte und Situationen benennen: *schwarzer Tee, sein Schäfchen ins trockene bringen, jmdm. ein X für ein U vormachen, fix und fertig sein, unter allen Umständen.*

Da jedoch die Einheiten des phraseologischen Bestandes die Merkmale der Reproduzierbarkeit, Lexikalität, Idiomatizität und Stabilität in unterschiedlichem Grade besitzen, der außerordentlich heterogene Bestand nach unterschiedlichen Kriterien geordnet werden kann, sind ebenfalls in der sowjetischen Linguistik Bestrebungen entstanden, die Phraseologismusforschung, die Phraseologie, als neue linguistische Disziplin zu betrachten, die „sich mit festen (stehenden) Wortkomplexen einer Sprache befaßt. Unter festen Wortkomplexen sind reproduzierbare Wortverbindungen bzw. Wortgruppen, prädikative Verbindungen und festgeprägte Sätze zu verstehen, die über eine besondere Semantik verfügen" (STEPANOVA/ČERNYŠEVA 1975, 198).

So nehmen die Phraseologismen, wenn auch auf eine andere Weise als die Wortbildung, eine „Zwischenstellung" zwischen Syntax und Lexikologie ein. Ein großer Teil ist modellhaft für die Füllung mit lexikalischem Material festgelegt: *ins* + subst. Infinitiv + *kommen* = *ins Rollen kommen, ins Grübeln kommen, ins Schwitzen kommen* in der Bedeutung ‚beginnen mit + Verb'. Oder: Personalpronomen + *und ein* = *Ich und ein Schwimmer; du und ein Gärtner* mit der Bedeutung ‚entrüstetes Ablehnen der Aussage'. FLEISCHER (1982) spricht von Stereotypen. So ergab sich aus vielerlei Gründen die Ansicht, daß die Phraseologie als selbständige Disziplin betrachtet werden muß:

> In festen Wortkomplexen aber entwickelt sich eine semantische Eigenart, die für eine adäquate Erkenntnis der sprachlichen Vorgänge von großer Wichtigkeit ist. Die Analyse der bezeichneten Komplexe kann aber nicht im Bereich der Lexikologie oder der Syntax erfolgen, denn sie bedarf besonderer Methoden und Begriffe, über die weder Lexikologie noch Syntax verfügen. Somit war die Entstehung einer neuen sprachwissenschaftlichen Disziplin – der Phraseologie – nur eine erkannte Notwendigkeit (STEPANOVA/ČERNYŠEVA 1975, 199).

In der Sowjetunion wurde dieser Forderung seit den 60er Jahren weitgehend entsprochen: N. N. AMOSOVA schrieb eine englische Phraseologie (›osnovy anglijskoj frazeologii‹), Phraseologien der russischen Sprache schrieben ACHMANOVA, BABKIN u. a., die Phraseologie der deutschen Sprache wurde von ČERNYŠEVA beschrieben, viele wichtige Aufsätze zur deutschen Phraseologie stammen u. a. von GORODNIKOVA, RAJCHŠTEJN und DOBROVOL'SKI. Die Phraseologie als eine wichtige Benennungsart wird nun auch unter nominationstheoretischem Aspekt betrachtet. Man untersucht die Prinzipien der Benennung mit Phraseologismen, die Modelle und Elemente. So wird auch in der modernen Phraseologieforschung verstärkt nach Funktionen fester Wortkomplexe, nach kommunikativ-pragmatischen Potenzen und Leistungen fester Wortverbindungen und Wortgruppen gefragt. Ähnlich wie in der Wortbildungstheorie erhebt sich die Frage nach der Modellierbarkeit und der Regelmäßigkeit bei der Bildung von Phraseologismen. Weit stärker als in den 70er Jahren wird der kreative Aspekt berücksichtigt, wie z. B. auch die dephraseologische Derivation. Es handelt sich hier um einen Übergangsbereich; denn unter dephraseologischer Derivation versteht man die Bildung von Wörtern aus Phraseologismen: *sich wichtig tun → Wichtigtuerei, Haare spalten → Haarspalterei.* Jüngere Arbeiten zur Phraseologie behandeln die textbildenden Potenzen der Phraseologismen unter den Aspekten der textverflechtenden Funktionen, der Austauschbarkeit von lexikalischen Konstituenten. Vgl. FLEISCHER 1989.

Nachdem in der deutschsprachigen Phraseologieforschung der phraseologische Bestand zunächst unter lexikographischem Aspekt oder als Bestandteil der Lexikologie behandelt wurde (vgl. KLAPPENBACH 1961, FRIEDRICH 1976), setzte mit den 70er Jahren verstärkt eine selbständige Phraseologieforschung ein. W. SCHMIDT behandelte im Zusammenhang mit semantiktheoretischen Fragen die phraseologisch gebundene Bedeutung des Verbs (SCHMIDT 1963), dann erschienen u. a. FIX 1971, 1979, BURGER unter Mitarbeit von JAKSCHE 1973, ROTHKEGEL 1973, DANIELS 1976–1979, PILZ 1978, FLEISCHER 1982. Wenngleich im Mittelpunkt der Arbeit FLEISCHERs noch Klassifizierungsfragen stehen, so nehmen doch schon Fragen der Beziehungen von Phraseologie und Lexikologie sowie stilistische und kommunikativ-pragmatische Probleme der Phraseologie einen wichtigen Platz ein. Der kreative Aspekt der Phraseologie wird unter den Stichwörtern Variation, Varianten, dephraseologische Derivation behandelt, so z. B. die Erweiterung und Reduktion in kommunikativen Situationen als Möglichkeiten der Variation.

In den 80er Jahren hat sich nun eine Phraseologieforschung herausgebildet, die der Komplexität dieser sprachlichen Erscheinung dadurch gerecht zu werden versucht, daß sie die verschiedenen Seiten – die syntaktische, die semantische, die pragmatische, textbildende und stilistische – betont und im Rahmen unterschiedlicher Theoriebildung untersucht. 1982 erscheint das ›Handbuch der Phraseologie‹ (BURGER/BUHOFER/SIAM). BURGER bearbeitete 1977 die historische Phraseologie des Deutschen, 1979 Phraseologie und gesprochene Sprache. COULMAS nimmt einmal eine pragmatische Analyse der Idiomatik vor, untersucht zum anderen 1985 die Lexikalisierung von Syntagmen, den prozeduralen Aspekt der kognitiven Verarbeitung von Syntagmen. Bezogen auf sprachliches Handeln spielen hier Gesprächssteuerungsformeln und Routineformeln als Elemente des Lexikons eine besondere Rolle. Routineformeln bezeichnet BURGER 1973 als Idiome, FLEISCHER 1982 als kommunikative Formeln. COULMAS (1981, 61f.) definierte Routineformeln als stark eingeschränkte verbale Stereotype. Die Zuwendung zu dieser Spezies der Phraseologismen ist im Zusammenhang mit der „kommunikativen Wende" der Sprachwissenschaft und der Zuwendung zum sprachlichen Handeln zu sehen. Vgl. dazu auch W. HEINEMANN 1984, KÜHN 1986, VIEHWEGER 1983.

Gegenwärtig zeichnen sich im Hinblick auf die Forschungslage verschiedene Tendenzen ab: einmal wird die Phraseologie als selbständige Disziplin aufgefaßt, zum anderen wird sie in die Lexikologie einbezogen. Mit Berufung auf die Modellhaftigkeit der Bildung phraseologischer Einheiten wird sie jedoch auch der Syntax zugeordnet. Außerdem verzichten Sprachgeschichte und Stilistik nicht auf die Einbeziehung der Phraseologie in ihre Untersuchungen. Traditionell wendet sich ihr die Lexikographie zu. So enthält auch ›Wörterbücher‹ Artikel zu „Phraseologismen im allgemeinen einsprachigen Wörterbuch" (BURGER), zur Beschreibung von Routineformeln (KÜHN) und Funktionsverbgefügen (VON POLENZ).

3.3. Lexikologie und Stilistik

Stil kann als „durch die Auswahl aller sprachlichen Mittel charakterisierte mündliche oder schriftliche Verwendungsweise der Sprache" (›Lexikon sprachwissenschaftlicher Termini‹ 1985, 231) aufgefaßt werden. Richtet daher die Stilistik als die Wissenschaft vom Stil ihren Blick auf die differenzierte Verwendung lexikalischer Einheiten bei der Textgestaltung, so treffen sich in diesem Bereich beide Wissenschaften; denn die Stilistik nutzt die systematische Beschreibung des Wortschatzes, um Wirkungspotenzen und Wirkungen der Lexeme im Text zu begründen und zu erklären. Sie braucht die lexikologische Beschreibung der Wortbedeutungen, der Schichtung des Wortschatzes und der semantischen Beziehungen zwischen seinen Elementen, um die Auswahl lexikalischer Einheiten in Typen sprachlichen Handelns darzustellen.

Je mehr sich allerdings auch die Lexikologie dem Textwort zuwendet, desto schwieriger wird die Bestimmung der Grenzen zwischen lexikologischer und stilistischer Wortschatzbeschreibung. Am ehesten läßt sich sagen, daß die Lexikologie mit der strukturellen und semantischen Beschreibung der Lexikoneinheiten Voraussetzungen für die stilistische Analyse und für die Bestimmung stilistischer Normen schafft. Spricht z. B. die Stilistik von Stilnormen, Stilelementen, Stilzügen, um die stilistische Textqualität zu bestimmen, so muß sie auf lexikologische Kategorien zurückgreifen; denn stilistische Qualitäten beruhen auch auf den lexikalischen Eigenschaften der Sprachmittel. So besteht eine enge Beziehung von semantischen und stilistischen Kategorien, wobei der Semantik der Wortschatzeinheiten eine grundlegende Rolle für die stilistische Gestaltung und die stilistische Qualität von Texten zukommt. Der Aufbau von Lexembedeutungen, die Verfestigung von Einstellungs- und Wertungselementen in den lexikalischen Bedeutungen, die Qualität der semantischen Beziehungen im Wortschatz und die Konnotationen werden zur Begründung von Aussagen über den Stil von Äußerungen beschrieben und beurteilt. Kategorien wie Synonymie, Antonymie, Hyperonymie nutzt auch die Stilistik, um stilistische Qualitäten zu erfassen. Stilistische Figuren, wie Metapher und Metonymie, beruhen auf semantischen Prozessen der Übertragung. Semantisches Wissen regelt die Erschließung okkasioneller Metaphern im Text; auf indirekte Sprechakte richten Lexikologie und Stilistik ihr Augenmerk.

Der Stilbegriff schließt die Tatsache der Auswahlmöglichkeit bzw. des Auswahlzwangs ein, d. h., der Sprachbenutzer kann bzw. muß – weitgehend automatisiert oder bewußt – aus einem Feld äquivalenter sprachlicher Mittel und Konstruktionen spezifische Ausdrucksvarianten auswählen, die nach seiner Erfahrung und seinem Könnensniveau der Realisierung seiner Kommunikationsabsicht optimal entsprechen (›Deutsche Sprache‹ 1983, 451f.).

Die Eigenschaften des Wortschatzes und seiner Einheiten, die bei der Auswahl, bei der stilistischen Variation zu berücksichtigen sind, beschreibt die Lexikologie:

– Ein und dasselbe Objekt kann mit unterschiedlichen Lexemen benannt werden. Diese Lexeme können sich voneinander durch feine Bedeutungsunterschiede, durch Konnotationen, die auf ihrer Stellung im System beruhen, unterscheiden. So kann sich der Sprecher/Schreiber, um seine Aussageabsicht zu verwirklichen, zwischen *bitten, flehen* und *betteln*, zwischen *beschädigen, ramponieren, ruinieren* und *lädieren*, zwischen *greifen, grapschen*, zwischen *Merkmal, Kennzeichen, Symptom, Syndrom, Zeichen, Anzeichen, Charakteristikum*, zwischen *nackt, nackend, nackicht, nackig, splitternackt, splitterfasernackt, bloß, entblößt, hüllenlos, unbekleidet, textilfrei, im Adams- im Evakostüm, . . .* entscheiden.
– Die Unterschiede zwischen den Wörtern können funktional bedingt sein: So können z. B. von den bedeutungsgleichen Wörtern/Synonymen *reden, sagen, quatschen, quasseln* nur *reden* und *sagen* im offiziellen Sprachgebrauch verwendet werden. Andererseits entscheidet sich erst im Sprachgebrauch, ob ein Lexem angemessen ist oder nicht. So „paßt" das Wort *Tunichtgut* durchaus in einen mündlichen alltagssprachlichen Text – *er ist ein richtiger Tunichtgut*, aber keineswegs in eine Beurteilung. *Fahrausweis* und *Fahrschein, -karte, Schnipsel, entwerten* und *lochen, Fahrgeld entrichten* und *zahlen, Beförderungsgebühr* und *Fahrgeld* unterscheiden sich durch die funktionale Charakteristik ‚Amtsverkehr' und ‚neutral' oder ‚umgangssprachlich'.
– Lexeme können Elemente verschiedener Existenzformen (vgl. 2.) sein und unterliegen damit ebenfalls bestimmten Auswahlbeschränkungen: Mundartwörter

fallen in einem standardsprachlichen Text auf und können dann besondere Wirkungen erzielen, wie nd. *lütt*, omd. *Hader* (‚Scheuertuch'), *Bemme*, Berlinisch *Puckel, Buckel: du kannst mir mal'n Puckel langrutschen* (WIESE 1987, 35).
– Wenn die Lexikologie die mit dem Lexem gespeicherten Abbildelemente kommunikativer Rahmenbedingungen als Konnotationen bezeichnet, so nutzt die Stilistik diese Kategorie, um die Gebrauchsbedingungen zu begründen. Solche Konnotationen können gegeben sein als fachsprachliche Markierung: *Lichter* – Terminus der Jägerspr. für ‚Augen des Hasen'; als familiär: *Mama, Wau-wau* (Kindersprache), als Jugendsprache: *ochsen, büffeln*; als alltagssprachlich-salopp: *Kneipe*. Die Lexikologie erfaßt z. B. sozial konnotiertes Wortmaterial, Fachsprachen, Termini, Jargonismen, Wortgut, dessen sich nur bestimmte soziale Gruppen bedienen. Manche Stiltheoretiker sprechen dann auch von stilistischen Bedeutungen. Bezieht man jedoch den Stilbegriff nur auf Texte, so scheint es günstiger, den Stilbegriff nicht auf diese Systemeigenschaften anzuwenden.
– Der Wortschatz enthält Wörter sowohl unterschiedlichen Alters als auch unterschiedlicher Herkunft. Wörter aus vergangenen Zeiten, Archaismen, können in der Gegenwartssprache stilistische Funktionen erfüllen – sie können der Charakteristik der Sprecher oder der ironischen Darstellung dienen. Solche Wirkungen können z. B. Wörter wie *Schulmeister, Weib* oder *Base* haben (vgl. dazu 10.3.).
– Auch fremdes Wortgut gewinnt, wenn es neben deutschen gleichbedeutenden Lexemen verwendet wird, zusätzliche Gebrauchseigenschaften, die die Stilistik beschreibt. Das fremde Wort kann z. B. euphemistisch (verhüllend) verwendet werden: *korpulent* statt *dick*, *Suizid* statt *Selbstmord*, es kann steigernd eingesetzt werden: *apathisch* für *teilnahmslos*.

Zu den Aufgaben der Stilistik gehört die Entwicklung von Methoden und Kriterien der Textgestaltung, Textinterpretation und -beurteilung. Das kann sie nur leisten, wenn sie mögliche Ausdrucksvarianten und Gesetzmäßigkeiten ihres Gebrauchs erforscht. Das aber erfordert den Rückgriff auf lexikologische Erkenntnisse. So sind Lexikologie und Stilistik seit langer Zeit verbunden. Die Lexikographie nimmt lexikologische und stilistische Ergebnisse auf.

In Wörterbüchern finden wir Hinweise auf Gebrauchspräferenzen und -restriktionen, finden wir „stilistische Markierungen", wie die folgenden Eintragungen aus dem ›Handwörterbuch der deutschen Gegenwartssprache‹ zeigen: *Mensch*, das; ... salopp ... so ein faules, liederliches M. *Promenadenmischung*, die. ugs. scherzh. aus einer zufälligen Kreuzung hervorgegangener, nicht reinrassiger Hund. (›Handwörterbuch‹ 1984, 897)

Solche „stilistischen Markierungen" in Wörterbüchern widerspiegeln unsere Kenntnisse von der bevorzugten Verwendung der Lexeme unter bestimmten kommunikativen Rahmenbedingungen. Betrachtet man dieses Wissen als Komponente unseres lexikalischen Wissens, so sind „stilistische Markierungen" als lexikalische Mitinformationen, als Konnotationen aufzufassen. Hier existiert ein breiter Überschneidungsbereich von Lexikologie und Stilistik.

4. Die Stellung der Lexikologie im Ensemble von Nachbarwissenschaften

4.1. Lexikologie und Lexikographie

Die Lexikographie – Theorie und Praxis der Wörterbuchschreibung – steht in enger Beziehung zur Lexikologie. Einerseits wendet sie Ergebnisse der Lexikologie an, andererseits erhält die Lexikologie von ihr wissenschaftliche Impulse und Forschungsanstöße. Dennoch kann man die Lexikographie nicht als Disziplin der Lexikologie betrachten: ihr Gegenstand ist weiter und erfordert die Einbeziehung von Ergebnissen der Grammatik (z. B. bei der Erarbeitung von Valenzwörterbüchern), der Sprachgeschichte (für alle historischen und etymologischen Wörterbücher), der Literaturgeschichte, der Dialektologie und zahlreicher Fachwissenschaften.

Im Laufe ihrer Geschichte hat die Lexikographie verschiedene Forschungsbereiche ausgebaut:

– Die Metalexikographie – die Theorie der Lexikographie. Sie richtet sich auf die Erforschung der Wörterbücher.
– Die Wörterbuchforschung kann existierende Wörterbücher beschreiben, klassifizieren, beurteilen.
– Die Benutzersituation, einschließlich psychologischer und sozialer Gegebenheiten, ist Gegenstand der Wörterbuchbenutzungsforschung.
– Die Geschichte der Lexikographie ist ein relativ selbständiger Forschungsgegenstand.

(Vgl. HANDBUCH 1985, 368).

WIEGAND (1989, 262) unterscheidet vier Forschungsgebiete der Wörterbuchforschung:

I: Wörterbuchbenutzungsforschung
II: Kritische Wörterbuchforschung
III: Historische Wörterbuchforschung
IV: Systematische Wörterbuchforschung

Mit ›Wörterbücher. Dictionaries. Dictionnairs. Ein internationales Handbuch der Lexikographie‹ liegt ein Werk vor, das umfassend den Gegenstandsbereich der Lexikographie darstellt.[6] So werden u. a. folgende Problemkreise im ersten Teilband des mehrbändigen Werkes behandelt:

---

[6] Inzwischen zeigt ›Wörterbücher. Ein internationales Handbuch zur Lexikographie‹, daß die Lexikographie international einen hohen Stand erreicht hat. Der Aufbau der bereits

- Lexikographie und Gesellschaft: Wörterbücher und Öffentlichkeit
- Wörterbücher und ihre Benutzer
- Geschichte und Theorie der Lexikographie
- Bauteile und Strukturen von Wörterbüchern
- Wörterbuchtypen

Betrachtet man die Geschichte von Lexikologie und Lexikographie, so erkennt man ihre ständige wechselseitige Beeinflussung. Wortuntersuchungen gingen von den Bedürfnissen der Wörterbuchpraxis aus. Man brauchte Kriterien der Wortauswahl, -erklärung und -anordnung. Oft eilte die Praxis der Theorie voraus. Das Bestreben, dem Benutzer Hinweise für die Wortverwendung zu geben, die Bedeutungen der Wörter zu erklären und auch zwei- und mehrsprachige Übersetzungswörterbücher anzulegen, führte zur raschen Entwicklung der Wörterbuchpraxis, wenngleich die theoretische Durchdringung der jeweiligen Erscheinung noch ausstand. Die Wörterbucharbeit erforderte die wissenschaftliche Beschäftigung mit dem Wort schon lange, bevor sich die Lexikologie als selbständige Wissenschaft etablierte. Fragen wie die, welche Informationen Wörterbücher geben sollen, wie Kodifizierung und Sprachkritik miteinander zu verbinden sind, welches Wortmaterial aufzunehmen und welches nicht zu verzeichnen ist, mußten beantwortet werden. So ist die Geschichte der Lexikographie ein Stück Geschichte der Lexikologie.

Bevor einsprachige deutsche Wörterbücher erschienen, gab es zwei- oder mehrsprachige Wörterbücher mit Griechisch oder Latein als Ausgangs- und Zielsprachen. Sie dienten Klöstern und Schulen zur Aneignung der klassischen Sprachen des Altertums. Ein solches frühes Wörterbuch (8./9. Jh.) trägt nach dem ersten lateinischen Stichwort den Titel ›Abrogans‹. Ende des 15. Jahrhunderts entstanden die ersten gedruckten Wörterbücher. Es waren vorwiegend zweisprachige Übersetzungswörterbücher. 1536 verfaßte DASYPODIUS ein dreisprachiges Wörterbuch ›Dictionarium latino-germanico-polonicum‹.

Die deutsche Lexikographie setzt im 17. Jahrhundert ein. HENNE unterscheidet drei historische Abschnitte der Wörterbuchschreibung in Deutschland: 1. „die Epoche des 15. und 16. Jhs., in der die dt. Volkssprache erstmals zum Gegenstand gelehrter Wbarbeit wird", 2. „die Epoche des 17. und 18. Jhs., die das große deutsche Wb. anstrebt", 3. „die Epoche des 19. und der ersten Hälfte des 20. Jhs., die geprägt ist durch das Unternehmen des ‚Deutschen Wörterbuches' von Jacob und Wilhelm Grimm" (1980, 784).

In dem 1691 von STIELER erarbeiteten Wörterbuch ›Der Teutschen Sprache Stammbaum und Fortwachs‹ werden unter dem Basiswort auch Derivate und Komposita verzeichnet, so daß hier der Wortschatz schon in Wortfamilien dargestellt wird. Im 18. Jh. beginnt eine lexikographische Programmdiskussion, in der ein einsprachiges umfassendes Gesamtwörterbuch gefordert wird, das sowohl mund-

---

vorliegenden Bände läßt die Fülle der Forschungsbereiche der modernen Lexikographie erkennen. Die Lexikologie kann auf die Arbeit mit diesem Handbuch nicht verzichten. Wie eng die Zusammenarbeit von Lexikographie und Lexikologie ist, wird auch daran sichtbar, daß zahlreiche Autoren der einzelnen Kapitel bekannte Lexikologen sind.

artliches als auch fachsprachliches Wortgut aufnimmt. FRISCH verzeichnet 1741 neben dem gemeinsprachlichen Wortgut auch Fremdwörter, Mundartwörter, Berufs- und Fachsprachen. Etymologische Angaben und Erläuterungen zur Wortbedeutung weisen schon über die praktischen Belange der Übersetzung hinaus. Eine erste große synchronische Darstellung des deutschen Wortschatzes gab ADELUNG: ›Versuch eines vollständigen grammatisch-kritischen Wörterbuchs der hochdeutschen Mundart‹ (5 Bände 1774–1786). Dieses Wörterbuch soll nicht nur Wörter, sondern „ganze Redensarten" verzeichnen und dem normgerechten Sprachgebrauch dienen, indem ADELUNG „Schreibarten" angibt: die „höhere oder erhabene", die „edle", die des „gemeinen Lebens", die „niedrige" und die „pöbelhafte". „Sein Wörterbuch mit 55181 Artikeln ist erstmals streng alphabetisch angeordnet [...] Schließlich ist Adelungs hochdeutsches Wörterbuch vor allem ein Bedeutungswörterbuch [...]" (KÜHN 1990, 2056). Vor dem großen deutschen Wörterbuch von Jacob und Wilhelm GRIMM erschienen bereits im 17. und 18. Jh. Speziallexika der deutschen Sprache. So wurden im 18. Jh. Synonym- und Mundartwörterbücher geschrieben. Fremdwörter- und Fachwörterbücher widerspiegeln die Breite der lexikographischen Bemühungen. „Titel wie ,Gemeinnütziges Lexicon für Leser aller Klassen, besonders für Unstudirte'" (Roth 1788) oder ,Enzyklopädisches Wörterbuch, oder alphabetische Erklärung aller Wörter aus fremden Sprachen, die im Deutschen angenommen sind' (Heinse 1793) sind zugleich Programm" (KÜHN 1990, 2063). Das ›Deutsche Wörterbuch‹ von Jacob und Wilhelm Grimm – der Plan zu diesem Werk wurde 1838 gefaßt, die erste Lieferung erschien 1854, vollendet wurde es 1960, zur Zeit wird eine neue Ausgabe vorbereitet – ist ein historisches Wörterbuch, das etymologische Angaben, Kontexte, Quellenhinweise, Bedeutungsvarianten und Gebrauchsweisen, grammatische Eintragungen und Wortbildungen enthält. Wie es uns heute vorliegt, ist es das Werk mehrerer Generationen von Wörterbuchschreibern. Daraus erklärt sich, daß es uneinheitlich ist. Es ist zum wissenschaftlichen Gegenstand zahlreicher Untersuchungen geworden (vgl. ›Studien zum Deutschen Wörterbuch von Jacob und Wilhelm Grimm‹ 1991; ›Das Grimmsche Wörterbuch‹ 1987). Nach dem Deutschen Wörterbuch erscheinen andere allgemeine Wörterbücher des Deutschen, die der historischen Lexikographie verpflichtet sind. Die bedeutendsten sind HEYNEs Deutsches Wörterbuch, das Deutsche Wörterbuch von H. PAUL und in unserem Jahrhundert schließlich TRÜBNERs ›Deutsches Wörterbuch‹. Synonym- und etymologische Wörterbücher folgen rasch. Im 19. Jh. erschienen auch Wörterbücher älterer Sprachstadien, wie der ›Althochdeutsche Sprachschatz oder Wörterbuch der althochdeutschen Sprache‹ von GRAFF und das ›Mittelhochdeutsche Wörterbuch‹ von MÜLLER und ZARNCKE. Seit dem 19. Jh. erscheinen zahlreiche etymologische Wörterbücher.

Die Metalexikographie entwickelte sich vor allem mit der Ausarbeitung von Wörterbüchern verschiedener Typen; denn damit entfaltete sich die Diskussion um die Methoden der Wortschatzdarstellung. Im deutschsprachigen Raum geschah das seit der Frühaufklärung. Z.B. entwarf LEIBNIZ ein Programm für ein Wörterbuch der deutschen Sprache, das auch Fach- und Mundartwörter enthalten sollte. Im 17. Jh. ging die Diskussion vor allem um Stammwörterbücher, im frühen 18. Jh. um das Gesamtwörterbuch, während in der zweiten Hälfte des 18. Jahrhunderts das Literaturwörterbuch den Bedürfnissen des gebildeten deutschen Bürgertums zu entsprechen schien. Seit dem 19. Jh. entfaltet sich der Typenreichtum der Wörterbücher und mit ihm die Theorie der Lexikographie.

Obwohl wir alle eine gewisse Vorstellung davon haben, wie ein Wörterbuch aussehen kann, ist es doch notwendig, diesen Gegenstand genauer zu bestimmen; denn der Name kann irritieren: Ein Wörterbuch muß nicht nur Wörter enthalten – es gibt auch Wörterbücher der Wortbildungsmittel (Morpheme) und der Phraseologismen. Ein Wörterbuch muß auch nicht unbedingt die Gestalt eines Buches haben, es können einzelne „Lieferungen" sein. In unserer Zeit existieren Wörterbücher auch als Taschencomputer (elektronische Wörterbücher).

Sprachwörterbücher sind Sammlungen lexikalischer Einheiten, in denen wir uns über deren Eigenschaften informieren können, wie über Bedeutung, grammatische, orthographische, etymologische Eigenheiten, über die Geschichte der Wörter, über Stamm- oder Bedeutungsverwandtschaft u. a.

Arten von Wörterbüchern – Wörterbuchtypologie

Die Typologisierung von Wörterbüchern ist Gegenstand der Lexikographie. Es existieren viele Typologisierungsvorschläge (HENNE 1980, KÜHN 1978, DROSDOWSKI, HENNE, WIEGAND 1977, WIEGAND 1978, AGRICOLA 1987). Hier soll nur auf einige Typen von Wörterbüchern hingewiesen werden, die für die lexikologische Arbeit besonders wichtig sind.

Wir unterscheiden zunächst Sprach- von Sachwörterbüchern und betrachten im weiteren nur solche, deren Gegenstand sprachliche Gegebenheiten sind. Allerdings kontrolliert der Lexikologe seine Ergebnisse auch mit Hilfe der Sachwörterbücher oder Allwörterbücher (dazu WIEGAND 1989). Sachwörterbücher erklären ihren wissenschaftlichen Gegenstand und nicht dessen sprachliche Benennungen. Wir nutzen sie, wenn wir z. B. die Angaben zur Wortbedeutung mit der wissenschaftlichen Beschreibung des benannten Objekts vergleichen.

Linguistische Wörterbücher können ein-, zwei- oder mehrsprachig sein (siehe Schema S. 57). KROMANN geht auf die Besonderheiten zweisprachiger Wörterbücher ein. Er unterscheidet Hinübersetzungswörterbücher, (aktive) zweisprachige Wörterbücher von Herübersetzungswörterbüchern, (passiven) zweisprachigen Wörterbüchern. Für die Klassifizierung einsprachiger Wörterbücher werden unterschiedliche Kriterien angewandt. Es gibt dabei vielfach Überschneidungen, so daß die folgende Übersicht weder vollständig noch systematisch ist.[7] Eine Typologie einsprachiger Wörterbücher kann aufgebaut sein nach

– diachronischem oder synchronischem Aspekt; nach Gegenwarts- oder Vergangenheitsbezug;
– standardsprachlichem oder regionalem Geltungsbereich;

---

[7] Hier sei auch auf ›Wörterbücher in der Diskussion‹. Vorträge aus dem Heidelberger Lexikographischen Kolloquium, hrsg. v. WIEGAND, verwiesen. Auch diese Schriftenreihe ergänzt lexikologische Studien.

- allgemeinem oder fachsprachlichem Wortschatz;
- allgemeinem oder Gruppenwortschatz.

Wörterbücher lassen sich nach ihrer Anlage gliedern in:
- alphabetisch geordnete Wörterbücher, die Stammwörter und Wortbildungskonstruktionen umfassen,
- Wörterbücher, deren Material nach paradigmatischen Zusammenhängen geordnet ist;
- Wörterbücher, die alphabetische und onomasiologische Anordnung verbinden.

In anderen Wörterbüchern wiederum gibt es Darstellungen nach Formativstruktur und Häufigkeit, wie in rückläufigen und Häufigkeitswörterbüchern; Darstellung nach grammatischen Kriterien (Valenzwörterbücher).

Eine besondere Rolle spielen Individualwörterbücher, die den Wortschatz von Personen oder berühmten Werken erfassen. Fremdwörterbücher, Dialektwörterbücher, Wörterbücher, die Sprachschwierigkeiten verzeichnen, sind für sprachpädagogische Aufgaben wichtig.

HENNE gliedert die Wörterbücher in alphabetische (semasiologische), begriffliche (onomasiologische), syntagmatische und teilaspektorientierte, wie nach Orthographie und Lautung. Als differenzierende Klassifikationsmerkmale nennt er u. a. synchronisch, diachronisch, historisch (etymologisch), gegenwartsbezogen, bezogen auf bestimmte Sprachgruppen, fach- oder sondersprachspezifisch, textkodizierend, bezogen auf den einzelnen, bezogen auf die gesprochene Sprache, präskriptiv, häufigkeitsorientiert (›Lexikon der germanistischen Linguistik‹ 1973, 590ff.). Wörterbuchtypologien können auch nur bestimmte Typen erfassen. Vgl. dazu KÜHN, der im Kapitel 19 von ›Wörterbücher‹ die „Typologie der Wörterbücher nach Benutzungsmöglichkeiten" beschreibt.

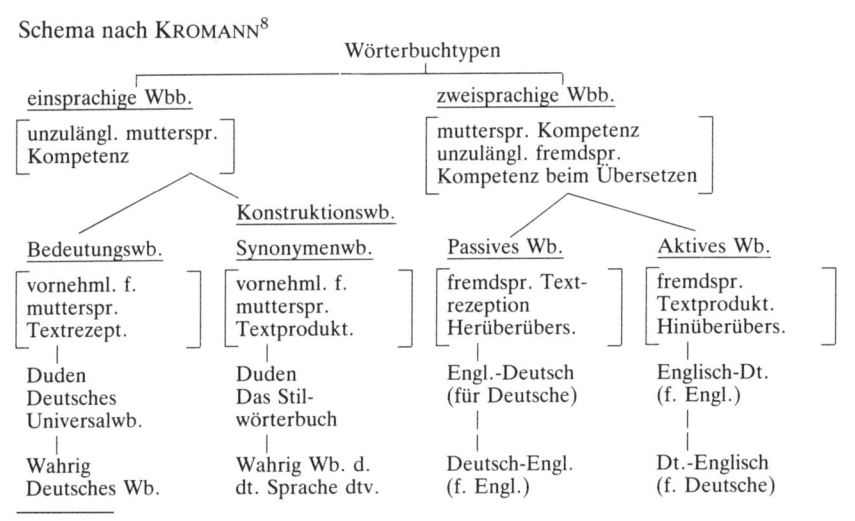

Schema nach KROMANN[8]

```
                        Wörterbuchtypen
         ┌──────────────────┴──────────────────┐
einsprachige Wbb.                      zweisprachige Wbb.
┌ unzulängl. mutterspr. ┐              ┌ mutterspr. Kompetenz  ┐
└ Kompetenz             ┘              │ unzulängl. fremdspr.  │
                                       └ Kompetenz beim Übersetzen ┘
           Konstruktionswb.
Bedeutungswb.   Synonymwb.         Passives Wb.          Aktives Wb.
┌ vornehml. f. ┐ ┌ vornehml. f. ┐  ┌ fremdspr. Text- ┐   ┌ fremdspr.     ┐
│ mutterspr.   │ │ mutterspr.   │  │ rezeption       │   │ Textprodukt.  │
└ Textrezept.  ┘ └ Textprodukt. ┘  └ Herüberübers.   ┘   └ Hinüberübers. ┘
     │                │                   │                   │
   Duden            Duden           Engl.-Deutsch        Englisch-Dt.
   Deutsches        Das Stil-       (für Deutsche)       (f. Engl.)
   Universalwb.     wörterbuch
     │                │                   │                   │
   Wahrig           Wahrig Wb. d.   Deutsch-Engl.        Dt.-Englisch
   Deutsches Wb.    dt. Sprache dtv. (f. Engl.)          (f. Deutsche)
```

---
[8] KROMANN 1986, 178.

Lexikographie und lexikologische Fragestellungen

Die Geschichte der Wörterbuchschreibung und die Wörterbuchtypologie lassen die vielfältigen Beziehungen zwischen Lexikographie und Lexikologie sichtbar werden. Hier sei nur auf einige für die lexikologische Arbeit besonders wichtige Fragen verwiesen.

Semasiologisch orientierte Wörterbücher brauchen lexikologische Vorleistungen der Bedeutungsbeschreibung. Dazu gehören auch die Abgrenzung von Polysemie und Homonymie und die Darstellung der Bedeutungsstruktur eines Wortes. Die praktische Konsequenz besteht darin, ob z. B. für ein Wort wie *Flügel* ein oder zwei Stichwörter (Lemmata) angegeben werden, ob *Flügel* ‚Musikinstrument' und *Flügel* ‚Körperteil fliegender Tiere' als ein Wort gelten oder als zwei Wörter einzutragen sind. Die Angaben in einem semasiologisch orientierten Wörterbuch erfordern weiterhin Entscheidungen über die Art der Bedeutungsbeschreibung, so auch darüber, ob semanalytisch oder holistisch zu verfahren ist (vgl. dazu 7.6.1.). Entscheidet sich der Lexikograph für eine Angabe nach Merkmalen, so greift er auf Ergebnisse der semantischen Analyse zurück.

Zu den gegenwärtigen Diskussionsgegenständen gehört auch die Frage nach der Gestaltung der Bedeutungsbeschreibung im Wörterbuch. Im Augenblick sind Wörterbucheinträge häufiger Sachbeschreibungen, die auf Merkmalsanalysen aufbauen, als Bedeutungsangaben, die als Regeln für den Wortgebrauch dienen. Z. B. sagt die Bedeutungsangabe zu *Blut* im WDG nichts über den Gebrauch des Wortes: „rote Flüssigkeit, die, vom Herzen angetrieben, in den Arterien und Venen der Menschen und vieler Tiere zirkuliert und die Ernährung der Zellen und den Stoffwechsel besorgt." Solche Bedeutungselemente, die sich aus historischen Ansichten über das Blut ergeben und mit der Bedeutung verbunden sind, wie ‚Lebenskraft', lassen sich aus dieser Sachbeschreibung nicht erschließen und können daher auch nicht den Sprachgebrauch erklären. Vgl. dazu HARRAS „Bedeutungsangaben im wörterbuch: scholastische übungen für linguisten oder verwendungsregeln für benutzer?" (1986). Enge Beziehungen von Lexikologie und Lexikographie bestehen auch darin, daß die Lexikographie auf die Ergebnisse der Beschreibung der semantisch-strukturellen Beziehungen im Wortschatz bei der Erarbeitung von Synonym-, Antonym- oder Wortfeldwörterbüchern zurückgreifen kann. Schließlich gehört die Untersuchung und Beschreibung der semantischen Relationen im Wortschatz zu den Aufgaben der Lexikologie.

Onomasiologische Wörterbücher oder Begriffswörterbücher stellen den Versuch dar, die durch die alphabetische Ordnung gegebenen Einschränkungen in der Darstellung der Bedeutungsverwandtschaft zu überwinden. DORNSEIFFs Wörterbuch ›Der deutsche Wortschatz nach Sachgruppen‹ ist streng onomasiologisch nach einer Ordnung aufgebaut, die sich als „Ordnung der Wissenschaften nach ihren Gegenständen" versteht. Allerdings werden weder semantische noch stilistische Differenzierungen vermerkt. So erhalten wir keinen Einblick in semantische Fügungspotenzen, in die semantische Mikro- oder Mediostruktur. Das erste nach Begriffsgruppen geordnete Wörterbuch ›Thesaurus of English Words and Phrases‹

wurde 1852 von Peter Mark ROGET geschaffen. Sein Begriffsschatz umfaßte 1000 Begriffe. In SANDERS' ›Deutschem Sprachschatz‹ ist der Umfang schon auf 687 Begriffe reduziert. Beide Begriffssysteme bilden die Grundlage für die folgenden nichtalphabetischen Begriffswörterbücher. HALLIG und WARTBURG setzten sich mit ihrem ›Begriffssystem als Grundlage für die Lexikographie‹ das Ziel, ein für alle Sprachen gültiges Begriffssystem zu schaffen. Nicht Wörter einer Einzelsprache, sondern Begriffe sind Gegenstand der Darstellung. Daher sei es im Interesse einer genauen Scheidung von Objekt- und Metasprache, daß ein solches System nicht mit den Zeichen einer natürlichen Sprache ausgedrückt werde: „Es wäre zweckmäßig, wenn Zeichen verwendet werden könnten, die nichts mit der Sprache zu tun haben, aber da es dem Menschen nicht gegeben ist, Gedachtes und Begriffliches anders als sprachlich kenntlich zu machen, muß notwendigerweise auch in unserem Ordnungsschema jeder Begriff durch ein sprachliches Zeichen symbolisiert werden" (HALLIG u. v. WARTBURG 1963, XIII). Die Betonung des Begrifflichen führt von der Darstellung der sprachlichen Zeichen, ihrer Bedeutung und der semantischen Relationen im Wortschatz weg und erfordert letztlich eine philosophisch begründete außersprachliche begriffliche Ordnung. So haben auch onomasiologisch begründete nichtalphabetische Wörterbücher ihre Grenzen: sie geben nur bedingt Einblick in die Regeln des Wortgebrauchs. Sie listen die zu einem Sachgebiet gehörenden Benennungen auf, entsprechend den Auffassungen des Lexikographen von der Ordnung der Welt. Erscheinungen wie Polysemie, semantische Kompatibilität, Fügungswert oder grammatische Eigenschaften, die Einfluß auf die Wortbedeutung haben, stilistische und konnotative Merkmale bleiben unberücksichtigt. Aber auch die Probleme des Aufbaus, die Prinzipien der Anordnung sind bei weitem noch nicht in dem Maße erarbeitet, wie es notwendig wäre, um Wörterbücher zu schreiben, die kommunikativen Ansprüchen gerecht werden. Den Schwächen semasiologischer und onomasiologischer Wörterbücher sucht man durch die Forderung nach der Integration semasiologischer und onomasiologischer Forschungs- und Darstellungswege zu begegnen. Schon vor Jahren hat KÜHN für sprachdidaktische Aufgaben ein „Funktionswörterbuch", ein „Grundwortschatzwörterbuch" der deutschen Sprache konzipiert, das an den Bedürfnissen der Benutzer orientiert ist. Voraussetzung für ein solches Wörterbuch ist natürlich die semantische Analyse der lexikalischen Einheiten und ihrer semantischen Beziehungen.

Ein solches Wörterbuch ist sowohl alphabetisch als auch nach begrifflichen Zusammenhängen aufgebaut. Ausgangspunkt ist ein Begriff. Ihm werden die operational bestimmten Lexeme des Grundwortschatzes zugeordnet, die mit ihm in semantischem Zusammenhang stehen. Durch Paraphrasierungen werden die spezifischen Bedeutungen erklärt und in einer Matrix merkmalhaft erfaßt. Den Abschluß eines jeden Begriffsartikels bildet die Darstellung der Bezeichnungs- und Bedeutungsstruktur. Beispiel:

„Fließendes Gewässer"
Im Begriffsnetz der Sprache ist diese Gruppe eingeordnet in die Begriffsbezirke *Erde, Klima, Luft, Wasser, stehend, fließend*. Zu diesem Feld gehören die Lexeme *Bach, Fluß, Kanal, Quelle, Rinnsal, Strom*.

> Aus den semantischen Merkmalen ergeben sich die Bedeutungsbeschreibungen für jedes einzelne Lexem und damit gleichzeitig die Beschreibung der semantischen Beziehungen zwischen den Lexemen: „Ein Bach ist ein kleines fließendes Gewässer. Ein Fluß ist ein größerer Wasserlauf. Ein Kanal$_1$ ist ein künstlich angelegter Wasserlauf für den Schiffsverkehr. Eine Quelle$_1$ ist ein aus der Erde tretendes Wasser. Ein Rinnsal ist ein schwach fließendes, schmales Wasser. Ein Strom ist ein breiter, weitreichender Fluß.
> Bezeichnungs- und Bedeutungsbeziehungen werden gegenübergestellt." Bezeichnungsbeziehungen: Antonymie von *Strom* und *Rinnsal*, *Fluß* und *Rinnsal*. Bedeutungsbeziehungen: Monosemie bei *Bach* und *Rinnsal*, *Fluß* und *Rinnsal*. Polysemie bei *Fluß*, *Quelle* und *Strom*. Polyheterosemie bei *Kanal*. (Vgl. KÜHN 1979, 160f.)

Bei der Feststellung semantischer Mikro-, Medio- und Makrostrukturen (der Struktur eines Semems, der Sememstruktur eines Lexems und der semantischen Beziehungen zwischen den Lexemen) treffen sich Lexikologie und Lexikographie. So nimmt es nicht wunder, daß gerade in den letzten Jahren die lexikologische Arbeit durch lexikographische Überlegungen gefördert wurde.

Eine komplexe Darstellung des Wortschatzes in nichtalphabetischer Anordnung erfolgt in dem von H. SCHUMACHER 1986 herausgegebenen Wörterbuch ›Verben in Feldern. Valenzwörterbuch zur Syntax und Semantik deutscher Verben‹.[9] Dieses Wörterbuch erklärt die Bedeutung von über 1000 Verben und verbalen Ausdrücken und beschreibt die spezifische Umgebung in morpho- und semanto-syntaktischer Hinsicht. Die Verben sind zu onomasiologischen Paradigmen hierarchisch gruppiert. Hier wird nach semantischen und onomasiologischen Kriterien geordnet, von allgemeineren zu spezielleren Klassen und schließlich zum Einzelwort abgestiegen. Dabei werden folgende Ebenen unterschieden: Makrofeld – Verbfeld – Subfeld – Verbgruppe – Subgruppe – Verb. Beispiel:

> Das Wörterbuch umfaßt sieben Makrofelder. Dazu gehören: Verben der allgemeinen Existenz, der speziellen Existenz, der Differenz, der Relation und des geistigen Handelns, des Handlungsspielraums, des sprachlichen Ausdrucks und Verben der vitalen Bedürfnisse. Das Makrofeld des sprachlichen Ausdrucks wird nun weiter untergliedert in die Verbfelder: Verben des Mitteilens, des Übermittelns, des Diskutierens. Als Verben des Mitteilens werden Verben aufgenommen, mit denen ausgedrückt werden kann, „daß ein handlungsfähiges Individuum bzw. eine Institution (a) etwas sagt, schreibt bzw. sich anderer Zeichenträger (k) bedient und damit absichtlich bewirkt, daß ein Empfänger (x) eine Information (z) erhält" (668). Damit wird die Bedeutung beschrieben, die dieses Subfeld zusammenhält. Als Abgrenzung gegenüber anderen Feldern wird angegeben: „Die Verben des Mitteilens unterscheiden sich von den allgemeinen Verben des Berichtens und Erzählens u. a. dadurch, daß für den Empfänger die Tatsache neu ist, daß ein bestimmter Sachverhalt besteht und daß die Information relativ knapp gefaßt ist" (668). Dieses Feld ist in zwei Subfelder untergliedert:
> (1) Verben des Mitteilens im engeren Sinne: *mitteilen, übermitteln*
> (2) Verben des Informierens: *informieren, unterrichten über* ...
> Ein Wortartikel enthält Angaben zur Intonation, zur Morphologie (Stammformen), stilistische und morphosyntaktische Informationen: Satzmuster, Strukturbeispiel zum Satzmuster, Informationen zum werden-Passiv, zum sein-Passiv, Textbeispiele und Beispiele für

---

[9] Vgl. BALLWEG-SCHRAMM, A./SCHUMACHER, H.: Struktur eines semantisch fundierten Valenzwörterbuchs deutscher Verben. In: Moderner Sprachunterricht – Lehrerbildung und Lehrerfortbildung. Bericht über die V. Internationale Deutschlehrertagung in Dresden v. 1.–5. 8. 1977. Leipzig 1979.

die Einbettung des Verbs in Wendungen; weiter werden Angaben zur Wortbildung und zu den Relationen zu anderen Verben des Feldes gemacht und makrostrukturelle Informationen (Superonyme, Synonyme, Hyponyme, Antonyme) gegeben. Die Verbeinträge sind valenzsyntaktisch klassifiziert und enthalten Belegungsregeln.

Mit dem Ziel, das Wort in seiner Komplexität zu erfassen, wurde auch ein „Komplexwörterbuch" konzipiert. Die Autoren legten 1987 ›Studien zu einem Komplexwörterbuch der lexikalischen Mikro-, Medio- und Makrostrukturen („Komplexikon")‹ vor. Es stützt sich auf psychologische Befunde der Speicherung von Wortschatzeinheiten und will außer den üblichen semantisch-stilistischen Informationen zum Einzelwort die Komplexität der semantischen Beziehungen mit einbeziehen. „Es sollen nicht nur die Erläuterungen des denotativ-referentiellen und des nichtdenotativen Anteils der Bedeutungen gegeben werden, sondern ganz regelmäßig auch ihr relationeller Anteil, d. h. die paradigmatischen und die syntagmatischkollokationellen Beziehungen und die Position im Gesamtsystem des Lexikons" (›Studien zu einem Komplexwörterbuch‹ 1987, 2). Für das „Komplexikon" liegen eine Reihe lexikologischer Untersuchungen vor, so zu Mikro-, Medio- und Makrostrukturen (KARL; AGRICOLA 1987), zur Bedeutungsdarstellung von Funktionswörtern (BRAUSSE), zu „nicht-denotativen Informationen" (LUDWIG) und Kollokations- und Valenzrelationen (BRAUSSE).

Dieses Komplexikon baut sich auf Kernkonzepten und lexikalisch-semantischen Feldern auf, d. h. „auf einer noch linguistisch-semantisch zu beschreibenden Ebene mittleren Abstraktionsgrades" (341). Der Kategorie der Kernkonzepte, übernommen aus der Psychologie, entspricht ein Hyperonym von mittlerem Abstraktions- und Verallgemeinerungsgrad. Ein „semantisches Feld" wird als grundlegende Struktureinheit aufgefaßt, die aus einer Menge bedeutungsnaher Lexembedeutungen besteht. „Ein semantisches Feld als Ausprägung eines Kernkonzepts reflektiert die Art, wie bei einem Durchschnittssprecher das Wissen und Denken über den Weltausschnitt in Form von Objekten, Zuständen, Ereignissen, Aktionen, Kausalfolgen, Intentionen usw. organisiert ist" (342).

An Auszügen aus dem Entwurf für den Eintrag *reinigen* soll das Prinzip des Aufbaus eines *Lexikoneintrags nach Kernkonzepten* und *lexisch-semantischen Feldern* erläutert werden:

LSF 1: Reinigen von Objekten unter Verwendung von Wasser (und Reinigungsmitteln)
Teilfeld 1.1.: Reinigen von Personen (x bewirkt, daß y sauber wird, wobei x – Person, y – Person, Körperteil) *waschen, baden, duschen*
Teilfeld 1.2.: Reinigen von unbelebten Gegenständen
    x – Personen, Maschinen
    y – unbelebte Gegenstände: Wäsche, Fahrzeuge *waschen, abspülen*
Teilfeld 1.3.: Reinigen von Flächen
    x – Personen
    y – großflächige Gegenstände: Fußboden, Treppe *wischen, scheuern, aufwischen*
LSF 2: Reinigen von Gegenständen unter Verwendung bestimmter Arbeitsmittel
Teilfeld 2.1.: Reinigung unter Verwendung von Besen
    x – Personen, Maschinen
    y – großflächige Objekte: Straße, Platz *fegen, kehren*

Teilfeld 2.2.: Reinigung unter Verwendung von Besen
x – Personen, Maschinen
y – dreidimensionale Objekte: Wohnung, Zimmer *fegen, kehren*
Teilfeld 2.3.: Reinigung von Bekleidungsgegenständen unter Verwendung von Bürsten
x – Person
y – Bekleidungsgegenstände: Anzug, Mantel *abbürsten, ausbürsten, bürsten*

Diese Eintragungen gehen von Tätigkeits- und Geschehenstypen aus, ordnen den Wortschatz nach semantischen Kriterien, erfassen die Dynamik des semantischen Wissens, indem die Variabilität der Bedeutung auf situative und kontextuale Bedingungen zurückgeführt wird. Es sollen „alle paradigmatischen Relationen (Hyperonymie-Hyponymie-Relation, Synonymität, Antonymierelationen usw.), die Relationen zwischen LSF sowie die syntagmatischen Vereinbarkeitsrelationen explizit angegeben werden, so daß der Benutzer sofort erkennt, mit welchen anderen Lexikonzeichen ein WS-element regelrecht zu verbinden ist" (VIEHWEGER 1987, 222).

So entstanden in den letzten Jahren viele Projekte der Lexikographie mit dem Ziel, den Wortschatz als ein System mit innerer Vernetzung seiner Elemente zu erfassen.

4.2. Lexikologie und Onomastik

Die Onomastik – die Wissenschaft von den Eigennamen – ist heute eine selbständige Disziplin. Sie hat ihren eigenen Gegenstand – den Namenschatz einer Sprache –, hat ihre eigenen Methoden der Erforschung und Beschreibung sowie der lexikographischen Erfassung der Eigennamen (Nomina propria) entwickelt. Dennoch bestehen zwischen Lexikologie und Onomastik enge Beziehungen, denn bei allen Besonderheiten der Eigennamen gibt es auch viele Übereinstimmungen, Übergänge und Wechselbeziehungen zwischen Name und Wort.

Onomastik und Lexikologie haben es mit benennenden Einheiten zu tun, sind auf gleiche wortgeschichtliche Verfahren angewiesen und benutzen auch gleiche Untersuchungsmethoden, z. B. bei der Ermittlung und Beschreibung der Formativstrukturen. So wird die Geschichte des Namens *Erfurt* beschrieben:

> Die germanische Farbbezeichnung + *erp(p)az*, ahd. *erpf* ‚dunkelfarben, bräunlich, schwärzlich', häufig auch in germanischen und altsächsischen Männernamen *Erp, Erpo* dürfte die Grundlage für das Kompositum mit and. *ford* bzw. *fort*, ahd. *furt* ‚Durchgang, Furt' geboten haben. Da das Farbwort in zahlreiche weitere thüringische Namen eingegangen ist..., liegt hier die bereits von E. Schröder vorgetragene Deutung zu einem Bachnamen + *Erpesa* am nächsten, zumal für die heutige Apfelstädt, die südlich von Erfurt in die Gera mündet, auch der Name *Erfa* überliefert ist [...] Niederdeutsche und niederfränkische Bachnamen *Erpe, Erps* (im Dylebecken) u. ä. sind mehrfach bezeugt (EICHLER/WALTHER, 92).

Daneben existieren Unterschiede zwischen Eigennamen und Appellativa. Neben grammatischen Merkmalen betrifft das in erster Linie die Bedeutung, die Semantik der Eigennamen und ihre spezifischen kommunikativen Funktionen. Vergleicht man die beiden Zeichen *Peter* und *Junge*, so werden die Unterschiede zwischen ihnen deutlich: *Peter* kann einen Jungen, einen Kater, einen Wellensittich benennen – der Name gibt nur vage Auskunft über seinen Träger. Er dient jedoch zur Identifizierung seines Trägers, erfüllt damit eine kommunikative Funktion. *Junge* ist die Benennung einer Klasse, ist Träger einer begrifflichen Bedeutung. Sein Bedeutungsumfang ist festgelegt. Eigennamen identifizieren, Appellativa verallgemeinern. Eigennamen werden „verliehen". Appellativa sind das Ergebnis konventioneller Laut-Bedeutungs-Zuordnung.

Zwischen beiden Zeichenklassen gibt es zahlreiche Übergänge. So entstehen z. B. aus Eigennamen denotative Bedeutung tragende Wörter. Der Name des Erfinders bezeichnet Sachverhalte, die mit dieser Erfindung zusammenhängen: *Röntgen – röntgen, Röntgenstrahlen, Röntgenapparat*. Mit dem Namen des Herstellungsortes wird das Produkt benannt: *Cognàk*. Eigennamen können zu Konstituenten von Appellativa werden: *Litfaßsäule, Edwards-Syndrom*. Selbst Verben sind von Eigennamen abgeleitet worden: *boykottieren, lynchen, verballhornen*. Umgekehrt sind Appellativa Basen der Eigennamen. Wenn auch in vielen Fällen das Benennungsmotiv verblaßt ist, kann die appellativische Grundlage von Eigennamen noch erschlossen werden. So lassen viele Namen der Städte und Ortschaften ihre Benennungsmerkmale erkennen: „*Freiberg* – die Stadt ist nach ihrem wichtigsten Merkmal, der Bergbaufreiheit, dem Schürfrecht für jeden Zugewanderten, benannt" (EICHLER/WALTHER 98). Auch Personennamen entstanden aus Appellativa, wie z. B. Familiennamen aus Berufsbenennungen: *Fleischer, Büttner, Meier*, aus Adjektiven, die Eigenschaften bezeichnen: *Stolze, Klein*. Auch heute entstehen Eigennamen aus Appellativa. Z. B. geben sich Gaststätten Tiernamen: *Hirsch, Löwe*, Schmuckgeschäfte können *Schatulle*, Süßwarengeschäfte *Bonboniere* heißen. So übernehmen Eigennamen appellativische Funktionen, Appellativa können als Eigennamen fungieren.

Sind die Träger der Eigennamen auf eine bestimmte Weise bekannt geworden, übernehmen diese spezifische Funktionen und eignen sich besonders für Übertragungen. Sie haben dann den Status von Appellativa. Man spricht z. B. Venus besondere Schönheit zu. Das kann Basis der Übertragung sein, so daß schöne Frauen *Venus* genannt werden (*Sie ist keine Venus*). Die Verneinung kann signalisieren, daß ein Eigenname appellativisch gebraucht wird: die englische Stadt Coventry wurde im zweiten Weltkrieg durch deutsche Bomber zerstört. In der Losung „*Nie wieder ein Coventry!*" hat *Coventry* eine appellativische Bedeutung ‚sinnlos im Krieg zerstörte Stadt'.

Wie der Wortschatz ist auch der Namenschatz von kommunikativen Bedürfnissen des Sprachträgers abhängig. In ihm können sich gesellschaftliche Bewertungen ausdrücken. So gibt z. B. der Bestand an Straßennamen einen Einblick in politische Auffassungen der Namengeber. Herrschaftswechsel führt zu Namenwechsel. Orts- und Flurnamen lassen Rückschlüsse auf geographische und wirtschaftliche Bedingungen zu.

Diese Beziehungen zwischen Benennungen und Gesellschaft bestimmen auch den Aufgabenbereich der Lexikologie. Beide Wissenschaften befragen ihren Gegenstand nach dem historischen Werden, nach der Motivation der Benennungen, nach Bildung und Verwendung, nach den Funktionen in der Kommunikation.

Am deutlichsten jedoch werden die Wechselbeziehungen dann, wenn die Übergänge von Einheiten aus einer Zeichenklasse in eine andere erfolgen. Bereits oben wurde auf einige dieser Prozesse eingegangen. An weiteren Beispielen soll gezeigt werden, daß sich der Übergang von Eigennamen in die Klasse der Appellativa nach bestimmten semantischen und funktionalen Mustern vollzieht.

– Appellativa entstehen aus Eigennamen aufgrund metonymischer Verschiebungen:
Der Name des Herstellers/des Erfinders bezeichnet das Produkt und wird damit zum Appellativum; denn auch als Benennung der Erfindung oder als Warenbenennung verallgemeinert das Wort: Der Öflinger Fabrikant *Weck* erfand ein Verfahren, Obst, Gemüse und Fleisch keimfrei einzukochen – das *Einwecken*; – Der Architekt Mansart führte eine Bauweise für Wohnungen in Dachgeschossen ein – die *Mansarde*; – J. Nicot führte den Tabak in Frankreich ein, das *Nikotin*.

– Der Herstellungsort gibt seinen Namen für Produkte dieses Ortes:
In der französischen Stadt Tulle stellte man ein schleierartiges Gewebe her, *Tüll*. In Damaskus wurde ein feines Gewebe hergestellt: *Damast*.

– Appellativa entstehen durch metaphorische Übertragungen von Eigennamen: *Er ist kein Adonis* – kein ‚besonders schöner Mann'.

– Eigennamen gehen als Konstituente in appellativische Komposita ein. Damit nehmen sie einen semantischen Sonderstatus ein; denn ihre Funktion wird neutralisiert, wenn die neue Einheit lexikalisiert wird. So werden in Wissenschaft und Technik, vor allem auch in der Medizin Termini mit einer proprialen Komponente gebildet. Das kann ebenfalls aufgrund einer metonymischen Verschiebung erfolgen: *Basedowsche Krankheit*, es kann sich um eine ehrende Benennung handeln. Namen der Wissenschaftler wurden zur Benennung von Maßeinheiten: *Volt, Watt, Ampere*.

– Eigennamen können als Affixoid auftreten und pejorative Personenbenennungen bilden. Auch in diesen Fällen geht die propriale Funktion verloren: *Heulsuse, Miesepeter, Zigarrenfritze*.

Onomastik und Lexikologie überschneiden sich aber nicht allein im Gegenstandsbereich und in der Beobachtung der Übergänge, sondern sie verwenden auch gleiche Forschungsmethoden und folgen gleichen Paradigmen. So nutzt z. B. die Onomastik das Methodeninventar der strukturellen Semantik, untersucht die Bedeutungen der Eigennamen mit Hilfe semantischer Analysen. Vgl. dazu auch die Ergebnisse des XV. Internationalen Kongresses für Namenforschung in Leipzig. In: LS/ZISW/A 129/I.

Ein Zeichenbereich, auf dessen Beschreibung heute Onomastik und Lexikologie nicht verzichten können, ist der Bestand an Warennamen. Es handelt sich hierbei um Benennungen, „Namen", unter denen Produkte der materiellen Produktion gehandelt werden. Diese Gruppe von Benennungen – die in unserer Zeit eine nicht mehr überschaubare Zahl angenommen hat und ständig wächst – nimmt eine Zwischenstellung zwischen Appellativa und Nomina propria ein:

- Warennamen werden durch den Namengeber festgelegt, „verliehen". Darin gleichen sie den Eigennamen.
- Ein Warenname wird der Ware zugeordnet. Änderungen von Produktionsprogrammen, Technologien, Neuerungen in der Zusammensetzung des Produkts oder auch nur Veränderungen von Farbe und Verpackung können Veränderungen oder Erweiterungen des Namens, der Benennung nach sich ziehen (Eine Schreibmaschine heißt *brother WP 1*; ihr Nachfolger *brother WP 5*).
- Der Warenname ordnet das einzelne Exemplar der Klasse zu – das sind seine appellativischen Eigenschaften.
- Er steht aber doch in mehrfacher Hinsicht den Eigennamen nahe: Eigennamen können als Konstituenten der Warennamen auftreten und sagen deshalb kontextfrei nichts über das Denotat aus: Seifen heißen *Eva*, Möbel heißen *Evelin*.
- Zum Warennamen gehört in vielen Fällen ein Appellativum, so daß die ganze Konstruktion eindeutig als Appellativum bestimmt werden kann: *Nivea-Schaumbad, Odol-Mundwasser*.
- Wie bei anderen Appellativa treten reihenbildende Elemente auf. Die Kurzwortbildung hat sich als Wortbildungsart vor allem durch den Bedarf an Warennamen entwickelt. So gehört z. B. *Persil* zu den ersten Kurzwörtern (aus *Perborat* und *Silikat*)
- Orthographisch und grammatisch tendieren Warennamen zu den Eigennamen (Gebrauch des bestimmten und unbestimmten Artikels, Pluralbildung; Abweichungen von der orthographischen Norm, z.B. *Centrum* oder Kleinschreibung *wok*).

Warennamen sollen informieren und werben; sie sollen zum Kauf anregen, positive Assoziationen wecken und einprägsam sein. Die graphische Form muß geeignet sein, werbewirksam gedruckt zu werden. Mit möglichst geringem graphischem Aufwand soll ein Maximum an Wirksamkeit erreicht werden. Diese Warennamen stellen eine spezifische Zeichenklasse dar und nehmen eine Mittelstellung zwischen Eigennamen und Appellativa ein. (Vgl. hierzu GLÄSER 1973; GRUNDKE 1987; SCHIPPAN 1989)

4.3. Lexikologie und Psychologie

Die Aufnahme psychologischer Forschungen in die Sprachwissenschaft reicht weit zurück. Schon die junggrammatische Schule (z. B. PAUL) stützt sich bei der Erklärung des Bedeutungswandels und seiner Triebkräfte auf Ergebnisse und Befunde der Psychologie.

Die behavioristische Verhaltensforschung wirkt sich in den 20er Jahren unseres Jahrhunderts auf die linguistische Theorienbildung aus. Nach behavioristischen

Konzeptionen ist die Bedeutung das Resultat des kommunikativen Verhaltens beim Empfang von Zeichen, sie ist Resultat des Stimulus und der Reaktion und wird beschreibbar durch die Beobachtung des Verhaltens beim Senden und bei der Aufnahme sprachlicher Signale. Eine solche Bedeutungskonzeption stützt sich vor allem auf BLOOMFIELD, der in den 20er Jahren als der bedeutendste Vertreter einer behavioristisch begründeten Sprachtheorie wirkte. Die Verhaltenspsychologie gewann Einfluß auf die Sprachwissenschaft, insbesondere auf die Bedeutungsauffassung.

Seit den 60er Jahren wandte sich die Sprachtheorie erneut der Psychologie zu. Eine übergreifende Wissenschaft entstand – die Psycholinguistik. Sie untersucht die Komplexität psychischer und sprachlicher Prozesse beim sprachlichen Handeln. Die sowjetische Psycholinguistik hat ihre Wurzeln auch in der Verhaltensforschung, überwindet aber die Reduktion auf einen Reiz-Reaktions-Mechanismus beim Erklären sprachlichen Verhaltens, weil das begriffliche Denken und seine Versprachlichung als Untersuchungsgegenstände jede mechanistische Auffassung menschlicher Tätigkeit ausschließen. Die frühe sowjetische Psycholinguistik stützt sich auf die bedeutenden Psychologen VYGOTSKIJ, LURIJA, RUBINSTEIN, A. N. LEONT'EV. Sprachliche Zeichen und ihre Bedeutungen werden in ihrem Zusammenhang mit der menschlichen Denktätigkeit erklärt. LEONT'EV schreibt:

> Also brechen die Bedeutungen die Welt im Bewußtsein der Menschen. Wenn auch der Träger der Bedeutungen die Sprache ist, so ist doch die Sprache nicht der Demiurg der Bedeutungen. Hinter den Bedeutungen verbergen sich die gesellschaftlich erarbeiteten Verfahren (Operationen) der Handlung, in deren Prozeß die Menschen die objektive Realität verändern und erkennen. Mit anderen Worten, in den Bedeutungen ist die in Sprachmaterial umgestaltete und eingekleidete ideelle Existenzform der gegenständlichen Welt, ihrer Eigenschaften, Zusammenhänge und Beziehungen repräsentiert, die durch die gesamte gesellschaftliche Praxis entdeckt wurden (LEONT'EV 1979, 136f.).

Für die Erklärung der Sprache und des sprachlichen Handelns werden die Erkenntnisse der Psychologie über die kulturhistorische und gegenständlich-praktische Tätigkeit der Menschen genutzt. Prozesse und Abläufe sprachlichen Handelns und der Denktätigkeit werden mit Handlungsabsichten, -zielen, -situationen, Bräuchen und Gewohnheiten erklärt. LURIJA führt Experimente der 30er Jahre vor, aus denen hervorgeht, in welch starkem Maße der Bedeutungsbesitz, die Art der Kategorisierung und Verallgemeinerung, die Wissensstrukturen, die mit sprachlichen Zeichen verbunden sind, von den soziokulturellen Voraussetzungen, vom Bildungsgrad und von der Lebenspraxis abhängig sind:

> Die Prozesse der Abstraktion und Verallgemeinerung bleiben nicht in allen Etappen unverändert; *sie sind vielmehr selbst Produkt der sozialökonomischen und kulturellen Entwicklung* (1987, 121).

> Das Wort, das im theoretischen Denken die Funktion der Abstraktion und der Kodierung der Gegenstände in begrifflichen Systemen hat, dient hier [gemeint sind die Ergebnisse der Untersuchungen zum Bedeutungsbesitz wenig gebildeter Menschen. T.S.] *als Mittel der Reproduktion einer anschaulichen Situation* und der Herstellung von Verbindungen zwischen den zu ihr gehörenden Gegenständen. Eine solche Struktur des Denkens wird jedoch, sobald sich die Lebensbedingungen verändern, leicht von den theoretischen Formen

des Denkens abgelöst [...] Die These von der historischen Herausbildung der realen Prozesse der Abstraktion und Verallgemeinerung und ihrer engen Abhängigkeit von den konkreten historischen Formen der gesellschaftlichen Praxis gehört zu den wichtigsten Aussagen der Psychologie; sie legt nahe, jene Konzeptionen von der Unveränderlichkeit der Grundkategorien des Denkens, die sich im Verlauf der Jahrhunderte in der Philosophie und Psychologie eingebürgert haben, durchgreifend zu revidieren (1987, 122).

Die Psycholinguistik beeinflußte die Lexikologie auf vielfältige Weise:

– Lexikalisches Wissen, Wortbedeutungen und die semantische Struktur des Lexikons werden in ihrer Determination durch die kommunikativen und kognitiven Bedürfnisse betrachtet, die sich aus der Lebenspraxis, aus den realen Prozessen der Bewältigung praktischer Aufgaben ergeben.
– Wortbedeutungen werden – aufgefaßt als lexikalisches Wissen – im Spannungsfeld von System- und Textbedeutung untersucht. Es wird gefragt, welche semantischen Kenntnisse die Prozeduren, Operationen und Handlungen der Texterzeugung und des Textverstehens regeln.
– Die Lexikologie unternimmt den Versuch, in Modellen der Wortschatzrepräsentation lexikalisches Wissen in seinen Zusammenhängen abzubilden, und bezieht sich dabei auf Ergebnisse der Psychologie und Psycholinguistik.

Andererseits greift die Psychologie auf linguistische Untersuchungen und Einsichten zurück:

Die Erforschung des menschlichen Gedächtnisses ist eines der ältesten Kapitel der experimentellen Psychologie. Aber es sind nicht historische Gründe, die veranlaßten, daß die Analyse des menschlichen Gedächtnisses und seiner Funktionen in jüngerer Zeit stark in den Vordergrund gerückt ist. Der Hauptgrund besteht darin, daß binnen kurzem vielerorts in der Wissenschaftswelt der Psychologie neue Erkenntnisse erzielt wurden. Grundlegend neue Sichtweisen wurden vor allem durch Fortschritte bei der Erforschung der menschlichen Sprache gewonnen. Sie ergaben sich aus der linguistischen Erforschung von Oberflächen- und Tiefenstrukturen der Sprache, aus entwicklungspsychologischen Analysen des Spracherwerbs beim Kinde, aus vergleichenden Analysen tierischer und menschlicher Kommunikationsformen, in besonderem Maße aber aus der Modellmethodik der Computerprogramme, durch die Teilprinzipien des Sprachverstehens nachgebildet werden konnten. Und dazu kommt als neue Erkenntnisquelle noch der erst seit wenigen Jahren systematisch eröffnete Zugang zu physiologischen Indikatoren der höheren Nerventätigkeit,

schreibt KLIX 1983 im Vorwort zu ›Gedächtnis, Wissen, Wissensnutzung‹ (1984). Hier legen Psychologen Ergebnisse der Erforschung psychischer Prozesse der Wissensgewinnung, -speicherung und -nutzung vor, die vom Zusammenspiel psychischer und sprachlicher Prozeduren ausgehen: „Menschliches Wissen besteht aus Begriffen und Beziehungen zwischen ihnen. Dieses Wissen ist austauschbar vermittels der Sprache. Das ist dadurch möglich, daß den Begriffen im Gedächtnis Worte zugeordnet sind, die Merkmale eines Begriffs benennen" (KLIX 1984, 7). Es wird die Annahme formuliert, daß zwei Grundtypen menschlichen Wissens existieren: ereignisbestimmtes und merkmalsbestimmtes Wissen, Wissen, das sich aus tätigkeits- und handlungsbestimmten Situationen und aus dem Umgang mit Sprache und den in ihnen manifestierten Begriffen ergibt. Vgl. dazu auch HOFFMANN, ZIESSLER, GROSSER, KLIX, VAN DER MEER, PREUSS in: ›Gedächtnis, Wissen, Wissensnutzung‹ 1984.

1986 erscheint HOFFMANNs ›Die Welt der Begriffe – Psychologische Untersuchungen zur Organisation menschlichen Wissens‹. Hier nun werden Modelle zur Repräsentation von Begriffen im menschlichen Gedächtnis vorgestellt, die die lexikologische Arbeit stark beeinflussen mußten; denn die Begriffe werden in ihrer lexischen Gestalt manifest – Modelle des Bedeutungsbesitzes sind letztlich Modelle lexikalischen Wissens. Mit der Zuwendung zum sprachlichen Handeln, mit der Erklärung des Spracherwerbs in der Ontogenese, des Benennens und Verstehens, der Produktion und Rezeption von Texten sind wissenschaftliche Gegenstände entstanden, die nur von Psychologen und Sprachwissenschaftlern gemeinsam bearbeitet werden können. Psychische Prozesse, mentale Konzepte, Begriffe, werden durch sprachliche Einheiten repräsentiert. Wir operieren mit Sprache auf der Grundlage von Kenntnissystemen – der Lexikologe – wie der Sprachwissenschaftler überhaupt – greift auf psychologische Erkenntnisse von sprachlich relevanten Kenntnissystemen, psychischen Strukturen der Speicherung des Wortschatzes im Langzeitgedächtnis, von stationärem und prozeduralem Wissen zurück, das unser sprachliches Handeln bestimmt. Wissen und Gedächtnisstrukturen als Gegenstand der Psychologie sind untrennbar mit sprachlichen Repräsentationsweisen, sowohl der Formative als auch der Bedeutungen, verbunden. Die Sprachwissenschaft wird somit von psychologischen Modellen der Begriffsspeicherung und der Wege der Aktivierung des Wissens Kenntnis nehmen. Dabei richten Psychologie und Lexikologie ihren Blick auf das System- und Textwort, das Wort im Sprachgebrauch. „Für den Psychologen ist die Frage nach der Wortbedeutung stets eng mit der Bedeutungsverwendung verbunden" (ENGELKAMP 1985, 292). Einige psychologische Modelle der Wissensrepräsentation werden in der lexikologischen Arbeit besonders hervorgehoben: die Mengen-, die Prototypen-, die Netzwerk-, die Merkmalsrepräsentation und Referenzmodelle.

Vgl. dazu als Übersicht und zur Einführung ENGELKAMP 1985, 292–313; HOFFMANN 1986, 41–56; KLIX 1987.

ENGELKAMP favorisiert ein integratives Modell. Da wir im Sinne der angedeuteten integrativen Wissenschaftsentwicklung bei der Darstellung der Wortbedeutung auf verschiedene der hier genannten Modelle zurückkommen werden, seien nur einige Modellvorstellungen kurz skizziert.

Netzwerkmodelle gehen davon aus, daß Wortbedeutungen als Einheiten des Wissens durch die Beziehungen zu anderen Bedeutungen festgelegt und erklärt werden können. Diese Vernetzungen existieren in unserem Sprachgedächtnis, sind somit als psychische Realität aufzufassen. Sie werden im sprachlichen Handeln wirksam, sind also dynamisch und veränderlich und schließen prozedurales Wissen ein. Die Bedeutung dieser Netzwerkmodelle für die Lexikologie besteht in erster Linie darin, daß sie den Wortgebrauch und die Bewegung der Bedeutung modellhaft als Zusammenwirken von Kenntnissen abbilden.

Assoziationsmodelle hat die Psychologie schon zu Beginn unseres Jahrhunderts entwickelt: „Assoziationsexperimente sah man als geeignete Methode an, etwas über die Verbindungen von Konzepten (Begriffsinhalte; Bedeutungen – T.S.) im Gedächtnis zu erfahren [...] Das Netz von Assoziationen, in das ein Wort eingebettet ist, wurde als die entscheidende Kennzeichnung dieses Wortes angesehen" (ENGELKAMP 1985, 2). Die Psycholinguistik setzt Experimente ein, um ein „Wörterbuch der assoziativen Norm der russischen Sprache" zu erarbeiten. KLIX, KUKLA, KÜHN (1979) und BIERWISCH beschreiben, daß sich sprachliche Einheiten und semantische Relationen in Abhängigkeit vom sprachlichen Handeln einprägen. Wie im individuellen, so sind auch im Wortschatz als gesellschaftlichem Besitz Lexeme nicht als ungeordnete Menge isolierter Einheiten gespeichert, sondern in formalen und funktionalen Zusammenhängen, die sich aus der sprachlichen Tätigkeit herleiten lassen. In diesen Beziehungen widerspiegeln sich Vorkommensweisen der Wörter in Texten. Die Psycholinguistik hat das auf vielfältige Art nachgewiesen. So wurde z. B. gezeigt, daß die Gedächtnisleistung, das Reproduzieren, der Behaltenseffekt bei isolierter Eingabe von Lexemen wesentlich geringer sind als bei Wörtern, die in syntagmatischen und/oder paradigmatischen formalen und semantischen Zusammenhängen angeboten wurden, so daß, ausgehend von einem Stimulus, benachbarte Lexeme „in Bewegung gesetzt", assoziiert wurden. Oft sind die Beispiele der antonymischen, hierarchischen und vor allem komplementären Antworten auf verbale Stimuli beschrieben worden. Mit *Vater* wurde *Mutter*, mit *Schwester Bruder*, mit *Messer Gabel* (= komplementäre Beziehungen), mit *süß sauer* mit *gut böse* (= antonymische Bez.), mit *Baum* wurde *Birke*, mit Vogel *Meise* (= hierarchische Bez.) assoziiert. Aber auch syntagmatische Gruppen können mit dem Assoziationstest nachgewiesen werden, allerdings mit stärkerer Differenzierung im Hinblick auf die Versuchspersonen. Es handelt sich hier um syntagmatische Beziehungen der semantischen Valenz: *fällen – Holz, Baum*; *spielen – Geige*; *singen – Lieder*; *Blumen – blühen, Blätter – fallen*; *Hand – greift*. Das letzte Beispiel – *die Hand greift* hat übrigens PORZIG angeführt, um einen Nachweis für syntagmatische Beziehungen im Wortschatz zu erbringen. A. A. LEONT'EV erklärte daher, gestützt auf VYGOTSKI, daß die Bedeutung nichts Starres, nichts Festes, sondern ein System von Operationen und Handlungen sei: „Die psychologische Struktur der Bedeutung wird erklärt als ein System der Korrelation und Gegenüberstellung der Wörter im Prozeß ihres Gebrauchs in der Tätigkeit, aber nicht in ihrer Zusammenstellung als Einheiten des Lexikons" (›Semantičeskaja struktura slova‹ 1971). Indem er einen Versuch von DEESE analysiert, erhärtet er seine These: „Wenn das stimmt, hat man das System der semantischen Wortmerkmale auch auf dem Gebiet der Assoziationen zu suchen und sie nicht als ‚semantische Bedeutungskomponenten' der Lexik auf der abstrakt-logischen Ebene zuzuordnen" (A. A. LENOT'EV 1975, 231).

Einen solchen Versuch zur Ermittlung semantischer Assoziationen unternahm DEESE, der auch den Begriff der assoziativen Bedeutung entwickelte. „Er nahm einige Dutzend Wörter, die in den assoziativen Normen von H. G. Kent und A. J. Rosanoff als Reaktion auf den Stimulus ‚Schmetterling' (butterfly) aufgetreten waren, und verwendete sie in einem assoziativen Experiment als Stimuli. Dabei zählte er, wie oft jeder dieser Stimuli in einem solchen Experiment als Reaktion auftrat. Auf diese Weise wurden die wechselseitigen assoziativen Beziehungen zwischen Wörtern untersucht, die objektiv zu einer semantischen (assoziativen) Gruppe gehören. Als er die Ergebnisse einer Faktorenanalyse unterzog, erhielt

DEESE ein System aus sechs Faktoren. Faktor 1 wird in Wörtern realisiert, welche Tiere bezeichnen (*Motte, Insekt, Vogel, Fliege, Käfer, Biene* usw.), Faktor 2 in Wörtern, die dem Merkmal ‚Tier' deutlich entgegengesetzt sind (*Farbe, Blume, blau, gelb, Sonnenschein, Garten, Himmel, Natur, Sommer, Frühling*), deren semantisches ‚Gesicht' jedoch nicht sehr klar ist. Faktor 3 gestattet es, die Lebewesen in ‚positive' und ‚negative' einzuteilen. Faktor 4 ergibt eine Aufgliederung der ‚Unbelebten' (*Sommer, Sonnenschein, Garten, Blume, Frühling – blau, Himmel, gelb, Farbe*). In der Gruppe ‚Musik' beinhaltet der erste Faktor die Wörter *Musik, Oper, Orchester, Pianino, Lied, Sinfonie, Instrument*, der zweite Faktor *Ton, Klang, Lärm, laut, hören, Ohr*" (A. A. LEONT'EV 1975, 231). Betrachtet man die Ergebnisse der Analyse der assoziativen Beziehungen, so wird deutlich, daß es sich um eben jene Beziehungen handelt, die die Linguistik als paradigmatische und syntagmatische Beziehungen, als Beziehungen von Merkmal – Merkmalsträger, also als systemhafte lexisch-semantische Relationen klassifiziert.

Psychologie und Psycholinguistik untersuchen die Differenziertheit bei der Ausbildung der Assoziationen. ŠČUR weist auf die Abhängigkeit lexikalischer Assoziationen von verschiedenen Faktoren wie dem Alter, der sozialen Situation, dem Geschlecht, der geographischen Lage hin und diskutiert in diesem Zusammenhang die funktionale Determination von Assoziationen – eine Hypothese, die mit der Auffassung von der kommunikativen und kognitiven Determiniertheit der Bedeutungen und der semantischen Beziehungen durchaus kompatibel ist. ŠČUR führt für lexikalische Assoziationen rein subjektiver Natur den Terminus „empirische Assoziationen" ein (vgl. ›Probleme der Psycholinguistik‹ 1975, 166ff.).

Andere Netzwerkmodelle der Psychologie orientieren sich an der durch kognitive Verarbeitung gewonnenen Hierarchie der Begriffe, an der Widerspiegelung von Situationen/Sachverhalten/Handlungen und ihrer Strukturen. Eine Bedeutung (ein Konzept) wird als durch verschiedene typische Beziehungen zu anderen Konzepten konstituiert angesehen. Solche Netze ordnen hierarchisch in kategoriale Klassen:

Steinpilz <u>ist ein</u>→ Pilz;   Hammer <u>ist ein</u>→ Werkzeug

Sie ordnen nach in bestimmten Tätigkeitssituationen entstehenden Relationen

Vögel			Flügel
Flugzeuge	----------▶ fliegen	--------------▶ Luft ------------------▶	Tragflächen
Zeppeline			Tragflächen

Merkmalsmodelle sind in ihrer Beziehung zu semanalytischen Konzeptionen der Sprachwissenschaft zu sehen; denn sie widerspiegeln die Mikrostruktur von Bedeutungen (Konzepten), von der angenommen wird, daß sie durch für das Bezeichnete typische Merkmale geprägt ist. Die psychologischen Merkmalsmodelle sind unter dem Einfluß linguistischer Sem- und Merkmalskonzeptionen entstanden. Ihnen liegt der Gedanke zugrunde, daß Bedeutungen wie auch Begriffe durch Merkmalsmengen konstituiert werden. Die Psychologie entwickelte Merkmalsvergleichsmodelle, die auf dem Prinzip der Ähnlichkeit und Typikalität beruhen. Psychologische Untersuchungen ergaben, daß solche Wörter besser zusammengeordnet werden können, die stärkere Ähnlichkeit mit einem typischen Vertreter der Klasse besitzen. So ordneten z. B. Versuchspersonen dem Wort *Vogel* typische Vertreter zu wie Amsel und Meise, weil diese die für Vögel typischen Merkmale besitzen (Flügel, fliegen, Schnabel), sie waren aber unentschieden bei der Zuordnung von Ente oder Pinguin.

In diesem Zusammenhang sind auch die Postulate der Prototypentheorie zu sehen. Sie eignet sich für die Begriffs- und Bedeutungsbestimmung durch die Orientierung an Prototypen, semantischen Ganzheiten, die als „beste Vertreter" ihrer Klasse Ausgangspunkt für Ähnlichkeitsbeziehungen und damit für die Feststellung der Zugehörigkeit einer Einheit zur Klasse sind. *Werkzeug* läßt sich erklären durch „beste" Vertreter der Klasse, wie *Hammer, Zange, Beil*, während *Bleistift* nur in einigen wenigen Merkmalen den „besten" Vertretern gleicht. Typische Vertreter – Prototypen – der Klasse ‚Obst' sind *Apfel* und *Kirsche*. Diese holistischen Konzepte dienen in erster Linie der Beschreibung und Erklärung des Spracherwerbs in der Ontogenese. Die psychologische Prototypentheorie wurde vor allem von ROSCH am Material der Farbbezeichnungen eingeführt (ROSCH 1975).

ENGELKAMP hat in Zusammenarbeit mit ZIMMER ein integratives Modell erarbeitet. Hier wird das Netzwerk – Netze von miteinander verbundenen Konzepten (Knoten) – auf die Außenwelt zurückgeführt. „Diesen Rückbezug leistet die Annahme sensorischer und motorischer Repräsentationen, die unmittelbar auf der Erfahrung der Außenwelt basieren" (ENGELKAMP 1985, 310). Eine höhere Abstraktheit wird dadurch gewährleistet, daß Konzepte selbst wieder zu höheren Einheiten – abstrakteren Einheiten – zusammengeschlossen werden. ENGELKAMP führt das am Beispiel *Clown* vor. Das Konzept ‚Clown' nimmt sensorische und motorische Elemente auf, und so entsteht ein konzeptuelles Netzwerk, das auf die Außenwelt zurückgeführt werden kann (vgl. ENGELKAMP 1985, 312).

In den letzten Jahren haben sich psychologische und lexikologische Forschungen einander stark angenähert. Äußerlich wird das schon daran sichtbar, daß im ›Handbuch der Lexikologie‹ (SCHWARZ/WUNDERLICH) Teil C „Wörter in psychischen Prozessen" von ZIMMER und ENGELKAMP verfaßt wurde; daß KLIX als Psychologe auf dem XIV. Internationalen Linguistenkongreß 1987 ein Hauptreferat zum Themenkreis „Semantik und kognitive Psychologie: Bedeutungsstruktur als Wissensrepräsentation" hielt: „On the role of knowledge in sentence comprehension" (KLIX 1987, 111). Der Begriff ‚lexikalisches Wissen' wird zu einem der wichtigsten Begriffe auch der lexikologischen Forschung.

Dennoch darf nicht übersehen werden, daß es bei allen Gemeinsamkeiten von Sprachwissenschaft und Psychologie auch Unterschiede im Gegenstand, in den Zielen und Methoden gibt, so daß auch vor einer vorschnellen Übertragung psychologischer Forschungsresultate in die Sprachwissenschaft gewarnt werden muß. Es darf z. B. nicht übersehen werden, daß in psychologischen Arbeiten „Wort" die Wortmarke für den Begriff und nicht die lexikologische Grundeinheit Wort mit den linguistisch relevanten Eigenschaften, wie Polysemie und Vagheit, meint. Die Psychologie untersucht kognitive Phänomene, die Sprachwissenschaft die sprachlichen Wissensträger.

5. Das Wort als sprachliche Grundeinheit

5.1. Das Wort – ein sprachliches Zeichen

5.1.1. Zeichentheoretische Grundlagen

Linguistische Schulen und Strömungen, die sich heute als funktional oder handlungstheoretisch orientiert verstehen, berufen sich auf Sprachauffassungen BÜHLERS. Ihnen liegt ein Modell zugrunde, das BÜHLER (in Anlehnung an PLATON) als Organon-Modell bezeichnete. Schon 1918 schrieb er: „Dreifach ist die Leistung der menschlichen Sprache: Kundgabe, Auslösung, Darstellung" (BÜHLER 1918). Er hatte damals die Sprecher-Hörer-Gegenstand-Beziehung als sprechaktkonstitutive Faktoren im Sinn. In seiner ›Sprachtheorie‹ (1934) bezeichnet er die Grundfunktionen des sprachlichen Zeichens als Ausdruck, Appell und Darstellung, „weil ‚Ausdruck' im Kreis der Sprachtheoretiker mehr und mehr die hier geforderte Bedeutung gewinnt und weil das lateinische Wort ‚appellare' [...] treffend ist für das zweite [...] und alle drei Grundbegriffe müssen semantische Begriffe sein" (29). BÜHLER grenzt sich einerseits mit der Betonung der Darstellungsfunktion von behavioristischen Auffassungen seiner Zeit ab, andererseits durch die Beachtung emotional-expressiver und appellativer Elemente von der Reduzierung der sprachlichen Funktionen auf die Nenn- und Verallgemeinerungsfunktion sprachlicher Zeichen:

> Es ist nicht wahr, daß alles, wofür der Laut ein mediales Phänomen, ein Mittler zwischen Sprecher und Hörer ist, durch den Begriff ‚die Dinge' oder durch das adäquatere Begriffspaar ‚Gegenstände und Sachverhalte' getroffen wird. Sondern das andere ist wahr, daß im Aufbau der Sprechsituation sowohl der Sender als Täter der Tat des Sprechens, der Sender als *Subjekt* der Sprechhandlung, wie der Empfänger als Angesprochener, der Empfänger als *Adressat* der Sprechhandlung eigene Positionen innehaben. Sie sind nicht einfach ein Teil dessen, worüber die Mitteilung erfolgt, sondern sie sind die Austauschpartner, und darum letzten Endes ist es möglich, daß das mediale Produkt des Lautes je eine eigene Zeichenrelation zum einen und zum anderen aufweist (BÜHLER, 1934, 30f.).

Sprachliche Zeichen werden somit im medialen Zusammenhang mit den übrigen an der Sprechhandlung beteiligten Faktoren gesehen. So reicht 1934 die BÜHLERsche Zeichenerklärung weit über alle jene Zeichenmodelle hinaus, die das Zeichen (bzw. den Zeichenkörper) nur in Beziehung zum Bezeichneten setzten. Aus dem Organon-Modell leitet sich das Axiom der Zeichennatur der Sprache ab. BÜHLER selbst schreibt dazu:

Das Organon-Modell der Sprache bringt jene Ergänzung der alten Grammatik, die Forscher wie WEGENER, BRUGMANN, GARDINER und vor ihnen in gewissem Ausmaß auch andere wie PAUL als notwendig empfunden haben; das Organon-Modell bringt die volle Mannigfaltigkeit der Grundbezüge, welche nur am konkreten Sprechereignis aufzuweisen ist (1934, 22).

Aus dem Organon-Modell leitete BÜHLER die Grundfunktionen des Zeichens ab:

Es ist *Symbol* kraft seiner Zuordnung zu Gegenständen und Sachverhalten, *Symptom* (Anzeichen, Indicium) kraft seiner Abhängigkeit vom Sender, dessen Innerlichkeit es ausdrückt, und *Signal* kraft seines Appells an den Hörer, dessen äußeres und inneres Verhalten es steuert wie andere Verkehrszeichen (1934, 28).

Dem Lexikologen geht es um das Wort-Zeichen. Für seine Betrachtung ergeben sich aus BÜHLERs Organon-Modell Impulse und Folgerungen: Mit Wörtern, die wir als Elemente eines Sprachsystems kennen, speichern wir das Wissen um ihre potentiellen Funktionen in der Rede. Dieses Wissen bezieht sich nicht allein auf die nominative – die Nenn- oder Darstellungsfunktion. Wir wissen nicht nur, worauf ein Wort anzuwenden ist, welchen Begriff es benennt, sondern wir besitzen auch Kenntnisse darüber, in welchen kommunikativen Situationen das Wort zu verwenden ist. Mit Wort-Zeichen kann man verallgemeinernd benennen, auf etwas weisen, referieren. Zeichen können Ausdruck von Gefühlen und Urteilen des Zeichennutzers und damit Indiz für seine Haltungen, Auffassungen etc. sein. Zeichen können appellative Kraft haben. Damit ist nicht gesagt, daß jedes Zeichen alle Funktionen hat: Es gibt Zeichen, die verweisen und identifizieren, ohne verallgemeinernd zu benennen (z.B. die Eigennamen), die nur verweisen (z.B. die Pronomen), die nur Ausdruck von Emotionen sind (die Interjektionen, Partikeln), die sich für appellativische Funktionen eignen, ohne zu benennen und zu verallgemeinern (Grußformeln, Anreden, kommunikative Formeln). Schließlich gibt es Zeichen, deren Funktion die Organisation des Textes ist – Funktionswörter, grammatische Zeichen.

In der Tradition BÜHLERs stehen Lexikographen, Grammatiker und Lexikologen, die das lexikalische Material einer Sprache nach der dominierenden Funktion der sprachlichen Zeichen einteilen und beschreiben. So ordnet KÜHN den lexikalischen Bestand für lexikographische Zwecke in „darstellungsfunktionales, appellfunktionales und ausdrucksfunktionales lexikalisches Potential" (1979, 3). REICHMANN (1976) gliedert seine Darstellung des deutschen Wortschatzes nach diesen funktionalen Aspekten. Sprachliche Zeichen lassen sich als funktionales Potential einer Sprache beschreiben und nach diesen Funktionen ordnen.

Sprachliche Zeichen – und als solche fassen wir Wörter auf – sind Mittel der Kommunikation und der Kognition. HUMBOLDT betonte die Erkenntnisfunktion der Sprache: „Durch die gegenseitige Abhängigkeit des Gedankens und des Wortes voneinander leuchtet es klar ein, daß die Sprachen nicht eigentlich Mittel sind, die schon erkannte Wahrheit darzustellen, sondern weit mehr, die vorher unerkannte zu entdecken" (HUMBOLDT 1820, 24). Das Wort dient nicht allein dem Ausdruck und der Aufnahme von Wissen, sondern es ist Medium der kognitiven Tätigkeit selbst. Jedes Individuum erwirbt in der sprachlich-kommunikativen Tätigkeit Wissen, auch sprachliches Wissen, und braucht dieses Instrument zu praktischem, geistigem und sprachlichem Handeln. Das Wort vermittelt zwischen Individuum und Gesellschaft, zwischen Vergangenheit. Gegenwart und Zukunft. Sprachliche Zeichen sind historisch und regional geprägt; sind Elemente von Zeichensystemen. Das bedeutet aber: Im Sprechakt, in der Sprachhandlung, werden Zeichen „materialisiert", werden sie „wirklich", „entzweien" sich Zeichen; denn nur das Formativ – der Laut- oder Schriftkörper – vermittelt zwischen den Partnern, aktiviert deren Wissen. Wir leiten somit den Begriff des Sprachsystems aus sprachlichem Handeln ab. In diesem Sinne besteht das Sprachsystem aus Elementen und Regeln, die wir in Lernprozessen – im sprachlichen Handeln – aus immer wiederkehrenden Zügen von inneren und äußeren Verhaltensabläufen bei kommunikativen Handlungen erwerben. Wir ordnen Objekt- und Handlungsabbildern Signalabbilder zu, die wir dann als bilaterale Einheiten im Bewußtsein bewahren.

Als sprachliche Zeichen speichern wir diese funktionalen, reproduzierbaren, wiederkehrenden Zuordnungen von Signalabbildern zu Bedeutungen und Anweisungen. Man kann, um sprachliche Zeichen näher zu charakterisieren, davon sprechen, daß sie materiell-geistiger Natur sind: Sie existieren im Bewußtsein der Angehörigen von Sprachgemeinschaften als Wissen darüber, welche Zeichenkörper welchen Sachverhalten in welchen kommunikativen Situationen zuzuordnen sind. Dieses Wissen lenkt die „Materialisation", die Zeichenverwendung und die Textrezeption, die Zeichenaufnahme. In der Kommunikation „entzweien" sich Zeichenkörper und Zeicheninhalt. Werden nun z. B. in Wörterbüchern sprachliche Zeichen – Wort-Zeichen – fixiert, so erscheinen sie als bilaterale Einheiten, denn dem Formativ, dem verallgemeinerten Zeichenkörper, auch Signifikant, wird eine Bedeutung zugeschrieben – auch Signifikat.

Da aber nicht nur Wissen vom Bezeichneten, sondern auch von den kommunikativen Rahmenbedingungen für die Zeichenverwendung gespeichert wird, sich also weitere „Seiten" des Zeichens aufeinander bezogen verfestigen, kann man auch von Tri- oder Multilateralität sprechen. So verbinden wir z. B. mit dem Formativ *Kneipe* das Wissen, daß mit diesem Wort eine Gaststätte benannt wird, daß es sich um eine wahrscheinlich wenig gepflegte Gaststätte handelt und daß mit diesem Wort auch eine Gaststätte abschätzig benannt werden kann. Wir wissen ferner, daß dieses Wort in salopper Redeweise verwendet wird. Wir empfinden deshalb eine Verbindung wie *in der Kneipe speisen* als ungewöhnlich, als nicht normgerecht. Dieses Wissen erwirbt, erweitert und korrigiert jeder Angehörige einer Sprachgemeinschaft. Er orientiert sich dabei am sprachlichen Usus, an Sprachnormen.

Die Aneignung lexikalischer Zeichen erfolgt, abgesehen vom Vokabellernen beim Fremdsprachenerwerb, immer in Zusammenhängen, in Texten oder mit der sinnlichen Wahrnehmung des Bezeichneten. Daraus erklärt sich die Dynamik unseres lexikalischen Wissens – die Variabilität lexikalischer Zeichen. Die Zuordnung von Formativ und Bedeutung ist nicht statisch, nicht fest, sondern flexibel und dynamisch. Sie ist synchronisch und diachronisch veränderlich. In unterschiedlichen Kommunikationssituationen steht ein Wort in unterschiedlichen Textzusammenhängen, bestimmte Aspekte seiner Bedeutung werden betont, andere unterdrückt. Mit bestimmten Handlungstypen und Verhaltensmustern bewahren wir auch die zugeordneten sprachlichen Mittel im Gedächtnis. Im konkreten Redeakt ist das sprachliche Zeichen Mittel des Referierens, der Nomination und Prädikation. Mit dem Wort *Pferd* können wir auf ein gerade vorübertrabendes Tier verweisen, Konturenwissen prägt sich ein. Wir können über die Klasse ‚Pferd' sprechen. Das Konturenwissen wird präzisiert. Der Begriff ‚Pferd' bildet sich aus. In Abhängigkeit von Sachverhalten und Texten steht das sprachliche Zeichen *Pferd* in verschiedenen semantischen Zusammenhängen, in verschiedenen semantischen Netzen:

Pferd – Turnier – Reiter – reiten – Rennen – Rennbahn
Pferd – arbeiten – ziehen – Wagen – Pflug – Feld
Pferd – Zirkus – Kunst – reiten – Artist

Im Text können flektierbare Wörter in einer grammatischen Form oder in einer formativischen Variante auftreten. In *Gib mir bitte das Buch zurück!* wird *zurückgeben* getrennt, *zurück* ist satzrahmenschließendes Element. Es tritt in einer formativischen Variante auf. Die Imperativform *gib* ist eine grammatische Abwandlung von *geben*. Die Rezeption setzt mit dem Verstehen des Lexems ein. Dazu muß das Zeichen erkannt, d. h. das Formativ muß identifiziert werden, indem Varianten auf die Invariante, grammatische Abwandlungen auf die Grundform zurückgeführt werden. Damit ist gesagt, daß grammatische Abwandlungen und Varianten auf das Zeichen als Invariante bezogen sind.

Das Textzeichen unterscheidet sich vom Zeichen als Systemelement. Im Text tritt es uns in einer bestimmten grammatischen und semantischen Verbindung entgegen, kann somit abgewandelt sein; als Systemelement haben wir es als Einheit mit dem Wissen um die Möglichkeiten seiner formativischen, grammatischen und semantischen Varianz gespeichert. Im Rezeptionsprozeß erschließen wir aus Ko- und Kontext, aus der Umgebung des Wortes und seiner Vernetzung, welche der Bedeutungsvarianten „gemeint" ist. *In Erfurt wird eine neue Schule gebaut. Bald kommst du zur Schule. Schule* speichern wir in unterschiedlichen Vernetzungen. Einmal bezeichnen wir das Gebäude, zum anderen die Institution. In diesem Sinn haben sprachliche Zeichen ihre spezifische Funktion nicht in einem Sprachsystem, sondern im sprachlichen Handeln. Dieser Tatbestand läßt für die Bestimmung sprachlicher Zeichen verschiedene Schlüsse zu.

– Man beschreibt das sprachliche Zeichen als Element des Sprachsystems und betrachtet das Textzeichen als Realisierung/Aktualisierung der im System angelegten Möglichkeiten. DE SAUSSURE gab mit den Kategorien Langue und Parole dafür den theoretischen Rahmen. SCHMIDT verwies darauf, daß Langue und Parole nur zwei Aspekte, zwei Seiten des Phänomens ‚Sprache' sind. „Der Wortbestand einer Sprache enthält demnach in seiner Gesamtheit die Summe (besser: das System) ihrer semantischen Möglichkeiten, die entsprechend den besonderen Bedingungen und Gegebenheiten der konkreten Situation in der Kommunikation realisiert werden. Das einzelne Wort, so wie es uns im gesellschaftlichen

Sprachbewußtsein – und im Lexikon – als isolierte Einheit entgegentritt, muß also alle seine in der Kommunikation realisierbaren semantischen Funktionen, seine aktuellen Bedeutungen, als Anlage, als Möglichkeit enthalten" (SCHMIDT 1963, 10).

- Andere Linguisten betrachten diese Auffassung als statisch, denn beim Sprachgebrauch könne es sich nicht allein um eine „Aktualisierung" oder „Realisierung" angelegter Bedeutungen handeln. Sprachliches Handeln ist kreativ. Auch neue Verwendungsweisen, etwa metaphorische Übertragungen, werden verstanden, weil sprachliches Wissen die produktive und rezeptive sprachliche Tätigkeit steuert. Dem Sprachgebrauch liegt sprachliche Kompetenz zugrunde, die Beherrschung der Regeln einer Sprache. Der Zeichenvorrat muß mit der Angabe der Regeln seiner Verwendung beschrieben werden.
- Im Rahmen der generativen Grammatik erscheint das Zeicheninventar als Komponente der Grammatik. „Eine *Theorie der Grammatik* kann daher aufgefaßt werden als eine Hypothese über universelle grammatische Eigenschaften über die universelle menschliche Sprachfähigkeit. Eine Theorie der Grammatik ist damit letztlich eine Hypothese über Strukturen und Fähigkeiten des menschlichen Geistes" (GREWENDORF/HAMM/STERNEFELD 1987, 40). Eine solche Grammatik, aufgefaßt als Beschreibung unseres Zeichenwissens, enthielte dann folgende Komponenten:

  a) ein *Lexikon*, in dem jedes Wort einer Sprache aufgeführt ist zusammen mit folgenden Informationen:
  – einer Angabe seiner Bedeutung
  – einer Angabe seiner Aussprache
  – einer Angabe seiner inneren Struktur (Stamm, Kompositum etc.) und Beziehung zu den anderen Wörtern der Sprache (Wortart)
  – einer Angabe, welche Rolle es bei der Bildung von Sätzen spielt (z.B. transitives oder intransitives Verb; verlangt es ein Objekt, einen daß-Satz etc., also eine Angabe über den grammatischen „Rahmen", den es verlangt);
  b) eine *phonologische Komponente*, die das Lautinventar einer Sprache beschreibt sowie die Art, wie diese Laute zu Wörtern komponiert werden;
  c) eine *syntaktische* Komponente, die beschreibt, wie die Wörter einer Sprache zur Bildung von Wortgruppen und Sätzen kombiniert werden;
  d) eine *semantische* Komponente, in der beschrieben wird, wie sich die Bedeutung eines Satzes aus den Bedeutungen seiner Wörter und den speziellen Beziehungen zwischen diesen ergibt.
  (GREWENDORF/HAMM/STERNEFELD 1987, 41)

- Eine wieder andere Auffassung vertreten die Linguisten, die eine strenge Scheidung von Systemwort und Textwort fordern. Die Skala reicht von denen, die nur das Textwort als Gegenstand der Sprachbetrachtung ansehen, ein Sprachsystem als „linguistisches Konstrukt" bezeichnen, bis zu Wissenschaftlern, die – durchaus begründet – auf die Notwendigkeit differenzierter Untersuchung und Beschreibung hinweisen. Eine solche Herangehensweise hat sowohl für die Bedeutungsbeschreibung als auch für die Darstellung der Formativseite Konsequenzen. Formativische und semantische Repräsentation können dann nicht mehr als Varianten eines invarianten Systemelements aufgefaßt werden.

WICHTER unterscheidet einen kommunikativen Zeichenbegriff von einem historisch-reflexiven Zeichenbegriff:

> Der *historisch-reflexive* Zeichenbegriff entspricht dabei der sehr häufig vertretenen Auffassung, nach der die Inhaltsseite eines Zeichens eine polyseme, d. h. aus mehreren Sememen bestehende Struktur aufweisen kann. Historisch-reflexiv ist dieser Zeichenbegriff insofern, als das in der Regel für die Sememzusammenstellung zugrunde gelegte Verwandtschaftskriterium historische Zusammenhänge und deren metasprachlich-reflexive Aktualisierbarkeit konstitutiv werden läßt. Das Ausdruck-Inhalt-Gebilde, das sich auf diese Weise ergibt und das in den polysemen Wörterbuchartikeln eine praktische Repräsentation erhalten hat, kommt jedoch, von Ausnahmen abgesehen, in der Kommunikation nicht vor. Um sowohl dieser Ebene wie auch der Ebene des Sprachsytems besser gerecht werden zu können, schlagen wir ergänzend einen *kommunikativen Zeichenbegriff* vor. Die Orientierung an der Kommunikation bedeutet dabei, daß wir nur das als Zeichen ansehen, was – als lexikalisierte Verbindung aus Signifikant und Bedeutung – in der Kommunikation zur Übermittlung von Inhalten tatsächlich verwendet wird (1988, 11).

Die Beschreibung des Wortschatzes und seiner Elemente, der Wortzeichen, kann somit von gegensätzlichen sprachtheoretischen Positionen aus erfolgen. Es gibt unterschiedliche Auffassungen darüber, in welchem Verhältnis System- und Textwort zueinander stehen; es gibt Unterschiede in der metasprachlichen Beschreibung dessen, was wir „Zeichen" nennen.

Geht man von der Annahme aus, daß Zeichen als geistige Einheiten bei den Angehörigen einer Sprachgemeinschaft gespeichert sind und in der sprachlich-kommunikativen Tätigkeit materialisiert werden, so lassen sich folgende Merkmale festhalten:

– Sprachliche Zeichen werden durch relativ stabile Zuordnungsbeziehungen zweier Seiten gebildet – einer Zeichenkörperseite und einer Zeicheninhaltsseite. Der Zeicheninhalt umfaßt sowohl das Wissen, wofür das Wort steht, als auch die Kenntnis der kommunikativen Rahmenbedingungen seiner Verwendung. Die Zuordnung wird durch sprachspezifische Zuordnungsregeln vermittelt. Diese sind Bestandteil des Regelinventars einer Sprache. Sie leiten Wortgebrauch und -verstehen, indem wir ihnen beim Benennungsakt folgen und das Wort dem entsprechenden Denotat (dem zu Bezeichnenden) unter speziellen kommunikativen Bedingungen zuordnen. Diese Regeln können als Regelwissen beschrieben werden.
– Die Art der Zuordnung von Formativ und Bedeutung ist seit Jahrhunderten Gegenstand philosophischer Kontroversen gewesen. Man fragte sich, ob es in der Natur der Dinge liege, daß die Bilder, die wir von ihnen haben, unsere Begriffe und Vorstellungen, gerade dem einen oder dem anderen Formativ (Zeichenkörper) zugeordnet werden, ob es einen natürlichen Zusammenhang zwischen Zeichenkörper und Bezeichnetem, zwischen den Dingen und ihren Bezeichnungen gebe. F. DE SAUSSURE hat für diese Zuordnungsbeziehungen den Terminus arbiträr geprägt. Es liegt nicht in der Natur der Benennungsobjekte, welche Benennung sie erhalten. Es besteht also auch zwischen Formativ und Bedeutung kein Kausalzusammenhang. Aber auch diejenigen Philosophen, Sprachwissenschaftler oder Verhaltensforscher, die einen Kausalzusammenhang ablehnen,

geben recht unterschiedliche Auskünfte darüber, welcher Art der Zusammenhang dann sei. Es gibt Bestimmungen wie ‚willkürlich‘, ‚konventionell‘, ‚gesetzt‘, ‚historisch verfestigt‘. Wir halten fest: Im Prozeß der sprachlichen Tätigkeit bilden sich traditionelle Zuordnungsbeziehungen heraus. Bei einem Teil des Wortschatzes – den Termini – wird dem Formativ die Bedeutung durch Definition zugeordnet.
– Sprachliche Zeichen sind Elemente eines Sprachsystems. Sprachsysteme bilden regionale, soziale und funktionale Varietäten aus. Die Historizität der Sprache bedingt, daß Zeichen verschiedenen Alters nebeneinander gebraucht werden. In alten Volksliedern haben sich z.B. veraltete grammatische Formen erhalten: *Der Lenz ist kommen; wie schon die Alten sungen*. Dort begegnen uns auch alte (archaische) Lexeme wie in *Hoch auf dem gelben Wagen sitz ich beim Schwager vorn. Schwager* bedeutet hier ‚Postillon‘.
Kommunikationsbedürfnisse schaffen ständigen Sprachwandel. Neues tritt auf, verdrängt ältere Zeichen. Daher spricht man auch davon, daß das Zeicheninventar ein Zentrum hat und andere Zeichen die Peripherie bilden. Zwischen Zentrum und Peripherie findet ein Austausch statt: peripheres Wortgut (Neubildungen, Entlehnungen, Okkasionalismen) kann allmählich ins Zentrum rücken, umgekehrt veralten Wörter, werden ungebräuchlich und gelangen so an die Peripherie.
– Neben der menschlichen Sprache existieren andere Zeichensysteme wie Verkehrszeichen, Piktogramme, Symbole (Rotes Kreuz, Äskulapstab). Ihnen gegenüber stellt die menschliche Sprache ein primäres Zeichensystem dar, dessen Elemente – die sprachlichen Zeichen – kombinierbar sind. Zeichenkombinationen bedeuten mehr als die Summe der Einzelbedeutungen: *Gib mir bitte die Hand* ist eine Aufforderung, jmdn. die Hand zu reichen, um damit eine weitere Handlung zu vollziehen, wie Begrüßen, Verabschieden, Beschwören, sich nach einer Krankheit untersuchen zu lassen, sich wahrsagen zu lassen usw.
– Sprachliche Zeichen sind somit systemgebunden und kombinierbar. Jedes Zeichen hat Merkmale, die seine Fügung, seine Kombination mit anderen Zeichen bestimmen. Jedes Zeichen hat einen Fügungswert.

Daraus ergibt sich: Als sprachliche Zeichen können relativ konstante Zuordnungen von Formativ und Bedeutungen bestimmt werden, die sich als reproduzierbare Einheiten der Kommunikation und Erkenntnis in Sprach- und Kommunikationsgemeinschaften herausgebildet und durch ihre spezifische Funktion einen speziellen Anteil an Wirklichkeitserkenntnis und Kommunikation haben. Beide „Seiten" sind strukturiert. Die Zuordnung des Formativs zur Bedeutung ist arbiträr. Hier wirken sprachspezifische Zuordnungsregeln, die als Teilmenge der Regeln und Klassen der jeweiligen Grammatik angesehen werden können. Das System verbaler Zeichen liegt anderen Zeichensystemen zugrunde. Wörter als sprachliche Zeichen sind gekennzeichnet durch

– Wiederholbarkeit und Reproduzierbarkeit,

- Bilateralität oder Multilateralität (als Einheiten des Systems) und Trennbarkeit der Seiten in der sprachlichen Kommunikation,
- Strukturiertheit der Seiten und Aufbau aus kleineren Elementen,
- arbiträren Charakter der Zuordnung von Formativ und Inhalt,
- Kombinierbarkeit und Systemgebundenheit.

5.1.2. Arten sprachlicher Zeichen

Da wir Reproduzierbarkeit und relativ feste Zuordnung von Formativ und Inhalt als wesentliche Eigenschaften sprachlicher Zeichen bestimmt haben, grenzen wir sie von freien Zeichenverbindungen, Zeichenkombinationen, ab. Das sind z. B. freie Wortgruppen wie *wissenschaftliches Problem, die Antwort des Schülers* oder Sätze.

Wir unterscheiden daher Morpheme, Wörter, feste Wortverbindungen, Phraseologismen (*Zweifel hegen, durch dick und dünn, jmdm. ein X für ein U vormachen*), kommunikative Formeln (*Auf Wiedersehen, der soll mich mal*) als sprachliche Zeichen und Einheiten des Lexikons von freien Wortgruppen, Sätzen und Texten.

Aber auch diese Auffassung ist nicht unbestritten. Während wir nur reproduzierbare und bilaterale (multilaterale) Einheiten als Zeichen betrachten, werden andererseits generell Laut-Bedeutungs-Zuordnungen als Zeichenbildung aufgefaßt. Danach stellt dann jeder Text ein Zeichen dar, die Formativkette signalisiert Bedeutungen. „Nach der Auffassung der ‚Grundzüge' sind Äußerungen gerade in dem Maß Zeichen, in dem sie allgemeine, vom System der Sprache bestimmte Eigenschaften verwirklichen, in dem Maße also, in dem sie Realisierungen eines Äußerungstyps [...] sind" (›Grundzüge‹ 1981, 32). Daß der Zeichenbegriff auf den Typ und nicht auf das Exemplar bezogen wird, widerspricht nicht der Auffassung, daß Reproduzierbarkeit als Merkmal sprachlicher Zeichen betrachtet wird.

Eine besondere Zeichenart sind Eigennamen. Sie unterscheiden sich durch Besonderheiten des Bedeutungsverhältnisses, der Syntax und Morphologie und auch der Orthographie von Wörtern einer Sprache. Dennoch gibt es Übergänge der Eigennamen in den Bereich der Lexeme, und umgekehrt werden Eigennamen aus lexikalischem Material einer Sprache gebildet (vgl. 4.2.).

Nach unserer Auffassung werden als Arten sprachlicher Zeichen die reproduzierbaren, bi- oder multilateralen Einheiten Morphem, Wort, Lexem und verschiedene Arten der mehr oder weniger festen Wortgruppen betrachtet. Sie sind Systemeinheiten und werden in der sprachlichen Kommunikation Glieder von Zeichenkombinationen.

5.2. Morphem und Wort

5.2.1. Morphem

Als kleinste sprachliche Zeichen betrachten wir Morpheme. Sie sind die kleinsten, rekurrenten und reproduzierbaren Einheiten von Formativ und Bedeutung.[10] Diese Definition ist nicht unumstritten. Das beruht vor allem auf Schwierigkeiten bei der Bestimmung der „Bedeutung" solcher grammatischen Morpheme, wie des *-en* des Infinitivs, der Kasus- und Pluralendungen usw. Insofern gibt es unterschiedliche Definitionen des Morphembegriffs. Einerseits werden für die kleinsten rekurrenten Zuordnungen von Formativ und Bedeutung andere Bezeichnungen (Termini) benutzt, andererseits wird das Morphem im Rahmen anderer sprachtheoretischer Auffassungen definiert. Die generative Grammatik sucht den Begriff des Morphems ohne Bezug auf die Bedeutungsseite zu definieren. So bestimmt WURZEL: „Ein Morphem ist die kleinste, in ihren verschiedenen Vorkommen als formal einheitlich identifizierbare Folge von Segmenten, der (wenigstens) eine als einheitlich identifizierbare außerphonologische Eigenschaft zugeordnet ist" (1984, 38). Das bedeutet, daß Bedeutungen zwar als außerphonologische Eigenschaften angenommen werden, daß aber weitere Eigenschaften in Betracht zu ziehen sind.

A. MARTINET bezeichnet die „doppelseitigen minimalen Einheiten" der „ersten sprachlichen Gliederung" als M o n e m e (1968, 33) und charakterisiert sie als kleinste Zeichen. Für ihn sind Moneme kleinste Redesegmente. Hier wird somit die kleinste Sprach- und Redeeinheit, die aus der Zuordnung von Formativ und Bedeutung besteht, Monem genannt. M. LEHNERT wiederum verwendet den Morphembegriff für die kleinste, unter gleichen syntaktischen Bedingungen austauschbare und bedeutungstragende sprachliche Einheit, die für gewöhnlich aus einem Phonem oder aus mehreren Phonemen (denen selber keine Bedeutung innewohnt) aufgebaut ist (1969, 9). Damit ist auch die Definition von M o r p h e m zu vereinbaren, die LEWANDOWSKI nach WELLS (›Word‹ 1947, 3.1.) einträgt: „Das kleinste sprachliche Zeichen, das a) eine ununterbrochene lineare Sequenz von Phonemen bildet, b) Bedeutung hat, c) nicht in zwei Folgen teilbar ist, die die Bedingungen a) und b) erfüllen" (1976, 458). Allerdings müßte dann der Status der diskontinuierlichen Morpheme mit der Bedingung a) in Übereinstimmung gebracht werden.

Das Morpheminventar unserer Sprache läßt sich nach unterschiedlichen Kriterien gliedern:

– Die Morpheme unterscheiden sich nach ihrer Funktion in der sprachlichen Tätigkeit und damit nach ihrer Bedeutung;
– nach dem Grad ihrer Selbständigkeit;

---

[10] Das heißt jedoch nicht, daß alle Einheiten einer Sprache Zeichen sind. Es gibt isolierbare Einheiten, die keine Bedeutung haben. Sie können nicht als Zeichen gelten. Das gilt z. B. für die Fugenelemente bei Komposita: *Arbeit /s/ zeit*, für Silben (Sprechsilben), die nicht mit Morphemen zusammenfallen, aber durchaus lautliche Einheiten sind: *Va – ter*.

– nach ihrer Stellung und
– ihrer Reproduzierbarkeit.

Funktion, Bedeutung und Grad der Selbständigkeit der Morpheme

In der Wortgruppe *Untersuchungen von Sprachwissenschaftlern* treten Morpheme unterschiedlicher Funktion und Bedeutung auf: /unter/ /such/ /sprach/ /wiss/ sind B a s i s - oder G r u n d morpheme. Sie vermitteln die lexikalisch-begriffliche Bedeutung der Wortstämme. Sie können auch Basismorpheme von Wörtern anderer Wortart sein: *Sucher, untersuchen, besuchen, Sprache, sprechen, Spruch, Sprecher, versprechen, entsprechen, wissen, Wissenschaft.*

Basismorpheme können f r e i , d. h. als Wort auftreten. Lediglich die Verbbasen treten im Infinitiv nur in Verbindung mit grammatischen oder Wortbildungsmorphemen auf: *grün – grünen, Haus – hausen.* (Zu den Besonderheiten der Infinitive deutscher Verben vgl. FLEISCHER 1983, 38.) Somit lassen sich freie und gebundene Morpheme unterscheiden. G e b u n d e n e Morpheme sind vor allem grammatische und Wortbildungsmorpheme. Sie treten nur in Verbindung mit Basismorphemen auf. Als eine historisch zu erklärende Erscheinung betrachten wir die gebundenen Basismorpheme, wie /lier/, /gess/, /gam/ in *verlieren, vergessen, Bräutigam*. (Vgl. S. 119)

W o r t b i l d u n g s morpheme dienen zur Bildung neuer Wörter nach Modellen/ Mustern. Sie tragen sowohl lexikalisch-begriffliche als auch grammatische Bedeutungen. In *Sprachwissenschaftler* tragen /schaft/ und /ler/ neben den lexikalisch-begrifflichen Informationen ‚abstrakt', ‚Kollektiv' und ‚Person' noch die grammatische Information ‚Substantiv', ‚femininum' bzw. ‚maskulinum'. G r a m m a t i s c h e Morpheme sind Träger grammatischer Bedeutungen. Sie dienen der Organisation von Sätzen und Texten, der Herstellung semantisch-grammatischer Beziehungen oder der Abwandlung der Stämme.

Die Einteilung in Basis-, Wortbildungs- und grammatische Morpheme korrespondiert weitgehend mit der Einteilung in freie und gebundene Morpheme.

Die Unmöglichkeit, lexikalische und grammatische Eigenschaften sprachlicher Einheiten voneinander abzugrenzen, sowie die Existenz von Zentrum und Peripherie im Sprachsystem widerspiegeln sich im Modell als *Überlappungen* und *Überschneidungen*: Wortbildungsmorpheme haben sowohl lexikalische als auch grammatische Bedeutungen – sie tragen lexisch-semantische Informationen und ordnen der Wortart zu. Freie Morpheme – Basismorpheme – können u. U. nicht mehr frei auftreten, sondern nur als Konstituenten von Komposita. So kann z. B. *Schwieger-* nicht mehr frei wie ahd. *swīgar* – ‚Schwiegermutter', sondern nur als erste Konstituente von *Schwiegervater, -sohn, -tochter, -mutter* verwendet werden. Freie Präpositionen und Adverbien treten als gebundene Wortbildungsmorpheme auf und haben sich so zu Homonymen freier Morpheme entwickelt: *auf* in *Aufgabe, aufschieben, aufkommen, aus* in *ausreichen, ausnutzen, ab* in *abmachen, abreden, absagen, an* in *ankommen, anschauen, ansehen, ein* in *einlassen, einsehen, einreden* usw. Solche Übergangs- und Grenzfälle stellen keine Ausnahme dar, sondern sind Ausdruck der ständigen Veränderungen im Wortschatz und der Tatsache, daß ein Sprachmodell auch solche Übergangserscheinungen nur grob enthalten kann.

Klassifizieren wir daher nach dem Kriterium der Wiederholbarkeit, so ergibt sich folgendes Bild: Morpheme sind rekurrente Einheiten. Aber in unserer Sprache treten auch Morpheme auf, die wir als Wortkonstituenten mit Hilfe der Methode der distinktiven Opposition ermitteln, die aber nur in einer einzigen Distribution auftreten. Ihnen fehlt das Merkmal der Rekurrenz. Es handelt sich um Versteinerungen, um Wörter, die als freie Einheiten ausgestorben sind und nur noch in diesen Verbindungen auftreten. FLEISCHER spricht von unikalen Morphemen und erklärt sie mit BEHAGHEL als „sprachliche Versteinerungen".

Ermittlung unikaler Morpheme. Determinativkomposita und Komposita mit unikalen Morphemen mit einer gemeinsamen Konstituente werden gegenübergestellt, um unikale Morpheme zu isolieren:

Heidel	*beere*	*Rot*	*wurst*
Erd	*beere*	*Fleisch*	*wurst*
Wein	*beere*	*Brat*	*wurst*
Stachel	*beere*	*Sülz*	*wurst*
Him	*beere*	*Mett*	*wurst*
Brom	*beere*		

Als unikale Morpheme lassen sich *Him, Brom, Mett* isolieren. Sie treten nur in diesen Verbindungen auf. Für *Him-* existieren mehrere Deutungen. Nach WASSERZIEHER geht *Himbeere* zurück auf ahd. *hintberi*, dänisch *hindbaer* – ‚Beere der Hindin' (Hirschkuh). Der DUDEN gibt an: „Welche Vorstellungen der Benennung des Gewächses als ‚Hirschkuhbeere' zugrunde liegt, ist nicht sicher geklärt. Vielleicht bedeutet ‚Himbeere' ‚Gewächs, in dem sich die Hinde (mit ihren Jungen) gern birgt' oder ‚Beere, die die Hinde gern frißt'" (DUDEN. ETYMOLOGIE 1963, 265). *Brom-* wird zurückgeführt auf mhd. *brämber*, ahd. *brämberi* zu ahd. *bräma* – ‚Dornstrauch'. *Mett-* wird durch WASSERZIEHER mit mnd., mndl. *metworst* erklärt und mit *met* ‚gehacktes Schweinefleisch ohne Speck' in Beziehung gebracht. FLEISCHER weist anhand solcher unikalen Basismorpheme darauf hin, daß „die Natur der Sprache, die mit historischen Relikten durchsetzt ist, eine flexible terminologische Behandlung [verlangt]" (1983, 40).

Distribution der Morpheme

Unter Distribution versteht man die Summe aller Kontexte, in denen eine Einheit stehen kann, die sich unterscheiden von denen, in denen sie nicht auftritt.

Gebundene Morpheme können in der deutschen Sprache vor oder nach der Basis stehen. Wortbildungs- und auch grammatische Morpheme stehen vor dem Verbstamm: *zerlegen, belegen, gelegen*. Wir bezeichnen sie als Präfixe. Suffixe stehen nach dem Basismorphem: *Lehrer, Lehrling, gelehrig*. Mehrere Wortbildungsmorpheme können miteinander verbunden sein: *Lehr-er-in, Wissen-schaft-ler, an-erkenn-en, un-ver-geß-lich*. Flexionsmorpheme können ebenfalls nach der Basis oder nach dem Wortstamm stehen, d. h. sie schließen sich an die unflektierte Grundform des Wortes an: *des Lehrer-s, Lehrerin(n)-en, grün-er*. Mehrere Morpheme sind Kombinationen von Plural und Kasus: *in den Häus-er-n, auf den Däch-er-n*, von Komparativ/Superlativ und Kasus: *größ-er-em, größ-t-es*; Präteritum und Person/Numerus: *(du) arbeit-et-est, (wir) arbeit-et-en*. In all diesen Fällen (vor- und nachgestellt) wird das Morphem angefügt. Wir übernehmen von FLEISCHER die Bezeichnung *additives Morphem*.

Als Morpheme können aber auch solche Veränderungen in der Basis angesehen werden, die eine Bedeutungsänderung des Basismorphems signalisieren. Alle starken Verben bilden im Deutschen das Präteritum bzw. das Partizip II durch Änderung des Stammvokals, durch A b l a u t. Auch diese Stammänderung wird als Morphem bezeichnet. In solchen Fällen wird das Morphem eingesetzt, eingeschlossen. FLEISCHER bezeichnet in Anlehnung an NIDA und GLEASON solche Morpheme als „einsetzbare", „replacive" Morpheme. Einsetzbare Morpheme sind Mittel der Flexion, aber auch der Wortbildung, der inneren (impliziten) Derivation: *binden – Band, schwingen – Schwung, reiten – Ritt*. Die „auflösbare" Basis wird d i s k o n t i n u i e r l i c h e s Morphem genannt: *b-nd, schw-ng, r-t*.

Allomorph – Morphvariante – Morphemvariante

Beim Vergleich von *Väter, Mütter, Brüder* mit *Höfe, höflich*, zeigt sich, daß der Umlaut bei *Väter, Mütter, Brüder* Ausdruck des Plurals, also grammatisches Morphem ist. In den übrigen Fällen jedoch ist er distributionell bedingt – lediglich das Formativ verändert sich in dieser Distribution. Der Umlaut hat keinen Einfluß auf die Bedeutung. Das Morph tritt als Morphvariante auf. Analog zum Verfahren in der Phonologie können wir die Veränderung des Formativs eines Morphems mit dem Präfix *Allo-* kennzeichnen: *Allomorph*, aus griech. *allos* – ‚anders' + *morphe* – ‚Form'.

Ein A l l o m o r p h ist eine durch die Stellung des Morphems im Wortganzen bedingte phonemische Variante. Eine solche Morph-Variante ist nicht mit semantischen Veränderungen verbunden. Das Allomorph hat die gleiche Bedeutung: /hof/ : /höf/; /lauf/ : /läuf/.

Allomorphe treten als kombinatorische Varianten auch bei Präfixen auf, die sich mit ihrem Auslaut dem Basisanlaut angleichen. Es handelt sich meist um Fremdpräfixe: *ad- assimilieren, Assistent, con- konferieren, kollidieren, korrelieren, in- inklusiv, irreal, illegal*.

Eine im System verfestigte, durch Assimilation entstandene Art von Morphemvarianten sind Verschmelzungen zweier Morpheme. Aus der Verschmelzung von Stammauslaut *-n, -en* mit dem Suffix *-er* entstand *-ner*, analog dazu auch *-ler*, wie in *Redner, Künstler*. Ähnliche Fälle liegen vor bei *-erei, -elei, -heit, -keit*.

Gehen wir von einem bilateralen Morphembegriff aus, so ergibt sich, daß nicht nur Formativvarianten (Allomorphe), sondern auch Bedeutungsvarianten (Allosememe) existieren. Auch auf der Morphemebene kann es P o l y s e m i e geben. *ver-* als Verbalpräfix kann in verschiedene semantische Wortbildungsmodelle eintreten und damit unterschiedliche Wortbedeutungen konstituieren: *sich verlaufen, sich verrechnen, sich verschreiben, versalzen.* In dieser Reihe entsteht eine Wortbildungsbedeutung, die sich umschreiben läßt mit ‚falsch' + Verb: *sich verlaufen* – ‚falsch laufen', *sich verrechnen* – ‚falsch rechnen'; aber: *verreiben, verlegen, verbreiten, verwischen* lassen sich umschreiben mit ‚auseinander' + Verb: *verreiben* – ‚auseinander-, breitreiben'. *-er* ist ein Suffix, mit dessen Hilfe Personenbenennungen gebildet werden. Vergleicht man *Erfurter, Lehrer, Käufer, Trinker,* so lassen sich semantische Varianten erkennen, die sich aus der Beziehung von Basis- und Wortbildungsmorphem ergeben. Die semantische Varianz des Suffixes ist durch die semantische Distribution gegeben. So kann *-er*, je nach der Semantik der Wortbildungsbasis, Personenbenennungen bilden nach der Herkunft, dem Beruf, der vorübergehenden Handlung, nach einem Merkmal der Tätigkeit, nach gewohnheitsmäßigen Handlungen oder nach Eigenschaften.

Bei Morphemen wie bei Wörtern erhebt sich die Frage nach der Abgrenzung von Polysemie und Homonymie (vgl. 7.5.1.3.). Auch hier kann zunächst nur eine Ad-hoc-Festlegung erfolgen: Wir sprechen dann von Polysemie, wenn es sich um Affixe handelt, die einen gemeinsamen Bedeutungskern haben und eines oder mehrere variable Merkmale. *ver-* tritt als Präfix an Verben, die eine gerichtete bewußte Handlung benennen. Die Art der Richtung wird durch *ver-* modifiziert: ‚falsch' oder ‚auseinander'. Daher werden semantische Varianten, also Polysemie, angenommen. Es handelt sich um ein Morphem *ver-*. Auch *-er* dient zur Bildung von Personenbenennungen: *Radfahrer, Trinker, Städter* oder Benennungen von Geräten: *Fernseher, Haartrockner, Müllschlucker.*

Von H o m o n y m i e ist dann zu sprechen, wenn sich die Funktionen der Morpheme unterscheiden. Es handelt sich dann nicht mehr um Varianten, also nicht mehr um ein Allosemem, sondern um ein homonymes Morphem. Das gilt z.B. für *-er*, das einmal als Wortbildungsmorphem und zum anderen als Pluralmorphem auftritt: *Kinder, Männer*. Homonyme sind auch freies Morphem und Affix, wenn die Bedeutungen nicht (mehr) aufeinander zu beziehen sind: *Werk* ‚Betrieb' und *-werk* in *Hilfswerk, Zuckerwerk, Schuhwerk*. Zu diesen Fällen gibt es eine umfangreiche Literatur. Man erklärte solche Morpheme als zwischen Wort und Affix stehend und prägte die Termini H a l b a f f i x, A f f i x o i d. Im DUDEN-Bedeutungswörterbuch werden z.B. *Hobby-* in *Hobbygärtner, Problem-* in *Problemfamilie* als Affixoide genannt (DUDEN, 8).

Leeres Morph

Die Bestimmung des Morphems als Einheit von Formativ und Inhalt wirft jedoch noch eine weitere Frage auf. Es gibt phonematische Einheiten, die keine Bedeutung tragen: *Heiterkeit /s/ ausbruch, eigen /t/ lich*. Es sind *Fugenelemente* der Komposita, Gleitlaute, die der Ausspracheerleichterung dienen. Bei synchroner Betrachtung sind sie dadurch gekennzeichnet, daß sie ohne Einfluß auf die Bedeutung sind. Damit gehören sie eindeutig zur phonematischen Struktur ohne Beziehung zur semantischen. Wir können sie daher nicht als Morpheme bezeichnen. STEPANO-

VA/ČERNYŠEVA sprechen von „leeren Morphen", „Restelementen", „Pseudowurzeln im Bestand des Wortstammes" (vgl. STEPANOVA/ČERNYŠEVA 1975, 100ff.). Sie verweisen auf die Herkunft der Fugenelemente aus dem Bestand der grammatischen Morpheme. „Was die Semantik angeht, so entspricht das Fugenelement bei weitem nicht immer der genitivischen oder der pluralischen Bedeutung der Verbindung [...]" (S. 100). „So kann man zur Schlußfolgerung kommen, das Fugenelement ist in der Gegenwartssprache kein regelrechtes Morphem, sondern bloß ein fakultatives Funktionszeichen der Verbindung von zwei Konstituenten miteinander, das teilweise infolge einer historischen Tradition, teilweise aus phonetischen Gründen dabei bei weitem nicht immer konsequent genug gebraucht wird" (101). Allerdings ist das Fugenelement, einmal gesetzt, in den meisten Fällen verbindlich. Gelegentlich kann es bedeutungsunterscheidende Funktion haben: *Probenaufnahme (Aufnahme von Proben)* und *Probeaufnahme (Aufnahme zur Probe), Gasthaus* und *Gästehaus.*

Eine Übersicht soll noch einmal eine mögliche Klassifizierung der Morpheme nach den Kriterien ‚Selbständigkeit', ‚Bedeutung', ‚Stellung', ‚Anordnung' verdeutlichen und die Übergänge sichtbar machen.

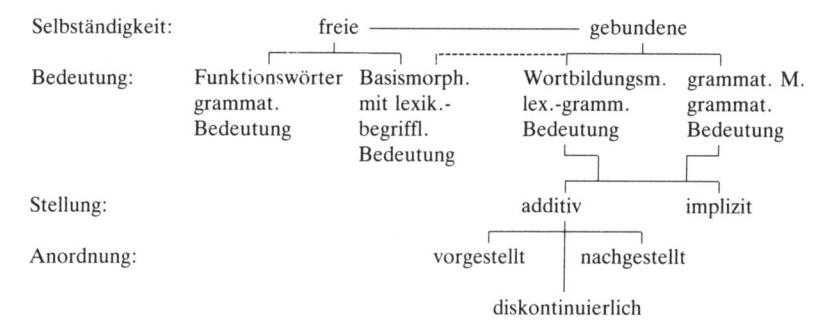

Selbständigkeit:	freie		gebundene	
Bedeutung:	Funktionswörter grammat. Bedeutung	Basismorph. mit lexik.-begriffl. Bedeutung	Wortbildungsm. lex.-gramm. Bedeutung	grammat. M. grammat. Bedeutung
Stellung:			additiv	implizit
Anordnung:			vorgestellt / nachgestellt	
			diskontinuierlich	

Übergänge: unikale Morpheme, leere Morphe
Homonymie von freien und gebundenen Morphemen

5.2.2. Wort

5.2.2.1. Probleme einer Wortdefinition

„Weil es trotz hunderter bestehender Definitionen des Wortes [...] bisher nicht gelungen ist, eine nach allen Seiten befriedigende Definition zu erreichen, haben viele zeitgenössische Linguisten bei ihrer Sprachanalyse diesen seit alters bekannten und gebrauchten Begriff zugunsten des Morphems völlig aufgegeben [...] Alle bisher vorgebrachten Argumente g e g e n das Wort vermögen noch viel weniger zu überzeugen, als die Erklärung f ü r das Wort" (LEHNERT 1969, 47f.).

Jeder könnte ohne langes Nachdenken auf die Aufforderung, Wörter zu nennen, die Farben bezeichnen, eine Liste solcher Wörter wie *grün, gelb, rot, blau* zusammenstellen; jeder könnte Wörter aufzählen, die einander ersetzen können, wie *laufen* und *gehen*, *klug* und *intelligent*, *Gebäude* und *Bauwerk*, die eine „Gegenbedeutung" haben wie *klug* und *dumm*, *nah* und *fern*, *Vater* und *Mutter*. Es besteht ein Vorverständnis darüber, was ein Wort ist. Wörter sind Einheiten aus Formativ und Bedeutung. Während ein Satz in der Kommunikation neu gebildet wird (abgesehen von phraseologischen Sätzen, Zitaten, „geflügelten Worten" wie *die Botschaft hör ich wohl* . . .), sind Wörter als relativ stabile Einheiten gespeichert und werden in diesem Sinne als Grundeinheiten der Sprache aufgefaßt.

Daß es Wörter gibt, ist eine unserer elementarsten Erfahrungen. Zu den ersten Fragen des Kindes nach den „Dingen" gehört die Frage nach ihrer Benennung. Mit „*Was ist das?*" und „*Wie heißt das?*" erfragen wir die gesellschaftlich usuellen Benennungen und Verallgemeinerungen, die Auffassung der Menschen von den Dingen. Das Individuum gleicht seinen Wortschatz schrittweise dem der Sprachgemeinschaft an, bildet seine Sprachkompetenz aus. W o r t e r f a h r u n g gewinnen wir auf einem weiteren Weg. Verstehen wir eine Äußerung nicht, so sind uns, abgesehen von akustischen Schwierigkeiten, meist die Wortbedeutungen nicht bekannt. Oder aber wir verstehen wohl die Bedeutung, aber nicht den S i n n, das Gemeinte. Wir erkennen also, daß ein uns bekanntes Wort in bestimmten Kontexten, in bestimmten Situationen, eine andere Bedeutung haben kann. So ist vielen von uns die Wortgruppe *Rauschen im Kanal* fremd, obwohl wir die Bedeutung des Wortes *Kanal* kennen. Ein anderes Beispiel: Wir können einmal von den *Eltern*, das andere Mal von *Vater und Mutter* sprechen und erfahren so, daß ein und dieselbe Sache, ein und derselbe Begriff mit unterschiedlichen Lexemen benannt sein können, daß es Synonyme gibt.

Noch eine weitere Erfahrung macht schon das Kleinkind. Es lernt, welche Wörter in einer Situation angemessen sind, welche als „gute", welche als „schlechte" Wörter gelten. In der Kommunikation erwerben wir die Gebrauchsbedingungen, die Gebote und Verbote für jedes einzelne Wort. Diesen Lernprozeß vollziehen wir während der kommunikativen Tätigkeit auch im Erwachsenenalter. Wir erwerben Fachwörter, kommunikative Varianten, entsprechend bestimmten Kommunikationsplänen und -strategien. Im Rezeptionsprozeß nehmen wir mit dem Wort zusätzliche Informationen auf: Wir erkennen den Sprecher unter Umständen als Angehörigen einer Berufsgruppe, erkennen z. B. die Kindergärtnerin daran, daß sie von *Muttis* und *Vatis* spricht. Mit dem Wort wird eine Kommunikationssituation signalisiert. Wir klassifizieren Wörter als Kinderwörter, Fachwörter, Schimpfwörter, Dialektwörter usw. So lernen wir Wörter als Träger von Mitinformationen, von K o n n o t a t i o n e n, kennen. Wir erwerben sie mit den Regeln ihres Gebrauchs. Es läßt sich verallgemeinern: Mit Selbstverständlichkeit erlernt der Sprecher das Wort als G r u n d e i n h e i t der Sprache, als Benennungseinheit, Bedeutungseinheit und Träger zusätzlicher Informationen. Es gehört zu den elementarsten Erfahrungen, daß Wörter Dinge „vertreten", repräsentieren. Eine solche naive Identifikation von Wort und Sache gehört auch in der Phylogenese zu frühen Widerspiegelungsformen unserer Vorfahren. Im Mittelalter zeugen Euphemismen, Hüllwörter, davon, daß man sich scheute, Dinge beim Namen zu nennen, um nicht von ihnen gestraft zu werden. So gibt es für den Teufel viele verhüllende Benennungen – der *Schwarze, der Gottseibeiuns, der Pferdefuß, der Böse.*

Wir erfassen Wörter als relativ selbständige, aus dem Redestrom isolierbare, speicherbare, rekurrente Einheiten, als Zeichen, die für etwas stehen, mit denen wir operieren, jemanden informieren, aktivieren oder von jemandem etwas erfragen können. Und doch wirft eine Definition, eine wissenschaftliche Bestimmung des Wortes, viele Probleme auf, so daß schon bezweifelt wurde, daß das Wort eine Grundeinheit der Sprache ist (vgl. BÖHME 1979, LEHNERT 1969, vor allem 46ff., STEPANOVA/ČERNYŠEVA 1975, die sich ausführlich mit diesen Auffassungen auseinandersetzen).

Aber die Lexikographie, die Übersetzungswissenschaft wie auch die verschiedenen Zweige der angewandten Sprachwissenschaft müssen allein aus praktischen Gründen zum Einverständnis darüber kommen, welche Einheiten sie als „Wort" betrachten wollen. Soll Sprache praxiswirksam und adäquat wissenschaftlich abgebildet werden, dann kann man nicht auf die Beschreibungseinheit „Wort" verzichten; denn das Beschreibungsobjekt „Wort" existiert als Einheit des Sprachwissens. Worin bestehen nun die Schwierigkeiten einer Wortdefinition?

Als über dem Morphem stehende zweite bedeutungstragende sprachliche Grundeinheit treffen sich im Wort mehrere Ebenen: die phonetische Ebene (der Sprechlaut), die phonologische Ebene (der Sprachlaut), die morphologische Ebene (das Morphem), die lexikalische Ebene (das Lexem), die syntaktische Ebene (das Syntagma) und die stilistische Ebene, während das System der Verkehrssignale vergleichsweise nur eine Ebene hat. In der dargestellten Vielschichtigkeit des Wortes dürfte auch die Ursache zu suchen sein, warum es bislang nicht gelungen ist, den Wortbestand einer Sprache in ein geordnetes System zu bringen: ‚The wordstock of a language is often claimed to be a system too. But nobody has yet been able to describe the lexical system of a single language' (LEHNERT 1969, 47).

Wir versuchen zunächst, unsere „Worterfahrungen" zu ordnen und aus ihnen Merkmale der Einheiten abzuleiten, die wir vortheoretisch, also als Sprecher unserer Sprache, „Wort" nennen.

– Wörter sind Benennungseinheiten für Gegenstände, Prozesse, Handlungen, Merkmale, Zustände usw. Sie haben eine nominative Funktion (benennen, bezeichnen). Als Benennungseinheiten stehen sie für ein Objekt und eine Klasse von Objekten, den Begriff. Sie sind Mittel der aktuellen Nomination und des Benennungsaktes, der erstmaligen Zuordnung des Zeichens zum Bezeichneten, der Zeichengründung.
– Wörter haben eine relativ selbständige Bedeutung, sie haben eine semantische Funktion.
– Wörter objektivieren Ideelles, indem durch sie Gedankliches materialisiert, mitteilbar wird.
– Wörter existieren als System- und Textwort. In der sprachlichen Tätigkeit wird das Wort abgewandelt, verändert, geformt, tritt u. U. in einer formativischen oder semantischen Variante, in einer grammatischen Form auf. System- und Textwort lassen sich grundsätzlich unterscheiden (vgl. auch 5.1.1.).

- Wörter sind aus dem Redestrom oder Schrifttext isolierbare Einheiten, die aufgezählt, aufgelistet, nach dem Formativ alphabetisch oder nach der Bedeutung geordnet werden können. Als Einheiten des Systems werden sie als W o r t s c h a t z e l e m e n t e, als Lexikoneinheiten, behandelt.
- Als Einheiten des Systems haben sie grammatische Eigenschaften, auf denen die F ü g u n g s p o t e n z e n beruhen.
- Wörter treten, entsprechend ihrer Wortart, in der sprachlichen Kommunikation geformt auf – sie erscheinen als W o r t e x e m p l a r. Sie haben u. U. einen festen Platz in der Redekette (*wegen der Kälte – der Kälte wegen*; aber nicht: *seit einer Woche – * einer Woche seit*).
- Wörter lassen sich nach formalen und/oder inhaltlichen Kriterien zu Klassen ordnen, z. B. werden Wörter mit den Suffixen *-ig, -lich, -bar; -ung, -heit, -schaft; -ieren* bestimmten Wortbildungsarten oder Wortklassen zugeordnet. Wörter wie *rot, gelb, grün* werden als Farbbenennungen zusammengefaßt; *Blödian, Dummkopf* gelten als Schimpfwörter, *Mama, Papa, Töpfchen* als Kinderwörter.
- Wörter können mehr Informationen vermitteln, als durch die Zuordnung zum Bezeichnungsobjekt gegeben sind. Mit ihnen kann man den Sachverhalt in soziale, historische, regionale, funktionale u. a. Zusammenhänge einordnen. Da sie uns als Elemente des Textes, als Textwörter entgegentreten, können sie uns gleichfalls über den Sender, über sein Verhältnis zum Kommunikationsgegenstand (ob er z. B. vom *Hund* oder vom *Köter* spricht) oder über die Kommunikationssituation (ob offiziell oder inoffiziell-freundschaftlich) informieren. Sie haben eine Indizfunktion.

In einem Modell des Wortes können daher die Bedeutungs- und die kommunikativen Beziehungen erfaßt werden.

Daraus ergibt sich eine vorläufige Wortdefinition: Wörter sind reproduzierbare Einheiten aus Formativ und Bedeutung, die als solche fixiert, gespeichert und für die Bildung von Sätzen und Texten reproduziert werden. Mit der Bedeutung werden auch Regeln der Verwendung gespeichert. Als Systemwort hat jede Einheit spezifische grammatische, semantische und pragmatische Fügungspotenzen, ist als Element des Systems paradigmatisch und syntagmatisch mit anderen Einheiten verbunden. Als Textwort erfährt es durch die engere und weitere Umgebung (Kotext, Kontext und Situation) seine Prägung und grammatische Formung.

ŠMELEV (1977, 54) bezieht sich auf N. M. ŠANSKIJ, der in seiner Lexikologie der modernen russischen Sprache folgende Grundmerkmale des Wortes nennt: „1) fonetičeskaja oformlennost', 2) semantičeskaja valentnost', 3) nepronicajemost', 4) nedvuudarnost', 5) leksiko-grammatičeskaja otnesenost', 6) postojanstvo zvučanija i značenija, 7) vosproizvodimost', 8) cel'nost' i edinooformlennost', 9) preimuščestvennoe upotreblenie v sočetanijach slov, 10) izoliruemost', 11) nominativnost', 12) frazeologičnost'". Aus diesen Merkmalen sondert ŠANSKIJ noch solche Merkmale aus, die er für das unumgängliche Minimum bei der Charakteristik des Wortes hält: phonetische Geformtheit, semantische Valenz, Unteilbarkeit, lexisch-grammatische Bezogenheit und Idiomatizität. Im Wörterbuch linguistischer Termini von

Rozental'/Telenkova (1976, 414) findet sich eine ähnliche Eintragung: „Osnovnaja kratčajšaja edinica jazyka, vyražajuščaja svoim zvukovym sostavom ponjatie o predmete, processe, javlenii dejstvitel'nosti, ich svoistvach ili otnošenijach meždu nimi. V slove sočetajutsja priznaki fonetičeskij (zvukovoj kompleks), leksiko-semantičeskij (značenie) i grammatičeskij (morfologičeskaja struktura i sostavnoj element ili potencial'nyj minimum predloženija)".

Betrachtet man nun eine Reihe von Wortdefinitionen, so ergibt sich, daß sie entweder nur einige Merkmale enthalten, wie

– die nominative, semantische, kommunikative und pragmatische Funktion,
– die phonemisch-semantische Einheit, die als relativ kleinste, selbständige Systemeinheit existiert,
– die Bestimmung als kleinste relativ selbständige Einheit einer Äußerung,

oder aber Merkmale des Wortes als Einheit verschiedener Ebenen der Sprache und auch als Einheit des Sprachgebrauchs umfassen.

Beide Vorgehensweisen bereiten Schwierigkeiten. Werden nur einige Merkmale zur Wesensbestimmung genannt, so wird die sprachliche Einheit „Wort" nur auf einer Ebene beschrieben und damit unzulänglich linguistisch erfaßt und erklärt. Wird das Wort z. B. nur als kleinste, selbständige bedeutungstragende und benennende Einheit bestimmt, so bleiben die semantisch unselbständigen Wörter unberücksichtigt. Wird es nur unter funktionell-strukturellem Aspekt betrachtet, so werden zwar Wortbildung und grammatische Merkmale berücksichtigt, aber die inhaltlichen Leistungen werden nicht genügend differenziert.

Andererseits ergibt sich, daß nicht alle Merkmale einer komplexeren Definition für alle sprachlichen Einheiten zutreffen, die wir als „Wort" bezeichnet haben.

1) Bestimmen wir das Wort als benennende und semantische Einheit, mit der wir Gegenstände, Merkmale, Prozesse usw. verallgemeinernd benennen und damit begrifflich fassen, so trifft das nicht auf solche Wörter zu, wie die Konjunktionen *daß, damit*; auf Präpositionen, wie *von* in *erzählen von, auf* in *achten auf, für* in *sorgen für*, die Beziehungsbedeutung haben und damit der Organisation der Rede dienen. Auch die Einheiten, durch die wir allein kommunikative Einstellungen kundtun, die also nicht benennen, wie Partikeln, wie *doch und eben* in *Ich habe es dir doch gesagt; du kannst eben nicht aufpassen*, werden durch eine solche Bestimmung nicht erfaßt.

Allerdings sind auch in ihre Bedeutung verallgemeinernde Elemente eingeschlossen. Präpositionen wie Konjunktionen können eine Beziehung verallgemeinernd benennen. Das gilt jedoch nicht für alle Funktionswörter. Viele von ihnen dienen dazu, semantische Beziehungen zwischen den sprachlichen Einheiten herzustellen, sie haben nur grammatische Bedeutung, nur Beziehungsbedeutung. Ihre Bedeutungen können zum Beispiel in anderen Sprachen durch Kasus ausgedrückt werden. So wird z. B. die instrumentale Bedeutung von *mit* (*mit dem Hammer*) im Russischen mit dem Instrumentalis *molotom* (tvoritel'nyj pad.) wiedergegeben. Andere Wörter wiederum haben keine Benennungsfunktion, sondern stellen kommunikative Beziehungen her, mit ihnen vollziehen wir kommunikative Handlungen. Das gilt z. B. für Grußformeln wie *adieu, Mahlzeit, Guten Abend*; für Satzäquivalente in Form von Antworten wie *ja, nein, vielleicht*, für kommunikative Formeln wie *Entschuldigen Sie! Gestatten Sie!*

Man kann somit verschiedene Arten von Wörtern unterscheiden: Wörter, die benennen und begrifflich verallgemeinern, Wörter, die Beziehungen zwischen sprachlichen Einheiten herstellen und so der Organisation von Texten dienen; Wörter, mit denen wir Einstellungen kundtun, appellieren, kommunikative Handlungen vollziehen, ohne daß wir mit diesen Einheiten benennen und verallgemeinern. Aber auch eine solche Unterscheidung ist nicht problemlos. Alle begrifflich-verallgemeinernden Wörter haben auch grammatische Bedeutung, Beziehungsbedeutung, haben somit Anteil an der Textgestaltung.

Dennoch ist es nützlich, zwischen lexikalisch autonomen (autosemantischen) und grammatische Bedeutung tragenden (synsemantischen) Wörtern zu unterscheiden. Autosemantika sind relativ selbständige, begriffliche Bedeutung tragende Einheiten, die benennen und dabei das Einzelne der Klasse zuordnen, wie Substantive, Verben, Adjektive, Adverbien, bestimmte Präpositionen, die selbst eine Beziehung benennen, wie *seit, während, wegen, entgegen*, Konjunktionen wie *weil, damit, oder*. Synsemantika besitzen keine lexisch-semantische Selbständigkeit, sondern dienen ausschließlich der Organisation des Textes, indem sie Beziehungen zwischen sprachlichen Einheiten herstellen, verflechtende oder verweisende Funktion haben.

Auch hier gilt die Feststellung, daß das Sprachsystem periphere und zentrale Bereiche hat. Es gibt eine Übergangszone von Wörtern, die vorwiegend grammatische Funktionen der Fügung ausüben und dennoch begriffliche Merkmale tragen. Das betrifft vor allem den präpositionalen Bereich, Konjunktionen und Pronomina. Ihre Bedeutung läßt sich beschreiben, wie z. B.

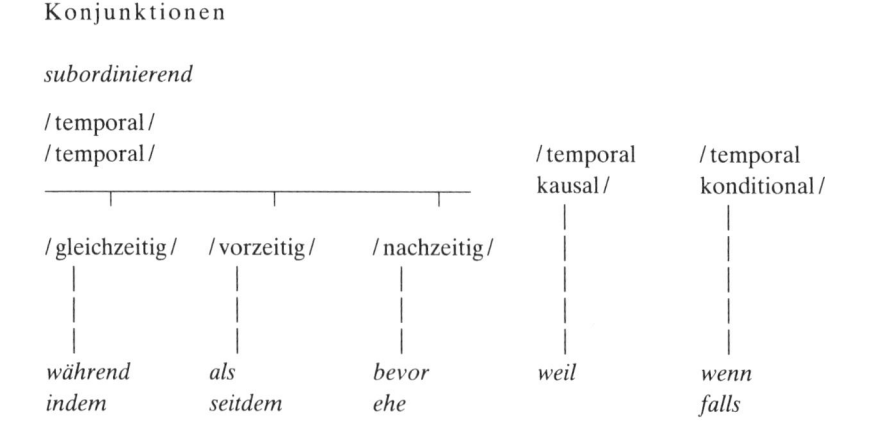

Konjunktionen

subordinierend

/temporal/			/temporal kausal/	/temporal konditional/
/gleichzeitig/	/vorzeitig/	/nachzeitig/		
während	*als*	*bevor*	*weil*	*wenn*
indem	*seitdem*	*ehe*		*falls*

Hier wird sichtbar, daß Funktionswörter mit spezifischen Mitteln zu beschreiben sind. Subordinierende Konjunktionen werden in einem Feld erfaßt und nach grammatischer Funktion und lexisch-semantischen Merkmalen geordnet. Sie bilden ein System; zwischen ihnen bestehen paradigmatische semantische Relationen, z. B. polare Beziehungen zwischen *während – als – bevor*, Äquivalenzbeziehungen zwischen *wenn* und *falls*.

Zu den Funktionswörtern können auch Partikeln gerechnet werden, deren Bedeutung durch ihren Anteil am Zustandekommen des kommunikativen Sinns eines Textes zu bestimmen ist. Sie setzen eine Erwartungskomponente voraus und können den Grad der Annäherung an diese Erwartung signalisieren. Zum Beispiel: *Ich habe es doch gesagt* (Bestätigung, Bekräftigung einer vorangegangenen Handlung). *Wir haben es dir doch schon gesagt* (Bestätigung, daß die Handlung zu einem zurückliegenden Termin vollzogen wurde, der auch im Zeitlimit der Erwartung lag.)

Zu den Partikeln ist eine umfangreiche Literatur erschienen, nachdem sie lange Zeit unberücksichtigt geblieben waren. Vgl. HELBIG/KÖTZ 1981, ›Partikeln und Interaktion‹, BRAUSSE 1987, WOLSKI 1986 und die in diesen Arbeiten angegebene Literatur.

LEHNERT weist darauf hin, daß die Funktionswörter ein relativ geschlossenes System darstellen: „Während täglich neue mehr oder minder dauerhafte Wörter in der Sprache auftauchen, gelangen neue Funktionswörter nur selten und dann auch nur über einen größeren Zeitabschnitt in die Sprache" (1969, 38). Wir sind heute Zeugen, daß in der deutschen Sprache der Gegenwart auch neue Präpositionen entstehen, die jedoch ihre begriffliche Bedeutung – wenn auch abgeschwächt – erhalten haben: *anhand, infolge, zugunsten, anstelle, angesichts, betreffs*. Orthographische Uneinheitlichkeit deutet auf Übergänge: *aufgrund – auf Grund*.

2) Vollwörter wie auch Funktionswörter lassen sich als graphemische und phonemische Einheiten bestimmen, die aus dem Redestrom isoliert werden können. Daß in der Rede diese Einheiten auseinanderrücken, wie in *ich teile mit, ich stelle vor, ich halte haus*, widerspricht dem dann nicht, wenn „Wort" als Grundeinheit des Sprachsystems und „Wortform" als Textelement unterschieden werden.

Als Systemwort ist das Wort Grundform eines morphematischen Paradigmas. Für diese Grundform trifft das Merkmal der phonemischen und graphemischen Einheit zu. Sie kann jedoch im Text aufgegliedert werden, wie bei präfigierten oder zusammengesetzten Verben (*kommt zurück, geht weg*) oder bei der Bildung grammatischer Formen.

3) Generell unterscheidet sich die Vorkommensweise im Text von der Grundform im System. Wenn die invariante „Grundform" bestimmt wird, sieht man von den spezifischen grammatischen Merkmalen des Wortexemplars im Text ab. Während das Wort im Lexikon in seiner Grundform gespeichert wird, kann es in der Rede morphematisch, phonemisch/graphemisch abgewandelt werden. Durch die lexischbegriffliche Bedeutung werden die Formen als zu einem Paradigma gehörig zusammengeschlossen. Selbst Suppletivformen werden aufgrund der lexisch-begrifflichen

Bedeutung als Glieder der Worteinheit aufgefaßt (vgl. ›Probleme der semantischen Analyse‹ 1977, 86ff. und die dort angegebene Literatur).

4) In der Definition war die Bestimmung der Einheit „Wort" davon ausgegangen, daß einem Formativ Bedeutungen zugeordnet werden, so daß die Einheit und Identität durch die relativ feste Zuordnung der Formativ- zur Bedeutungsseite gegeben ist. Diese Feststellung wird nun in Fällen wie *Flügel* – ‚Musikinstrument', ‚Teil fliegender Tiere', ‚Teil des Gebäudes' fragwürdig, denn begrifflicher Gehalt, Verwendungsregeln, Distributionen usw. unterscheiden sich wesentlich, so daß zu fragen ist, ob es sich hier und in vielen anderen Fällen (*der Kiefer – die Kiefer, das Band – die Bande, die Bänder, der Band – die Bände*) um ein Wort handelt oder ob wir es mit mehreren Wörtern zu tun haben. Selbst bei mehrdeutigen Wörtern tritt die Frage nach der Wortidentität auf; denn die Sememe (Bedeutungen) ein und desselben Wortes können sich in ihrer begrifflichen Struktur unterscheiden (Zur Polysemie vgl. 7.5.2.):

Jugend$_1$: ‚junge Menschen' *Jugend*$_2$: ‚Lebensalter'

Bestehen grammatische Unterschiede (z. B. in der Pluralbildung) und/oder lassen sich zwischen den Bedeutungen keine begrifflichen Beziehungen herstellen (wie z. B. zwischen *Kater*$_1$ – ‚männliche Katze' und *Kater*$_2$ – ‚Übelkeit nach durchzechter Nacht' im Gegensatz zu *Bibliothek* – S_1 ‚Bücher', S_2 – ‚Institution, die Bücher sammelt, ausleiht', wo beide Sememe durch begriffliche Merkmale verbunden sind), sprechen wir von Homonymen – zwei Wörtern mit gleichem Formativ. (Zur Homonymie vgl. 7.5.3.)

Mit der Unterscheidung von Homonymie und Polysemie ist eine Reihe von Problemen verbunden, so daß schon vorgeschlagen wurde, auf die kategoriale Trennung zu verzichten. Wollte man bei unterschiedlicher Distribution generell von Homonymie sprechen, müßte die Mehrzahl der polysemen Wörter als Homonyme betrachtet werden. Es ist auch schwer, eine Grenze festzulegen: Soll es sich bei *Schimmel* (‚Pferd', ‚weißer Pilzbelag') um ein oder zwei Wörter handeln? ‚Schimmel' gehört zu unterschiedlichen Begriffshierarchien, zu ‚Tier' und zu ‚Pilz'. Wenngleich die Unterscheidung zwischen Homonymie und Polysemie nicht einfach ist, so ist sie für die lexikographische Praxis notwendig; denn polyseme Wörter haben ein Lemma, Homonyme erscheinen mehrmals im Wörterbuch. Die Abgrenzung von Polysemie und Homonymie erweist sich somit nicht nur als theoretisches Problem, sondern auch als praktische Aufgabe der Lexikographie.

5) Aber nicht allein das Wort, sondern auch andere sprachliche Einheiten können Träger begrifflicher Inhalte sein, können als nominative Einheiten begriffsbildend wirken, feste Wortverbindungen, Phraseologismen. Es handelt sich im Kernbereich (auch hier nehmen wir Zentrum und Peripherie an) um lexikalisierte, idiomatisierte, stabile, reproduzierbare Einheiten, die aus mehreren Wörtern bestehen und begriffskonstitutiv sind. Durch ununterbrochene Laut-/Graphemfolge unterscheiden sich Wörter von festen Wortverbindungen, die aber als Nominations- und Bedeutungseinheiten wie Wörter genutzt werden können.

Eine Wortdefinition ist somit nur unter bestimmten Voraussetzungen möglich:

- Es ist festzustellen, ob das Wort als Element des Lexikons oder als Textwort erklärt werden soll. Wird das Wörterbuchwort definiert, ist es als invariante Grundform mit den Möglichkeiten der semantischen, morphematischen, phonemisch-graphemischen Variantenbildung zu bestimmen.
- In der deutschen Sprache (wie in allen indogerm. Sprachen) können autosemantische von synsemantischen Wörtern unterschieden werden. Eine Lexikologie läßt die Gruppe der Funktionswörter traditionell, aber zu Unrecht, weitgehend unberücksichtigt. Wortdefinitionen beziehen sich nur auf Vollwörter, wenn sie die Merkmale ‚relativ selbständige Einheit von Formativ und Bedeutung' festhalten.
- Es erweist sich somit als zweckmäßig, das Wort als phonemisch-graphemische, als grammatische und lexisch-semantische Einheit zu definieren. Als Einheit der phonemischen Ebene wird es bestimmt, da es möglich ist, das Wort durch Pausen (die durch Grenzsignale angegeben werden) im Sprechakt zu isolieren. Der Akzent kennzeichnet es als Einheit. Auf der graphemischen Ebene kann es durch eine Leerstelle im Schriftsatz formal isoliert werden. Das gilt für Auto- und Synsemantika. Es ist nicht möglich, für alle Wörter die jeweils auf einer Ebene abgeleiteten Merkmale auch auf andere Ebenen anzuwenden:
  - Es gibt graphemisch/phonemische Einheiten, die semantisch keine Einheit bilden.
  - Es gibt graphemisch/phonemische Einheiten, die im Redestrom abgewandelt und getrennt werden.
  - Es gibt phonemisch/graphemische Einheiten, die keine semantische Selbständigkeit besitzen.

Im Idealfall aber erweist sich das Wort als Einheit sowohl auf der phonemisch/graphemischen, der morphematischen, der syntaktischen als auch der semantischen Ebene. Und das gilt – bei allen Einwänden – für das Zentrum des Lexikons.

So kann man auch der folgenden Definition weitgehend zustimmen:

> Auf Grund seines semantischen Doppelwerts ist das Wort in der Sprache erstens die Benennungseinheit, ein Element des Vokabulars mit einer bestimmten lexikalischen Bedeutung und zweitens die jeweilige Strukturzelle mit einer bestimmten morphologischen Gestalt und damit auch einem bestimmten grammatischen Wert in der Sprache (›Allgemeine Sprachwissenschaft‹ Bd. 2, 322).
> Im Wort als einer komplexen sprachlichen Zelle überschneiden sich drei Strukturen, die zusammenhängen, aber in bezug auf Organisation und Gliederung in die kleinsten Elemente miteinander keineswegs zusammenfallen: die phonologische, die morphologische und die semantische Struktur (ebd., 323).

So bestimmen wir das Wort als Element des Systems als eine Grundeinheit der Sprache, die eine reproduzierbare, eine rekurrente Einheit von Formativ und Inhalt ist. Sie ist die kleinste, relativ selbständige Einheit. Dabei besteht zwischen

Formativ und Bedeutung eine asymmetrische Beziehung: einem Formativ können mehrere Bedeutungen zugeordnet sein. Jedes Wort hat Merkmale, durch die seine Fügung in größere Einheiten bestimmt ist.

Das Wortformativ

(1) *Uch* ist kein Wort der deutschen Sprache
(2) Er schreibt Blume mit h: *Bluhme*
(3) *Friede* und *Frieden* sind zwei Varianten eines Wortes

Die Aussage in (1) ist deshalb wahr, weil in der deutschen Sprache kein Zeichenkörper *Uch* existiert, dem eine Bedeutung zugeordnet ist.

„Formativ" ist eine korrelative linguistische Kategorie. Es ist das verallgemeinerte, invariante Abbild des Lautkörpers, das der Materialisation durch Laut- oder Schriftzeichen zugrunde liegt. Erst wenn einem Laut-/Schriftkörper eine Bedeutung zugeordnet ist, kann er als Formativ bezeichnet werden. Es wäre denkbar, daß einmal dieser Laut-/Schriftkörper zur Benennung benutzt wird. Dann erhält er eine Zeichenfunktion – er wird zum Formativ. Es wäre weiter denkbar, daß *Uch* in einer anderen Sprache eine Bedeutung trägt. Die Bestimmung eines Laut-/Schriftkörpers als Formativ gilt immer nur in bezug auf ein bestimmtes Sprachsystem.
(2) verdeutlicht, daß ein Formativ nach orthographischen und orthoepischen Regeln geformt wird und so als Invariante der physikalischen Umsetzung, der schriftlichen und mündlichen Materialisation, zugrunde liegt.
(3) sagt aus, daß Formativvarianten Zeichenvarianten sind.

Gliederung der Formative: Sprechsilben und Morphe

Wortformative können entsprechend ihrer phonemischen Struktur gegliedert werden in Sprechsilben oder in Morphemformative, in Morphe.
   Die Sprechsilbe als Einheit des Redestroms ergibt sich durch Sprechpausen bei intensiver Artikulation als natürliche Sprecheinheit. So „zerfallen" die Formative folgender Wörter bei langsamem, intensivem Sprechen in Silben: *ver-gel-ten, Bü-cher, grü-ner*. Die Silbe wird offen genannt, wenn sie vokalisch auslautet, geschlossen, wenn sie konsonantisch schließt. Silbengrenzen fallen nicht mit Bedeutungseinheiten zusammen. Sie sind vielmehr nach phonologischen Prinzipien zusammengefaßte und organisierte Folgen von Lauten. Es ist schwer, die Silbe zu definieren. Aber auch hier gilt: dem Sprecher ist intuitiv klar, was eine Silbe ist. Schwierigkeiten bestehen insbesondere bei der Festlegung der Silbengrenzen und der Bestimmung wortübergreifender Silbenbildung. Als Silbenkern (Silbengipfel) wird das Lautsegment bezeichnet, das Akzent und Ton trägt. In den meisten Fällen ist das der Vokal einer Silbe: *Väter, sägen, verlängen*.
   Die *Orthographie* der deutschen Sprache verfährt nicht einheitlich, wenn sie die Worttrennung regelt. Einmal betont sie das Sprechsilbenprinzip: *lau-fen, for-men, Bü-cher*, zum anderen wird nach Morphemen getrennt: *Päd-ago-gik, syn-onym*. Die Formative der Wörter lassen sich unter Berücksichtigung der Bedeutung in Formativkonstituenten – Morphemformative – Morphe – gliedern, in:

Silben	Morpheme
lau-fen	*lauf-en*
ge-stal-ten	*ge-stalt-en*
lü-gen	*lüg-en*
Va-ter	*Vater*
du lügst	*du lüg-st*

Morphem- und Silbengrenzen fallen nicht zusammen. Ein Morphem kann aus mehreren Silben, eine Silbe aus mehreren Morphemen bestehen.

Formative als Signalabbilder liegen der **schriftlichen** oder **mündlichen** Zeichengestalt zugrunde. Diese Entscheidung für schriftliche oder mündliche Materialisation hat kommunikative Bedeutung. Durch sie kann das Wort zum Träger weiterer Informationen werden, die an Mündlichkeit oder Schriftlichkeit gebunden sind. Die mündliche Kommunikation kann Auskunft über Alter, Geschlecht und den aktuellen psychischen Zustand des Sprechers, über Zorn, Erregung, Freude, über die regionale Herkunft oder Gebundenheit des Sprechers, seinen Beruf oder Bildungsstand geben. Vgl. BÜHLER 1934 über den Symptomwert sprachlicher Zeichen; über Mündlichkeit und Schriftlichkeit ANTOS 1982, ›Deutsche Sprache‹ 1983 (3.1.).

Das Wort als sprachliches Zeichen wird durch die Zuordnung des Formativs zu einem Zeicheninhalt, zur Wortbedeutung, konstituiert. Dieser Zeicheninhalt wird hier zunächst als das Wissen bestimmt, das die Mitglieder einer Sprachgemeinschaft mit dem Formativ verbinden – Kenntnisse, worauf und unter welchen kommunikativen Rahmenbedingungen das Zeichen zu verwenden ist. (Zur Wortbedeutung vgl. 7.).

5.2.2.2. Lexem und Wort

Häufig wird in der Literatur für die Grundeinheit des Lexikons der Begriff L e x e m statt Wort verwendet. Obwohl eine gewisse inhaltliche Übereinstimmung beider Termini besteht, sollte man diese Kategorien nicht identifizieren. Als L e x e m e werden benennende und verallgemeinernde Wortschatzelemente, Einzelwörter oder feste Wortgruppen, bezeichnet. Insofern ist der Lexembegriff weiter als der des Wortes. Lexeme sind z. B. auch *kurz und gut, guten Morgen, silberne Hochzeit* als Mehrwortbezeichnungen, Phraseologismen und kommunikative Formeln.

Im Text begegnen uns sprachliche Gebilde, die wir als Wörter identifizieren, obwohl sie nicht Bestandteile des Wortschatzes der deutschen Sprache sind, sondern einmalig in diesem Text existieren, o k k a s i o n e l l sind: „Meine Anderthalbmeter-Großmutter hexelt nur für den Hausgebrauch" (STRITTMATTER, Der Laden, 13). *Anderthalbmeter-Großmutter* und *hexeln* haben Wortfunktionen, benennen und folgen den Regeln der deutschen Grammatik, ohne Wortschatzelemente zu sein.

Lexeme sind Systemelemente, die als Einheiten des Lexikons gesellschaftlich verfestigt, lexikalisiert sind. Strukturell gliedert sich der Lexembestand in Lexeme, die nur aus dem Basismorphem bestehen: *Tisch, grün*, Wortbildungskonstruktionen: *Lehrer, verteilen, grünlich*, feste Wortverbindungen oder Wortgruppen: *Antwort geben, klipp und klar*. Mehrwortlexeme werden auch als Paralexeme bezeichnet (›Probleme der semantischen Analyse‹ 1977).

5.3. Die Motivation

5.3.1. Der Begriff der Motivation

Wörter als Benennungseinheiten sind kommunikativ und kognitiv bestimmt. Ihre Bedeutungsmerkmale sind Resultat der verallgemeinernden Widerspiegelung der Benennungsobjekte, ausgewählt nach den Bedürfnissen der Kommunikation. Mit jedem Wort werden einige Eigenschaften der Objekte fixiert. So kann ein und derselbe Gegenstand mit verschiedenen Lexemen benannt sein, durch die jeweils eines oder mehrere Merkmale hervorgehoben werden: *Zimmerpflanze, Zierpflanze, Grünpflanze* beziehen sich auf dasselbe Gewächs, sind referenzidentisch und betonen doch unterschiedliche Eigenschaften – ‚geeignet für das Zimmer‘, ‚dienen zur Zierde‘ und ‚sind grün‘.

J. G. HERDER weist in seiner ›Abhandlung über den Ursprung der Sprache‹ darauf hin, daß es für den Erkenntnisprozeß notwendig ist, ein Merkmal der Dinge zu verbalisieren, damit wir an ihm die Sache wiedererkennen, uns einprägen oder – mit unseren Worten gesagt – den Begriff speichern können:

> Er beweiset also Reflexion, wenn er nicht bloß alle Eigenschaften lebhaft oder klar erkennen, sondern eine oder mehrere als unterscheidende Eigenschaften bei sich anerkennen kann; der erste Aktus dieser Anerkenntnis gibt deutlichen Begriff, es ist das erste Urteil der Seele. Und – wodurch geschah diese Anerkennung? Durch ein Merkmal, das er absondern mußte und das als Merkmal der Besinnung deutlich in ihm blieb. Wohlan, so lasset uns ihm das ευρηκα zurufen! Dies erste Merkmal der Besinnung war Wort der Seele. Mit ihm ist die menschliche Sprache erfunden (II, 1963, 104).

Wir benennen Objekte nach Merkmalen. Dazu nutzen wir vornehmlich vorhandenes sprachliches Material, sprachliche Bedeutungsträger. So wird geistig-begrifflich die neue Erscheinung dem schon vorhandenen Begriffssystem zugeordnet und dem Sprachsystem inkorporiert. Die Benennung ist motiviert. Welche Benennung eine Klasse erhält, ist von einer ganzen Reihe von Faktoren abhängig: davon,

– ob es ähnliche Erscheinungen bereits gibt und sich daraus Prinzipien der Benennung ableiten lassen. Z. B. werden analog zu *Sportzentrum* weitere Wörter mit der Konstituente *-zentrum* gebildet: *Freizeitzentrum, Einkaufszentrum, Modezentrum*;
– ob bestimmte Merkmale besonders hervorgehoben werden sollen, wie dies aus pragmatischen Gründen bei der Benennung von landwirtschaftlichen Produkten mit *Bio-* geschieht: *Bio-Äpfel, Bio-Joghurt, Bio-Kost*;

– ob Beziehungen assoziiert werden sollen, die zwischen Neuem und bereits Vorhandenem bestehen, wie die Benennung von Geschäften mit *-salon: Schuhsalon* oder *-boutique*;
– ob die neue Benennung verhüllend, aufbessernd, semantisch undurchsichtig sein soll: *outfit* für ‚Aussehen'.

Dem Benennungsprozeß liegen somit recht unterschiedliche Absichten und Prinzipien zugrunde. Eine Benennung kann unter dem Aspekt der Wirkung in der Kommunikation, der genauen Klassifizierung, der Tradition u. a. gewählt werden. Da aber neue Benennungen nicht nur auf dem Weg der Wortbildung entstehen, wirken diese Prinzipien auch bei Bezeichnungsübertragungen und Veränderungen im Bedeutungsbereich.

Die Merkmale, die wir für den Benennungsprozeß nutzen, nennen wir die B e - n e n n u n g s m o t i v e , die Bedeutung der benennenden sprachlichen Einheiten M o - tivbedeutung. So bringen die benennenden Morpheme /Ein//weg//ver//pack/ /ung/ ihre Motivbedeutung in die Wortbedeutung ein. Das gleiche Objekt wird auch mit *Wegwerfflasche* benannt. Beide Wörter lenken auf Grund ihrer Motivbedeutungen das Denken in verschiedene Richtungen, obwohl sie synonym verwendet werden.

Arten der Motivation – Motivationstypen

– Man bildet ein neues Zeichen, ohne auf vorhandenes Sprachmaterial zurückzugreifen. Die Lautgestalt dieser Zeichen ist ein akustisches Abbild des Benannten (*miauen, Wau-wau, gackern, summen, brummen*). In diesem Fall sprechen wir von phonemisch-phonetischer Motivation. Da der Kreis der Objekte, die nach akustischen Merkmalen benannt werden können, relativ begrenzt ist, bildet diese Art der Motivation nicht den Hauptweg zur Entstehung neuer Lexeme. Es handelt sich vorwiegend um lautmalende Verben, um Tierbenennungen nach deren Lautäußerungen (Kindersprache).
– Der Hauptweg der Benennung ist die Bildung neuer Wörter mit vorhandenem Material nach Modellen – ist die Wortbildung. Die vorhandenen Elemente – Wörter und Morpheme – sind Träger der Motivbedeutung. Wir sprechen in diesem Fall von morphematischer Motivation. Durch die Benennungsmotive ist das neue Wort formativisch und semantisch mit anderen Wortschatzelementen verbunden. Durch /rohstoff/ wird auch *Sekundärrohstoff* (Altpapier, Schrott, Lumpen) den Rohstoffen zugeordnet. *Rasenmäher* ist durch drei Benennungsmotive motiviert: *-er* deutet auf ‚Gerät'; *Rasen* auf das Objekt; *mähen* auf die Handlung, die mit dem Gerät auszuführen ist. Das gleiche Gerät könnte auch mit *Grasschneider, Grasschneidemaschine, Mähmaschine, Mäher, Mähsystem, Rasenschneider* benannt werden. Hier wird deutlich, daß die benennenden Morpheme, die Benennungsmotive, eine vermittelnde Funktion haben. Sie sind zwar durch die Eigenschaften des Benennungsobjekts determiniert, aber welche Merkmale als Motive gewählt werden, ist von kommunikativen Absichten abhängig. Für die Wahl der Benennungsmotive sind die Merkmale entscheidend,

die dem Benennenden wichtig sind, weil sie besonders auffallen, weil sie deutlich einordnen, weil sie Assoziationen auslösen, die im Sinne des Namengebers sind. Ist dann das Merkmal, das Motiv, gefunden, gilt es, die günstigste sprachliche Fassung zu finden, wie im Falle unseres Beispiels *Rasen* statt *Gras*, *-er* statt *-gerät* oder *-maschine*.

- Ein Wort wird mit neuer Benennungsfunktion gebraucht. Es tritt aus einer semantischen Sphäre in eine andere, ohne daß dieser Übergang formativisch fixiert wird. Das Wort wird übertragen. Es handelt sich meist um metaphorische oder metonymische Übertragungen. Bisher wurde dieser Motivationstyp als semantische Motivation bezeichnet. Da semantische Modelle – Figuren – zugrunde liegen, bezeichnet BELLMANN diesen Motivationstyp in Anlehnung an KÄGE als figurative Motivation. Er begründet diese Entscheidung auch damit, daß mit diesem Terminus der Eindruck vermieden werden soll, „als spiele semantische Beziehung nur hier eine Rolle" (1988, 5).
- BELLMANN führt weitere Motivationstypen an, die „Zeichenfeldmotivation" und die „situative Motivation" (1988, 7). „Zeichenfeldmotivation" ist mit der Zugehörigkeit eines Wortes zu einem Wortfeld erklärt; das Feld bestimmt die Bedeutung mit; es hat motivierende Kraft. Nach BELLMANN besteht die Motivation beim situativen Typ darin, „daß durch Sprachzeichen ein bestimmtes, besonders ausgeprägtes Milieu assoziiert wird, genauer: daß Sprachzeichen durch den außersprachlichen Bereich auf dem Wege über die entstehenden Texte eine spezifische Situationsprägung erhalten können, die außerhalb der originären Situation nachwirkt, und zwar mindestens dadurch, daß sie Angemessenheitsfragen aufwirft" (1988, 7).

So einleuchtend diese Typisierung auch erscheint, so schwierig erweist sich eine Grenzziehung zwischen den angenommenen Typen. Wenn z. B. zahlreiche Neubildungen mit *-killer/Killer-* entstehen, wie *Killeralgen, Killerbakterien, Tintenkiller, Jobkiller* (Angaben nach DUDEN-Bedeutungswörterbuch), so wirken mehrere Motivationstypen zusammen: Durch *-killer/Killer-* sind alle Bildungen morphematisch motiviert. *-killer/Killer-* ist metaphorisch gebraucht. Also könnte man die Konstruktion als figurativ (semantisch) motiviert betrachten. Geht man davon aus, daß Wortbedeutungen als semantische Vernetzungen repräsentiert werden können, so wird *-killer/Killer* durch ein semantisches Netz („Feld") ‚töten', ‚vernichten', ‚schaden', ‚morden' motiviert. Diese Feldwirkung ist auch beim Lexikonwort latent vorhanden. Fassen wir Bedeutungen als Wissen auf, das Referenz- und Verstehensakte steuert, so sind feldmäßige Einordnung und Situationsbindung bedeutungskonstitutiv. Sie sind mit der morphematischen und figurativen Motivation verbunden.

Zur Motivation vgl. auch BELLMANN 1988, KÄGE 1979, SCHRÖDER 1980.

5.3.2. Phonetisch-phonemische Motivation

Als phonetisch-phonemisch oder auch natürlich motiviert betrachten wir Wörter, deren Formative einen Laut oder Schall nachbilden: *knarren, knurren, bimmeln, zischen, Kuckuck, Uhu*. Bei diesen nicht allzu häufigen Fällen besteht ein natürlich gegebener Zusammenhang zwischen den Merkmalen des Bezeichneten – den akustischen Eigenschaften – und dem Zeichen. Man bezeichnet solche Wörter als Onomatopoetica. Oftmals werden sie als Argument gegen die Bestimmung sprachlicher Zeichen als arbiträr angeführt. Gewiß ist bei ihnen das Formativ durch die klangliche Erscheinung des Bezeichneten bestimmt; dennoch ist der Lautkörper kein getreues Abbild des Geräusches oder des Klangs. Nur einige relevante Merkmale werden entsprechend dem Phonemsystem der Sprache zur Bildung des Formativs gewählt. Nicht die ganze Schallfülle wird „abgebildet". Den besten Beweis für die prägende Kraft der Sprache und damit auch den arbiträren Charakter des Zeichens liefert der Vergleich der schallnachahmenden Wörter in verschiedenen Dialekten und Sprachen oder auch nur in den verschiedenen Entwicklungsstufen der deutschen Sprache.

So sind z. B. *gackern, bellen, Gans* ursprünglich phonetisch-phonemisch motivierte Wörter. Im Verlaufe der Jahrhunderte veränderte sich der Lautkörper, „löste" sich vom motivierenden Laut: *gackern* – mhd. *gagen*, ahd. *gagizon, gackizōn*. Beim Vergleich mit den Äquivalenten anderer Sprachen zeigen sich selbst bei verwandten Sprachen Abweichungen im Lautkörper, aber vor allem in den grammatischen Formen. *quaken* ahmt den Laut der Frösche nach, *schnattern* den der Enten. Ihnen entsprechen engl. *to quack*, russ. *kvakat'*, lat. *coaxare*. Mnd. *snateren* fehlt in den anderen germanischen Sprachen. *Knurren* entspricht russ. *vorcat'*, *bellen* russ. *lajat'*, *miauen* russ. *mjaukat'*. Selbst die eigentliche Wiedergabe des Tierlautes variiert von Sprache zu Sprache. Unserem *wau-wau* entspricht im Russischen *vaf-vaf*, im Englischen *bow-bow*, im Französischen *oua-oua*.

Gäbe es eine absolute Lauttreue der Formative, so müßte es ohne Schwierigkeiten auch dem, der die englische Sprache nicht beherrscht, möglich sein, die Bedeutung der folgenden schallnachahmenden Wörter vom Lautbild her zu erschließen: *to buzz* – ‚flüstern', *to whistle* – ‚pfeifen'.

Hier wird der Zeichencharakter auch der Onomatopoetica deutlich: Merkmale des Geräuschs werden durch Phoneme des Formativs abgebildet, aber die Auswahl der Merkmale und die Zuordnung zum Phonemsystem sind sprachliche Verallgemeinerungen. Dieser Tatbestand läßt sich auch daran verdeutlichen, daß die Entwicklung eines solchen ursprünglich onomatopoetischen Wortes immer weiter von der natürlichen Quelle wegführen kann: *panschen* – ‚mischen', ‚verfälschen' geht zurück auf schallnachahmendes ‚Klatschen', ‚Schlagen'. „Der lautmalende Ausdruck für das (ungehörige) Vermengen einer Flüssigkeit mit einer anderen tritt zuerst im Namen auf: Panschenwein, Übernahme eines österr. Schankwirts im 15. Jh." (KLUGE 1967, 430). Während der schallnachahmende Charakter von *knurren* noch deutlich ist, tritt er bei der Ableitung *knurrig* (*ein knurriger Alter*) völlig zurück. Dennoch fällt die Klangähnlichkeit onomatopoetischer Wörter verschiedener Sprachen auf. Sie ist ohne Zweifel durch die ähnliche Sinneswahrnehmung und Ähnlichkeiten im Phonembestand bedingt.

Im Bereich der Onomatopoetica tritt auch die Erscheinung der **Synästhesie** auf: Wahrnehmungen mit Hilfe anderer Sinnesorgane werden in lautlich-akustische Einheiten umgedeutet: *flimmern, schimmern, glitzern, flitzen*. Gestützt wird diese Auffassung durch die Lautähnlichkeit solcher Wörter in verwandten Sprachen und durch die Nutzung bestimmter Lautverbindungen für ähnliche kinematische Reize. Hier spricht man von sekundärer Lautbedeutsamkeit: *flittern, flattern, flimmern, blitzen, blinzeln*. Das vor allem dann, wenn bestimmte Klangbilder poetisch genutzt werden und damit eine emotionale Färbung erhalten. So auch ULLMANN 1967, 96f.:
„**Die Ausdruckskraft der Laute**, die nur einen besonderen Aspekt der phonetischen Motivierung darstellt, kann in doppelter Hinsicht gefühlswirksam sein. Wenn Lautung und Bedeutung harmonieren, macht sie sich im Einklang in der ästhetischen Symmetrie angenehm bemerkbar." Im umgekehrten Fall, dem Mißverhältnis zwischen Laut und Bedeutung, wird ebenfalls eine emotionale Wirkung erzeugt.

5.3.3. Morphematische Motivation

Bei Wortbildungskonstruktionen bringen Morpheme ihre Bedeutungen in die Struktur der Wortbedeutungen ein. Die Motive vermitteln die Bedeutung, ohne mit ihr identisch zu sein. Bedeutung des Zeichens und Motivbedeutung stimmen auch zum Zeitpunkt der Bildung nicht überein. Der Prozeß der Lexikalisierung setzt bereits mit der Bildung des Wortes ein. So ist zwar das verhältnismäßig junge Wort *Liege* motiviert durch *liegen*, aber dieses Basismorphem trägt nur ein, wenn auch wesentliches semantisches Merkmal. Um die Wortbedeutung von *Liege* bestimmen zu können, müssen die Merkmale ‚Möbel' ‚zum Liegen' ‚gepolstert' ‚ohne Lehne' in die Beschreibung aufgenommen werden. Erst dann kann es von semantisch benachbarten Wörtern wie *Sofa, Couch, Chaiselongue, Sessel* abgegrenzt werden.

Damit wir ein Wort als morphematisch motiviert erkennen, muß das Benennungsmotiv zwei Bedingungen erfüllen:

1) Es muß in einer direkten Beziehung zur Bedeutung stehen, muß Merkmale ausdrücken, verbalisieren, die in die Merkmalstruktur des Wortes eingehen.
2) Das Benennungsmotiv muß den Angehörigen einer Sprachgemeinschaft bewußt sein.

Allerdings kann im Laufe der Zeit das Benennungsmotiv verblassen. Es treten die Prozesse der Lexikalisierung, Demotivierung oder auch Idiomatisierung ein.

Bei der **Lexikalisierung** geht der Syntagmacharakter einer Wortbildungskonstruktion verloren, das komplexe Lexem erhält eine **einheitliche** Bedeutung. Die **Idiomatisierung** ist eine Folge der Lexikalisierung; denn aus der Summe der Teilbedeutungen einer Konstruktion ist die Lexembedeutung nicht zu erschließen.

Es tritt Demotivierung ein, der Verlust der Motivbedeutung, der Zeichencharakter einer oder mehrerer Konstituenten schwindet.

Im Hinblick auf den Grad der Motiviertheit lassen sich grob einige Gruppen unterscheiden:

– Wörter, bei denen der Zusammenhang mit den Benennungsmotiven noch deutlich empfunden wird, die bei Kenntnis der Morpheme ohne weiteres zu dekodieren sind. Die Motivbedeutung prägt die Wortbedeutung: *Türschloß, Tageslicht, himmelblau, weggehen*.
– Wörter, deren Wortstruktur durchschaubar ist, deren Bedeutung mit der Morphembedeutung noch in Verbindung gebracht werden kann, ohne daß jedoch die Bedeutung aus den Morphembedeutungen erschlossen werden kann. Hier hat bereits der Prozeß der Idiomatisierung eingesetzt: *Staubtuch, Handtuch, Gürtelrose, Ameisenbär, hintergehen*. Es handelt sich einmal um die Bildungen früherer Sprachstufen, zum anderen werden idiomatisierte Einheiten schon beim Benennungsakt erzeugt. Ein *Handtuch* ist nicht nur ein Tuch für die Hand. Im Alltag kann man durchaus vom *Händehandtuch* sprechen, um es vom „Gesichtshandtuch" zu unterscheiden. Auch Bezeichnungsübertragungen, deren Konstituenten einen Wandel erfahren haben, erscheinen nur teilmotiviert: *Tassenkopf, Schulterblatt, Schlüsselbein*.

Daß jedoch nicht immer von Motivbedeutungen auf Wortbedeutungen geschlossen werden kann, liegt auch am Abweichen von Modellen der semantischen Fügung. So tritt *Gürtel* im Zusammenhang mit Bezeichnungen des Materials (*Ledergürtel, Stoffgürtel*) oder eines Teils des Gürtels auf: *Gürtelschnalle, Gürtelschlaufe*. Das Wissen um die wortinternen Beziehungen lenkt aber nicht das Verstehen von *Gürtelrose*.

– Wörter, bei denen der Zusammenhang mit den Benennungsmotiven nicht mehr erkennbar ist. Hier haben die Konstituenten einer Wortbildungskonstruktion ihre konstruktionsexterne Bedeutung verändert, oder sie sind veraltet, archaisiert. Das betrifft Wörter wie *Eberesche, Nachtigall, Bräutigam*. Diese Wörter sind voll idiomatisiert.

Demotivierung und Idiomatisierung vollziehen sich aufgrund sprachlicher und außersprachlicher Entwicklungen. Vgl. dazu auch GRIMM 1991.

5.3.4. Semantische oder figurative Motivation

Metaphorische oder metonymische Übertragungen beruhen ebenfalls auf der Auswahl von Merkmalen, die nun als Stützmerkmale dienen. Semantische Motivation liegt dann vor, wenn ohne weitere Wortbildungsprozesse ein Wort zur Benennung neuer Begriffe und damit anderer Objekte genutzt wird. Semantisch motiviert sind z. B. Termini der Computertechnik wie *Menü* für Ausdrucksanweisungen, der Kybernetik, wie *Prothese* – ‚Vorrichtung, die beschädigte oder ausgefallene Effektoren oder Rezeptoren eines Gesamtsystems derart vertritt, daß sie deren Funktion ausführt'; *Adresse* – in der maschinellen Rechentechnik ‚Zahl und Symbol zur Kennzeichnung der Speicherzelle'.

Von figurativer Motivation kann man aber auch dann sprechen, wenn eine Konstituente einer Wortbildungskonstruktion auf figurativer Übertragung beruht. Oftmals sind mehrere gedankliche Schritte zur Dekodierung solcher figurativ motivierten Lexeme notwendig. So erfordert die Bedeutungserschließung von *Ampelkoalition* eine Reihe semantischer Entscheidungen, bei denen verschiedene Kenntnissysteme ineinandergreifen:

– Auflösung der semantischen Beziehung zwischen Grund- und Bestimmungswort als Entscheidung zwischen verschiedenen Möglichkeiten → Koalition wie eine Ampel
– Auflösung der Polysemie von *Ampel* → gemeint ist die Verkehrsampel
– Ermittlung der Vergleichsmerkmale → gemeint sind die Farben rot–gelb–grün
– Auflösung der Farbsymbolik → rot = links, gelb = Mitte, grün = ökologisch orientiert
– Zuordnung zur politischen Parteienlandschaft in Deutschland → rot = SPD, gelb = F.D.P., grün = die Grünen.

Dieser Erschließungsprozeß eines figurativ motivierten Wortes setzt unterschiedliche Kenntnissysteme voraus: Weltwissen, das hier notwendig ist, um unter soziokulturellen Bedingungen unserer Zeit die Anordnung der Farben in Verkehrsampeln als Vergleichsmerkmale zu erkennen; Kenntnisse der politischen Farbsymbole; Wissen um die Verhältnisse bei Koalitionsbildungen in Parlamenten, also soziokulturelles Hintergrundwissen. „Soziokulturell" meint das in der Sprachgemeinschaft aufgrund sozialer und kultureller Traditionen und Gegebenheiten existierende Wissen, das – nicht verbalisiert – die Dekodierungsschritte leitet. Hier wird auch sichtbar, daß der Text das situative Umfeld für die endgültige Dekodierung und Erschließung der Wortbedeutung ist. Die Benennungsmotive, HUBER nennt sie in seiner Dissertation ›Der Systemgedanke in der Semasiologie‹ 1958 „Stützbegriffe", rücken zwar bestimmte Merkmale des Bezeichneten ins Gesichtsfeld, eröffnen ein assoziatives Feld, aber zur Erschließung des Gemeinten muß oftmals vielstufige Gedankenarbeit geleistet werden. Dennoch ist die Rolle der Motivation für den Kommunikations- und Erkenntnisprozeß nicht zu unterschätzen.

5.3.5. Motivation und Text

Indem die Lexikologie ihren Gegenstandsbereich erweitert, nicht allein das lexikalische Teilsystem als „Werk" (HUMBOLDT), sondern als Medium sprachlichen Handelns begreift und das lexikalische Wissen untersucht, das Textproduktion und -rezeption steuert, gewinnt auch die Motivationsproblematik neue Dimensionen; denn jetzt interessieren nicht allein Motivationsarten, sondern die Bedeutsamkeit der Motivation für die sprachliche Tätigkeit. Dabei soll keineswegs Auffassungen das Wort geredet werden, die in der Motivation der Wörter eine Weltsichten prägende Kraft sehen. WEISGERBER wie auch gegenwärtig dominierende Darstellungen der „Allgemeinen Semantik" überhöhen die Rolle der Benennungsmotive als handlungsstimulierende Kraft. Da Motivbedeutung und Wortbedeutung nicht identisch sind, müssen unterschiedliche Motivationen der Benennungen für gleiche Objekte keineswegs Ursache unterschiedlicher Weltsichten sein. Erkenntnistheoretisch bleibt es allerdings interessant, Motivstrukturen verschiedener Sprachen miteinander zu vergleichen:

deutsch	russisch	englisch
Johannisbeere	*smordina*	*red currant*
Blaubeere	*černika*	*bilbery*
Bachstelze	*trjasoguzka*	*wagtail*

Diese Wörter verschiedener Sprachen bezeugen, daß jeweils andere Merkmale als Benennungsmotive gewählt wurden. Nicht immer läßt sich nachvollziehen, welche Ansichten, Bedingungen und Muster den Benennungen zugrunde lagen. Die Wirkung der Motivation erweist sich erst im Text, beim kontrastiven Vergleich der Benennungen des gleichen Denotats. So lassen sich referentiell identische Ausdrücke im Hinblick auf ihre Benennungsmotive, deren semantische Vernetzung und die damit aktivierten Wissensstrukturen vergleichen. Zum anderen erlaubt die geschichtliche Betrachtung Aussagen über bevorzugte Motivationsmerkmale und -muster.

Gerade in gesellschaftlichen Umbruchsituationen lassen sich Wortablösungen beobachten. Wörter werden ersetzt und werden so zu Tabuwörtern. Für LEWANDOWSKI ist ein Tabuwort „ein Wort oder ein Name (meist aus dem religiösen und intimen, aber auch existentiell unmittelbar relevanten Bereich), die in einer Sprachgemeinschaft nur unter besonderen Bedingungen gebraucht werden dürfen; ein Wort, das man nicht leichtfertig aussprechen darf; ein Wort, dessen Bedeutung/ Referent/Designat umschrieben oder mit einem veränderten Signifikanten versehen wird [...] T. sind keine allgemein menschliche Erscheinung, sie sind an bestimmte Gemeinschaften und Epochen gebunden; sie können auch gruppenspezifisch sein" (792f.). Heute dominieren unter den Tabuwörtern die, die durch aufbessernde Benennungen ersetzt werden. STÖTZEL beschreibt „Probleme und Erscheinungsformen der Weiterverwendung nazistischer Vokabeln" (1988, 426). Seit der Wiedervereinigung der deutschen Staaten verschwinden allmählich Benennungen der ehemaligen DDR und werden durch die in den alten Bundesländern üblichen ersetzt. Dennoch werden eine Reihe dieser Wörter noch längere Zeit nebeneinander bestehen bleiben, weil sie sich im Sprachbewußtsein der Bevölkerung verfestigt haben: *Seniorenwohnheim – Altersheim – Altenheim – Feierabendheim; Schulspeisung – Kinderspeisung*. Das betrifft auch die zahlreichen deutschen Benennungen von Objekten, die in den alten Bundesländern mit Fremdwörtern benannt sind.

Euphemistische Funktionen (verhüllen, aufbessern, verdecken) haben viele Wörter, die negative soziale Erscheinungen benennen. Dazu gehören solche aus dem semantischen Netz ‚Arbeitslosigkeit': *Nullarbeit, gesundschrumpfen, Warte-*

schleife, Abwicklung. Die Motive der Benennungen können noch positive Assoziationen wecken: ‚gesund' ‚Arbeit'. Auch die Gefährdung der Menschheit durch Umweltschäden kann sprachlich „verhüllt" werden. Onomasiologische Felder mit *Umwelt, Öko-, Bio-* entstehen: *umweltfreundlich, -gerecht, Bio-Äpfel, Bio-Kost.* Aus der Werbesprache stammen ganze Reihen solcher Wörter: *Bio-Reiniger, Bio-Waschmittel.* STRAUSS/HASS/HARRAS verweisen in ihrem Lexikon ›Brisante Wörter von Agitation bis Zeitgeist‹ darauf, daß gerade die Umweltdiskussion Wörter hervorbringt, die starken meinungsbildenden Charakter haben können. „Der Wortschatz der Umweltdiskussion hat einiges mit dem politischen Wortschatz gemein. Die politische Bedeutsamkeit und Strittigkeit vieler Umweltthemen führt dazu, daß die beteiligten Parteien, Meinungs-, Interessen- und damit auch Sprechergruppen verschiedene Ausdrücke als ‚ihre' Bezeichnungen für einen Sachverhalt bevorzugen und entsprechende Bezeichnungen der Gegenseite strikt ablehnen" (STRAUSS/HASS/HARRAS, 403).

Häufig werden solche Nominationsbedürfnisse durch Übertragungen (figurative Motivation) befriedigt. Solche Lexeme können deshalb wirksam sein, weil sie verschiedene begrifflich-konzeptuelle Systeme überlagern. Damit durchdringen sich gedankliche Felder und in einigen Merkmalen übereinstimmende Erlebnis- und Erfahrungsbereiche. Die Wirkung figurativ motivierter Lexeme kann textprägend sein. Im folgenden Text zeigt sich, daß ein übertragenes Lexem ein ganzes Feld aus dem Ausgangsbereich in den Zielbereich einbringt:

> Was versteht man unter Virusbefall im Computersystem? Beim Computervirus handelt es sich um ein Störprogramm, das von einem Unbefugten einem gesunden Computerprogramm (dem Wirts- oder Opferprogramm) aufgeprägt wird und dieses zu einem neuen Verhalten zwingt [...] Das Gefährliche am Computervirus ist, daß er beim Arbeiten mit geimpften Programmen auch auf alle anderen noch gesunden Programme übertragen wird, bis das ganze System verseucht ist [...] bis schließlich ein ganzes Computernetz infiziert ist (TAGESZEITUNG).

Virus bringt aus dem Krankheits-Frame (zu Frame vgl. S. 35) weitere Lexeme in einen Technik-Text ein: *gesund, Wirt, Opfer, Verhalten, geimpft, verseucht, infiziert.* Diese Wörter sind konzeptuell verschoben. Nicht ein isoliertes Lexem wird übertragen, sondern in einem neuen semantischen Rahmen erhalten bedeutungsverwandte (feldhaft motivierte) Lexeme eine neue Gebrauchssphäre unter Beibehaltung ihres semantischen Kerns.

– Die Erfassung der Motivationsstrukturen in verschiedenen Sachbereichen kann Auskunft über Absichten, Kommunikationsbedürfnisse und -bedingungen der Zeichennutzer geben.
– Die Untersuchung der Motivationstypen und der Benennungsmotive läßt Entwicklungstendenzen im Wortschatz der deutschen Gegenwartssprache erkennen, zeigt bevorzugte Wortbildungstypen und -modelle sowie semantische Figuren.
– Die Betrachtung der Möglichkeiten „figurativer Motivation" läßt Prinzipien metaphorischer und metonymischer Übertragungen, die Überlagerung semantischer Netze deutlich werden.

5.3.6. Idiomatisierung und Lexikalisierung

Daß Bedeutungen nur teilweise oder überhaupt nicht aus den Bedeutungen der Konstituenten erschlossen werden können, hängt mit dem Prozeß der Idiomatisierung (vgl. 5.3.3.) oder Bedeutungsisolierung zusammen. Dieser Vorgang kann bereits bei der Erstbenennung eingeleitet werden, wenn z. B. ein Benennungsmotiv gewählt wird, das auf sekundäre Merkmale des Denotats verweist, wie *Kugel* in *Kugelschreiber*. Er kann sich aber auch über einen längeren Zeitraum erstrecken, vor allem, wenn er mit Bedeutungsveränderungen der freien Morpheme verbunden ist. So lassen sich Faktoren und Stufen der Idiomatisierung ermitteln:

Blaubeere – Heidelbeere – Schwarzbeere. Es handelt sich um das gleiche Denotat. Die Benennungsmotive sind unterschiedlich gewählt, es handelt sich um landschaftliche Varianten. *blau* und *schwarz* sind als Farbbezeichnungen erschließbar. *Heide(l)* gibt einen Hinweis auf den Standort. Die Gesamtbedeutung ist erkennbar. Dennoch erlaubt die Transformation → blaue B., schwarze B. die Identifikation des Benennungsobjekts nicht; denn es gibt noch andere schwarze, blaue Beeren. Das Kompositum ist lexikalisiert, der Idiomatisierungsprozeß hat eingesetzt.

Blausäure – chem. *sehr giftige farblose Säure von bittermandelähnlichem Geruch* (WDG). Die Terminologisierung führte zu einer Bedeutung, die durch das Benennungsmotiv *blau* nicht ausgedrückt wird; denn Blausäure ist farblos. *Säure* ordnet kategorial ein. Das Wort ist teilidiomatisiert.

Blaustrumpf – ‚gelehrte Frau, die über ihrer geistigen Arbeit ihre Fraulichkeit verloren hat' (WDG). Die figurative Motivation ist heute nicht mehr bekannt. Im ›Etymologischen Wörterbuch des Deutschen‹ wird angegeben: „im 17. und 18. Jh. Schimpfwort für den damals vielfach blaue Strümpfe tragenden Gerichtsdiener im Sinne von ‚Spitzel', ‚Verräter'; heute nur für ‚eine gelehrte Frau ohne weiblichen Charme'. In dieser Bedeutung aus engl. *bluestocking* übersetzt, einer spöttischen Bezeichnung für literarische Zirkel um 1750 in London und deren Teilnehmerinnen" (185).

Blaubart – ‚Frauenmörder' (Ende 18. Jh.) „nach dem franz. Märchen vom Ritter *Barbe-bleue*; Blaubart, der die Neugier seiner Frauen prüft und sie tötet, wenn sie die Probe nicht bestanden haben" (›Etymologisches Wb‹ 185).

So spielen im Prozeß der Idiomatisierung auch Einflüsse fremden Wortgutes eine Rolle. Unterschiede in Wörterbuchangaben verdeutlichen, daß oft eine genaue Bedeutungsgeschichte nicht mehr zu ermitteln ist. Das betrifft z. B. auch folgende Fälle: Eine Konstituente kann veraltet sein, so daß die Motivation überhaupt nicht mehr erschließbar ist: *Damhirsch, Himbeere*. Eine Konstituente kann sozial oder regional begrenzt sein: *Bullauge*.

5.3.7. Remotivation

Die dynamische Beziehung von Formativ und Bedeutung ist eine der Bedingungen für den Sprachwandel. Da Erweiterungen des Wortschatzes mit vorhandenem Material erfolgen, stehen ihrer Einführung keine kommunikativen Schwierigkeiten im Weg. Wenn auch das Benennungsmotiv verblaßt, so wurzelt das entsprechende Wort als Ganzheit fest im Bewußtsein der Sprachgemeinschaft. Wir stellen bei *verkehren* keine semantische Beziehung mehr zu *kehren* her, bei *Ursprung* nicht mehr zu *springen*. Das Verblassen kann zu sprachlichen Paradoxien führen: *ein maschinengeschriebenes Manuskript* läßt nicht mehr erkennen, daß *Manuskript* ursprünglich ‚Handschrift' (*manu* – die Hand) bedeutet. *Zitronenlimonade* ist eigentlich eine Doppelung, da *Limonade* zunächst ein aus Limonen (Zitrusfrüchten) hergestelltes Getränk bezeichnete. Wendungen, wie „in des Wortes wahrem Sinn" deuten darauf hin, daß in der Kommunikation dieser Demotivations- oder Idiomatisierungsvorgang bewußt ist.

Remotivierung oder Remotivation bedeutet, daß der Idiomatisierungsprozeß bewußt- und damit rückgängig gemacht werden soll. Die „eigentliche" Bedeutung wird ins Bewußtsein gerufen. Remotivation ist eine Erscheinung, auf der Humor, Satire beruhen können. Man trifft sie vor allem im sprachlichen Kunstwerk, aber auch in der Publizistik. So z. B. *sich etwas erstehen* – ‚kaufen'; *stehen* ist in seiner ursprünglichen Bedeutung gemeint: man muß stehen, um etwas zu kaufen.

6. Wortbildung

6.1. Wortbildungstheorien

Neben der Übernahme fremden Wortgutes ist die Wortbildung die wichtigste Quelle des Ausbaus unseres Wortschatzes. Analog zu bestehenden Lexemen werden nach Modellen und Mustern mit vorhandenem morphematischem und lexischem Material Wortbildungskonstruktionen gebildet. Die Beobachtung der Kindersprache zeigt die Wortbildungs-Kreativität. Kindern fällt es leicht, für sie bestehende Benennungslücken mit Neubildungen zu schließen. Aus AUGSTs ›Kinderwort‹ seien nur einige Beispiele angeführt: *Maulwurfvater, Rülpspapi, nacheingießen, Blumenzwerg* (für *Gartenzwerg*), *Flachbrücke* (für *flache Brücke*), *Abreißding (Kalender), Besuchsleute (Besucher)*. Alle Wörter sind analog zu Lexikoneinheiten gebildet.

Dennoch kann es notwendig werden, Wortgut zu erklären, das zunächst nur in einem kleinen Sprecherkreis verwendet wird. Hier wird offensichtlich, daß Wortinterpretationen anders als Satzinterpretationen verlaufen. Der Wortbildungskonstruktion fehlen „Anzeiger" für die internen semantischen Beziehungen. Anfragen an Zeitungen zeigen z.B., wie groß das Interesse an der Bedeutungserschließung von Neologismen oder Okkasionalismen ist. Z.B.: „Was versteht man unter *Startfenster?"*

„Unter einem Startfenster für einen Raumflugkörper versteht man den Startzeitraum, in dem es möglich ist, eine bestimmte Flugbahn bzw. ein bestimmtes Ziel im All zu erreichen." Die Antwort verdeutlicht, daß die Benennung zwar aus bekannten Elementen, *Start* und *Fenster*, nach dem Modell Substantiv + Substantiv gebildet wurde, daß aber die Kenntnis weder der Elemente noch des Modells genügt, um die Bedeutung und den benannten Sachverhalt zu erfassen. Im Prozeß der Wortbildung entsteht ein neues Lexem, dessen Bedeutung nicht mehr identisch mit der seiner Konstituenten ist. Schrittweise treten Lexikalisierung, Demotivierung und Idiomatisierung ein (vgl. 5.3.6.).

Wir unterscheiden Wortbildung und Wortschöpfung. Unter Wortschöpfung ist die erstmalige Zuordnung eines Lautkomplexes zu einer Bedeutung zu verstehen, die sich ohne Verwendung vorhandener Elemente vollzieht.

So entstehen und entstanden auf dem Wege der Wortschöpfung in erster Linie schallnachahmende Wörter wie *miauen, Kuckuck* (vgl. 5.3.2). Die Kindersprache enthält usualisierte Wortschöpfungen: *Tick-Tack* (‚Uhr'), *Puff-puff* (‚Eisenbahn'). Allerdings bringt auch die Werbesprache gegenwärtig Wortschöpfungen hervor, soweit nicht verschiedene Verfahren der Kurzwortbildung genutzt werden: *Spee* (Waschmittel).

Von der Wortschöpfung ist die Wortbildung zu unterscheiden; denn sie benutzt vorhandene sprachliche Einheiten. AUGST hat in seinem ›Lexikon der Wortbildung‹ ein „vollständiges Morpheminventar der deutschen Gegenwartssprache" zusammengestellt (vgl. AUGST I–III 1975 (a)). 1979 erschien in Moskau ein Wörterbuch der Wortbildungsmittel der deutschen Sprache (SLOVAR' 1979). Dieses Wörterbuch enthält 770 Wortartikel, die Wortbildungselemente aller Wortarten verzeichnen, sowohl Affixe als auch „Halbaffixe", reihenbildende Komponenten von Komposita. Hier zeigt sich, daß das Inventar der Wortbildungsmittel begrenzt, überschaubar und systemhaft geordnet ist. Mit diesem begrenzten Bestand und auf dem Wege der Komposition wird die Mehrzahl neuer Wörter gebildet. Dieser Fügungsprozeß ist in seinem Wesen ein syntaktischer Vorgang. Ihm liegen syntaktische und semantische Regularitäten zugrunde.

Zum Beispiel kann aus der Mehrzahl deutscher Verben durch Konversion (Wortartwechsel) ein Substantiv gebildet werden. Das Suffix *-bar* kann, tritt es an Verbbasen, ein Adjektiv ableiten, dessen Bedeutung regelhaft festgelegt ist als ‚es kann geschehen' – ‚was die Basis bezeichnet': *trinkbar – kann getrunken werden; eßbar – kann gegessen werden; bewohnbar – kann bewohnt werden*. Dieses Modell erlaubt jederzeit neue Wortbildungen. Entstünde unter bestimmten Bedingungen das Adjektiv *wegbringbar*, so könnte es ohne Schwierigkeiten von jedem Deutschsprechenden interpretiert werden.

Die Regelhaftigkeit der Wortbildung führte dazu, daß die Wortbildung als syntaktische Erscheinung aufgefaßt wurde. Die „grammatische Richtung" der Wortbildung gehörte vor allem zur transformalistischen Etappe der generativen Grammatik. Andererseits besitzen Wortbildungskonstruktionen Eigenschaften, die nicht durch die Syntax beschrieben werden können: Historizität, Idiomatizität, Lexikalität.

Wortbildungskonstruktionen unterliegen dem Bedeutungswandel, den die Konstituenten als freie Lexeme nicht erfahren. Obwohl *Tisch* seine Bedeutung nicht verändert hat, benennt man mit *Tischler* einen Handwerker, der nicht nur Tische herstellt. Daher setzt sich ein lexikalistischer Standpunkt durch: Wortbildungskonstruktionen werden im Lexikon verzeichnet. In den letzten Jahren wird allerdings auch – theorieabhängig – die Auffassung vertreten, daß die Wortbildung ein eigenes Subsystem der Sprache mit spezifischem Regelwerk darstellt und daß deshalb die Theorie der Wortbildung den Rang einer selbständigen Disziplin der Sprachwissenschaft einnehmen sollte. Wortbildung erfolgt nach syntaktischen, morphologischen und semantischen Regeln. Wortbildungsresultate erfordern spezifische Untersuchungsmethoden. So gibt es seit HENZENs klassischem Werk neue eigenständige Werke zur Wortbildung, wie schon früh STEPANOVA 1953, FLEISCHER ^{1}1969–^{5}1983, KÜHNHOLD/WELLMANN 1973, WELLMANN 1975. Die Zwischenstellung der Wortbildung und die Konsequenzen für ihre Beschreibung wurden außer in den Standardwerken vor allem in den 60er Jahren heftig diskutiert, als auch Wortbildungsmodelle im Rahmen der generativen Grammatik entwickelt wurden. Vgl. zur

Diskussion vor allem DOKULIL 1968, KUBRJAKOVA 1965, zur generativen Wortbildungstheorie MOTSCH 1960, 1965, als eine zusammenfassende Darstellung OLSEN 1986 und die dort angeführte Literatur.

Auch gegenwärtig ist die Wortbildungstheorie noch Diskussionsgegenstand der generativen Grammatik. Dem grammatischen wird ein lexikalistischer Standpunkt entgegengestellt. Anliegen aller generativ orientierten Wortbildungstheorien ist die Charakterisierung und Erklärung des kreativen Vermögens der Sprecher einer Sprache zur Wortbildung. Strittig ist, ob die Wortbildung als Komponente des Sprachsystems Bestandteil der syntaktischen Komponente ist oder ob sie in das Lexikon eingeht. Anfänglich wurde die Bildung von Wortkonstruktionen auf den gleichen Regelmechanismus zurückgeführt, der auch der Erzeugung von Sätzen zugrunde liegt. Regelhaftigkeit und Produktivität kennzeichnen diese Komponente. Wie die Sätze wurden auch Wortbildungskonstruktionen als durch Transformationen abgeleitete Oberflächenstrukturen aus Tiefenstrukturen aufgefaßt:

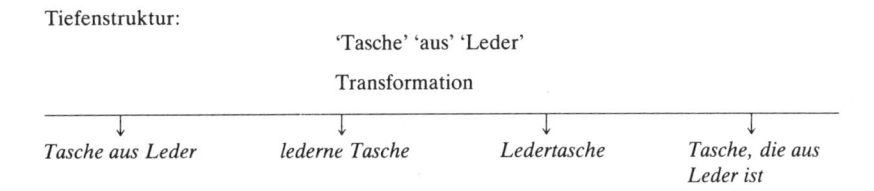

Tiefenstruktur:
'Tasche' 'aus' 'Leder'

Transformation

↓	↓	↓	↓
Tasche aus Leder	*lederne Tasche*	*Ledertasche*	*Tasche, die aus Leder ist*

Hier wird von Konstruktionssynonymie gesprochen.

Wortbildungskonstruktionen sind durch syntaktische Regeln interpretierbar. Die Wortbildung folgt wie die Syntax einem dynamischen Regelsystem, das die Fähigkeit der Sprecher erklärt, kreativ neue Wörter hervorzubringen und neue, noch okkasionelle Wortbildungskonstruktionen zu verstehen. Dieser Ansatz hat die Konsequenz, daß „fertige", lexikalisierte und idiomatisierte WBK Bestandteile des Lexikons, motivierte, reguläre WBK und die ihnen zugrundeliegenden Regeln Komponente der Syntax sind. Mit Namen wie JACKENDOFF und ARONOFF verbinden sich Bestrebungen, die Wortbildung aus dem syntaktischen Regelsystem herauszulösen und sie dem Lexikon zu integrieren – ein lexikalistischer Ansatz entsteht, wie er auch heute von MOTSCH vertreten wird. Zu diesen Auseinandersetzungen innerhalb der generativen Grammatik und damit zu einer Positionsbestimmung der Wortbildungstheorie gibt OLSEN (1986) einen instruktiven Überblick.

FLEISCHER/STEPANOVA vertreten den Standpunkt, daß die Wortbildung durch eine eigene, selbständige Disziplin beschrieben werden sollte:

> Die Wortbildung berührt sowohl die Grammatik als auch die Lexikologie, weist aber auch eigene Züge auf, wodurch sie sich von den beiden anderen Gebieten unterscheidet. Der stark verallgemeinernd-abstrakte Charakter der Wortbildungsmittel und -kategorien sowie der Grad relativer Geschlossenheit des Wortbildungssystems rückt die Wortbildung in die Nähe grammatischer Teildisziplinen wie Flexionsmorphologie und Syntax. Dennoch bestehen sowohl quantitative als auch qualitative Unterschiede. Die Wortbildungsstrukturen sind semantisch eng verbunden mit lexikalisch-semantischen Kategorien, und die Prozesse der Demotivierung und Lexikalisierung führen zur Etablierung von Wortbildungskon-

struktionen im Wortschatz, wodurch sie maßgeblichen Anteil an der Konstituierung wortschatzinterner semantischer Relationen nehmen und analoge Neu- und Weiterbildungen nach lexikologischen und nicht syntaktischen Gesichtspunkten ermöglichen (1985, 11).

So muß eine Wortbildungstheorie folgende Aufgaben lösen:

– Sie beschreibt das Inventar der Wortbildungsmittel, klassifiziert diese und ordnet sie nach Graden der Produktivität.
– Sie beschreibt die Regeln und Modelle, nach denen neue WBK entstehen können und erfaßt die Bedingungen, unter denen sie tatsächlich gebildet oder verhindert werden.
– Sie liefert die semantischen Modelle für die Interpretation und semantische Erschließung von Wortbildungskonstruktionen. Dabei kann sie von Prototypen ausgehen.
– Sie beschreibt das Methodeninventar, das zur Interpretation der WBK eingesetzt werden kann.

Um auch Prozesse der Idiomatisierung, Demotivierung und Lexikalisierung erklären zu können, nutzt die Wortbildungstheorie die Möglichkeiten sprachhistorischer Untersuchungen.

Darüber hinaus gehören zum Gegenstandsbereich der Wortbildungstheorie Untersuchungen zur kommunikativen Rolle der WBK, zu ihrer Stellung im lexikalisch-semantischen System der Sprache. Aber gerade diesen Aufgaben widmet sich auch die Lexikologie, so daß auch sie nicht an Wortbildungsfragen vorübergehen kann.

6.2. Lexikologische Probleme der Wortbildung

Im Prozeß der Wortbildung entstehen neue Wortschatzelemente, deren Eigenschaften und Wesenszüge Gegenstand lexikologischer Untersuchungen sind.

– Durch Wortbildungselemente und -modelle werden die lexisch-semantischen Klassen festgelegt, denen eine WBK zuzuordnen ist. Damit sind Eigenheiten der Wortbildung eng mit lexisch-semantischen Relationen im Wortschatz verbunden. Substantive, die aus Verbbasen mit *-ung* abgeleitet wurden, können z. B. zu folgenden lexisch-semantischen Gruppen gehören:

 Nomina actionis: Benennungen von Prozessen, Tätigkeiten: *Ermutigung, Betreuung, Beschäftigung*
 Gegenstandsbenennungen für effizierte Objekte des Verbs: *Beschreibung, Einfriedung, Bestätigung*
 Nomina qualitatis: *Begabung$_1$*
 Personenbenennung: *Begabung$_2$*
 (vgl. SCHIPPAN 1967)

HENZEN spricht in diesem Zusammenhang von „Wortnischen". Vgl. auch HENZEN 1958, BALDINGER 1950, FLEISCHER [1]1969ff. *-er* kann, tritt es an Verbbasen, Personenbenennungen bilden: *Tänzer, Schneider, Bäcker.* Schneider zeigt sehr deutlich den Prozeß der Idiomatisierung; denn ein Schneider schneidet nicht nur. Mit diesem Suffix werden aber auch Nomina actionis gebildet: *Dreher, Hüpfer, Juchzer.*

- Wortbildungskonstruktionen können als Synonyme, Antonyme, Hyperonyme zu Wortgruppen oder Simplizia auftreten. So gewinnt ihre Beschreibung an Bedeutung für die Darstellung der semantischen Gliederung des Wortschatzes und semantischer Beziehungen in Texten.

Synonymie liegt vor:

dehnbar, bewohnbar – kann gedehnt werden, kann bewohnt werden
Lederbekleidung – Bekleidung aus Leder

Auch Wortbildungskonstruktionen können synonym sein:

Determinativkompositum	Derivat
Fernsehgerät	*Fernseher*
Fernsprechapparat	*Fernsprecher*
Kompositum	Kurzwort
Lastkraftwagen	*LKW*
Personenwagen	*PKW*
Schallplatte	*Platte*

- Wortbildungsmorpheme können die gleiche Funktion wie freie Morpheme, wie Lexeme, haben, so *-er*, wie *-gerät, -apparat*. Die Präfixe *stock-* (*stockdunkel, stockheiser*), *super-* (*superschlau*), *hyper-* (*hypermodern*), *erz-* (*erzfaul, erzreaktionär*), *hoch-* (*hochmodern, hochfein*) usw. dienen dem Ausdruck der Steigerung, der Verstärkung und sind somit Konkurrenten grammatischer Mittel (*heiserer, fauler, modernste*) oder der Steigerungsadverbien *sehr, meist, außerordentlich.*

Antonymie besteht zwischen Wortbildungsmitteln, zwischen Präfixen[11] mit gegensätzlicher Bedeutung oder Präfixen mit verneinender Bedeutung in ihrem Verhältnis zum Stammwort:

ein- : aus-; hinein- : hinaus-; hin- : her-; zu-:ab-; über-: unter; -leer: -voll; -haft : -los; -voll: -frei. un- : Abhängigkeit, anständig, bekleidet, selbständig; miß- : glücken, Erfolg.

---

[11] Diese Präfixbildungen werden auch als unfeste Komposita bezeichnet („trennbar zusammengesetzte Verben").

6.3. Methoden der Wortbildungsanalyse

Die Sprachwissenschaft hat Methoden zur Analyse von WBK entwickelt, die auch der lexikologischen und grammatischen Untersuchung dienen.

1) Paraphrasierung
Durch die Paraphrasierung – die Umschreibung – werden die diskreten semantischen Elemente verbalisiert, die Gesamtbedeutung der WBK kann mit den Motivbedeutungen verglichen werden, so daß der Grad der Lexikalisierung verdeutlicht wird. Außerdem wird die Art der semantischen Beziehung zwischen den Konstituenten deutlich.

Tageszeitung	*– Zeitung, die jeden Tag erscheint*
Tageslicht	*– Licht des Tages*
Spielstraße	*– Straße, auf der Kinder spielen können; auf der der Fahrverkehr eingeschränkt ist*
Sackstraße	*– Straße, die nur von einer Seite zugänglich ist wie ein Sack*
Dorfstraße	*– Straße in einem Dorf, die durch ein Dorf führt*
Einbahnstraße	*– Straße, die nur in einer Richtung befahren werden darf*

Die Paraphrasen lassen erkennen, daß viele Komposita idiomatisiert sind. Ihre Bedeutung ist nur mit soziokulturellem Hintergrundwissen erschließbar. In die Paraphrasen mußten Lexeme aufgenommen werden, die nicht als Konstituenten des Kompositums existieren. Damit ist ein Argument für eine lexikalistische, gegen eine syntaktische Auffassung der Wortbildung erbracht.

2) Distinktive Opposition
Die Methode der distinktiven Opposition wird genutzt, um die Bedeutung von Wortbildungskonstruktionen „aufzulösen" und Affixbedeutungen zu isolieren. Die Wortbildungsbedeutung wird ermittelt. Die Methode der distinktiven Opposition dient in erster Linie der Untersuchung paradigmatischer Beziehungen, die zwischen den Elementen bestehen, die im gleichen Kontext auftreten können.

Mit Hilfe der Methode der Opposition können semantische Relationen zwischen den Wortbildungselementen ermittelt werden:

synonymische Beziehungen:	*Riesen-, Hunde-, Schweine-, Affen--hitze, -kälte, -arbeit*
antonymische Beziehungen:	*aus-, ein- -schalten, -schließen*
metaphorische Beziehungen:	*-en, -ig seid-, gold-*

3) Transformation
Die Transformation weist auf den Grad der Idiomatisierung hin. Ist die Überführung in den Status einer Wortgruppe nicht möglich, ist das Wort voll idiomatisiert; läßt sich die Konstruktion transformieren, liegt Teilidiomatizität vor oder die WBK ist nicht idiomatisiert. Die Transformation ermöglicht ferner, die semantischen

Beziehungen zwischen den Konstituenten der Wortbildungskonstruktion aufzudecken und zu beschreiben.

Hallendach	– S_1 hat ein Dach	– haben-Relation
Satteldach	– S_2 ist wie S_1	– Vergleichsrelation
Kupferdach	– S_2 ist aus S_1	– Stoffrelation
Sonnendach	– S_2 ist gegen S_1	– Finalrelation

Diese semantischen Beziehungen werden nicht durch die Morpheme ausgedrückt, sondern sind d i s k r e t und müssen mit Hilfe des Regelwissens erschlossen werden. Die Methode der Transformation hilft, diese internen semantischen Relationen aufzudecken. Die Beziehungen lassen sich in Form strukturell-semantischer Modelle abbilden:

SN_1 + hat + SN_2: *Herzklappe, Fußgelenk, Magenmund*

X + ist + Adj + gegen + SN : *bakterienfest, staubsicher, wassersicher, wasserfest, feuersicher*

4) Distributionsanalyse

Die Erfassung der Distribution eines sprachlichen Elements erlaubt, Kombinationsmöglichkeiten und semantische Valenz eines Wortbildungsmittels zu beschreiben und so Funktion und Bedeutung von Wortbildungsmitteln zu bestimmen. Mit der Distributionsanalyse ermittelt man die syntagmatischen Beziehungen, d. h. die Verbindbarkeit (auf der Ebene der Langue) und die Verbindung (auf der Ebene der Parole) des zu untersuchenden Elements mit anderen Elementen in der Redekette. So können Wortbildungsproduktivität, Restriktionen der Verwendung von Wortbildungselementen und damit auch Zentrum und Peripherie des Inventars deutscher Wortbildungselemente beschrieben werden. So lassen sich z. B. ermitteln:

– Im Bestand der Verbaffixe überwiegen die Präfixe, während lediglich *-en* mit seinen Erweiterungen *-ern, -eln, -igen* und *-ieren* als Suffixe auftreten.
– Adjektiv- und Substantivsuffixe sind dagegen in breiter semantischer Fächerung vorhanden, so daß von einer Basis oft mehrere Substantive oder Adjektive abgeleitet werden können. Vgl. z. B. *trag – tragfähig, tragbar; Träger, Trage*. Es entstehen W o r t b i l d u n g s n e s t e r (vgl. BARZ 1988).
– Verbalpräfixe erlauben die weitgefächerte Differenzierung der Verbbedeutung, wie *verlaufen, entlaufen, belaufen, weglaufen, auflaufen, zerlaufen, erlaufen, ablaufen, auslaufen*.
– Einige Affixe treten nur an sehr wenige Basen, unterliegen starken Selektionsbeschränkungen. Andere Wortbildungsmittel sind fast unbeschränkt anwendbar.

5) Substitutionsanalyse

Die Substitution – der Ersatz eines Elements durch ein gleichbedeutendes – wird angewandt, um Synonymie oder Bedeutungsnuancierungen zu untersuchen, z. B. *-bar /-lich : unübertreffbar – unübertrefflich, verzeihbar – verzeihlich, bestechlich – bestechbar* (nach FLEISCHER 1983, 254).

6) Konstituentenanalyse

Mit der Konstituentenanalyse werden die hierarchischen Beziehungen von Wortbildungselementen ermittelt. Eine WBK wird auf verschiedenen Analyseebenen jeweils in unmittelbare Konstituenten segmentiert. In der Regel sind WBK auf einer Analyseebene binär. Allerdings können Kopulativkomposita auf einer Ebene auch in drei unmittelbare Konstituenten gegliedert werden: *schwarz-rot-gold*.

Für die Darstellung der Konstituentenstruktur eignen sich Stammbaumdarstellungen oder die Klammerform. *Hochschullehrer* kann folgendermaßen dargestellt werden:

    a)   *((hoch) · (schul)) · ((lehr) · (er))*

    b)
```
                    Hochschullehrer
           ─────────────────────────────
           hochschul              lehrer
            ╱    ╲                ╱   ╲
          hoch  schul           lehr   er
```

    c)   *Hochschullehrer ----▸ hochschul + lehrer*

          hoch · schul + lehr · er

Manchen Konstruktionen lassen sich auch mehrere Strukturbeschreibungen zuordnen: *Frostschutzmittel*

    a)   *((frost) · (schutz)) · (mittel)*
    b)   *(frost) · ((schutz) · (mittel))*

Die Konstituentenanalyse ist nicht anzuwenden, wenn eine WBK nicht in rekurrente Morpheme gliederbar ist, wie bei impliziten Derivationen *(Sprung, Gang)*. Sie versagt auch, wenn zwar die Gliederung in Morpheme möglich ist, aber ein Morphem nur als gebundenes Morphem auftritt: bei *ver-lier-en, Ver-nunft* ist zwar *ver-* isolierbar, aber die Basis kann keine selbständige Konstituente sein: **lier, *nunft*.

6.4. Arten und Typen der Wortbildung

Die in einer Sprache vorhandenen Wortbildungskonstruktionen lassen sich in Arten und Typen ordnen. Die Kategorisierung richtet sich nach der Art der Wortbildungselemente, ihrer Kombination auf der Grundlage von Modellen und der daraus resultierenden Wortbildungsbedeutung.

Die Kategorien **Wortbildungsart** (WBA) und **-typ** (WBT) werden somit auf den lexikalischen Bestand angewandt. Das impliziert, daß *produktive* und *unproduktive* WBT ermittelt werden können. Z.B. gehört zu den unproduktiven WBT die Derivation mit *-icht (Kehricht, Röhricht)*, die Präfigierung von Verben mit *ob-*

(obliegen, obwalten). Natürlich präsentieren auch Okkasionalismen, Einmalbildungen einen bestimmten Wortbildungstyp, auch wenn sie nicht lexikalisiert und damit Elemente des Lexikons geworden sind, wie z. B. Kinderwörter (*Leibgetränk* analog zu *Leibgericht* aus AUGUST 1985), „der fette Grammophonsänger"... „der Schellack-Besinger" (STRITTMATTER, Der Laden).

Die Hauptarten der deutschen Wortbildung werden danach unterschieden, ob auf der ersten Analyseebene nur Wörter als unmittelbare Konstituenten (UK) auftreten (Kompositum), also nach dem Muster: Wort + Wort, wobei jede der Konstituenten eine Konstruktion sein kann: *Haus + Tür; Haustür + Schloß; Schlüssel + Schnelldienst; Lehrer + Zimmer; Deutsch + Lehrer* oder ob nur eine UK ein Wort ist, an das Affixe treten oder das abgewandelt wird: Wort + Suffix *(Lehr- er)* oder Präfix + Wort *(Un-wetter).* Über diese Abgrenzung gibt es in der Wortbildungsliteratur kaum Meinungsverschiedenheiten, wohl aber zu weiteren Fragen der Klassifizierung:

1) Gehören Präfixbildungen zur Derivation oder stellen sie einen speziellen WBT bzw. eine eigene Wortbildungsart dar?

MARCHAND betrachtet Präfigierung und Komposition als Expansion; denn durch beide Prozesse wird die Wortart nicht verändert im Gegensatz zur Suffigierung (Derivation), einer Art der Transposition, durch die ein Wort in eine andere Wortart oder eine andere semantische Klasse transponiert werden kann.

Somit wird die Derivation der Komposition und Präfigierung gegenübergestellt. Anders entscheidet z. B. SCHMIDT, der davon ausgeht, daß sowohl bei der Präfigierung als auch bei der Suffigierung auf der ersten Analyseebene nur eine UK ein Wort, die zweite ein Affix ist. Er stellt die Affigierung der Komposition gegenüber. Ähnlich entscheidet die sowjetische Wortbildungstheorie: „Wie bereits erwähnt, betrachten die sowjetischen Germanisten die Präfixbildung als Unterart der Ableitung neben der Suffigierung und nicht als selbständige Wortbildungsart" (STEPANOVA/ČERNYŠEVA 1986, 92). FLEISCHER 1983 sieht in der Präfixbildung eine selbständige Wortbildungsart.

2) Gibt es zwischen Komposition und Affigierung Übergangserscheinungen? Sind Halbaffixe oder Affixoide anzunehmen?

Vor allem in der sowjetischen, aber zunehmend auch in der deutschen Linguistik spielt das Problem der Halbaffixe oder Affixoide eine große Rolle. Es handelt sich dabei um Morpheme, die einmal als freies Wort, zum anderen desemantisiert als reihenbildendes Element auftreten und so den Charakter eines Affixes annehmen, wie *Mann* und *-mann (mein Mann* und *Kaufmann, Feuerwehrmann; frei* und *-frei (er ist frei von X* und *keimfrei).* Auch im DUDEN-Bedeutungswörterbuch erscheint nunmehr die Kategorie der Affixoide in der Liste der Wortbildungsmittel: „Als Affixoide werden [...] die produktiven Wortbildungsmittel bezeichnet, mit denen man – wie mit Affixen – in Analogie ganze Reihen neuer Wörter für den Augenblicksbedarf bilden kann, die aber noch deutlich – trotz inhaltlicher Entkonkretisierung und Verblassung – den Status eines Kompositionsgliedes haben" (S. 8). Dort werden aber diese Bildungen noch zu den Komposita gerechnet und als „affixoide

Komposita" bezeichnet: *Hobbygärtner, -koch; Problemfamilie; Killerbiene, Tintenkiller*. FLEISCHER 1983 schränkt den Kreis der Halbaffixe (Affixoide, semisuffixes) auf diejenigen Einheiten ein, in denen die freie Verwendung des Morphems noch üblich ist und sieht den Übergang unter vorwiegend diachronischem Aspekt. So möchte er *-werk, -los* als Suffixe einordnen, da ihnen kein freies Morphem (mit gleicher Bedeutung) entspricht[12]. Ein Teil jener Elemente, die häufig als Halbaffixe betrachtet werden, fungieren ganz eindeutig als Affixe und sind nur noch formativisch den freien Morphemen (Wörtern) gleich. Man sollte hier von Homonymie sprechen: *los- loslaufen, losstürmen – freudlos, gedankenlos; Uhrwerk, Werkstatt – Schuhwerk, Zuckerwerk*.

Als Kriterien für den Übergang eines Wortes in den Bereich der Affixe und somit in den Status der Halbaffixe werden genannt:

– Die „Übergangskonstituente" muß reihenbildend sein,
– die Bedeutung dieser Konstituente wandelt sich, sie wird „desemantisiert",
– sie übernimmt wie Affixe stärker die Funktion der Einordnung in eine semantische Kategorie: ein *Feuerwehrmann* kann auch eine Frau sein, *-mann* könnte ersetzt werden durch *-er* : **Feuerwehrer*.

3) Der Status der Konversion wird unterschiedlich beurteilt. Durch Wortartwechsel – ohne Veränderung des Wortes – entstehen Substantive aus Verben: *das Kommen und Gehen*, aus Adjektiven: *das Tragische und Erhabene*.

Aus Substantiven können Präpositionen *dank, seitens* und Adjektive oder Adverbien *freund, feind, schuld* gebildet werden. Wortgruppen sind Basis für die Bildung von Präpositionen: *infolge, aufgrund, inmitten*.

Die Konversion ist als Wortbildungsart umstritten. Grundsätzlich lassen sich alle Wörter substantivieren, aber nur wenige dieser Bildungen werden lexikalisiert, d. h. bilden ein neues Lexikonelement. Insofern kann die Konversion als grammatische Erscheinung von der Wortbildung abgegrenzt werden. Es gibt aber auch Besonderheiten, die die Zuordnung der Konversion zur Wortbildung rechtfertigen: Z. B. kann zwar von jedem Infinitiv ein Substantiv gebildet werden – *das Rufen, das Sitzen, das Schwitzen*, aber nicht von jeder lexisch-semantischen Variante: *Dresden liegt an der Elbe* – nicht: **das Liegen Dresdens an der Elbe*. *Zum Du übergehen* kann als Wortbildungsvorgang betrachtet werden, aber die Personalpronomen *er, sie, es* werden nur okkasionell substantiviert. *Im Aus sein* (Fußball), *kein Wenn und Aber* sind usuelle Wortbildungen, während andere Präpositionen, Adverbien und Konjunktionen nur in bestimmten Zusammenhängen substantivisch verwendet werden.

Weil prinzipiell jede lexikalische Einheit den grammatischen Status ändern kann, wird die Transposition als syntaktische Erscheinung betrachtet und von Sprachwissenschaftlern aus der Wortbildung ausgeschlossen (so OLSEN 1986, 112). Aber auch die Bestimmung als Wortbildungsart ist möglich.

---

[12] FLEISCHER verweist darauf, daß sich der Homonymisierungsprozeß über längere Zeit hinziehen kann. Er belegt das mit *-werk*, das bereits im Mhd. in zwei Bedeutungen auftritt, die den heutigen homonymen Morphemen entsprechen. Vgl. FLEISCHER 1983, 70.

4) Ist die Kurzwortbildung eine neue Wortbildungsart?

FLEISCHER 1983 unterscheidet zwischen Initial- und Silbenwörtern einerseits und „eigentlichen" Kurzwörtern andererseits. Zu den Initialwörtern gehören Wortbildungen wie LKW, PKW, DAV (Deutsche Angestellten-Versicherung). Dieser Typ wird oft als Wortkürzung bezeichnet und nicht als Wortbildungstyp anerkannt. Auf eine Differenzierung kann jedoch verzichtet werden, wenn für alle Kurzwörter gilt: Kürzung vorhandenen Materials nach gegebenen Modellen.

Die wichtigsten Modelle der Kurzwortbildung sind:
- Buchstabiert gesprochene Initialwörter. Sie werden von Komposita oder Wortgruppen durch Kürzung gebildet: *LKW* von *Lastkraftwagen, LBS* von *Landesbausparkasse*
- Phonetisch gebundene Initialwörter. Sie werden auf gleiche Weise gebildet: *Iga* von *Internationale Gartenbau-Ausstellung*
- Klammerwörter. Von Simplizia, Komposita oder Wortgruppen werden jeweils erste und letzte Teile (Silben, Laute) zu einem Wort vereinigt: *Krad* von *Kraftfahrrad, Linolschnitt* von *Linoleumschnitt*.
- Kopf- und Schwanzwörter sind Wörter aus jeweils ersten oder letzten Teilen von Wörtern oder Wortgruppen. Häufig wirken Wortbildungs- und Übertragungsvorgänge zusammen. Zum Beispiel ist *Ober* ein Kopfwort aus *Oberkellner*, das aber eine Bedeutungsveränderung erfahren hat (ein Ober muß nicht Oberkellner sein). *Platte* wurde zunächst Grundwort eines Determinativkompositums *Schallplatte*. Durch Kürzung entstand *Platte*, das nun die Bedeutungsstruktur des Wortes verändert. *Platte* hat ein neues Semem ‚Schallplatte' erhalten. In dieser Bedeutung bildet es weitere Komposita: *Plattenschrank, Plattenteller*.

Als Hauptarten der Wortbildung können – trotz aller Meinungsunterschiede – betrachtet werden:
Komposition: Bildung von Komposita,
Derivation: Bildung von Derivaten durch Suffigierung oder innere (implizite) Derivation,
Präfigierung, Konversion und Kurzwortbildung.

Innerhalb dieser Arten der Wortbildung haben sich bestimmte Wortbildungstypen herausgebildet, Muster, nach denen Wörter gebildet werden. Diese Muster gelten sowohl für die formale Seite der Wortbildungskonstruktion, wie Verb + Verb *(spazierengehen)*, Substantiv + Substantiv *(Haustür)* = Strukturmodelle, als auch für die strukturell-semantischen Modellierungen, die Angaben zu den semantischen Beziehungen

a) zwischen den Elementen einer Wortbildungskonstruktion oder
b) der Wortbildungskonstruktion zu einem Beziehungswort enthalten.

Die Wortbildungstypen können modellhaft dargestellt werden:

$S \cdot D$ – *fischen* – ‚Fische fangen' – S + fangen
– *kalben* – ‚Kälber gebären' – S + gebären
– *ochsen* – ‚schwer arbeiten''– arbeiten + wie + S

V · D – *Lehrer* – ‚Lehrender' – Person + die + V
S · D – *Fleischer* – ‚Berufsbenennung' – Person + die arbeitet + S ‚Gegenstand Fleisch'
S · A – *feuerfest* – ‚fest gegen Feuer' – A + gegen + S

6.5. Diachrone Aspekte der Wortbildung

Fragt man, warum wir *Tageslicht*, aber *Tagegeld*, *Sommernachtsball*, aber *Nachtzug* bilden, ob *-schaft* mit *Schaft* verwandt ist, wieso *-lich* etwas mit *Leiche* zu tun hat, so wird deutlich, daß sich der heutige Zustand unseres Wortbildungssystems nur aus seiner Geschichte erklären läßt. Wir sprechen von diachronischer Wortbildung, wenn wir die Entwicklung der Wortbildungselemente verfolgen und die Herausbildung und Veränderung der Wortbildungsmodelle untersuchen. Die diachronische Wortbildungslehre ist Bestandteil der historischen Grammatik und der historischen Lexikologie.

Zur Diachronie der Komposita

Die Komposition als Wortbildungsart ist aus der freien syntaktischen Verbindung mehrerer Wörter entstanden. Die syntagmatische Einheit zweier benachbarter Wörter führte zur Herausbildung des Modells der Komposition. Anfangs traten flektierte Nomina, Wortformen, zusammen mit dem Beziehungswort als syntagmatische Einheit auf: *des Tages Licht – Tageslicht*. Komposita entstanden aus okkasionellen Zusammenrückungen. Auch heute noch bilden wir Komposita, indem wir eine Wortgruppe durch Zusammenrückung univerbieren – zu einem Wort zusammenziehen: *Rote-Kreuz-Schwester, Drei-Uhr-Zug*.

So erklärt sich bei einer Reihe von Komposita das /s/ als Genitiv-s. Da jedoch auch Feminina als Konstituenten von Komposita auftreten, wie in *Freundschaftsgeschenk, Heiterkeitsausbruch, Zeitungsdeutsch*, läßt sich dieses /-s/ nicht generell als grammatisches Morphem bestimmen, zumal sich mit ihm auch bei Neutra und Maskulina nicht immer genitivische Bedeutung verbindet. Nach dem Muster solcher Zusammenrückungen entstand das Modell des Kompositums. Bei ihm dient das /s/ als Fugenelement, als leeres Morph, der Sprechererleichterung. Gelegentlich tritt eine semantische Differenzierung ein: *Landmann – Landsmann*. Die Fugenelemente, ihre Geschichte und ihre Distribution in der deutschen Sprache der Gegenwart sind ausführlich bei FLEISCHER 1983 dargestellt.

Ein weiteres Problem der diachronischen Betrachtung der Komposita besteht in der Interpretation der Wortbildungstypen der Art *Bimsstein, Mohrrübe, Salweide*. Sie sind, historisch gesehen, Tautologien (Doppelungen); denn die erste Konstituente – meist archaisiert oder ein Fremdwort – soll durch die zweite Konstituente erläutert werden, obwohl diese eine Vergegenwärtigung/Verdeutschung der ersten ist:

Bimsstein – mhd. *bümeʒ* – ahd. *bumiz* – lat. *pūmex* – ‚Bimsstein'
Mohrrübe – mhd. *mor(h)e* – ahd. *moraha* – ‚Möhre'
Salweide – mhd. *salhe* – ahd. *salaha* – lat. *salix* – ‚Weide'

Auch Komposita mit unikalen Morphemen lassen sich als Versteinerungen alter Sprachzustände erklären[13]. Das gilt z. B. für die Benennungen mehrerer Wochentage.

Montag – Mon – ‚Mond' ist noch im 17. Jh. üblich. Übersetzung von lat. *dies lunae* – ‚Tag des Mondes'
Dienstag – Diens – mhd. *zies* – Name des germanischen Gottes Ziu, übersetzt aus lat. *Martis dies*
Donnerstag – Donners – ‚Tag des Donnergottes' nach lat. *Iovis dies*
Freitag – Frei – ahd. *Fria* – ‚germ. Göttin Freia' – nach lat. *dies Veneris* (‚Tag der Venus')

Wir fassen heute Wörter als Simplizia auf, die früher Zusammensetzungen waren. An ihnen zeigt sich der Prozeß der Verdunklung der semantischen Beziehungen im Zusammenhang mit der Aufgabe der formativischen Selbständigkeit. So ist *Drittel* ein verdunkeltes Kompositum *dritteil* – der dritte Teil; *Jungfer* – *juncfrouwe* – ‚junge Adlige'; *heute* – *hiutu* – *hiu tagu* – ‚an diesem Tage'; *Beispiel* – *bîspel* – *spel* – ‚Gleichnis'.

Schließlich sei an Entwicklungsprozesse erinnert, die sich auch in der deutschen Sprache der Gegenwart vollziehen: die Entwicklung von Wörtern zu Suffixen (vgl. 6.4.). Wir haben mit der Problematik der „Halbaffixe" bereits darauf hingewiesen, daß Wörter als Konstituenten von Komposita desemantisiert werden, ihre semantische Selbständigkeit verlieren und damit vor allem kategoriale Bedeutung tragen. Solche Veränderungen sind abgeschlossen bei den Suffixen *-werk* (*Schuhwerk, Naschwerk, Zuckerwerk*), *-zeug* (*Schreibzeug, Nähzeug, Waschzeug*), die noch freie Homonyme haben.

Historische Aspekte der Derivation

Ein großer Teil unseres Inventars an Affixen ist aus selbständigen Wörtern hervorgegangen. Das gilt z. B. für die Suffixe *-heit/keit*: ahd., mhd. hat *heit* die Bedeutung ‚Zustand', ‚Art', ‚Wesen'. Man nimmt Verwandtschaft mit *heiter* an. Das bedeutet zunächst ‚glänzend'. *-schaft* geht zurück auf das selbständige Wort *schaft* – ‚Beschaffenheit'. Die Zusammensetzungen mit *schaft* sind deshalb ursprünglich Nomina qualitatis – Zustandsbezeichnungen wie *Freundschaft, Leidenschaft*. Auch Adjektivsuffixe sind aus Wörtern hervorgegangen: *-lich* ist verkürzt aus *-līch* – ‚Körper', ‚Gestalt', auch ‚toter Körper' – *Leiche*.

---

[13] Wortversteinerungen sind auch als Komponenten von Phraseologismen erhalten geblieben und geben so noch Auskunft über ihre frühere Bedeutung: *in Saus und Braus, in Bausch und Bogen* oder auch über die Existenz einer solchen Einheit: *sintemalen*. Vgl. BEHAGHEL 1968, 121ff.

So erkennen wir auch in der Wortbildung das Wirken bestimmter Regularitäten und Gesetzmäßigkeiten, nach denen sich Sprachwandel vollzieht:

- Verlust an Bedeutungselementen – Desemantisierung durch „Abnutzung" und Häufigkeit;
- Analogiebildungen, vor allem dann, wenn es sich um sprachökonomische Muster handelt;
- Vereinfachung und Sprachökonomie, wenn der geringste Aufwand den kommunikativen Effekt sichert;
- Auswirkungen von Neuerungen auf ganze Systembereiche, wie z. B. Reihenbildung und Desemantisierung von Adjektiven;
- Formverlust, wenn die Formen funktionslos geworden sind und Bedeutungsverlust, wenn die Formen nicht mehr durchschaubar sind.

Mit der Wortbildung setzen Lexikalisierung, Demotivierung und Idiomatisierung ein. Da diese Wortbildungskonstruktionen nicht mehr in freie Fügungen überführbar sind, gehen sie in das Lexikon ein.

7. Lexikalische Bedeutung

7.1. Bedeutungstheorien

7.1.1. Zur Problematik von Bedeutungskonzeptionen

Der Begriff der Wortbedeutung ist eng mit philosophisch-erkenntnistheoretischen, psychologischen und auch sprachsoziologischen Auffassungen verbunden. So erklärt es sich, daß im Verlauf der Wissenschaftsgeschichte gerade der Bedeutungsbegriff immer wieder Gegenstand heftiger Kontroversen war und auch heute noch ist. Diese unterschiedlichen Haltungen können philosophisch begründet und mit der Frage nach dem Verhältnis von Welt, Sprache und Denken verbunden sein. Sie können sich aus unterschiedlichen Auffassungen vom Wesen sprachlicher Kommunikation ergeben. Im engeren Sinne sind sie durch den Rahmen der Sprachtheorie bestimmt. So nimmt es nicht wunder, daß sich im Laufe der Geschichte der Beschäftigung mit Sprache und sprachlicher Kommunikation eine unübersehbare Fülle von Bedeutungsbestimmungen, -konzeptionen und -theorien herausgebildet hat und weiterhin herausbildet. Es kann nicht Aufgabe dieser Lexikologie sein, auch nur annähernd alle Richtungen erfassen zu wollen.

OGDEN und RICHARDS haben in ihrem Buch ›The Meaning of Meaning‹ nicht weniger als 16 Gruppen von Definitionen von „Semantik – „Meaning" – „Bedeutung" zusammengestellt.[14] Auch St. ULLMANN (1967) weist auf die Polysemie des Wortes *Bedeutung (Meaning, Semantik, sense)* und die damit verbundenen Schwierigkeiten hin: „Dagegen kann man einer Entscheidung nicht ausweichen, wenn es um das Kernproblem der Semantik, um die Bedeutung geht. Spätestens seit *The Meaning of Meaning* mit seinem erschreckenden 8. Kapitel ‚The Meaning of Philosophers' weiß man, daß Logiker, Psychologen u. a. diesen Begriff so sehr strapaziert haben, daß er wissenschaftlich unbrauchbar geworden ist" (S. 5f.).

So pessimistisch jedoch möchten wir angesichts der gegenwärtigen Semantikforschung die Lage nicht beurteilen, zeigte doch der XIV. Internationale Linguistenkongreß 1987, daß Forschungen zur lexikalischen Semantik zu den heute international als vorrangig anerkannten Gegenständen gehören. Unterschiedliche Strömungen und Richtungen haben sich seiner bemächtigt. Im „Versuch einer Bestandsaufnahme" (LORENZ/WOTJAK 1977, 72f.) werden die gegenwärtig wichtigsten Bedeu-

---

[14] OGDEN und RICHARDS sind als Vorläufer einer neopositivistischen Richtung, der „Allgemeinen Semantik", zu betrachten, deren eigentlicher Begründer KORZYBSKI ist, dessen Hauptwerk ›Science and Sanity‹ 1933 veröffentlicht wurde.

tungsbestimmungen zusammmngestellt. Dabei finden wir in den Anmerkungen zu Kapitel 2 eine große Zahl von Autoren, die ebenfalls eine „Bestandsaufnahme" versucht haben. Vgl. auch ›PROBLEME DER SEMANTISCHEN ANALYSE‹ 1977, 39ff.

Diese Zuwendung zur Bedeutungsproblematik Ausgang der 70er Jahre ist mit der sich anbahnenden Öffnung der Sprachwissenschaft für Fragen der Kommunikation, mit der sogen. „kommunikativen Wende", verbunden.[15] Die 80er Jahre hingegen rücken wieder psycholinguistische und kognitionspsychologische Probleme stärker in das Blickfeld auch der Forschungen zur lexikalischen Semantik.

7.1.2. Behavioristische Bedeutungsauffassungen und klassischer Strukturalismus

Nach behavioristischen Konzeptionen[16] ist Bedeutung das Resultat des kommunikativen Verhaltens beim Empfang von Zeichen, sie ist das Resultat des Reizes und der Reaktion. Bedeutung wird also beschreibbar durch die Beobachtung des Verhaltens beim Senden und Empfangen sprachlicher Signale. Eine solche Bedeutungskonzeption stützt sich vor allem auf L. BLOOMFIELD, der in den 20er Jahren als der bedeutendste Vertreter einer behavioristischen Sprachauffassung galt. Danach ist Sprache eine spezifische Art des Verhaltens – sie ist meßbar durch direkte Beobachtung. Beobachtbar sind im Kommunikationsprozeß in erster Linie die physikalisch und physiologisch erfaßbaren Äußerungen, aber nicht Gefühle, Gedanken und Denkprozesse. Deshalb entziehe sich eine als „mentalistisch" aufgefaßte Bedeutung dem linguistischen Zugriff. Sprache müsse sich ohne Zuhilfenahme eines mentalistischen Bedeutungsbegriffs beschreiben lassen. Demnach ist nach BLOOMFIELD der eigentliche Gegenstand der Sprachwissenschaft der physikalisch zugängliche Sprachakt. Die „Bedeutungen", die damit verbunden sind, seien außersprachlicher Natur, Elemente der Stimulus-Reaktions-Beziehung. Die Linguistik aber, wolle sie eine ernsthafte Wissenschaft sein, müsse sich mit linguistischen Fakten beschäftigen. Linguistisch aber sei lediglich die Aufdeckung der Verschiedenheiten der Bedeutungsfunktionen sprachlicher Bedeutungsträger, sprachlicher Formen und ihrer Distribution möglich. Das aber sei notwendig für die Erklärung der sprachlichen Kommunikation. Auf BLOOMFIELDs Bedeutungsauffassung beruhte die jahrzehntelange antimentalistische

---

[15] Sprachliches Handeln ist seit Beginn der 70er Jahre zum wissenschaftlichen Gegenstand unterschiedlicher Sprachhandlungs- oder Sprechakttheorien geworden. Die Entstehung und Entwicklung solcher Theorien bleibt nicht ohne Auswirkungen auf die sogenannte „Systemlinguistik". Vgl. dazu: AUSTIN 1972; SEARLE 1971; WUNDERLICH ²1975, WUNDERLICH 1976; vgl. auch ›Akten des VII. Internationalen Germanisten-Kongresses 1985‹ Bd. III.

[16] Der Behaviorismus ist in den USA, aber auch in westeuropäischen Ländern aus einer psychologischen Richtung zu einer einflußreichen philosophischen Strömung geworden, die starken Einfluß auf Einzelwissenschaften wie Pädagogik, Soziologie, Fremdsprachendidaktik und auch die Sprachwissenschaft hat.

Haltung der strukturalistischen Sprachwissenschaft in den USA, der Ausschluß der Bedeutung als gedanklicher Einheit aus der Linguistik.

Es wird postuliert, Sprache – Rede ohne Zuhilfenahme semantischer Erklärungen zu analysieren und zu beschreiben. Die Untersuchung der Distribution der Elemente, Experimente der Permutation und Substitution dienen der Aufdeckung von „Bedeutungsfunktionen". Wir finden Erklärungen für „Bedeutung" wie „social situation of meaning" (HARRIS) oder „The meaning of a form is describable in terms of the ethnolinguistic environment" (NIDA 1951, 4). Wenngleich sich behavioristisch gestützte Bedeutungstheorien in unterschiedlicher Weise akzentuieren, strukturalistische oder ethnolinguistische Begründungen für die Ermittlung von „Bedeutung" geben, basieren auf einigen Wesenszügen auch heutige Sprachauffassungen:

- Da mentalistische Begriffe wie Idee, Gedanke, Begriff nur durch Selbstbeobachtung zu erfassen sind, bleiben sie ungenau; denn Selbstbeobachtung könne zu Selbsttäuschung führen. Sie wird als zuverlässige Methode der Sprachbeschreibung abgelehnt.
- Alle Aussagen über Sprache müssen auf Beobachtbarem gegründet sein. Das Operieren mit sprachlichen Formen gibt Aufschluß über Bedeutungsfunktionen. Mit Verfahren der Distributions-, Substitutions- und Permutationsanalyse, also klassischen strukturalistischen Verfahren, können Bedeutungsidentitäten und -unterschiede aufgedeckt werden.
- Man nimmt an, daß sich der Spracherwerb als Aneignung von Verhaltensmustern vollzieht, gründet damit sprachliche Kommunikation letztlich auf das Einprägen von Modellen und Mustern.

In den 60er Jahren entwickelt, dem Zug der Zeit folgend, auch eine spätere Generation behavioristisch orientierter Wissenschaftler den Gedanken, daß Sprachgebrauch soziales Verhalten ist. „Bedeutung" sei Ausdruck dafür, daß ein Mensch in der Lage ist, eine Äußerung (verbaler Stimulus) zu verstehen, wenn andere Menschen sie verwenden. Bedeutung sei daher als die Fähigkeit zur Reaktion und zur Stimulierung im verbalen sozialen Handeln zu verstehen. Eine solche Bedeutungsauffassung begrenzt in ihrem frühen Stadium den Sprach- und damit auch den Bedeutungserwerb auf das Einprägen von Mustern. Die kognitive Verarbeitung, der Zusammenhang von sprachlichen und mentalen Prozessen im sprachlichen Handeln stehen nicht zur Debatte.

7.1.3. Gebrauchs- und handlungstheoretische Bedeutungskonzepte

In jüngerer Zeit spielen handlungstheoretische Bedeutungskonzepte wieder eine große Rolle. Sie gehen davon aus,

- daß Bedeutung nur in Handlungen entsteht und nur in Handlungen beobachtbar ist. Als Ausgangspunkt gilt WITTGENSTEINS Aussage: „Die Bedeutung eines

Wortes ist sein Gebrauch" (1967, 35). Somit wird „Sprache" nicht als System verbaler Zeichen aufgefaßt, sondern in den Zusammenhang sprachlichen Handelns gestellt.
– Wortbedeutungen sollen nicht durch Zeichenmodelle abgebildet, sondern als Handlungsvoraussetzungen und Handlungselemente beschrieben werden; denn Wörter haften nicht wie „Etiketten" den Dingen an, sondern existieren nur in Abhängigkeit von Individuen und sozialen Gruppen, die sie verwenden und verstehen.
– Bedeutungen sind nicht irgendwie substantiell gegeben, sondern werden im sprachlichen Handeln nach Regeln gebildet. Sprachliches Handeln ist regelgeleitet: Sprache ist ein Regelsystem, das für die jeweilige Situation Beziehungen der Laute auf das, was die Sprecher mit ihnen meinen und unter ihnen verstehen, herstellt.
– Bedeutungen ergeben sich aus den sozialen Voraussetzungen, d. h. der Zugehörigkeit der Partner zu einer funktionierenden Sprachgemeinschaft. Sie beruhen auf expliziter und impliziter Regelkenntnis, die ihrerseits psychische Voraussetzungen hat.

Methodisches Postulat der Gebrauchs- und Handlungstheorien ist daher die Forderung, aus den Gebrauchsweisen die Regeln der Wortverwendung – und damit der Bedeutung – abzuleiten. Somit hat sich bei handlungstheoretischen Auffassungen der Wortbedeutung die Fragestellung verändert. Es geht nicht um die Bestimmung dessen, was Bedeutung ist oder sein soll (im Rahmen eines sprachtheoretischen Konzepts), sondern wie wir sie in der Wortverwendung erfassen können, an welche Voraussetzungen der Gebrauch des Wortes gebunden ist. „Bedeutung" wird nicht im Rahmen einer Zeichentheorie, sondern von Gebrauchs- und Handlungstheorien erklärt, die heute sowohl soziale als auch psychologische Begründungen finden. Demnach wäre es falsch, wollte man L. WITTGENSTEINs Feststellung, daß die Bedeutung des Wortes sein Gebrauch ist, wörtlich nehmen. Die Frage nach der Wortbedeutung wird nicht mehr als Frage nach den den Wortformativen zugeordneten Inhalten gestellt, sondern nach den Gebrauchsbedingungen und -regeln. Dabei spielen Fragen des Spracherwerbs (des Erwerbs der Regeln) eine wichtige Rolle. Es interessiert weniger das Entstehen von Bedeutungen und ihr Verhältnis zur Wirklichkeit, sondern die Regel der Wortverwendung im sprachlichen Handeln.

Handlungs- und Gebrauchskonzepte werden heute sehr ernst genommen, weil sie „Sprache" nicht als autonomes System, sprachliche Zeichen nicht als statische, festumrissene Einheiten erklären, sondern als Regelkenntnis. Daraus ergibt sich die Auffassung, daß Bedeutungen nicht „substantiell" als Seiten oder Eigenschaften von Zeichen angesehen werden, sondern als Resultat kognitiver Prozesse im sprachlichen Handeln. Handlungstheoretische Auffassungen sind offen für Weiterentwicklungen semantischer Theorien. Sie können im behavioristischen Sinn auf das Einprägen von „Erfahrungen" im sprachlichen Handeln und die Ableitung von Mustern und Modellen reduziert oder aber kognitionspsychologisch, pragmatisch, semiotisch oder auch soziolinguistisch ausgebaut werden. „Schwach" sind Handlungstheorien dann, wenn „Sprache" auf sprachliches Handeln reduziert, das Sprachsystem nicht als Gegenstand akzeptiert und die Frage nach der Herkunft unseres Sprach- und damit Regelwissens nicht gestellt wird.

7.1.4. Zeichentheoretische Bedeutungskonzepte

7.1.4.1. Zeichenmodelle

Von alters her sind philosophische, psychologische und linguistische Untersuchungen auf den Wortschatz als einen Vorrat von Zeichen gerichtet. Bedeutungen werden mit Bezug auf Zeichen definiert, die objektiv, unabhängig vom aktuell sprechenden Subjekt existieren, gesellschaftlicher Natur sind und somit auch in relativer Autonomie beschrieben werden können. Wenngleich diese Bedeutungskonzeptionen durch das gemeinsame Merkmal zusammengeschlossen sind, daß Wortbedeutungen als zeichenkonstitutiv aufgefaßt werden, bestehen doch zwischen ihnen gravierende Unterschiede. Diese Gegensätze rücken manche dieser Theorien in die Nähe von Handlungstheorien, andere ergeben sich aus strukturalistischer Sicht.

Es sind viele Zeichenmodelle entwickelt worden, die das Zeichenverhältnis verallgemeinernd und vereinfachend abbilden. Dabei werden unterschiedliche Beziehungen betont:

- das Zeichen in seiner Beziehung zum Bezeichneten, zu dem, worauf man mit dem Zeichen referiert, dem Referenten, die referentielle Beziehung;
- das Zeichen in seiner Beziehung zu Sender und Empfänger, das Zeichen in seiner pragmatischen Beziehung;
- das Zeichen in Beziehung zu anderen Zeichen, die syntagmatische oder syntaktische Beziehung;
- die zeicheninterne Beziehung, die Beziehung des Zeichenkörpers, des Formativs, auf den Zeicheninhalt, die Bedeutung, die semantische Beziehung.

Diese Zeichenverhältnisse sind Ausdruck der Zeichenfunktionen: es benennt, ist Träger einer Bedeutung, dient so dem Ausdruck gedanklicher Verallgemeinerungen und Emotionen und kennzeichnet den Zeichennutzer durch seine historische, regionale und soziale Dimension.

„Bedeutung" kann erklärt werden

- als die Beziehung des Formativs auf das Objekt, das durch ein Wortzeichen vertreten oder symbolisiert wird: referentielle Bedeutung;
- als mentaler Inhalt, den die Sprecher einer Sprache (Individuen, Gruppen, Sprach- und Kommunikationsgemeinschaften) auf das Formativ beziehen, auf das Formativ bezogen speichern; dieser Inhalt kann Abbild, Begriff, Wissen vom Bezeichneten sein, vom Denotat: denotative Bedeutung; es kann auch Mit-

informationen über die kommunikativen Rahmenbedingungen der Zeichenverwendung, die Konnotationen, umfassen: konnotative Bedeutung;
- als Beziehung zwischen Formativ und mentalem Inhalt, als Beziehung zwischen Formativ und bezeichneten Objekten, Menschen und anderen Zeichen: relationelle Bedeutungsauffassung.

Eines der ersten Zeichenmodelle stammt von OGDEN und RICHARDS. Sie betrachten das als Lautkontinuum feststellbare sprachliche Zeichen als Symbol. Referent ist das, wofür das Symbol als Zeichen steht. Zwischen Symbol und Referent besteht kein unmittelbarer Zusammenhang. Die Beziehung wird über den Vorgang der Referenz hergestellt. „We may either take Meaning as standing for the relation between A und B, when A means B, or as standing for B. In the first case the meaning of A will be its relation to B, in the second it will be B" (OGDEN/RICHARDS 1960, 185).

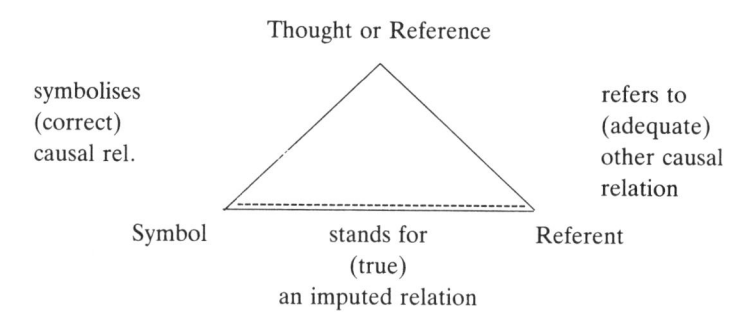

```
                    Thought or Reference
                           /\
                          /  \
symbolises               /    \              refers to
(correct)               /      \             (adequate)
causal rel.            /        \            other causal
                      /          \           relation
                     /_____\
            Symbol    stands for     Referent
                       (true)
                  an imputed relation
```

STERN gibt ein leicht abgewandeltes Modell des Dreiecks von OGDEN/RICHARDS und weist darauf hin, daß schon HUMBOLDT von drei Faktoren sprach: „In dem Begriffe liegt ein Dreifaches, der Eindruck des Gegenstandes, die Art der Aufnahme desselben im Subjekt, die Wirkung des Worts als Sprachlaut" (1931, 44).

ZVEGINCEV (1957) führt noch eine weitere Ebene ein: das Sprachsystem.

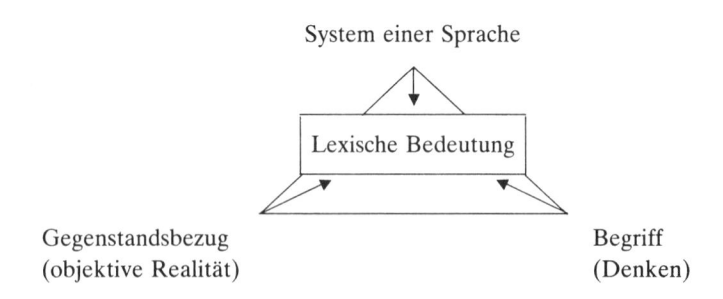

```
                  System einer Sprache
                          ↓
                 ┌─────────────────┐
                 │ Lexische Bedeutung │
                 └─────────────────┘
                    ↗           ↖
Gegenstandsbezug                  Begriff
(objektive Realität)              (Denken)
```

Nach St. ULLMANN ist die Bedeutung eine reziproke Beziehung des Namens auf den Sinn. Damit ist ein Bedeutungskonzept skizziert, das wir als relationelle Bedeutungsauffassung bezeichnen.

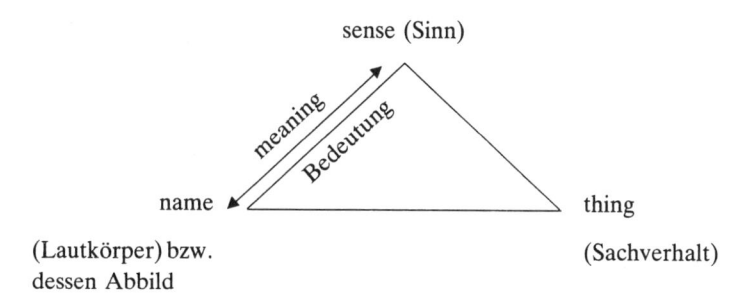

```
                    sense (Sinn)
                         ▲
                        ╱╲
                meaning╱  ╲
                      ╱Bedeutung
                     ╱      ╲
           name ◄───────────► thing
(Lautkörper) bzw.              (Sachverhalt)
dessen Abbild
```

„Name und Sinn sind wechselseitig aufeinander bezogen. Nicht nur vergegenwärtigt also der Name den Sinn, sondern der Sinn vermag ebenso auch den Namen zu vergegenwärtigen [...] Die Bedeutung ist eine Wechselbeziehung zwischen Name und Sinn, die ihnen gegenseitige Vergegenwärtigung ermöglicht" (ULLMANN 1967, 65; im Original gesperrt).

Diese Dreiecke drücken den Kern wesentlicher Bedeutungsauffassungen aus:
- „Bedeutung" meint das Bezeichnete, das in der realen Kommunikation Gemeinte. Nach unserer Auffassung handelt es sich hier um die referentielle Bedeutung.
- „Bedeutung" ist eine Bewußtseinstatsache, eine mentale Erscheinung, die in einer bestimmten Beziehung zum bezeichneten oder gemeinten Gegenstand steht. Sie kann als Vorstellung, als Begriff, als Wissen, als Idee betrachtet werden. Sie ist psychologisch bestimmbar. Nach unserer Auffassung handelt es sich um die denotative Bedeutung. Dafür treten in der Literatur noch weitere Benennungen auf: signifikative Bedeutung, Signifikat, Designat.
- „Bedeutung" ist weder das Bezeichnete noch das Wissen vom Bezeichneten oder den kommunikativen Rahmenbedingungen, sondern ist eine Relation, die Beziehung des Zeichenkörpers auf das Bezeichnete und auf sein psychisches (ideelles) Korrelat.

Diese Dreiecksdarstellungen wurden präzisiert. Einmal wurde unterschieden zwischen dem tatsächlich fixierten Laut und dem Bewußtseinsbild von diesem Laut. Zum anderen trennte man Begriff und Bedeutung. Bekannt wurden Trapezformen als Modell des Zeichenverhältnisses. Nach HEGER muß auf der Inhaltsseite des Zeichens der Begriff als einzelsprachunabhängige und isolierbare Erscheinung von der Bedeutung als einzelsprachlich an ein Formativ gebundenem Phänomen unterschieden werden. Ebenso unterscheidet HEGER auf der Zeichenkörperseite zwischen einem physisch-materiellen Lautkörper und einem psychischen Wortkörper. Vgl. HEGER 1964, 514ff.

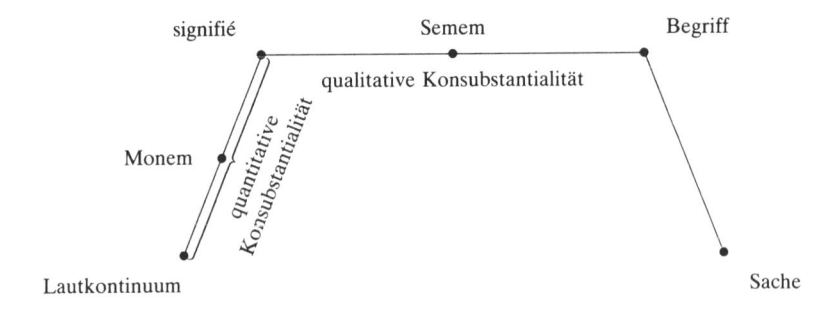

```
signifié          Semem           Begriff
    •───────────────•───────────────•
     \\      qualitative Konsubstantialität
      \\  ⋮
       \\ quantitative
Monem   •  Konsubstantialität
       //
      //
     //
    •                               •
Lautkontinuum                     Sache
```

Für weitere graphische Darstellungen vgl. WOTJAK ²1977.

Der Vorzug dieser Zeichenmodelle besteht darin, komplizierte Verhältnisse in überschaubarer Form zu verdeutlichen und die Faktoren sichtbar zu machen, die für eine Bedeutungsbestimmung auf diese oder jene Weise wichtig sind. Aber alle diese Modellierungen lassen das sprachliche Zeichen als isolierte Größe, als festumrissen und statisch erscheinen. Insofern provozieren sie Fehlinterpretationen der Zeichenverhältnisse. „Bedeutung" ist nicht, wie es die „Blattmetapher" DE SAUSSURES vermuten läßt, fest und untrennbar mit dem Formativ verbunden. Bedeutungen sind dynamisch, veränderlich, in einem gewissen Sinn vage und sind „vernetzt" im Bewußtsein gespeichert.

7.1.4.2. Bedeutung als Relation

Die Bestimmung der Bedeutung als Relation kann, wie bei ULLMANN deutlich wurde, verschiedene Beziehungen meinen:

– Beziehung zwischen Zeichen und Gegenstand,
– Beziehung zwischen Zeichenkörper und mentalem Inhalt,
– Beziehung zwischen Zeichenkörperbegriff und Begriff/Sinn,
– Beziehung zwischen Zeichen.

So heißt es auch bei GALKINA-FEDORUK, daß die lexikalische Bedeutung der von den Sprechern hergestellte Zusammenhang des Lautkomplexes mit der einen oder anderen Erscheinung der Wirklichkeit ist. Sie betont dabei, daß auf diese Weise der Begriff als gnoseologische Kategorie von der Bedeutung als einer sprachlichen Kategorie abgegrenzt werden kann. ULLMANN begründet seine relationelle Bedeutungsauffassung damit, daß sie die Funktion des sprachlichen Zeichens sichtbar mache und einer statischen Sprachauffassung vorbeuge. Man müsse Sprachliches und Gedankliches auseinanderhalten: „Die Bedeutung ist eine Wechselbeziehung zwischen Name und Sinn, die ihnen die gegenseitige Vergegenwärtigung ermöglicht. Diese Definition macht aus der sonst statisch aufgefaßten Bedeutung einen funktionalen Begriff; die Bedeutung wird zu einer Beziehung und damit ihrem Wesen nach dynamisch" (1967, 65). Diese Unterteilung in „Bedeutung" und „Sinn" fordert sehr früh schon L. WEISGERBER: „Bedeutung eines Wortes – ja das ist etwas, was es nicht gibt, wenigstens nicht in dem geläufigen Sinne. Bedeutung gibt es im Worte, und zwar als eine Funktion des lautlichen Teiles: ‚Bedeutung' geht immer vom Lautlichen, Bedeutenden, aus und ‚bedeutet' den inhaltlichen Teil, insofern er auf den lautlichen als sein Zeichen bezogen ist" (1927, 170f.). Nach WEISGERBER liegt in der Verkennung des Beziehungscharakters der Bedeutung ein Grundirrtum der Semasiologie. Nach seiner Auffassung soll die Sprachwissenschaft nicht Bedeutungen – Beziehungen –, sondern Sprachinhalte beschreiben.

Dennoch bleibt eine relationelle Bedeutungskonzeption umstritten; denn man fragt nicht danach, ob ein Zeichen etwas bedeutet, sondern was es bedeutet, fragt nach Zeicheninhalten.

7.1.4.3. Bedeutung als Wissensrepräsentation

Wenn wir die Bedeutungskonzepte, nach denen Bedeutungen mentale Inhalte sind, auf die sich Formative beziehen und die durch Formative gegliedert werden, zu einer Gruppe zusammenfassen, so darf das nicht darüber hinwegtäuschen, daß diesen Konzepten gegensätzliche sprachtheoretische Positionen zugrunde liegen können. Diese Zeicheninhalte – Bedeutungen – werden unterschiedlich erklärt. Wenn sie z. B. als Strukturen kleinerer Elemente, der Seme oder Noeme (vgl. 7.6.), definiert werden, so unterscheiden sich schon diese Auffassungen darin voneinander, ob diese Seme und ihre Bündelungen als a priori gegeben, als psychische Anlage, als angeboren zu betrachten sind, oder als Abbildelemente, Widerspiegelungsprodukte.

In der traditionellen Wortbedeutungslehre herrschen psychologische Bedeutungsbestimmungen vor. HECHT schreibt: „Bedeutungen sind Vorstellungen." WELLANDER: „Bedeutung des Wortes ist die Vorstellung, die ein Individuum mit diesem Wort verbindet." HAASE: „Bedeutung (ist ein) Begriff, insofern dieser mit einem Wort als seinem Zeichen verbunden ist." Auch WEISGERBER spricht von sprachlichen Begriffen, die er allerdings nicht Bedeutung nennt (vgl. 7.1.4.2.), die aber Gegenstand sprachwissenschaftlicher Untersuchungen sein sollen: „Die sprachlichen Begriffe – um solche handelt es sich und nur in bezug auf diese ist der Ausdruck ‚Begriff' gerechtfertigt – sind aber recht verschieden von dem, was man sich unter logischen Begriffen vorstellt [...] Sie sind, um es kurz zu sagen, die Arbeitsformeln, in denen sich die Erfahrungen der Jahrtausende sammeln; in die eine Sprachgemeinschaft die ihr wichtigen Scheidungen gefaßt hat; in denen naturgemäß auch außerintellektuelle Kräfte sehr stark zum Ausdruck kommen" (1927, 178). SMIRNICKI als Vertreter der klassischen sowjetischen Sprachwissenschaft definiert die Bedeutung als die Widerspiegelung des Gegenstandes, der Erscheinung oder der Beziehung im Bewußtsein, wie sie in die Struktur des Wortes in der Qualität seiner sogenannten inneren Seite eingeht, zu der die Lautung in der Beziehung der materiellen Fassung auftritt. Hier begegnet uns der Begriff des ‚ideellen Abbilds', auf das sich ein Formativ bezieht und sich mit ihm zur Einheit des sprachlichen Zeichens verbindet.

„Bedeutung" wird aufgefaßt als Wissen vom Bezeichneten, als Wissen von der Zeichenzuordnung zu Objekten unter spezifischen kommunikativen Bedingungen. Diese Abbilder im menschlichen Bewußtsein erlauben, mit dem Wort auf etwas zu verweisen, Gedankliches mitteilbar zu machen; sie sind Resultate der verallgemeinernden kognitiven Tätigkeit ebenso wie der Kommunikation. Sie sind keine Kopien der Welt, sondern Ergebnis schöpferischer Tätigkeit, der Wertung, der Aneignung der Wirklichkeit unter spezifischen historischen und sozialen Bedingungen.

So sind einerseits nicht alle Eigenschaften der Objekte für die Wortbedeutung relevant. Der Analyse- und Syntheseprozeß ist durch die kommunikativen und kognitiven Bedürfnisse gesteuert. Bedeutungen sind Wissenskomplexe, die für die gegenständlich-praktische, theoretische und kommunikative Tätigkeit wesentlich sind. Sie werden immer in Zusammenhängen ausgebildet und erworben, sind dynamisch und werden in der kommunikativen Tätigkeit in immer neue Zusammenhänge eingeordnet. Ohne Zweifel besitzen z. B. Tiger weit mehr Merkmale (besondere Art des Fleisches, Gattungsverhalten, Lebensgewohnheiten...), als erforderlich sind, um mit dem Wort *Tiger* zu operieren. Die semantischen Merkmale, die notwendig sind, um dieses Wissen zu konstituieren, um eine Klasse von Objekten und ein Individuum dieser Klasse zu identifizieren, die gleichzeitig die Fügung des Wortes in die Rede determinieren, ergeben sich aus immer wiederkehrenden Handlungs- und Textzusammenhängen, aus der Widerspiegelung des Objekts unter bestimmten Rahmenbedingungen. Zu diesen Merkmalen gehören, wie in unserem Beispiel ‚Raubtier', ‚gefährlich', ‚katzenartig', ‚geschmeidig', ‚gestreiftes Fell', ‚stark', ‚kraftvoll'. Diese Wissenselemente werden in Abhängigkeit von Situation und Kontext in unterschiedlichen Bündelungen aktiviert: *Pack den Tiger in den Tank!* (Werbeslogan) – ‚kraftvoll', ‚stark'; *ein Kleid im Tigerdesign* – ‚gestreift'.[17]

Die Bedeutung ist offen, dynamisch, nicht mit dem durch wissenschaftliche Arbeit hergeleiteten Begriff identisch. Die Dynamik der Bedeutung erlaubt uns, das Wort in den unterschiedlichsten Situationen, auch metaphorisch übertragen, zu verwenden. Es rücken jeweils andere Merkmale ins Bewußtsein. So werden beim Beispiel *Spinne* jeweils andere semantische Beziehungen aktiviert: *Eine Spinne!* – bei diesem erschreckten Aufschrei verbinden sich mit dem Konturenwissen (das Wissen von den Konturen einer Spinne) negative Gefühle. Es besteht eine Art gesellschaftlicher Übereinkunft darüber, daß Spinnen ekelerregende Tiere sind (stereotypisches Wissen). *Laß die Spinne leben!* Hinter dieser Aussage steht das Wissen, daß Spinnen nützliche Tiere sind. Oder die Einstellung zum Leben überhaupt regelt den Wortgebrauch. Nicht wenige Deutsche begegnen der Spinne am Morgen anders als am Abend. Hier wirkt – als Konstituente der Bedeutung – ein sprachlich verfestigtes Vorurteil (Stereotyp), das auf der volksetymologischen Deutung von *Spinne* beruht: „*Spinne am Morgen bringt Kummer und Sorgen*" sagt

---

[17] Am Beispiel *Tiger* geht HARRAS auf die Frage nach der Prototypikalität von Bedeutungen ein. Vgl. HARRAS 1986, 137.

das Sprichwort. Dies ist eine Umdeutung von „Spinnen am Morgen bringt Kummer und Sorgen". In das Alltagswissen gehen Vorurteile, gesellschaftliche Bewertungen und auch Gefühle ein. Das Konturenwissen (Tier, lange, dünne Beine), das erlaubt, mit dem Wort auf Spinnen zu referieren, soweit sie dem Prototyp ähneln, kann als Kern der Bedeutung aufgefaßt werden.

Im WDG steht folgende Bedeutungsbestimmung: „in sehr zahlreichen Arten vorkommendes Spinntier mit Spinndrüsen, das seine (ins Netz gegangenen) Beutetiere mit einem Gift lähmt oder tötet" (WDG 1087). Diese Bedeutungsangabe gleicht mehr einer zoologischen Beschreibung des Tieres als einer Beschreibung der Wortbedeutung.

Wir werden also unter Wortbedeutung das auf Wortformative bezogene Wissen verstehen, dessen Elemente durch Widerspiegelungstätigkeit gewonnen werden. Diese Elemente, Merkmale, werden im Erkenntnisapparat festgehalten, sind vernetzt und werden in der sprachlichen Kommunikation in unterschiedlichen Bündelungen aktiviert. So sind Bedeutungen dynamische und offene Strukturen.

Der Überblick über verschiedene Bedeutungskonzepte machte deutlich, daß oft ein Aspekt der Sprache – der Handlungs- oder Gebrauchsaspekt oder der Systemaspekt – als Ausgangspunkt für die Sprachbeschreibung gewählt wurde. Aber Wortbedeutungen sind einmal gesellschaftlich herausgebildete, durchschnittliche, sprachlich-kommunikativ geformte Wissenskomponenten des Sprachsystems. Sie „existieren" jedoch im Individuum, werden zu individuell gespeicherten Kenntnissystemen, die das Individuum in der sprachlich-kommunikativen Tätigkeit erlernt, erwirbt, reproduziert, die den Wortgebrauch und das Wortverstehen regeln.[18]

Dabei ist „Wortgebrauch" nicht in dem Sinne zu verstehen, wie wir vom Gebrauch eines Werkzeuges sprechen, obwohl auch in bezug auf die Sprache oft vom „Werkzeugcharakter" die Rede ist. Sprachgebrauch unterscheidet sich bei anderen Gemeinsamkeiten, wie der Zweckbestimmtheit, der Antizipation des Ziels, der Motiviertheit des Einsatzes, wesentlich vom Gebrauch der Werkzeuge dadurch, daß Sprache gegenüber der sprachlichen Tätigkeit nichts Äußerliches ist, daß man sie nicht wie ein Werkzeug nach der Arbeit zur Seite legen kann. Sprache ist selbst Bewußtseinstätigkeit, ist selbst dynamisch.

Das Sprachsystem ist ein kommunikativ geformtes Erkenntnisinstrument, die Bedeutungen der Wörter sind „eingeforenes", durch Formative gegliedertes Wissen.

---

[18] LUTZEIER problematisiert das Verhältnis von gesellschaftlichem Leben, Kommunikation und Sprache in der Kapitelüberschrift „Semantik: Konvention des Lebens/Konvention der Sprache?" „Inzwischen haben wir gelernt, daß natürliche Sprachen ihre Existenz nur über die jeweiligen Produzent/-inn-/en erhalten. Diese erwiesen sich als in erster Linie soziale Wesen. Somit kann sich auch die Semantik einer natürlichen Sprache nur im sprachlichen Verhalten miteinander herausbilden. Dabei geht der Erfahrungsschatz der einzelnen Mitglieder bei den Verständigungs- und Verstehensprozessen voll ein" (1985, 42).

7.1.4.4. Semantik und Pragmatik

Als wir „Wortbedeutung" als das Wissen bestimmten, das durch den Bezug auf Formative gegliedert, herausgehoben und gesellschaftlich verfestigt ist, sind wir nicht näher darauf eingegangen, daß beim Sprachgebrauch mehrere Wissensqualitäten wirksam sind, verschiedene Kenntnissysteme ineinandergreifen. Der Begriff „Bedeutung" verdeckt, so verwendet, die unterschiedlichen Beziehungen, in die das Formativ gestellt ist. Einmal besteht eine Beziehung des Formativs auf den gedanklich verarbeiteten Ausschnitt der Wirklichkeit, auf den „sprachlichen Begriff", das verallgemeinerte Abbild des Bezeichneten, das gesellschaftlich verfestigt, auch situationsunabhängig mit dem Formativ verbunden und dennoch dynamisch ist. Es ist insofern auch synchron wandelbar, als durch Ko- und Kontext jeweils neue Merkmalsbündelungen (vgl. *Tiger*, S. 130) aktiviert werden. Zum anderen aber besitzen wir aus unzähligen Kommunikations-, (Gebrauchs-)situationen gewonnene Kenntnisse über die situativen Bedingungen der Verwendung des Zeichens. Man kann jetzt aus diesem Tatbestand verschiedene Schlußfolgerungen ziehen:

– Das Wissen, w o r a u f ein Wort anwendbar ist, ist als Wortbedeutung zu bestimmen; denn es beruht auf der Widerspiegelung des Benennungsobjekts in seiner Umgebung, in seiner „Vernetzung". Es ist als Wortsemantik zu beschreiben.
– Das Wissen, in welchen Situationen und unter welchen Bedingungen, in welchen Sprechakten und gegenüber welchen Partnern das Wort anwendbar ist, Handlungswissen, ist anderer Qualität, ist p r a g m a t i s c h zu bestimmen. Daraus kann gefolgert werden:
– Semantik und Pragmatik haben nichts miteinander zu tun, sind unterschiedlicher Qualität.
– Semantik und Pragmatik sind nicht voneinander zu trennen.
– Semantik und Pragmatik sind verschiedene, aber miteinander verbundene Zeichenbeziehungen.

Die Praxis der Lexikographie jedoch zeigt uns, daß die Informationen, die der Wörterbuchnutzer erwartet, nur gegeben werden können, wenn semantische u n d pragmatische Einträge vorhanden sind: z. B. kann *pumpen* mit der Bedeutung ‚leihen' nur umgangssprachlich, nur in der nichtoffiziellen Kommunikationssituation verwendet werden. Oder anders betrachtet: *pumpen* hat nur in der nichtoffiziellen Kommunikationssituation, nur unter bestimmten situativen Bedingungen die Bedeutung ‚leihen'. Die Bedeutung regelt den Sprachgebrauch; der Sprachgebrauch wird aber nicht allein durch die Bedeutung, sondern auch durch gebrauchsspezifische Regeln bestimmt.

Theoretisch widerspiegelt sich dieser Sachverhalt in einander widersprechenden Modellen, in kontroversen Ansätzen. MORRIS (1938, 1983) ging von einem Zeichenmodell mit den Beziehungen von Pragmatik – Semantik – Syntaktik aus. Andererseits können unter dem Aspekt der Dynamik und Funktionalität sprachlichen Handelns diese Beziehungen als Stufen in einem einheitlichen Prozeß abgebildet werden: Die Semantik regelt den Sprachgebrauch, die Pragmatik schränkt die Wahlmöglichkeiten ein. Z. B. stehen für den Vorgang des Entleihens die Verben *entleihen, borgen, ausborgen, finanzieren lassen, Kredit aufnehmen, pumpen* aufgrund ihrer Semantik zur Verfügung. Ko- und Kontext und die spezifischen kommunikativen Rahmenbedingungen schränken jedoch die Auswahl im konkreten Sprechereignis ein.

Andererseits können auch Wortbedeutung und Gebrauchsregeln (vgl. auch 7.1.3.) identifiziert werden. Es gibt also unterschiedliche Zugriffe der Wissenschaft. Wir wählen den Weg, dem semantischen und pragmatischen Sachverhalt dadurch gerecht zu werden, daß wir a) das Wort als Element des Systems, Mittel des Sprachgebrauchs und Teil (Konstituente) des Textes betrachten (vgl. 7.2.) und b) denotative und konnotative Bedeutung zwar unterscheiden, aber aufeinander beziehen (vgl. 7.4.).

In diesem Zusammenhang sei noch auf A. BURKHARDTs „integriertes Semantik-Pragmatik-Modell der Bedeutung" verwiesen:

> Im Anschluß an Wittgensteins Rede von der ‚Grammatik' eines Wortes und um zu kennzeichnen, daß Bedeutung verschiedene Arten von Regeln umfaßt, von denen die lexikalische Bedeutung als Applikationsregel nur einen Teil ausmacht, verwende ich hier den Ausdruck ‚grammatische Bedeutung' als Oberbegriff. Der ‚grammatischen' Langue-Bedeutung steht die ‚aktuelle' Parole-Bedeutung gegenüber (1991, 11).

In seinem Modell werden also aktuelle und grammatische Bedeutung unterschieden. Der ‚lexikalischen' Bedeutung sind ‚präsuppositionale', ‚intensionale' und ‚konnotative' Bedeutung untergeordnet. Als ‚Gebrauchsregeln' werden ‚Kontextregeln' und ‚Kotextregeln' genannt.

7.2. Wortbedeutung im Sprachsystem und in der sprachlichen Tätigkeit

Sprache existiert als gesellschaftliches Objektivgebilde, entwickelt sich in der sozialen Tätigkeit. Sie ist gleichermaßen Resultat, Medium und Voraussetzung sprachlichen Handelns. Jedes Individuum hat an ihr Anteil. In der Ontogenese werden Zuordnungen von Lautbildern zu Bedeutungen, werden Gebrauchsregeln unterschiedlicher Art (s. 7.1.4.3.) erlernt. Gesellschaftliche Normen liegen dem Gebrauch sprachlicher Zeichen zugrunde. So sind Sprachsystem und sprachliche Tätigkeit nicht zwei Erscheinungen, die aufeinander bezogen sind – sie sind zwei Seiten, zwei Pole einer Erscheinung, die erst ihr Wesen ausmachen, nicht ohne einander existieren können, aber auch nicht identisch sind.

Die Auffassung, daß Wortbedeutungen als Sprachbesitz einer Gemeinschaft existieren (und als solche z. B. beschreibbar und lexikographisch erfaßbar sind), aber durch das Individuum im sprachlichen Handeln aktualisiert und aktiviert werden, hat in der Wissenschaftsgeschichte eine lange Tradition. MARTY unterschied aktuelle und habituelle, PAUL usuelle und okkasionelle Bedeutung. Bedeutung ist bestimmt worden als potentielle Bedeutung im System und aktuelle Bedeutung in der Rede. Vgl. dazu SCHMIDT 1963, der ein Kategorienpaar „lexikalische und aktuelle" Bedeutung nennt, SCHIPPAN/SOMMERFELDT 1964, wo ebenfalls noch von „lexikalischer und aktueller" Bedeutung die Rede ist.

Auch die Unterscheidung von „Bedeutung" und „Sinn" oder „Bedeutung" und „Meinung" kann dieses Verhältnis widerspiegeln. Alle diese Unterscheidungen haben ihre Berechtigung, wenn sie nicht zur Verabsolutierung der einen oder anderen Seite führen. Während den bisher vorgestellten Konzeptionen im Anschluß an DE SAUSSUREs Unterscheidung von Langue und Parole eine bipolare Auffassung zugrunde liegt, Systembedeutung (Ebene der Langue) und Redebedeutung (Ebene der Parole) unterschieden werden, kommt man im Anschluß an COSERIU (1969) zu einer weiteren Gliederung. Ausgehend von System, Norm und Rede zeigt COSERIU, daß sich in diesem Beziehungsgefüge mehrere Oppositionen erkennen lassen.

– Wenn die Opposition zwischen System und Verwirklichung besteht, umfaßt die Langue nur das System und die Parole alle anderen Begriffe, wobei sie verschiedene Grade der Abstraktion (individuelle und soziale Normen) und die konkrete Ebene des Sprechens/Schreibens einschließt.

konkretes Sprechen	individuelle Norm	soziale Norm	funktionales System

               Parole   Langue

– Wenn die Opposition zwischen Konkretem und Abstraktem besteht, fällt die Parole mit den konkreten Redeakten zusammen, und die Langue umfaßt alle übrigen Begriffe.

konkretes Sprechen	individuelle Norm	soziale Norm	funktionales System

Parole   Langue

– Wenn die Opposition zwischen Sozialem und Individuellem besteht, umfaßt die Parole als individuelle Seiten die individuelle Norm und konkretes Sprechen.

konkretes Sprechen	individuelle Norm	soziale Norm	funktionales System

           Parole   Langue

COSERIU verwendet *Norm* für Normales.

So wird in gewissem Grade die Schwierigkeit überwunden, daß mit der Opposition von System und Handeln auch gleichzeitig die Opposition von Gesellschaftlichem und Individuellem verbunden ist.

P. V. POLENZ (1972) unterschied als „kommunikative Existenzweisen" der Sprache

Sprachverwendung	– individuell realisierte Existenzweise
Sprachverkehr	– sozial realisierte Existenzweise, Summe aller Sprachverwendungen einer Gruppe von Sprachteilnehmern zu einer bestimmten Zeit
Sprachkompetenz	– individuelle virtuelle Existenzweise, die Fähigkeit des Sprechers, mit Hilfe eines Systems von Regeln und Elementen eine unbekannte Zahl von Sätzen (Texten) zu erzeugen bzw. die Fähigkeit des Hörers, mit Hilfe eines entsprechenden Systems eine unbekannte Zahl von Texten zu verstehen.
Sprachsystem	– soziale virtuelle Existenzweise

LORENZ/WOTJAK (1977) wollen mit ihrem Bedeutungsmodell ebenfalls das Verhältnis von System und Gebrauch in der Dialektik von Individuellem und Sozialem, Materiellem und Ideellem, Virtuellem und Aktuellem erfassen.

Es wird sichtbar, daß eine bloße Gegenüberstellung von System- und Textbedeutung den tatsächlichen Verhältnissen nicht gerecht wird. Für die Darstellung der Wortbedeutung im Beziehungsgefüge dieser Ebenen bleibt somit festzuhalten:

– Bedeutungen als Systembedeutungen haben sozialen Charakter, sind Produkte des Sprachverkehrs, sind „eingefrorenes" vergesellschaftetes Wissen und stellen den usuellen Zeicheninhalt dar. Entsprechend unserer weiten Bedeutungsauffassung umfaßt der Begriff der Systembedeutung sowohl die denotative als auch die konnotative Bedeutung.
– Über dieses Wissen verfügen die Mitglieder einer Sprachgemeinschaft partiell, abhängig vom Alter, vom sozialen Umfeld, der beruflichen Bildung usw.

Im konkreten Redeakt werden Bedeutungen durch Ko- und Kontext aktiviert und aktualisiert.

– Systembedeutungen sind die Basis aller potentiellen usuellen Bedeutungen, die einem Formativ zugeordnet sind. Sie sind aber auch die semantische Grundlage aller Textbedeutungen des Wortes, d. h. der okkasionellen, gelegentlichen, einmaligen Bedeutungen.
– Ko- und Kontextbedeutungen sind syntagmatisch differenzierte semantische Varianten – Sememe – einer Bedeutung. Sie werden auch im Wörterbuch als Sememe ein und desselben Lexems unter dem gleichen Lemma verzeichnet. So gibt das WDG unter dem Lemma *Abend* zwei Sememe an: 1) „Tageszeit von etwa Sonnenuntergang bis gegen Mitternacht; 2) Abendveranstaltung" (3).
– Aktuelle Bedeutungen sind Textbedeutungen, die im Redeakt usuell gemeinten/ zu erschließenden Bedeutungen. Dabei muß die aktualisierte Bedeutung nicht

immer mit dem individuellen Wortverständnis der Kommunikationspartner übereinstimmen. „Aktuelle" Bedeutung meint hier den nach den Regeln durchschnittlich intendierten und zu erwartenden kommunikativen Effekt.

In diesem Zusammenhang ist auch die Kategorie „referentielle Bedeutung" zu sehen. Im konkreten Sprechakt, in der sprachlichen Kommunikation benennen wir Objekte oder sagen etwas über diese aus. In solchen Situationen referieren wir mit einem Lexem auf etwas – es hat in diesem konkreten Text eine referentielle Bedeutung. Diese kann, muß aber nicht mit der Systembedeutung teilweise oder ganz übereinstimmen. Indem die Kommunikationsteilnehmer die referentielle Bedeutung zur Systembedeutung in Beziehung setzen, erschließen sie Textbedeutung und -sinn.

Die Ursachen des Differierens von referentieller und Systembedeutung können unterschiedlicher Natur sein:

– Der Sprecher kennt die usuelle Bedeutung eines Wortes nicht oder nur teilweise. Die referentielle Bedeutung entspricht nicht der Systembedeutung. Das kann entwicklungsbedingt sein. „Kindermund" ist oft ein Zeugnis für diesen Tatbestand. Kinder verwenden Wörter in nicht-usueller Bedeutung, weil ihnen die entsprechende Benennung nicht gegenwärtig oder nicht bekannt ist. „Er musterte kritisch, wie unsere Gastgeberin die Tasse beim Trinken zwischen beide Hände nahm. Schließlich belehrte er sie: ‚Du mußt die Tasse beim Geländer anfassen.'" Hier referiert das Kind mit *Geländer* auf einen Henkel. Die referentielle Bedeutung stimmt nicht mit der Systembedeutung überein.
– Ein Lexem wird übertragen gebraucht: „Der ‚Aperitif' des Kriminalromans ist der erste Satz. Der muß Appetit machen auf ein opulentes Mahl."

Natürlich fällt – und darauf beruht das Wesen der sprachlichen Kommunikation – in den meisten Fällen die referentielle mit der usuellen Bedeutung zusammen. Der Sprecher/Schreiber referiert mit einem Lexem auf usuelle Weise und aktualisiert damit ein Semem des Lexems.

7.3. Lexikalische Bedeutung als sprachspezifisches Wissen

7.3.1. Determination der lexikalischen Bedeutung

Auf der Wortbedeutung beruhen die Funktionen des Lexems, Medium der Benennung, der Verallgemeinerung und Bewertung, des Ausdrucks der Gefühle und der Herstellung und Aufrechterhaltung kommunikativen Kontakts zu sein. Im Sinne des Organon-Modells BÜHLERs dient es dem Ausdruck der Bewußtseinsinhalte, der Darstellung von Sachverhalten, was Wertungen und Stellungnahmen impliziert, und der Beeinflussung (Lenkung) des Kommunikationspartners, hat es Appellfunktion. Als Mittel der Benennung dient es der Benennung von Individuen und Klassen. Die Nutzung des Lexems zur Benennung im kommunikativen Akt bezeichnen wir mit BELLMANN als Nomination. Insofern ist das Lexem Mittel der Begriffsbildung. Indem es Begriffe fixiert, ihnen als „materielle Hülle" dient – die Psychologie spricht von „Wortmarken" –, formt es gedankliche Komplexe in lineare Rede. Mit Lexemen gliedern wir gedankliche Komplexe auf sprachspezifische Weise in „Konzepte", Begriffe. Wenn wir etwas mit Lexemen benennen, wird der Bedeutungsinhalt, die Bedeutungsintension, festgelegt. Die Bedeutungsintension wiederum bestimmt, worauf das Lexem anwendbar ist, bestimmt den Bedeutungsumfang, die Bedeutungsextension. Bedeutungintension und -extension sind somit korrelative Kategorien, bestimmen einander und können sich in Abhängigkeit voneinander verändern.

korrigieren hat (nach WDG) folgende Bedeutungsinhalte: „1.1. etw., sich berichtigen, etw., sich, jmdn. verbessern 1.2 Schriftliches auf Fehler durchsehen, sie anzeigen und berichtigen". Der Bedeutungsumfang ist durch den Inhalt festgelegt: Das Lexem kann alle Handlungen benennen, die in der Wortbedeutung von *korrigieren* verallgemeinert sind, selbst wenn die konkreten Handlungen sich stark voneinander unterscheiden:

einen Fehler korrigieren	– ‚tilgen'
Hefte korrigieren	– ‚durchsehen und Fehler anmerken'
das Wort korrigieren	– ‚einen falschen Buchstaben durch den richtigen ersetzen'
seine Haltung korrigieren	– ‚sich anders verhalten'

Die Frage nach der Determination der Wortbedeutung ist die nach den Faktoren, die unser Bedeutungswissen bestimmen. Es ist die alte philosophische Frage, die schon PLATON im Kratylos-Dialog im Widerstreit der Meinungen zu ergründen suchte.

> Hermogenes: Unser Kratylos hier behauptet, Sokrates, es gebe für jedes Ding eine richtige, aus der Natur des Dinges selbst hervorgegangene Bezeichnung, und nicht das sei als (wahrer) Name anzuerkennen, was einige nach Übereinkunft als Bezeichnung für das Ding anwenden, indem sie (willkürlich) einen Brocken ihres eigenen Lautvorrates für die Sache wählen, sondern es gebe eine natürliche Richtigkeit der Namen, die für jedermann, für Hellenen wie Barbaren, die gleiche sei [...]
> [...]
> Kratylos: Ich bin daher der Meinung, Sokrates, die richtigste Erklärung hierüber werde die sein, daß es eine größere als menschliche Kraft gewesen, welche den Dingen die ersten Namen beigelegt, und daß sie eben deshalb notwendig richtig sind (ARENS, 9).

Ein Hinweis ist schon hier gegeben: Wortbedeutungen sind nicht für alle Völker gleich.[19] Sie unterscheiden sich bei Wörtern mit gleichem Denotatsbezug von Spra-

---

[19] Dieser Tatbestand ist Gegenstand vieler philosophischer Kontroversen gewesen, in deren Mittelpunkt die Auffassung stand, daß eine konkretisierende, vereinzelnde semantische Aufgliederung eines Sach- oder Begriffsbereichs Ausdruck eines gering entwickelten Abstraktionsvermögens sei. Dem wurde – durchaus richtig – entgegengehalten, daß jede Sprachgemeinschaft imstande ist, sprachlich in dem Maße zu abstrahieren und zu differenzieren, wie es für praktische und theoretische Belange notwendig ist. Einmal verfestigt,

che zu Sprache im Inhalt wie im Umfang. Wortbedeutungen sind einzelsprachlich organisiert. Ein Begriff, der sich als gedankliche Einheit herausgebildet hat, kann zum Bedeutungskern von Lexemen verschiedener Sprachen werden.

Die Bedeutung von dt. *Brot* wird angegeben mit „1. aus Mehl, Wasser, Salz und Sauerteig od. Hefe hergestellte Backware, die ein Grundnahrungsmittel darstellt. 2. (zurechtgemachte) Schnitte, Scheibe von 1." (HDG, 206). Der Begriff, der mit 1. verbunden ist, wird im Russischen mit *chleb*, im Englischen mit *bread* benannt. Die Bedeutung von russisch *chleb* jedoch hat einen anderen Umfang als das deutsche Äquivalent: Neben der Bedeutung ‚Brot' und ‚ein Laib Brot' (wie auch im Deutschen: *ein Brot kaufen*) hat es noch die Bedeutung ‚Getreide' (*chleb na kornjú* – das Getreide auf dem Halm; *chleba cvetut* – das Getreide wächst).

Die Wortbedeutungen sind also weder „natürlich", noch beruhen sie in ihrer Zuordnung auf Willkür. Sie sind determiniert. Materielle Dinge, Gegenstände, „Dinge an sich", eignen wir uns im Erkenntnisprozeß, im praktischen Lebensprozeß als „Dinge für uns" an. Indem wir uns mit unserer Umwelt auseinandersetzen, praktische und theoretische Aufgaben lösen, erkennen wir sie. Wir analysieren, abstrahieren, synthetisieren, erkennen Merkmale, die wir zum Begriff zusammenschließen, nehmen Kriterien an, nach denen wir Ganzheiten aufgliedern. Wortbedeutungen sind durch die Benennungs o b j e k t e determiniert. Aneignungsprozesse sind immer interessengesteuert, sind eingebettet in die Gesamtheit theoretischer und praktischer Handlungen, in soziale und historische Zusammenhänge.

Veränderungen im wirtschaftlichen, politischen, kulturellen Leben finden ihren Niederschlag im Denken, in der Begriffsbildung und damit auch in den Wortbedeutungen. Mit der Entwicklung der Art und Weise der Herstellung materieller Güter entstehen neue Klassifikationen, neue Benennungsbedürfnisse. *Strom*, das von einer Wurzel *‚fließen'* ausgeht, wird seit dem 18. Jh. für ‚fließende Elektrizität' verwendet. Das Merkmal ‚fließen', durch abstrahierende Tätigkeit gewonnen und als Benennungsmotiv genutzt, entspricht nicht dem tatsächlichen physikalischen Verhalten der Elektrizität, sondern dem Eindruck und der an der Erscheinung orientierten Erkenntnisstufe. Das Wort *Strom* aber erhielt als Resultat ein neues Semem: ‚Elektrizität' in *Strom ausschalten, Strom verbrauchen, Strom bezahlen*. Also sind nicht allein die objektiv gegebenen Sachverhalte mit ihren Eigenschaften Basis der Herausbildung von Wortbedeutungen, sondern die Art des geistigen Zugriffs der Menschen zu den Dingen und Prozessen.

Das Bedürfnis nach neuen Benennungen wird durch die Bildung neuer Wörter und durch die Übertragung der Benennungen aus einer Sphäre in eine andere befriedigt. Mit der Entwicklung der Luft- und Raumfahrt entstanden Wörter, die die neu gebildeten Begriffe dieses Praxisbereichs den bereits vorhandenen Bezeichnungs- und Benennungssystemen zuordneten: *Mondfähre, Raumschiff, an Bord*. Wörter des „Wasserbereichs" werden für den „Raumbereich" genutzt. Diese Er-

---

stehen Begriffe als Denkkategorien für weitere Operationen zur Verfügung. Das gilt auch für sprachliche Zeichen. Da die Formativ-Bedeutungs-Zuordnung historisch verfestigt ist, können mit diesen Zeichen und ihren Abwandlungen und Verbindungen auch neue Sachverhalte benannt werden.

weiterung des Bedeutungsumfangs ist durch praktische Bedürfnisse bedingt. Sie wurden mit dem Rückgriff auf vorhandenes Wortgut befriedigt. Die Einheiten des Sprachsystems determinieren den Bedeutungsumfang und damit auch die gedankliche Aufgliederung eines Objektbereichs.

Wir ordnen nach Kriterien, die mit unserer Arbeit, unseren Interessen, aber auch mit unserem Fühlen zusammenhängen. So läßt sich z. B. eine allgemein bekannte Pflanze, der Löwenzahn, unter dem Aspekt der Praxis und der in ihr existierenden Bedürfnisse unterschiedlichen Begriffssystemen zuordnen: *Löwenzahn, Korbblütler, Futterpflanze, Pusteblume, Kuhblume*. Für ein und dasselbe Objekt existieren in der deutschen Sprache mehrere Benennungen, deren Bedeutungen jeweils einen anderen Aspekt, eine andere Sehweise repräsentieren. Andererseits tragen die Lexeme dazu bei, daß sich das Wissen, das sich mit dem Formativ *Löwenzahn* verbindet, verfestigt.

Die objektive Determiniertheit der Erkenntnis- und Nominationsbedürfnisse erklärt auch, warum z. B. in außereuropäischen Sprachen mancher Sachverhalt, für den unsere Sprache nur wenige Benennungen bereitstellt, viel differenzierter sprachlich-begrifflich aufgegliedert wird. In der Literatur werden oft die Beispiele VOSSLERs (1946, 11f.) zitiert:

> In den Tropen gibt es Negersprachen, die 50 bis 60 Namen für verschiedene Palmenarten besitzen, aber kein umfassendes Wort für Palme. Diese Neger ernähren sich von Palmenfrüchten und haben sehr genaue vegetarische Interessen, aber kein botanisches. Die Gauchos in Argentinien besaßen etwa 200 Ausdrücke für Pferdefarben und nur vier Pflanzennamen: *pasto, paja, cardos, yuyos* – *pasto* hieß alles, was das Vieh frißt, *paja* jede Art Streu, *cardo* alles holzartige Gewächs, *yuyos* das ganze übrige Pflanzenreich, Lilien und Rosen, Kraut und Kohl.

(Was natürlich nicht bedeutete, daß die Pflanzen nicht eindeutig benannt werden konnten!) Ähnliche Beispiele sind aus den Eskimosprachen überliefert, in denen ebenfalls viele Wörter für lebenswichtige Dinge vorhanden sind (Fisch, Walroß), während in den europäischen Sprachen dieser Bezeichnungsbereich nur gering aufgegliedert ist.

Wortinhalte sind verkürzte und verdichtete Aussagen, für die Kommunikation geprägt. Paraphrasen und Transformationen lassen sie sichtbar werden: *Lügner* – ‚Mensch, der lügt'; *Mißerfolg* – ‚Ergebnis einer Handlung, das nicht den erwarteten Erfolg darstellt' (HDG, 781). Wir betrachten daher Wortbedeutungen als kommunikativ verfügbare Einheiten, die auch gesellschaftliche Bewertungen der Benennungsobjekte enthalten.

Bedeutungen sind somit einerseits durch Eigenschaften und Merkmale des Benannten determiniert, andererseits durch kognitive und kommunikative Bedürfnisse, die ökonomisch befriedigt werden. So erklären sich auch Bedeutungsveränderungen in der Folge veränderter Interessen, die zu neuen kognitiven Aufgliederungen von Benennungsbereichen führen können. In den Bedeutungen wertender Adjektive wie *edel, gütig, höflich, stark* und *tapfer* hat sich historisch verfestigt, was von sozialen Gruppen oder auch von ganzen Sprachgemeinschaften als positiv und negativ, als beleidigend und schmeichelnd, als unwürdig oder förderlich empfunden wurde: *edel* bezog sich ursprünglich auf *Adel*, die Abstammung: *edles Geschlecht, Edelmann*. In seiner Bedeutung ist ursprünglich ein positiv bewertendes Element enthalten, das sich bis heute – auf moralisches Verhalten bezogen – erhalten hat. *Höflich* bezeichnet zuerst eine Haltung, die dem Hofleben entspricht. Die positive Bewertung verbindet die Bedeutung mit der heutigen ebenso wie bei *stark*. Die heutige Bedeutung von *tapfer* – ‚mutig' – nur bezogen auf menschliches Handeln, in manchen Fällen auch auf Tiere, ist aus der Bedeutung ‚gewichtig', ‚bedeutend' (von Sachen) oder ‚tüchtig', bezogen auf Personen, hervorgegangen. So heißt es auch noch im ›Faust‹: „Wie konnt ich sonst so tapfer schmälen [...]"

Auch die Personenbenennungen geben ein Bild des Bedeutungswandels infolge der Veränderung sozialer Strukturen und der damit verbundenen Wertungen. Schon ERDMANN wies darauf hin, daß *Herr* einen anderen Nebensinn bei den Angehörigen der Herrenklasse als bei den Unterdrückten besitzt.[20] *Herr* und *Frau* stehen zunächst beide für die Angehörigen des Adels. *Frau* ist das movierte Femininum zu einem Wort ‚Herr', das im Deutschen untergegangen ist, im Gotischen als *frauja* auftritt, noch erhalten blieb in *frönen, Fron, Fronleichnam*. *Frau* bedeutet noch lange ‚Herrin', ‚Frau von adligem Geschlecht'. Auch *Hausfrau* bedeutete zunächst ‚Hausherrin'. Im 17. Jh. wird *Frau* als Standesbezeichnung verdrängt durch *Dame*. Es trat dafür in der Bedeutung ‚verheiratete Frau, Ehefrau' an die Stelle von *Weib* (mhd. wîp), das seinerseits zur pejorativen oder positiv überhöhenden Benennung wird: *ein altes Weib, ein Prachtweib*. Noch bei GOETHE finden wir *Weib* in seiner neutralen Bedeutung: *„Ich unterhielt mich mit dem Weibe und erfuhr, daß sie des Schulmeisters Tochter sei."*[21]

Fräulein, das als Verkleinerungsform zu *Frau* seit dem 12. Jh. üblich ist, benennt zunächst nur die adlige Frau, für die junge Nichtadlige steht *maget, magt*. Bis ins 18. Jh. bleibt *Fräulein* dem Adel vorbehalten. Im „Faust" steht: *„Mein schönes Fräulein...",* worauf Gretchen antwortet: *„Bin weder Fräulein..."* Für die Adlige wird dann *Dame* verwendet, später auch für die wohlhabende Bürgersfrau. Das Wort wurde zur Anrede. Diese Anredeform wird heute seltener verwendet, aber offiziell: *Meine Damen und Herren!* In Komposita ist *Dame* Oppositionswort zu *Herr: Damenbekleidung – Herrenbekleidung, Damenschneider – Herrenschneider, Damenwäsche – Herrenwäsche.*

Lesen wir in GOETHES ›Faust‹, daß sich Faust *Magister* und *Doktor* nennt, so dürfen wir uns vom Gleichklang der Formative nicht darüber täuschen lassen, daß

---

[20] Der Terminus „Nebensinn" wurde von W. SCHMIDT wieder aufgenommen. „Unter Nebensinn verstehen wir also die Nachbarbegriffe und Begleitvorstellungen, mit denen der Vorstellungs- und Begriffsgehalt eines Wortes verbunden sein kann" (SCHMIDT 1959, 49). 1975 wurde „Nebensinn" als gewohnheitsmäßig mit einem Wort verbundene Begleitvorstellung betrachtet, die sich aus der paradigmatischen und syntagmatischen Einbettung eines Lexems ergibt. Vgl. SCHMIDT 1975. Dieser Gedanke wird in der Konzeption der semantischen Vernetzung wieder lebendig: der Nebensinn ergibt sich aus den Assoziationen, die ein Lexem infolge seiner Vernetzung auslösen kann. Die Assoziationswege verlaufen entlang der „Kanten" semantischer Netze, d. h. über semantische Verbindungen paradigmatischer und syntagmatischer Art.

[21] GOETHE, J. W. v.: Auswahl in drei Bänden. Bd. 1. Leipzig 1956, 387.

sich der Inhalt der Wörter verändert hat. *Doktor* und *Magister* sind ursprünglich Titel, die dem Lehrer an Universitäten verliehen wurden. Es hängt mit dem hohen Ansehen des Arztes zusammen, daß in der Umgangssprache *Doktor* nur mit der Bedeutung ‚Arzt' existiert. Alle volkstümlichen Ableitungen beziehen sich auf das Denotat ‚Arzt': *herumdoktern, den Doktor holen* (so auch bei PAUL verzeichnet). Aus *Magister* entwickelte sich unser heutiges *Meister*. Seine alte Bedeutung hat es beibehalten als Benennung des Künstlers und metonymisch übertragen auf die Werke des Künstlers: *die alten Meister, Galerie alter Meister*. Im Ahd. hat das Wort bereits die Bedeutung ‚Beamteter', seit dem Mhd. auch *Bürgermeister*.

So sind Wortbedeutungen durch den Stand der gesellschaftlichen Verhältnisse bestimmt und ändern sich mit ihnen. Da aber sprachliche Kommunikation immer unter historisch konkreten Bedingungen vollzogen wird, können sich Wortbedeutungen verfestigen, deren begrifflicher Kern längst durch neue Einsichten überholt ist. Das kann Ursache dafür sein, daß veraltete Ideen und Vorstellungen weiterleben, sich neue Erkenntnisse langsamer durchsetzen, weil Menschen den Wörtern „glauben". Jahrhunderte nach Galileis Entdeckung rufen Wörter wie *Sonnenaufgang, Sonnenuntergang* Merkmale ins Bewußtsein, die dem Naturvorgang nicht entsprechen. Selbst wenn ein hoher Grad der Idiomatizität in Betracht gezogen wird, so geht doch von den Benennungsmotiven eine Wirkung aus. Nicht selten bleiben Wortbedeutungen lange erhalten, in denen sich gesellschaftliche Vorurteile verfestigt haben. Beispiele finden sich bei HAYAKAWA ([4]1975) und QUASTHOFF (1973).

Es läßt sich zusammenfassen: Wortbedeutungen als auf Formative bezogenes Wissen sind determiniert

- durch Eigenschaften und Merkmale der Benennungsobjekte, die in ihren Zusammenhängen und ihrer Bewegung widergespiegelt und gedanklich verarbeitet werden;
- durch die Mitteilungs- und Erkenntnisziele der Menschen, der Individuen, sozialer Gruppen oder ganzer Sprach- und Kommunikationsgemeinschaften;
- durch Bewertungen der Dinge der Wirklichkeit und der Ideen, Theorien usw. und die Einstellungen der Menschen zu den Benennungsobjekten;
- durch den gesellschaftlichen Erkenntnisstand, das Eindringen in das Wesen der Erscheinungen, durch Urteile und Vorurteile, gesellschaftliche Stereotype;
- durch das im Sprachsystem bereits gespeicherte und lexikalisierte Wissen, das den Rahmen für neue Verallgemeinerungen und Begriffsbildungen gibt;
- durch das Sprachsystem selbst, seine Regularitäten und Muster.

7.3.2. Variabilität der Bedeutung

Bedeutungen werden somit als gesellschaftlich durchschnittliches Wissen aufgefaßt, das Mitglieder von Sprachgemeinschaften mit den Lexikoneinheiten verbinden. Diese sprachlich relevanten Kenntnisse regeln die Wortwahl ebenso wie das Wortverstehen. Sie variieren nicht nur von Individuum zu Individuum, sondern auch in Abhängigkeit von Kommunikationssituationen, von Ereignis- und Geschehenstypen. Dennoch kann die Kommunikation nur funktionieren, wenn die Partner über einen gemeinsamen Bedeutungskern verfügen, über Konturenwissen, das soziokulturelles Hintergrundwissen einschließen kann und in bestimmten Situationen auch voraussetzt.

Immer aber werden Kommunikationspartner damit rechnen müssen, daß der Bedeutungsbesitz der Beteiligten nicht völlig übereinstimmt. Im Sprachsystem existieren Einheiten, die Fälle der Nichtübereinstimmung anzeigen: das sind Verben des Verstehens und Meinens: *Ich verstehe darunter... Wie meinen Sie das? Wofür halten Sie das? Nach meiner Meinung ist das...*, Modalwörter und Partikeln, *eventuell, vielleicht, das ist aber doch...* Diese Unsicherheit kann aber auch durch eine sehr große Bedeutungsbreite, Unbestimmtheit oder Schlechtbestimmtheit der Bedeutung hervorgerufen werden. Die Diskussion um die Vagheit der Bedeutung hat in letzter Zeit zugenommen. Vgl. dazu PINKAL 1985, 27ff., WOLSKI 1980, D. WOLF 1991, mit Hinweis auf historische Dimensionen SCHLIEBEN-LANGE 1987. Sie zeigt wiederum, daß unter V a g h e i t recht unterschiedliche Erscheinungen gefaßt werden: Polysemie und Homonymie; die Tatsache, daß erst im Kontext (Kotext) die Bedeutung festgelegt, aktualisiert wird, bis hin zu semantischer Unbestimmtheit, weil die Begriffe nicht abgrenzbar sind.

S e m a n t i s c h e   U n b e s t i m m t h e i t kann dann konstatiert werden, wenn der Bedeutungsumfang eines Wortes nicht scharf von dem seines semantischen Nachbarn oder gar seines Antonyms abgegrenzt werden kann: Welchen Zustand kann man mit *krank*, mit *kränklich*, mit *unpäßlich* oder mit *ungesund* benennen? Wie verläuft die Grenze zwischen *warm* und *lau*? Die Prototypentheorie (vgl. 7.6.1., 7.6.6.) löst dieses Dilemma für sich, indem sie auf typische Fälle, beste Vertreter, verweist. Das gilt auch für die schon bei WEISGERBER und GIPPER diskutierten Abgrenzungsprobleme („Sessel oder Stuhl"?).

Zur Präzisierung oder auch nur zur Anzeige der Unbestimmtheit von Ausdrücken (vagen Bedeutungen) verfügen wir über einen lexikalischen Bereich, über sprachliche Hecken. KOLDE (1986) definiert diese „Hecken-Ausdrücke" als „Ausdrücke der deutschen Sprache, mit denen man die durch die Wahl eines bestimmten Lexems vorgenommene Kategorisierung kommentieren kann" (KOLDE 1986, 170).[22] Natürlich gibt es solche Hecken-Ausdrücke nicht nur in der deutschen Sprache. LAKOFF stellt h e d g e s der englischen Sprache im Rahmen des Konzepts der sogen. f u z z y - L o g i k dar (vgl. LAKOFF: ›Hedges: A study in meaning criteria and the logic of fuzzy concepts‹, 1973). Anregungen zur intensiveren Beschäftigung mit Bestimmtheits- und Unbestimmtheitsindikatoren kamen aus der Partikelforschung. Für das Deutsche gibt es u. a. Vorschläge zur Klassifizierung von Hecken-Ausdrücken von PINKAL und KOLDE: „Diese ‚sprachlichen Hecken' sind in ihrer Anwendung z. T. auf einzelne Unbestimmtheitstypen beschränkt: *sehr* und *ziemlich* z. B. modifizieren relative, *genau* und *ungefähr* punktuelle, *strenggenommen* und *eine Art* vorwiegend randbereichunscharfe Ausdrücke [...]" (PINKAL 1985, 48).

---

[22] Vgl. auch KOLDE, G., Probleme der Beschreibung von sog. Heckenausdrücken im allgemeinen einsprachigen Wörterbuch. In: ›Wörterbücher‹ 1989, 855ff.

PINKAL ordnet nach: präzisierenden *(strenggenommen, eigentlich, exakt)*, depräzisierenden *(sozusagen, eine Art, ungefähr)*, modifizierenden *(sehr, ziemlich, ein typischer...)*, quantifizierenden *(in jeder Hinsicht, in gewisser Hinsicht)* Hecken, vgl. PINKAL 1985, 48.

KOLDE nimmt als Kriterium der Einteilung an,

ob der Sprecher signalisieren will, daß das gemeinte Referenzobjekt
(a) zentrales Element der benannten Kategorie hinsichtlich ihrer definitorischen und stereotypen Merkmale ist: *par excellence, schlechthin, typisch, wie er/sie/es im Buche steht, richtig* (mit Phrasenhauptakzent), usw.
(b) zentrales Element der benannten Kategorie nur hinsichtlich ihrer definitorischen Merkmale ist – in einem bestimmten fachterminologischen Sinne natürlich: *... ein Pinguin ist, technisch gesprochen, ein Vogel. ...*
(c) zentrales Element der benannten Kategorie nur hinsichtlich stereotyper Merkmale ist: *gewissermaßen, wenn man will, richtig* (unbetont).
(d) marginales Element der benannten Kategorie ist, ohne daß konsistent zwischen definitorischen und stereotypen Merkmalen unterschieden würde *eine Art (von), sozusagen*, usw.
(e) zwar in der genannten Weise kategorisiert zu werden pflegt, aber hiergegen Vorbehalte anzubringen sind, was durch die Thematisierung dieser Praxis mittels *sogenannt* o. ä. ausgedrückt wird (1986, 172f.).

Es sind somit nicht zuletzt die Hecken-Ausdrücke, die die Unbestimmtheits- und Schlechtbestimmtheitsbereiche der Bedeutung signalisieren und damit die Genauigkeit der Referenzbeziehungen in der sprachlichen Kommunikation sichern helfen.

Umfang und Inhalt der Bedeutungen differieren bei den Angehörigen von Sprachgemeinschaften in erster Linie in Abhängigkeit von empirischen Daten. Das Kleinkind lernt erst allmählich, seine *globalen Bedeutungen* zu differenzieren (anfangs können alle Tiere mit *Wau-wau*, alle Männer mit *Papa* benannt werden), zu ordnen und dem Usus anzupassen. Dieser Prozeß vollzieht sich individuell sehr unterschiedlich. Bedeutungen sind insofern variabel, als das Individuum seinen Bedeutungsbesitz ständig erweitert, umstrukturiert, präzisiert und im sprachlichen Handeln variabel aktiviert. Das lexikalische Wissen des Individuums ist erfahrungsbestimmt und lernabhängig, orientiert sich aber am relativ festen Bedeutungskern. Insofern ist auch der Einsatz von Unschärfeindikatoren Ausdruck der Sicherheit/ Unsicherheit des Sprechers im Wissen um den Bedeutungskern.

Diese weitgehend stabile Grundstruktur unseres Wissens bildet den Rahmen des Wortgebrauchs und -verstehens. Bedeutungen sind Wissenskomplexe, die, durchaus dynamisch, keineswegs ein festumrissenes, statisches Bild eines ausgegrenzten Objekts darstellen, sondern die vielen Aspekte des benannten Objekts, auch seine Beziehungen zu anderen Objekten, umfassen. Bedeutungen sind offen, beweglich, auch nicht streng voneinander abgrenzbar, sondern miteinander *vernetzt*. (Diese Tatsache widerspiegelt sich auch in der Diskussion um holistische Bedeutungskonzeptionen; vgl. 7.6.1., 7.6.6.)

Ein Beispiel aus dem Alltag soll die Variabilität unseres lexikalischen Wissens einerseits und die Existenz eines relativ stabilen Kerns der Bedeutung andererseits verdeutlichen. Dabei wollen wir uns vergegenwärtigen, daß dieser relativ stabile Kern das Textverstehen sichert.

Das Kind lernt sehr bald die Bedeutung des Wortes *Hund* kennen, wenn es mit diesem Tier in Berührung kommt, zumal sein Sachwissen ausgebaut wird, weil die Tiere dem Kind gefährlich werden können. Das Kind erwirbt zunächst Konturenwissen – Kenntnisse, die es befähigen, im konkreten Kommunikationsakt mit diesem Wort auf Hunde zu referieren. Zu diesem Wissen gehören vor allem sensorische Merkmale (Fell, bellen, beißen). Daß zunächst auch ähnliche Tiere mit *Hund* benannt werden, zeigt, daß erst allmählich eine Aufgliederung des Bezeichnungsbereichs erfolgt. Dieser semantische Rahmen wird „aufgefüllt" mit Merkmalen wie ‚wachen', ‚hüten', ‚Spuren suchen', ‚Blinde führen'. Mit dem Lexem verbinden sich aber auch Einstellungen zu diesem Tier. Diese Erfahrungen werden zu einem großen Teil sprachlich vermittelt, prägen die individuellen Bedeutungen. In Sprechakten werden jeweils bestimmte Bedeutungsaspekte aktiviert:

Warnung: *Vorsicht, ein Hund!* – ‚beißen'
Darstellung: *Der Hund hat ihn gefunden.* – ‚Spurensuche'
Begründung: *Ich konnte die ganze Nacht nicht schlafen, der Nachbar hat einen Hund.* – ‚bellen'

So ergibt sich schließlich ein Bewußtseinskomplex, der dem Formativ *Hund* zugeordnet wird, der äußerst variabel ist, aber einen relativ stabilen Kern – ein prototypisches Bild des bezeichneten Objekts – hat. Daher ist es auch möglich, mit dem Wort andere Tiere zu benennen: *Seehund, fliegende Hunde*.

7.4. Lexikalische Bedeutung – Begriff und Sachwissen

7.4.1. Die denotative Bedeutung des Lexems

Die Klasse von Objekten, auf die sich ein Formativ bezieht, nennen wir das Denotat des Lexems.[23] Die Bedeutung, die sich als Kenntnis des Denotats beschreiben läßt, nennen wir die denotative Bedeutung.

Ein Semem ist eine dem Formativ zugeordnete Bedeutung. Bezieht sich ein Formativ auf mehrere Sememe, handelt es sich um Polysemie. Sowohl die paradigmatischen als auch die syntagmatischen Beziehungen von Lexemen bestehen zwischen den jeweiligen Sememen. Nach AGRICOLA (1983) bilden die Sememe, die ein und demselben Formativ zugeordnet sind, die Mediostruktur der Bedeutung.

Aufsicht hat mehrere Sememe, die, ko- und kontextabhängig, usuell aktualisiert, durch unterschiedliche Distributionen voneinander abgegrenzt werden können:

---

[23] Es darf nicht unerwähnt bleiben, daß *Denotat, Denotation* und *denotativ* in der Linguistik mit unterschiedlicher Bedeutung verwendet werden. LORENZ/WOTJAK geben einen guten Überblick über Gebrauchsweisen des Terminus. (1977, 133f.)

Aufsicht führen, unter der Aufsicht von X – ‚Handlung'
Die Aufsicht befindet sich auf Bahnsteig 1 – ‚Institution'
Man muß mit der Aufsicht sprechen – ‚Person'.

Eine Wortbedeutung kann verschiedene Begriffe umfassen. Zwischen ihnen bestehen gedankliche Beziehungen, die objektiv oder subjektiv gegeben sind. Im Fall von *Aufsicht* sind diese Relationen objektiv: Der Kern ist ‚Handlung', auf die sich ‚Person' und ‚Institution', ‚Ort' beziehen. *Arm* hat mindestens zwei Sememe: ‚menschlicher Körperteil' und ‚Abzweigung'. Ähnlichkeitsbeziehungen werden konstatiert. Auf ihnen beruht die Sememgliederung.

Die Begriffsbildung konstituiert die Wortbedeutung. In diese gehen solche Klassenmerkmale ein, die sich in der Praxis des Alltags und nicht etwa in einem wissenschaftlichen Klassifikationssystem als bedeutsam erwiesen haben (vgl. auch 7.3.1.). So beruhen die Bedeutungen der Wörter *Unkraut, Heilpflanze, Nutzpflanze, Zierpflanze, Blume, Ungeziefer* nicht auf wissenschaftlichen Begriffsbildungen, sondern sie haben sich als Alltagsbegriffe mit ihrer Vagheit herausgebildet: ein und dieselbe Pflanze kann den Unkräutern und den Heilpflanzen zugerechnet werden; gehören die Blüten des Löwenzahns oder des Hahnenfußes zu den *Blumen*?

Wenn wir also vom begrifflichen Kern der Wortbedeutungen sprechen, meinen wir „Alltagsbegriffe" (vgl. auch WEISGERBER 1927). Über die „Richtigkeit" solcher klassifizierenden Konzepte entscheidet die Praxis. Es ist möglich, daß aus mangelnder Einsicht in die objektiven Zusammenhänge, aus der Absicht, etwas begrifflich zu fixieren, dem kein „Urbild" entspricht, Begriffe hypostasiert werden, die sich nicht bewähren, die wieder korrigiert oder präzisiert werden. In den Wortbedeutungen sind jene Merkmale gespeichert, aufgehoben, die zu einer Zeit für das Denken und Kommunizieren in sozialen Gruppen oder ganzen Gemeinschaften wesentlich sind. Niemals sind solche Merkmale wesentlich oder richtig „an sich", sondern immer nur für Gemeinschaften, für miteinander lebende und kommunizierende Menschen.

Es hängt von philosophischen, ethischen und auch ökonomischen Konzeptionen und Auffassungen ab, welche Bedeutungen mit *Liebe* verbunden werden, worauf das Wort mit welchen Intensionen angewandt werden kann. Komposita fixieren die Bedeutungsbreite: *Mutterliebe, Elternliebe, Heimatliebe, Gottesliebe, Vaterlandsliebe, Friedensliebe, Wahrheitsliebe*.

Wörterbucheintragungen belegen die Unterschiedlichkeit der Bedeutungsbestimmungen:

heilig: „1. Rel. 1.1. ev. kath. *von als überirdisch vorgestellter Reinheit und Vollkommenheit* 1.2. *durch den Bezug zur Religion eine besondere Weihe besitzend* 2. *durch den tiefen Ernst der Sache, aufgrund sehr hoher idealler, moralischer Bewertung Ehrfurcht gebietend...*"
(HDG, S. 542)
DUDEN-Bedeutungswörterbuch: „a) *(von Gott) geweiht, gesegnet,* b) (geh.) *durch seinen Ernst o. ä. Ehrfurcht einflößend*"

Der Eintrag im HDG zeigt die Bedeutungsdifferenzierung in Abhängigkeit von philosophischen/religiösen Auffassungen. Vage und diffus sind Bedeutungen, denen kein Urbild entspricht. Vielfältige Erfahrungen, Phantasien, Träume tragen zur Bedeutungskonstituierung bei: vgl. *Hölle, Himmel, Drache, Hexe.* Schöpferische Denktätigkeit als Prozeß der Analyse und Synthese läßt Kombinationen von Merkmalen entstehen, deren Elemente zwar der Wirklichkeit entsprechen, nicht aber die Kombination. Die Bedeutung solcher Wörter wie *Glück, Treue, Schaden, Kraft, glücklich, zumutbar* läßt sich nur als das Ergebnis unzähliger Erlebnisse, Sprechakte und Handlungen und deren kommunikativer und kognitiver Verarbeitung erklären und ist dementsprechend variabel. Sie wird individuell gebrochen und ist deshalb auch Gegenstand vieler Diskussionen um die Begriffsbestimmung. (Was meinst du mit ... ?)

In die denotativen Bedeutungen gehen auch solche Merkmale ein, die sich aus Einstellungen der Menschen zum Bezeichneten ergeben. Sie können etwas als schön oder häßlich, als nützlich oder schädlich, als sinnlos oder sinnvoll empfinden. Solche Einstellungen, Gefühle, Wertungen und Überzeugungen prägen die denotative Bedeutung. Mit den Wörtern können sich usuell W e r t u n g e n und G e f ü h l s w e r t verbinden.[24] Dieser Problemkreis gehört zu den umstrittenen der Bedeutungstheorie. Hier finden wir von der Auffassung, daß die Wortbedeutung eine Gesamtheit verschiedener Komponenten, Schichten (begrifflicher, emotionaler, voluntativer) sei, bis hin zu der, daß die Wortbedeutung dem Begriff (Alltagsbegriff) gleichzusetzen sei, eine Skala von Meinungen und einander widersprechender Argumente.

In seinem Aufsatz über Sprache und Politik fordert SCHMIDT, das auf ERDMANN zurückgehende Modell zu präzisieren und weiter zu differenzieren (vgl. SCHMIDT 1972, 18). ERDMANN hatte seinerzeit davon gesprochen, daß Wörter nicht nur begriffliche Komponenten, sondern auch Nebensinn und Gefühlswert besitzen.

> So enthalten viele Wörter neben und in Verbindung mit der *begrifflichen* Komponente, die den Kern der Wortbedeutung ausmacht, eine *wertende* und eine *emotionale* Komponente. Bei manchen Ausdrücken läßt sich eine *voluntative* Komponente nachweisen (SCHMIDT 1972, 18).

In der gleichen Arbeit werden dann wertende, emotionale und voluntative Komponenten als „konnotative Bedeutungskomponenten" zusammengefaßt. Unter Berufung auf HIEBSCH beantwortet SCHMIDT die Frage nach der Hierarchie der Komponenten damit, daß Wertungs- und Gefühlskomponenten durch die begriffliche Komponente bestimmt sind und daß die „aus der Begriffskomponente resultierende positive oder negative Wertungskomponente [...] in der Regel in Verbindung mit einer entsprechenden Gefühlskomponente" erscheint. PFEIFER (1974) greift diese Bestimmung ausdrücklich auf und möchte präzisieren: „1. Wertende, emotionale und voluntative Komponenten, die merkmalhaft zur Bedeutung zählen und darum in Merkmalen zu formulieren sind, und 2. wertende, emotionale und voluntative Konnotationen, die lediglich Begleiterscheinungen, nicht aber Bestandteil der Bedeutung sind" (18f.). K.-D. LUDWIG geht davon aus, daß ein „enger und

---

[24] Vgl. auch LUDWIG, K.-D.: Zum Verhältnis von Sprache und Wertung. In: LS/ZISW/A 31, 1976.

ursächlicher Zusammenhang zwischen Wertung und Emotion besteht" und daher das Problem der korrelativen Beziehung von Sprache, Wertung und Emotion komplex zu behandeln ist (1976, 25). Er übernimmt die Auffassung, daß außer Lexemen, deren Funktion die Bewertung ist, also Wertwörtern, wie *häßlich/schön, gut/böse, gut/schlecht* auch solche existieren, deren Bedeutungen Wertungen implizieren, wie *Frieden, Freiheit, Gerechtigkeit*. Solche Wertungen können auch an bestimmte ideologische Standpunkte gebunden sein, wie *Apartheid*. Der Widerspiegelungs- und Benennungsprozeß erfolgt immer interessengesteuert. Wörter, wie *gerecht, sauber, liebevoll, sich versündigen, helfen, morden, Verbrechen, Dieb, Mörder, Treue, Güte* enthalten solche positiven oder negativen Werteelemente, die Ausdruck der Bewertung des Bezeichneten durch die Sprachgemeinschaft oder soziale Gruppen sind. Diese Wertungen können positive oder negative Gefühle auslösen. Mit Gefühlswert kann man daher die Eigenschaft der Lexeme bezeichnen, usuell bei Mitgliedern der Sprachgemeinschaft (oder sozialer Gruppen) aufgrund emotionaler Einstellungen zum Bezeichneten Gefühle auszulösen.

Diese wertenden und emotionalen Elemente können semantischer Bestandteil bestimmter Wortbildungsmittel sein. Sie prägen dann in Verbindung mit der Bedeutung der Wortbildungsbasis die Wortbildungsbedeutung. Dazu gehören Suffixe mit diminutiver Bedeutung zum Ausdruck der Zärtlichkeit, Vertrautheit, aber auch mit ironischem Akzent: *-chen, -lein: Kindchen, Hündchen, Mäuslein, Häuslein*, aber: *Freundchen, Dämchen*; Verbalpräfixe, die Benennungen von Handlungen/Tätigkeiten bilden, die gewohnheitsmäßig als negativ bewertet werden: *ver-, zer-* : *zerreden, sich zerstreiten, versalzen, verlaufen*. Präfixe können die negativen Inhalte von Adjektiven noch verstärkt negativ bewerten: *erzdumm, erzfaul, grundhäßlich, superfaul*. Suffixe der Krankheitsbenennungen bewerten außerhalb des onomasiologischen Bereichs der Krankheiten negativ: *Substantivitis, Konjunktivitis*; Suffixe zur Bildung negativer Personenbenennung, wie *-ling* und *-bold*, oder auch Vornamen dienen der Bildung solcher negativ bewertenden Personenbezeichnungen: *Tugendbold, Raufbold, Trunkenbold, Schreiberling, Dichterling, Emporkömmling, Streberling, Sonderling, Ehrgeizling, Heulsuse, Heulpeter, Zigarrenfritze, Fußballheini* (vgl. LADISSOV 1981). Adjektivsuffixe treten mit negativer Bewertung auf: *kindisch, herrisch, weibisch, hündisch, knechtisch*. Bei Verbalsubstantiven wird durch *Ge- e* und *-erei/-elei* das Gefühl des Überdrusses und Unmutes ausgedrückt: *Gelaufe, Gerenne, Lauferei, Rennerei*.

Bei Komposita kann eine wertend-emotionale Konstituente auch auf die zweite Konstituente einwirken und damit Wertungen auf die ganze Wortbildungskonstruktion übertragen

neutral	positiv	negativ
fein	*extrafein*	*stinkfein*
bunt	*frühlingsbunt*	*grellbunt*
grün	*zartgrün*	*giftgrün*
gelb	*sonnengelb*	*schmutziggelb*
	goldgelb	*strohgelb*

Eine eingehende Darstellung der Expressivität von Wortbildungselementen (-modellen) geben BYKOVA 1973, LADISSOV 1981.

Als Gefühlswert soll aber nur eine solche Komponente bezeichnet werden, die usuell emotionale Wirkungen hervorruft. Der Gefühlswert kann auf Eigenschaften des Denotats beruhen, weil die Denotate bei der Mehrzahl der Angehörigen einer Sprachgemeinschaft positive oder negative Gefühle erzeugen. So benennen die Wörter *schlüpfrig, schlierig, schleimig* Eigenschaften, die von den meisten Menschen als unangenehm empfunden werden. Diese Gefühle wider das Denotat werden auch auf die Benennungen übertragen. Deshalb eignen sich solche Wörter auch für metaphorische Übertragungen mit stark negativem Gefühlswert: *schlüpfrige Reden, eine muffige Atmosphäre. Zart, behaglich, gemütlich, sanft, duftig, wohlig, mild, lieblich* hingegen erwecken positive Gefühle. Sie können als Modewörter auftreten. So wird in den Modezeitschriften unserer Tage durch die Wörter *dezent, modisch, attraktiv, sportlich* geworben, während vor 50 Jahren noch *schick, charmant, elegant* das Gefühl besonders ansprachen und Wertvorstellungen prägten. Als Substantive mit starkem denotativ begründetem Gefühlswert seien genannt: *Schlamm, Sumpf, Morast, Aas, Kadaver.* Diese Gefühlswertigkeit haftet auch dem übertragen gebrauchten Wort an: *Kadavergehorsam, Sumpfblüten* und kann Ursache für die Festigung des übertragenen Gebrauchs sein: *moralischer Sumpf.*

Gefühlswert besitzen auch diejenigen Wörter, die als Schimpf- und Scheltwörter verwendet werden. Mit ihnen bringt die Sprachgemeinschaft ihre Einschätzung von Menschen und Dingen zum Ausdruck: *Büttel, Handlanger, Scherge.*

Gefühlswert kann auch durch die assoziative Sphäre des Wortes erzeugt werden. Diese assoziativen Beziehungen können sowohl vom Formativ als auch vom Denotatsbereich ausgehen: die Quelle der Assoziationen kann einmal der Umgang mit der Sache, aber auch der Umgang mit den Wörtern sein. *Krüppel* weckt negative Begleitvorstellungen, die durch das euphemistische *Körperbehinderter, Gehbehinderter* gemildert werden sollen. Starke assoziative Bindungen von *frei* an positive Bereiche einerseits und starke negative Beziehungen von *Mord* erklären die unterschiedliche Emotionalität von *Freitod* und *Selbstmord* (Vgl. hierzu auch die Problematik der Motivation 5.3.).

Im Text kann der Gefühlswert auf Kontextpartner übertragen werden. Zum Beispiel soll das Adjektiv *grau* als wertfrei betrachtet werden. Je nach Kontext nimmt es Wertungselemente und Gefühlswert seiner Partner an: *sie trug ein elegantes, graues Kostüm. Elegant* ordnet *grau* positiv ein. Anders bei *ein trister, grauer Morgen; triste Straßen, graue Häuser*; hier wird *grau* zum Bestandteil negativ bewertender Aussagen. Auch das Adjektiv *alt* ist offen für positive und negative Wertungskomponenten. Entsprechend der Einschätzung, ob das Altern die Qualität erhöht, kann *alt* positive oder negative Wertungen implizieren: *alter Wein, alter Freund, alte Tradition; alte Kleider, altes Gerümpel.* Vgl. zu Nebensinn und Gefühlswert ERDMANN 1910.

7.4.2. Bedeutung – Begriff – Sachwissen

Entspricht die Kenntnis der Wortbedeutung der Kenntnis der Sache? Sind Denkeinheiten (Begriffe, Konzepte) mit Wortbedeutungen identisch? Die Antwort auf diese Fragen ist nicht leicht zu finden. In der Literatur gehen die Meinungen darüber weit auseinander. LUTZEIER (1985) überschreibt ein Kapitel mit „Sprachliches Wissen vs. enzyklopädisches Wissen?" (78). Schon die terminologische Vielfalt der „Wissensbenennungen" – Sachwissen, enzyklopädisches Wissen, Weltwissen, außersprachliches Wissen, nichtsprachliche Bedeutung usw. – läßt erkennen, daß hier ein wichtiges Problem kontrovers diskutiert wird. Daß diese Diskussion zustande kam, verdanken wir vor allem der Lexikographie. Sie begann mit der Kritik an Wörterbüchern und Wörterbucheintragungen. HARRAS fragte auf dem VII. Internationalen Germanisten-Kongreß „Bedeutungsangaben im wörterbuch – Scholastische übungen für linguisten oder verwendungsregeln für benutzer?" (1986, 134ff.). Sie schreibt: „Meist hat diese [die Bedeutungsangabe. T. S.] innerhalb linguistischer überlegungen eine art von bestätigungs- oder integrationsfunktion, d. h. die repräsentation von bedeutungen im wörterbuch werden aufgefaßt als meist mehr schlechte als rechte reproduktionen semantischer analysen relativ zu einer bestimmten bedeutungstheorie" (1986, 134). Das bestätigt ein Blick auf den Wörterbuchartikel *Hund* im HDG: „in zahlreichen Arten vorkommendes, weltweit verbreitetes Raubtier mit aufrechtstehenden Ohren, hängendem, buschigem Schwanz, nackter, feuchter Schnauze und nicht zurückziehbaren stumpfen Krallen; der Wolf gehört zu den Hunden" (590). Der Artikel zeigt, daß die Autoren versuchten, die Bedeutung zu beschreiben, indem sie aus der Begriffsanalyse Merkmale gewannen, die wiederum in der Definition zusammengefaßt wurden. Dabei wird das Bemühen sichtbar, die Bedeutung von *Hund* möglichst restfrei von benachbarten Bedeutungen (etwa von *Katze*) abzugrenzen. Ein solcher Wörterbucheintrag scheint zu bestätigen, daß Bedeutungsbeschreibungen Sachbeschreibungen auf der Grundlage möglichst genauer Merkmalserfassungen sind.

Aber nicht allein die Wörterbucheinträge, sondern auch die Klassifizierung der Wörterbücher selbst führte zu der Frage nach den Möglichkeiten der Abgrenzung von Sprach-, Sach- oder Weltwissen, von Begriff und Bedeutung.[25] WIEGAND fragt:

---

[25] Vgl. auch ›Probleme der semantischen Analyse‹ 1977, 284ff. Der XIV. Internationale Linguistenkongreß behandelte diese Fragen vor allem unter psychologischem Aspekt. Vgl. KLIX 1987. In seine Auseinandersetzung mit dieser Problematik bezieht LUTZEIER auch STACHOWIAK (1979) mit ein: „Stachowiak (1979) glaubt psychologische Evidenz für die Trennung zwischen lexikalischer Bedeutung und enzyklopädischer Bedeutung gefunden zu haben. Er nahm sich hierfür aphasische Patienten vor. Patienten also, die eventuell durch einen Unfall plötzlich starke Sprachschwierigkeiten aufweisen, die sie vorher nicht hatten. Stachowiaks Grundidee ist folgende: Stimmt das sprachliche Wissen mit dem enzyklopädischen überein, dann müßten die semantisch-lexikalischen Störungen bei der Aphasie einer konzeptuellen Störung im Bereich des enzyklopädischen Wissens gleichkommen (249). Nun ist mehr oder weniger anerkannt, daß es sich bei Aphasie in erster Linie um eine Sprachstörung und nicht so sehr um eine Denkstörung handelt" (LUTZEIER 1985, 83). LUTZEIER kommt zu folgender Auffassung: „... keines dieser Resultate zwingt uns, mit

„Was eigentlich ist Fachlexikographie?" (WIEGAND 1988, 729). In diesem Zusammenhang geht es dann um „Sprach- versus Sachlexikographie" und, davon abhängig, um „linguistische und enzyklopädische Angaben in Nachschlagewerken". WIEGAND geht davon aus, daß der, der die Bezugsregeln für Ausdrücke beherrscht, ein Wissen darüber besitzt, was das Bezeichnete ist. Er nennt dieses Wissen *gegenstandskonstitutives Bedeutungswissen*.

> Das gegenstandskonstitutive Bedeutungswissen, das sich im usuellen Gebrauch des Ausdruckes zeigt, ist derjenige Teil des Bedeutungswissens, der als ein ausgezeichneter Teil des enzyklopädischen Wissens aufgefaßt werden kann [...]. Ausgezeichnet ist dieses Wissen dadurch, daß es – relativ zu bestimmten Sprechergruppen – aufgrund mehr oder weniger gemeinsamer Lebensgewohnheiten mehrheitlich akzeptiertes, und daher relativ stabiles (sog. ‚gesichertes') gemeinsames Wissen ist, das (meistens) aus einem Kategorienwissen besteht, dem ein stereotypisches Wissen assoziiert ist, so daß die Gegenstände als unterschiedene sprachlich konstituiert sind. Warum das gegenstandskonstitutive Bedeutungswissen gerade dieses oder jenes und kein anderes ist, kann nur historisch, nicht aber biologisch oder universalistisch erklärt werden [...] (1988, 773).

So kommt dann WIEGAND zu der – plausiblen – Schlußfolgerung, daß das gegenstandskonstitutive Bedeutungswissen nicht strikt vom enzyklopädischen (Sach-, Welt-) Wissen getrennt werden kann. Nach welchen Kriterien sollte das auch geschehen? Wenn die Bedeutung eines Wortes anzugeben ist, m u ß die Beziehung auf das Bezeichnete hergestellt werden. Wir verbinden allerdings auch mit dem Wort nichtbegriffliches, nichtenzyklopädisches Wissen (vgl. 7.4.1.). LUTZEIER kommt nach Prüfung gegenteiliger Auffassungen auch zum Schluß: „Es kann von keiner Trennung zwischen sprachlicher und nichtsprachlicher Bedeutung in sinnvoller Weise gesprochen werden" (1985, 86).

Immer greifen in der sprachlichen Kommunikation mehrere Kenntnissysteme ineinander – sprachliche (grammatische, semantische, phonologisch-phonetische) und enzyklopädisches und Handlungswissen. Diese Kenntnissysteme können zwar als durch ihre jeweilige Spezifik relativ eigenständige Systeme betrachtet werden (manche Linguisten sprechen auch von M o d u l e n), aber sie sind miteinander verbunden, bedingen einander. Weltwissen ist gleichermaßen Voraussetzung und Resultat des Bedeutungswissens. Mit Lexemen wird Weltwissen erworben, gespeichert und ausgebaut. WIEGAND hat das Verhältnis alltäglicher Wissensarten in einem Schema veranschaulicht (vgl. WIEGAND 1988, 774).

Unser lexikalisches Wissen regelt somit Wortgebrauch und Wortverstehen unter Bedingungen, die zunächst außersprachlicher Natur sind. Wir orientieren uns am Gegenstand (Sachwissen wird aktualisiert), berücksichtigen die Kommunikationssituation (Handlungswissen wird eingesetzt) und wählen das sprachliche Material entsprechend der Einschätzung der Situation und des Sachverhalts, des Kommunikationsgegenstandes.

Wenn wir von Wortbedeutungen als „Wissen" sprechen, ist es erforderlich, die Psychologie zu Rate zu ziehen, denn „Wissen" und „Begriff" sind psychologische

---

diesem Test die Unterscheidbarkeit von sprachlich-lexikalischem Wissen und enzyklopädischem Wissen als erwiesen anzusehen" (ebd., 84).

Kategorien. Die Gedächtnispsychologie definiert den Begriff als Einheit des in unserem Gedächtnis gespeicherten Wissens. Die „Welt der Begriffe" ist die „Welt unseres Wissens" (HOFFMANN 1986, 8).

Bezogen auf unsere vielfältigen Verhaltensziele, sind immer nur *einige* Eigenschaften der Objekte und Erscheinungen bedeutsam. Alle Objekte, die hinsichtlich solcher Eigenschaften gleich sind, können insofern zusammengefaßt werden, als sie alle, trotz sonstiger Unterschiede, in der Lage wären, bei der Realisierung eines Verhaltenszieles die gleiche Funktion zu übernehmen. Dieser objektive Zusammenhang zwischen einigen Eigenschaften der Objekte und ihrer Eignung für Funktionen wird in der begrifflichen Widerspiegelung unserer Umwelt ausgenutzt; er liegt der Bildung von Begriffen zugrunde. Begriffe sind definierbar als kognitive Zusammenfassung von Objekten und/oder Erscheinungen nach gemeinsamen Funktionen in der Realisierung von Verhaltenszielen. So kommt es, daß die Welt der Erscheinungen in ständiger Veränderung begriffen ist, die Welt der Begriffe aber weitgehend konstant bleibt (HOFFMANN 1986, 10f.).

So gleichen sich die Darstellungen der Begriffsbildung und der Herausbildung von Wortbedeutungen. Begriffsbildung erfolgt weitgehend sprachgebunden, die „Basis" der kognitiven Zusammenfassung sind die Formative sprachlicher Zeichen. Anders gesagt: mit der Benennung wird der Begriff konstituiert oder hypostasiert (nichtsprachliche Zeichen sind meist sekundäre Zeichenbildungen und beruhen letztlich auf sprachlichen Zeichen). HOFFMANN möchte aus diesem Grund Begriff und Bedeutung identifizieren: „Das Verstehen der Bedeutung eines Wortes heißt nichts anderes als die Aktivierung des (oder der) mit ihm assoziierten Begriffes (Begriffe)" (1986, 13). Hier sei vermerkt, daß die Erkenntnisse der Psychologie von der Wissensspeicherung, -gewinnung und -aktivierung außerordentlich bedeutsam für die Erklärung der Wortbedeutung sind.

In der sprachlichen Kommunikation, vermittelt durch eigene Erfahrungen, erwirbt man Alltags- oder vorwissenschaftliche Begriffe, deren „Wechselbeziehungen zu anderen Begriffen oft entstellt sind". Wesentliches ist vom Unwesentlichen nicht genügend abgegrenzt. Die Psychologie untersucht Begriffe nicht als isolierte Phänomene, sondern in ihren Beziehungen zu anderen Begriffen, in ihren Vernetzungen. Sie untersucht den Prozeß der lernabhängigen Klassifikation von Objekten und Erscheinungen, untersucht die Wege der Aktivierung und die Bedingungen der Begriffsspeicherungen. Aber auch sie kann ihren Gegenstand nur erfassen, wenn sie sich ihm in seiner sprachlichen Gestalt nähert. Hier treffen sich Psychologie und Sprachwissenschaft. Aussagen über psychische Prozesse setzen Verbalisierung und damit Objektivierung der Begriffe voraus. Die Mehrzahl psychologischer Experimente mit dem Ziel, Begriffsbildung und -vernetzung, Speicherung und Aktivierungswege zu untersuchen, brauchen das Wort als Existenzform des Begriffes. Dennoch darf nicht übersehen werden, daß der Psychologe mit „Wortmarken" operiert. Ihn interessiert der begriffliche Kern der Bedeutung, weniger die Gesamtheit der mit dem Wort verbundenen Kenntnisse.

Da aber der Begriff primär an sprachliche Materialisation gebunden ist, nur in sprachlicher Gestalt objektivierbar ist, wird der Begriff zur Wortbedeutung, wenn er als gedankliche Einheit auf ein Formativ bezogen wird. So gelangen wir auch von den Erkenntnissen der Psychologie ausgehend zu dem Ergebnis, daß Begriff

(Sach-, Welt-, enzyklopädisches Wissen) und Wortbedeutung nicht strikt voneinander getrennt werden können.

Nun gibt es Wörter, die zwar eine Bedeutung haben, aber nicht begriffstragend sind. Es handelt sich u. a. um Funktionswörter, um Präpositionen, Konjunktionen, Pronomen, Artikel. Diese Wörter haben eine Bedeutung – eine redeorganisierende Funktion.[26] Partikeln, kommunikative Formeln nutzen wir mit kommunikativen Absichten. Auch ihnen kann keine sachlich-begriffliche Bedeutung zugeschrieben werden. Allerdings haben sie mit diesen Funktionen Anteil an der Vermittlung von Sachwissen, ohne selbst Träger einer begrifflichen Bedeutung zu sein.

Ein Lexem hat neben seinem begrifflichen Kern weitere Merkmale, oder: anders ausgedrückt, es verbinden sich mit dem Wort weitere Kenntnisse. Als sprachliche Einheit kann es zu arealen Subsystemen gehören, es kann ein Fachwort oder ein Element eines Sonderwortschatzes sein (vgl. konnotative Bedeutung). Begrifflicher Kern und denotative Bedeutung aber fallen weitgehend zusammen. Daher wäre es auch möglich, die denotative Bedeutung als sprachspezifischen und kommunikativ geprägten Alltagsbegriff zu bezeichnen. Das schließt jedoch ein, daß ein und derselbe Begriff als Bedeutung verschiedener Wörter auftreten kann: Der Begriff ‚Ehemann' wird zur Bedeutung der Wörter *Ehemann, Gatte, Gemahl, Mann* und zahlreicher salopper Ausdrücke. Der Begriff ‚schnelles Laufen' wird zur Bedeutung der Wörter *rennen, flitzen, rasen*. Einerseits enthalten also Bedeutungen Wissenskomponenten, die nicht sachbezogen sind, andererseits werden in der

---

[26] Es gibt unterschiedliche Auffassungen darüber, was man als grammatische Bedeutung bestimmen kann, vor allem auch darüber, wodurch grammatische Bedeutungen repräsentiert werden. Vgl. „grammatische B. (auch Beziehungsbedeutung) der grammatischen (formenbildenden) Elemente (z. B. Endungen)" (›Kleines Wörterbuch sprachwissenschaftlicher Termini‹). Anders die Auffassungen, nach denen grammatische Kategorien, wie Plural, Tempora Bedeutungsträger sind. Vgl. dazu die Auseinandersetzungen mit jenen Linguisten, die die grammatische Bedeutung als abstrakter als die lexikalische betrachten. Allgemeine Sprachwissenschaft, Bd. II, S. 163: „So charakterisiert man die lexikalischen Bedeutungen gewöhnlich als ‚stofflich', ‚konkret' und die grammatischen als ‚formal', ‚abstrakt'. Aber oft läßt sich der Unterschied zwischen beiden Bedeutungstypen nur schwer als ‚konkret' und ‚abstrakt' interpretieren... Deshalb sagen viele Linguisten lieber, daß es lexikalische (nominativische) und syntaktische (oder relationelle) Bedeutungen und unabhängig von dieser Einteilung grammatische und nichtgrammatische Bedeutungen gibt." So teilt UFIMCEVA (Allgemeine Sprachwissenschaft, Bd. II, 370) die Wortzeichen ein nach

signifikativ nominativ	nominativ	stellvertretend hinweisend	kopulativ
semantisch (lexikalisch)		funktional (grammatisch)	
autosemantisch	synsemantisch	synsemantisch	autosemantisch
Appellativa Verben, Substantive, Adjektive	Eigennamen	Vertreter: Proverben, Pronomen	kopulativ Präpositionen, Konjunktionen

sprachlichen Kommunikation, beim Wortgebrauch, niemals alle begrifflichen Merkmale aktiviert. Die Wortbedeutung wird oft nur als Konturenwissen mit vagen Randzonen aktualisiert. Im HDG wird die Bedeutung des Wortes *Kreuzotter* angegeben: „*die grau oder rotbraun gefärbte Otter Europas mit kreuzförmig dunkler Zeichnung auf der Oberseite*" (S. 690). Das Wort wird in einer bestimmten Situation als Warnung, als Schreckensruf verstanden und benutzt, ohne daß der Kommunikationsteilnehmer über alle begrifflichen Merkmale verfügen muß. Ist mit Hilfe des Konturenwissens das Denotat erkannt, steuert dieses Wissen, situativ eingebettet, die weitere Aktivierung. So verbinden wir mit *Kreuzotter* ‚giftig' oder auch nur den traditionell verfestigten Gefühlswert ‚eklig'. Daß ein Zoologe ganz andere Einstellungen zu diesem Tier haben kann, widerspricht dem nicht, sondern ist nur Ausdruck der Variabilität von Wortbedeutungen.

Aus dem Widerstreit der Meinungen lassen sich folgende Einsichten zusammenfassen: Ohne Zweifel wird semantisches Wissen, d. h., Wissen, worauf ein Wort usuell anwendbar ist, in welchen semantischen Zusammenhängen es stehen kann, mit Sachwissen, mit Wissen vom Bezeichneten, erworben und gespeichert. Dabei gehen nicht alle gesellschaftlich existenten Erkenntnisse in die Wortbedeutung ein. Kommunikativ bedeutsam werden aber auch solche Kenntnisse, die sich nicht aus dem Umgang mit der Sache, sondern aus dem Umgang mit dem Wort ergeben. Es sind Kenntnisse, in denen sich kommunikative Rahmenbedingungen, die Stellung des Wortes im Sprachsystem, funktionale Spezifika, gesellschaftliche Einstellungen zur Sache, Urteile und Vorurteile widerspiegeln und verfestigen.

Kommunikativ bedeutsam werden auch solche Kenntnisse, die sich – sprachlich gestützt – mit dem Bedeutungswissen verbinden, ohne zur im engeren Sinne denotativen Bedeutung zu gehören. Sprachlich vermittelte soziale und kulturelle Traditionen, Urteile und Vorurteile prägen den sogenannten soziokulturellen Kontext, das soziokulturelle Hintergrundwissen. Dieser soziokulturelle Background (MALINOWSKI [10]1960) überlagert oder unterlegt unser semantisches Wissen. Ist z. B. die Rede davon, daß jemand in den dreißiger Jahren im *Hinterhaus* wohnte, dann gehören zum Bedeutungswissen auch soziale Komponenten, die sich aus der Situation der Bewohner von Hinterhäusern ergaben: Hinterhäuser, Hinterhöfe in den Großstädten gehörten in den soziokulturellen Kontext des Lebens der Proletarier. Dieses Wissen ist nicht erfaßt in der Wörterbuchdefinition: „das Haus hinter dem an der Straße gelegenen Haus" (HDG 570) und „der von (dem Vorderhaus und Hinterhäusern) eingeschlossene Hof" (HDG 570). FALLADAs Romantitel ›Wer einmal aus dem Blechnapf fraß‹ wäre ohne sozialen Hintergrund bei einem Bedeutungsverständnis *Blechnapf* = ‚blecherne Schüssel' allein nicht zu verstehen. Eine Aussage „Sie trägt schwarz" bedeutet mehr als nur eine Aussage über die Farbe der Kleidung. Unter *unseren* kulturellen Bedingungen gilt schwarz als die Farbe der Trauer. Das läßt sich auf den ganzen Bereich der Farbsymbolik ausdehnen. Auch solche Benennungen, die Symbole benennen, erfordern für ihr Verständnis kulturelles Hintergrundwissen. Mit *Schleier* verbindet sich das Wissen, daß er Symbol der Braut ist. Im DUDEN-Bedeutungswörterbuch finden wir lediglich den Eintrag „(den Kopf und das Gesicht oder auch darüber hinaus den ganzen Oberkörper verhüllendes) feines, zumeist durchsichtiges Tuch" (DUDEN 555). Mit verschiedenen Benennungen von Speisen werden kulturelle und soziale Einschätzungen mitgedacht. *Braten* bedeutet mehr als nur ‚gebratenes Fleisch', *Kaviar* schließt ‚besonders teuer' mit ein. Die immer wieder beschriebene Tatsache, daß man mit dem Wort gut umgehen kann, auch wenn das Sachwissen nur als Konturenwissen existiert, bestätigt, daß in Abhängigkeit von kommunikativen Intentionen und Situationen nur Ausschnitte des Sachwissens kommunikativ relevant werden. Aber ebenso richtig ist: Selbst wenn man Fachwissen vom benannten Objekt besitzt, kann man manche Kommunikationssituation nicht ohne das entsprechende Sprachwissen bewältigen. Zu diesem Sprachwissen gehören die konnotative Bedeutung, gehören soziokulturelles Hintergrundwissen ebenso wie die Kenntnisse, die als Präsuppositionen beschrieben werden.

7.4.3. Bedeutung und Fachwissen

Ebenso wenig, wie es möglich ist, zwischen Bedeutungsbesitz und Sachwissen des Alltags eine strenge Grenze zu ziehen, ebenso wenig sind wir imstande, Wortbedeutung und Fachwissen streng zu unterscheiden; denn Fach- und Laienwissen sind in solchen Bereichen, die auch im Alltag eine Rolle spielen, schwer voneinander abzugrenzen. Fachwissen eignen wir uns wissenschaftlich an, wir übernehmen terminologisch geformtes Sprachmaterial mit mehr oder weniger exakt definierter Bedeutung. Diese wird die Merkmale enthalten, die für das Operieren mit Begriffen im Erkenntnisprozeß der jeweiligen Wissenschaft wesentlich sind. Um das Beispiel *Kreuzotter* noch einmal aufzugreifen: das Wort ist für den Durchschnittssprecher in solchen Situationen wichtig, in denen ihm z. B. Gefahr von dem Tier droht, wenn er über den Naturschutz oder allgemein über Tiere kommuniziert. Für ihn sind die dominierenden Merkmale die Tatsache, daß das Tier eine Schlange ist, das Giftzähne hat und unter Naturschutz steht. Die fachwissenschaftliche Beschreibung hingegen betont die Merkmale, die den Begriff in die wissenschaftliche Systematik einordnen: „Kreuzotter, bis 75 cm, Lebensraum: Ödland, sandreiche Waldränder, Heide, Wiese, Moore, im Gebirge sonnige Matten und Geröllhalden. Giftschlange; lebendgebärend, 5–18 Junge im Aug./Sept...."[27]

Es hängt mit der Popularität und dem Eindringen fachwissenschaftlicher Erkenntnisse in den Alltag breiter Kreise der Bevölkerung zusammen, ob auch terminologisches Wortgut in die Gemeinsprache übergeht. So kann sich die Grenze zwischen gemeinsprachlicher und fachsprachlicher Bedeutung verschieben. WICHTER hat 1986 im Zusammenhang mit sprachtheoretischen Überlegungen zu signifikantgleichen Zeichen von Fach- und Laienbedeutung gesprochen (244ff.) Es geht um Wörter, die neben der fachsprachlichen eine gemeinsprachliche Bedeutung haben, wie *Masse* (Physik), *Norm* (Ethik, Sprachwissenschaft), *Laut* (Sprachwissenschaft), *Pflanze* (Biologie), *Menge* (Mathematik).

---

[27] Nach ›Schlag nach. Natur‹. Leipzig 1954.

> Handelt es sich um ein einziges Zeichen mit zwei Varianten, einer fachsprachlichen und einer laienhaften bzw. gemeinsprachlichen, von denen die eine Variante das Ideal, der Maßstab ist und die andere Variante lediglich eine unvollkommene Approximation? Oder liegen tatsächlich zwei verschiedene signifikantgleiche Zeichen vor, deren Bedeutungen zwar eng und vermutlich regelhaft zusammenhängen, jedoch nicht identisch, vielmehr so deutlich verschieden sind, daß mindestens die Laienbedeutung nicht gegen die fachliche Bedeutung substituierbar ist und oft auch das Beharren auf der fachlichen Bedeutung in bestimmten Situationen als unangemessen empfunden werden kann? (WICHTER 1986, 245).

Daß über die Wechselbeziehungen von gemeinsprachlicher und fachsprachlicher Bedeutung noch manche Unklarheit besteht, zeigt auch ein Blick in viele Bedeutungswörterbücher. Oftmals waren die Autoren bestrebt, die Bedeutungseintragung am wissenschaftlichen Begriff zu orientieren und möglichst viele Merkmale aus der wissenschaftlichen Beschreibung zu übernehmen. Vgl. z. B. HDG: *Blume*: „bedecktsamige, meist krautige Pflanze, die Blüten hervorbringt" (193). Das DUDEN-Bedeutungswörterbuch verzichtet auf das fachsprachliche *bedecktsamige* und definiert (der Gemeinsprache näher): „im allgemeinen niedrig wachsende, krautige, grüne Pflanze, die Blüten hervorbringt" (S. 152). *Blut* wird im HDG angegeben: „durch die Tätigkeit des Herzens in Bewegung versetzte, in den Blutgefäßen von Mensch und Tier zirkulierende rote Flüssigkeit aus Blutplasma und festen Bestandteilen, bes. den roten und weißen Blutkörperchen, die lebenswichtige Funktionen erfüllt" (S. 194). Die knappe Beschreibung im DUDEN-Wörterbuch ist dagegen eine durchaus ausreichende Bestimmung der denotativen Bedeutung: „Im Körper des Menschen und vieler Tiere zirkulierende rote Flüssigkeit" (S. 152).

7.4.4. Konnotative Bedeutung

Mit dem Wortformativ verbinden sich Kenntnisse vom Benannten und Kenntnisse von den kommunikativen Rahmenbedingungen der Wortverwendung, die denotative und die konnotative Bedeutung. Es gibt zu Konnotationen eine umfangreiche Literatur; denn sie werden sowohl von der Psychologie als auch von verschiedenen linguistischen Disziplinen untersucht. Man spricht von Wort-, Satz- und Textkonnotationen; sieht in ihnen teils subjektive, individuelle, teils objektive, usuelle sprachliche Erscheinungen.[28] Aber den unterschiedlichen Erklärungen sind einige

---

[28] Da in den letzten Jahren der Status der Konnotationen immer noch (immer wieder) diskutiert wurde, sei hier nochmals auf Literatur verwiesen, in der von unserem Buch abweichende Auffassungen vertreten werden: SCHUMANN, H.-B.: Gehoben – bildungssprachlich – prestigious – veraltend. In: LS/ZISW/A 122. 1985; SCHIPPAN, Th.: Konnotationen – ein noch immer aktuelles lexikologisches Problem. In: ZfGerm. 3/1987, 354–360. LUDWIG, K.-D.: Zum Status des Nicht-Denotativen und seiner Darstellung in einsprachigen Wörterbüchern der deutschen Gegenwartsspache. In: LS/ZISW/A 109. 1983. SCHUMANN, H.-B.: Kann die lexikographische Beschreibung vermeintlich stilistischer Konnotationen unter Beibehaltung des Schichtenmodells verbessert werden? In: ZPSK 3/1987, 404–416. Eine wichtige Veröffentlichung zu dieser Frage ist auch LERCHNERS ›Semantische Struktur, pragmatische Markiertheit und (stilistische) Gebrauchspräferenz lexisch-semantischer

Züge gemeinsam: Konnotationen sind über die denotative Bedeutung hinausgehende Informationen, die mit einem Formativ verbunden sind. Sie signalisieren usuelle kommunikative Rahmenbedingungen der Wortverwendung.

Deshalb definieren gängige Wörterbücher linguistischer Termini Konnotationen – der Benennung *con-notare* entsprechend – als zusätzliche Informationen. Allerdings gibt es bei der näheren Bestimmung dieser zusätzlichen Informationen beträchtliche Unterschiede. Es werden einmal Informationen über den Sender, über die historischen und sozialen Bedingungen des Wortgebrauchs, zum anderen über die Stellung des Lexems in lexikalischen Subsystemen genannt. LEWANDOWSKI verzeichnet eine ganze Reihe von Begriffsbestimmungen, die sich aber z. T. auf völlig andere sprachliche Erscheinungen beziehen. Nur mit der Angabe unter 1) wird der hier zur Debatte bestehende Problemkreis berührt.

> 1) Komponente einer → Wortbedeutung/ → Äußerung. a) Zusätzliche Bedeutung, Nebensinn; emotionale, die Grundbedeutung begleitende Vorstellungen; semantisch-stilistische Nuancierungen, die nicht individuell sind. Bestimmte K. sind für die Wahl von → Synonymen entscheidend... Bloomfield... weist auf die sozialen und regionalen Bedingungen der K. hin. b) Zusätzliche emotionale, expressive, stilistische Nebenbedeutungen, welche die sich auf den Gegenstand der Wirklichkeit beziehende Grundbedeutung oder → denotative Bedeutung überlagern. c) konnotativer Kode; emotionale → Information, ihre nicht nur individuellen gefühlsmäßigen Wertungen und Begleitvorstellungen [...] (1976, 344).

Im Band III der ›Allgemeinen Sprachwissenschaft‹ werden Konnotationen als „Relationssemantik" bezeichnet.

> Die Relationssemantik (Strukturbedeutung) eines Wortes charakterisiert seine Stellung im Sprachsystem, seine Distribution in der semantischen und formalen Struktur der Sprache sowie seine Häufigkeit. Zu den Relationseigenschaften des Wortes zählen seine Valenz, Stilfärbung (z. B. Zugehörigkeit zur Schreibsprache, Umgangssprache, saloppen Redeweise usw.), Veraltetheit, Neugeprägtheit usw. Die Relationsbedeutung der Wörter wie der Phoneme haben zum Unterschied von den lexikalischen Bedeutungen im traditionellen Sinne keine Korrelate (Referenten) in der objektiven Wirklichkeit [...] Somit erweist es sich, daß vieles in der Sprache konventionell, durch die Gesellschaft festgesetzt ist. Die Sprache widerspiegelt dabei nicht so sehr die Gesetze unserer Umwelt als vielmehr die von den Sprachträgern geschaffenen Normen des Sprachgebrauchs" (Bd. I, 69f.).

Hier werden solche Eigenschaften sprachlicher Zeichen genannt, die auch als Konnotationen bezeichnet werden.

HELBIG definiert: „*konnotativ:* sich nicht nur auf den reinen Gegenstand in der Wirklichkeit beziehend, sondern zusätzliche – semantische, stilistische, emotionale, expressive, wertende – Bedeutungselemente enthaltend, die mit der Grundbedeutung verknüpft sind: Ggs. denotativ" (1969). Hier wird *konnotativ* als Gegensatz zu *denotativ* aufgefaßt. Auf eine solche Unterscheidung deutet auch der Eintrag im ›Sprachwissenschaftlichen Wörterbuch‹ (von J. KNOBLOCH 1974 herausgegeben): „Denotatum ist das mit einem bestimmten Zeichen in einer Äußerung Gemeinte, bei dem man von einer weiteren Charakterisierung (vgl. Konnotation) absieht". Bei ACHMANOVA heißt es: „Dopolnitel'noje soderžanije slova (ili vyraže-

---

Einheiten. Zur Kritik des ›Handwörterbuchs der deutschen Gegenwartssprache‹ unter soziolinguistisch-pragmatischem Aspekt. In: ZPSK 2/1986, 169–181.

nija), ego soputstvujuščie semantičeskie ili stilističeskie ottenki, kotorye nakladyvajutsja na ego osnovnoe značenie, služat dlja vyraženija raznogo roda ekspressivno – emocional'no – ocenočnych obertonov i mogut pridavat' vyskazyvaniju toržestvennost', igrivost', neprinuždennost', famil'jarnost' [...]" (1966).

Die „Obertöne", diese zusätzlichen Informationen, sind nicht additiv mit der denotativen Bedeutung verbunden, sondern überlagern und durchdringen sie, so daß denotative Merkmale zu Konnotationen werden können. Zwischen Denotation und Konnotation bestehen Wechselbeziehungen, durch die der Wortgebrauch geregelt wird.

Im Sprachgebrauch können durch die Konnotationen zusätzliche Informationen über Sprecher/Schreiber, über die Beziehungen zwischen den Kommunikationspartnern und damit über die soziale Situation übermittelt werden.

(1) „Du glaubst, du hast mich jetzt ertappt?"
(2) „In der Beziehung mach ich mir überhaupt keinen Kopp."
(3) „Wenn wir Gesellschaft hatten, mußte ich in der Küche verschwinden zu unseren Mädchen"
(Alle Beispiele aus M. WANDER, Guten Morgen, Du Schöne)

In (1) informiert *ertappen* im Vergleich zum bedeutungsgleichen *überraschen* darüber, daß zwischen den Kommunikationspartnern eine gelockerte Gesprächsatmosphäre herrscht. *Ertappen* ist konnotiert als /vertraut/, /umgangssprachlich/. Beispiel (2) *sich keinen Kopp machen* kennzeichnet die Gesprächssituation ebenfalls als aufgelockert. Außerdem ist es noch nicht sehr lange im umgangssprachlichen Wortschatz als /salopp/ für ‚über etwas nachdenken' und kann so die Sprecherin als noch jüngere Person kennzeichnen. Anders in (3): *Gesellschaft haben* und *Mädchen* für ‚Hausangestellte' können heute als /archaisch/ bezeichnet werden und charakterisieren die Sprecherin als ältere Frau.

Die Beispiele zeigen, daß Konnotation zusätzliche Informationen unterschiedlicher Art terminologisch zusammenfaßt. Hiergegen können natürlich Einwände vorgebracht werden. Dennoch ist es möglich, sie als Information über den Geltungsbereich der denotativen Bedeutung des Lexems zu charakterisieren. Man kann sie umschreiben: *ertappen* ist ein umgangssprachliches Wort für ‚überraschen'; *Mädchen* ist ein archaisches Wort für ‚Dienstmädchen'; *sich keinen Kopp machen* ist ein umgangssprachlicher salopper Ausdruck für ‚nicht nachdenken'.

Diese Umschreibung macht sichtbar, daß Konnotationen nicht das Benannte widerspiegeln, sondern die kommunikativen Bedingungen, unter denen usuell die denotative Bedeutung gilt. Als solche kommunikativen Rahmenbedingungen können Konnotationen verweisen auf

– die **emotionalen Bedingungen** des Wortgebrauchs
Sie bilden sowohl die emotionale Einstellung des Sprechers zum Denotat ab als auch die „kommunikative Höhenlage", die emotionalen Beziehungen zwischen den Partnern. Eine Gesprächssituation kann scherzhafte, ironische, spöttische, zärtliche, abwertende Benennungen fordern. Die Eignung, die Potenz für solche scherz-

haften, ironischen, spöttischen, zärtlichen oder abwertenden Äußerungen besitzen bestimmte Wörter schon kontextfrei, sie können als /scherzhaft/, /ironisch/, /spöttisch/, /zärtlich/, /abwertend/ konnotiert sein. Diese Konnotationen lassen sich als Gebrauchsrestriktionen oder -präferenzen auffassen.

Das heißt aber, daß diese Konnotationen die usuellen Gebrauchsbedingungen signalisieren. Scherzhaft wirken usuell Wörter wie *Drahtesel* für ‚Fahrrad‘, sie können aber auch in bestimmten Situationen als beleidigend, pejorativ aufgefaßt werden. Als abwertend sind z. B. *Köter, Rasenlatscher, Schwarte* (für Buch) konnotiert; zärtlich *Täubchen, Dummerchen, Dickerchen*.

– die kommunikative Ebene des Sprachgebrauchs
Diese Konnotationen markieren die Kommunikationssituation, für die das Wort usuell geeignet ist.

/ungezwungen/, in Wörterbüchern häufig als /umgangssprachlich/ angegeben: *durchdrehen, überschnappen, kreuzlahm sein, nach jemandem schielen*; /salopp/, ebenfalls in ungezwungener Kommunikation, als derbe Ausdrucksweise oft im Widerspruch zum Charakter des Denotats verwendet: *ins Gras beißen, den Löffel abgeben, einen drauf machen, Luder (armes, dummes, kleines L.)*; /offiziell, förmlich/: *Gatte, Gattin, Vermählung*.

– die Funktionsbereiche des Wortgebrauchs /administrativ/ : *Postwertzeichen, Entgelt, Nahverkehrsmittel*; /fachsprachlich/ : med. *oral, rektal*; musik. *largo, Allegretto*.

– die soziale Geltung des Wortgebrauchs
Diese Konnotationen können den Nutzer als Angehörigen einer Kommunikations- oder Sprachgemeinschaft kennzeichnen. Die Soziolinguistik verwendet in diesem Sinn auch den Terminus „soziolinguistisches Differential". Diese Konnotationen können sich mit denen des Funktionsbereiches (z. B. Fachsprache) überschneiden: /Jargon/ : *OP-Saal* (med.); /Jugendsprache/ : *das fetzt, poppig, Erzeuger* (für Vater); /Familie/ : *Opa, Mutti, aufs Töpfchen gehen*.

– die regionale Bindung des Wortgebrauchs
Lexeme können /regional/ konnotiert sein. So findet sich z. B. im WDG der Eintrag: *Lusche* – landsch. „Spielkarte, die beim Zusammenzählen keinen Zahlenwert hat". Lexeme können auch nur mit einem Semem regional gebunden sein: *Lusche* – ‚Versager‘ ist /salopp/ regional nicht begrenzt, wohl aber ‚Spielkarte‘. Im Text können regionale Konnotationen den Sprecher kennzeichnen.

– die zeitliche Gebundenheit des Wortgebrauchs
Wörter können Informationen über den Sprecher, über die historische Gebundenheit eines Kommunikationsereignisses geben. Sie können relativ und absolut in eine Zeit einordnen. Bestimmtes Wortmaterial wird einer historischen Etappe, einer philosophischen oder künstlerischen Strömung zugeordnet und damit zeitlich festgelegt. In der Belletristik wird diese Markierung genutzt, um Zeit- und Sprachkolorit zu schaffen: So benutzt Th. MANN in seinem Roman ›Lotte in Weimar‹ Wortgut

der Goethezeit: „Genug, der *allerhöchste Aufruf* erging, die *Einschreibungen* begannen und siebenundfünfzig *Jäger zu Pferde, zu Fuße*, aber sogar siebenundneunzig kamen zusammen. All unsere *Cavaliere*, die ganze jüngere *Herrenwelt* trug sich ein: *Kammerjunker* von Groß, *Oberhofmeister* von Seebach [...]" (Hervorhebung des konnotierten Wortgutes durch T. S.)

– Ein weiterer Konnotationsbereich ergibt sich aus der Kommunikationsabsicht und den Modalitäten der Sprechhandlung. Die Kommunikationsteilnehmer verinnerlichen Handlungsmuster und damit auch Lexeme, die sich für bestimmte Handlungstypen eignen. Diese Konnotationen können auch die denotative Bedeutung überlagern: *Erlauben Sie! Gestatten Sie!* sind als kommunikative Formeln Mittel der Aufforderung. Die Aufforderungsbedeutung überlagert die Bedeutungen ‚jmdm. die Zustimmung geben', ‚jmdm. etw. ermöglichen'.

– der politische Geltungsbereich des Wortgebrauchs
Wörter können durch ihre Verwendung in politischen Vereinigungen, politischen Gruppen gekennzeichnet sein. Durch den Gebrauch solcher politisch konnotierten Lexeme können sich Sprecher als Glieder politischer Gruppen auszeichnen. Deutlich zeigt sich diese Art der Konnotationen auch an Differenzierungserscheinungen in der Wortschatzentwicklung der Bundesrepublik und der DDR bis 1990. So weisen Wörterbücher Lexeme aus, die entweder nur in der BRD oder nur in der DDR gebraucht wurden. Als konnotiert /DDR/ sind *Sero, Volkssolidarität, LPG, Volkseigentum*, als /BRD/ *Recycling, Seniorenwohnheim* und weitere Komposita mit *Senioren* anzusehen. Es bleibt abzuwarten, ob DDR-konnotiertes Wortgut auch unter veränderten politischen Verhältnissen gebraucht wird.

Diese „Einteilung" der Konnotationen soll nur andeuten, welche usuellen kommunikativen Rahmenbedingungen des Wortgebrauchs im Sprachwissen verfestigt sind. Sie ist weder vollständig, noch werden die zahlreichen Überschneidungen berücksichtigt. Die konnotative Bedeutung regelt wie auch die denotative Bedeutung die Textproduktion und steuert die Bedeutungs- und Sinnerschließung von Texten. Wie die Kenntnis der denotativen Beziehung gehört sie zum lexikalischen Wissen.

Zwischen denotativen und konnotativen Bedeutungen gibt es – synchronisch und diachronisch gesehen – Übergänge. *Köter* ist im HDG eingetragen mit „umg. /emot. neg./Hund", was aufgelöst werden kann mit: *Köter* benennt umgangssprachlich, emotional negativ einen Hund. Im DUDEN-Bedeutungswörterbuch steht dagegen: „a) Hund, dessen Verhaltensweise als ärgerlich empfunden wird, b) (emotional) Hund." ‚ärgerlich' ist einmal als denotatives, das andere Mal als konnotatives Merkmal verzeichnet. Aufgrund der denotativen Bedeutung ist es möglich, das Wort auch als Schimpfwort zu verwenden. Die Autoren der ›Probleme der semantischen Analyse‹ sprechen nicht von Konnotationen, sondern von konnotativen Potenzen:

Solche an ein Zeichen gebundenen Bewußtseinsinhalte reflektieren nicht Merkmale des Gegenstandes der objektiven Realität oder Einstellungen, Emotionen des Zeichenbenutzers zum widergespiegelten Objekt, sondern die Einordnung des betreffenden Zeichens in ein Normensystem der sozialen Verwendungsweisen sprachlicher Mittel [...] Mit der Unterscheidung der Bedeutung von der konnotativen Potenz des Zeichens stellt sich die Frage nach den Kriterien für die Zuweisung von Merkmalen des Zeichens, die in seiner wissenschaftlichen Analyse sichtbar werden, zur denotativen Bedeutung. Als Kriterium dafür, daß ein zu unterscheidender Aspekt eines sprachlichen Zeichens zur (denotativen) Bedeutung des Zeichens zu rechnen ist, soll die Tatsache gelten, daß sich der Aspekt in bezug auf das betreffende Zeichen in einem sprachlichen Ausdruck formulieren läßt, der in bezug auf die abgebildete Erscheinung der Realität verifiziert werden kann (1977, 101f.).

Der Argumentation wie auch dem Ermittlungsverfahren ist insofern zuzustimmen, als Konnotationen nicht durch das Bezeichnete hervorgerufen werden, sondern Abbildelemente der Faktoren sprachlichen Handelns und damit auch Ausdruck sozialer Normen der Sprachverwendung sind.

7.5. Semem als Beschreibungseinheit

7.5.1. Sememstruktur der Wortbedeutung

Eine Wortbedeutung (Langue-Bedeutung) gliedert sich durch unterschiedliche Möglichkeiten syntagmatisch-distributioneller Fügung in „Einzelbedeutungen", in Ko- oder Kontextbedeutungen. Diese Kontextbedeutungen existieren bereits auf der Ebene des Sprachsystems als Möglichkeit, als potentielle Bedeutung. Eine solche Bedeutung nennen wir Semem. Ein Semem ist eine dem Formativ zugeordnete Einheit.

Erzeuger hat folgende Sememe:
S_1 ‚leiblicher Vater eines Kindes' /juristisch/ /Jugendsprache/
S_2 ‚Produzent', ‚jmd., der etw., bes. landwirtschaftl. Produkte, erzeugt (nach WDG)
S_3 ‚Institution' auch ‚Gerät', durch die etwas erzeugt wird: *Stromerzeuger, Gaserzeuger*

Die Sememe eines Wortes bilden seine semantische Mediostruktur (AGRICOLA 1987). Zwischen ihnen bestehen Beziehungen.

Holz hat folgende semantische Mediostruktur:
S_1 – ‚amorpher Stoff' *Holz brennt gut; ein Zimmer mit Holz verkleiden*
　　　　　　　　　　　　　relevant sind hier das Fehlen des Plurals und des unbestimmten Artikels
S_2 – ‚Holzarten' *helle Hölzer, edle Hölzer*
　　　　　　　　　　Plural und unbestimmter Artikel sind möglich
S_3 – ‚Gegenstände aus Holz' *Streichhölzer, Pflanzhölzer*
S_4 – ‚kleiner Wald' *ins Holz gehen*

Die Sememe lassen sich voneinander abgrenzen, wenn sie in unterschiedlichen Distributionen auftreten.

„Semem" als semantische Einheit wird in der Literatur unterschiedlich verwendet. Vereinbar sind die Definitionen, die Sememe als Beschreibungseinheiten für Bedeutungen auf der Ebene der Langue ansehen, die in der Parole aktualisiert werden, vgl. GREIMAS 1966, HEGER 1964, WOTJAK 1971, LORENZ/WOTJAK 1977, ›Studien zu einem Komplexwörterbuch‹ 1987.

Die Abgrenzung des Semems von Sememvarianten ist insofern schwer, als Bedeutungen nicht festumrissene, genau abgrenzbare Einheiten, sondern bewegliche Strukturen sind. Beim Beispiel *Holz* ist es fraglich, ob Semem$_3$, das unterschiedliche Denotate verallgemeinert, als ein Semem aufzufassen ist. Die Semembeschreibung könnte, als Paraphrase formuliert, lauten: *Holz* (Streichholz) – ‚Holz zum Entfachen einer Flamme'; *Holz* (Pflanzholz) – ‚Holz zum Einbohren eines Pflanzloches'.

Das DUDEN-Bedeutungswörterbuch gibt nur zwei Sememe für *Holz* an: „1. (ohne Plural) feste harte Substanz des Stammes, der Äste und Zweige von Bäumen und Sträuchern [...] 2. Holzart"

Im WDG dagegen sind folgende Sememe voneinander abgegrenzt: „1. einen wichtigen Baustoff bildendes, unter der Rinde liegendes Zellgewebe von Bäumen und Sträuchern mit harten, festen, verdickten Zellwänden, die bes. aus Zellulose und Lignin bestehen. 2. Gegenstände aus 1. 3. /ohne Pl./landsch. kleiner Wald, Gehölz".

Wieder anders verfährt das HDG, das die Sememaufgliederung noch weiter vornimmt: „1./o.Pl/festes, hartes Zellgewebe unter der Rinde von Bäumen, Sträuchern, das als Rohmaterial vielseitig verwendet wird – 2. /Pl. Hölzer/ Holzart – 3.1. / Pl./ zugeschnittene längere Teile aus 1. 3.2. /o.Pl./ Gesamtheit der Holzblasinstrumente – 3.3. /Pl./ *Kegeln* einzelner Kegel – 4. /o.Pl./ *landsch.* kleiner Wald.

Diese Wörterbucheintragungen zeigen die Schwierigkeiten, sich für eine Sememgliederung einer Bedeutung zu entscheiden. Es wird aber auch sichtbar, daß nicht nur semantiktheoretisches, sondern auch lexikographisches Interesse an der Klärung dieser Frage besteht.

Daß es sich nicht nur um gelegentliche, sondern um generelle Schwierigkeiten handelt, zeigt die Bedeutungsbeschreibung von Verben. Da semantische „Leerstellen" durch sehr unterschiedliche Kontextpartner besetzt werden können, entstehen viele Sememvarianten. Die Bedeutung von *erneuern* ist z. B. mit drei Sememen im WDG verzeichnet:

> 1. *etwas Altes durch Neues, Frisches ersetzen, gegen Neues, Frisches auswechseln*; die seidenen Bezüge, alle Decken sind erneuert worden; die alten Stauden, Bäume, Pfähle mußten sämtlich erneuert werden, das erneuerte Dach, sich e. *neu werden*: im Frühling erneuert sich die Natur; alles hat sich draußen erneuert. 2. *nahezu Vergessenes wieder in Erinnerung bringen, beleben*: die Bekanntschaft [...] 3. *etw. wiederholen*: ein Gesuch e. [...]

Die Handlungen, die durch Semem$_1$ ausgedrückt werden, sind durch unterschiedliche Verben zu benennen: *Stauden, Bäume e. – pflanzen; Bezüge erneuern – andere Bezüge überziehen; Dach e. – decken.* Man kann diese Bedeutungen als Varianten eines Semems betrachten, wenn als invarianter Oberbegriff ‚ersetzen' angenommen wird. Zwischen Semem und Sememvariante läßt sich keine strenge Grenze ziehen.

Entscheidungen werden allerdings verlangt, wenn es um fremdsprachige Äquivalente geht; denn die Mediostrukturen der Lexeme, die in einer lexisch-semantischen Variante äquivalent sind, unterscheiden sich oftmals von Sprache zu Sprache. Vgl. dazu S. 167.

Der Vergleich der Mediostrukturen polysemer Wörter, deren Denotate gleichen semantischen Klassen angehören, zeigt, daß solche Bedeutungen auch in der Entfaltung der Sememe Ähnlichkeiten aufweisen. So haben z. B. Tierbenennungen gleichartige Mediostrukturen:

Lexem	*Hase*	*Fuchs*	*Adler*	*Löwe*	*Tiger*
Semem$_1$	jeweils alle für die Kommunikation relevanten Merkmale der Denotate ‚Tier'				
Semem$_2$	jeweils alle vom Menschen benutzten ‚Teile des Tieres'				
	‚Braten'	‚Fell'	–	–	–
Semem$_3$	metaphorische Varianten				
	‚ängstl. Mensch'	‚listiger Mensch'	‚kühner Mensch'	‚starker Mensch'	‚Kraft'

So sind Sememe auch voraussagbar, selbst wenn sie (noch) nicht im Sprachgebrauch üblich sind. Jede Sprache entwickelt typische semantische Relationen zwischen den Sememen ein und desselben Wortes. Es handelt sich um reguläre Mehrdeutigkeit. (Vgl. 7.5.2)

7.5.2. Polysemie

Hier sollen zunächst die Erscheinungen betrachtet werden, die APRESJAN (1974) als „reguläre Mehrdeutigkeit" bezeichnet hat. Die Polysemie gehört zu den Grundtatsachen der Sprache. Sie entsteht a) durch Bedeutungsextension, d.h. ein Lexem wird auf weitere Denotate angewandt – sein Bedeutungsumfang erweitert sich, b) durch Bedeutungsdifferenzierung, d.h. die Bedeutungen gliedern sich weiter auf.

Reguläre Mehrdeutigkeit tritt auf, wenn sich die Mediostrukturen von Wörtern der gleichen onomasiologischen oder funktionalen Gruppe auf gleiche Weise entfalten.

Benennungen von Handlungen und Prozessen benennen auch Resultate:
Fang, Beschreibung, Ernte, Eingrenzung.
Benennungen von Pflanzen benennen auch deren Früchte:
Pflaume, Kirsche, Apfel;
Benennungen von Räumen benennen auch deren Inhalt:
Bibliothek, Schule, Theater.

Reguläre Mehrdeutigkeit ergibt sich bei metaphorischen und metonymischen Verschiebungen der Bedeutung. Da sie weitgehend auf dem Prinzip der Analogie beruhen, ist es auch möglich, bestimmte Bedeutungsveränderungen (-erweiterungen) vorauszusagen.[29]

Metaphorische Beziehungen zwischen Sememen als Ausdruck der regulären Mehrdeutigkeit

Metaphorische Beziehungen entstehen auf der Grundlage konstatierter Ähnlichkeitsbeziehungen und sollen Ähnlichkeitsassoziationen auslösen. Metaphorische Sememe haben gemeinsame Bedeutungsmerkmale, die darauf beruhen, daß ein Wort-Objekt-Verhältnis eines Bereichs auf einen anderen übertragen wird. STERN nennt sie „point of similarity", wir verwenden das übliche „Tertium comparationis" (= tc) und sprechen dann von einer lexikalischen Metapher, wenn diese Bedeutung usuell geworden ist. Metaphern können verblassen, Vergleichsmerkmale gehen verloren, und es entstehen Homonyme. Metaphorische Sememe existieren sowohl im nominalen als auch im verbalen Bereich.

Er ist ein Fuchs – tc – ‚listig'
Er reitet den Fuchs – tc – ‚rotfarben' (‚Pferd')
Dort fliegt ein Fuchs – tc – ‚rotfarben' (‚Schmetterling')
im tiefen Schlummer – tc – ‚weit von der Oberfläche entfernt'
mit süßer Stimme – tc – Wirkung wie Süßes: ‚angenehm'
der Wind singt – tc – ‚melodisches Geräusch'

Die Verteilung der Metaphern im Wortschatz ist unterschiedlich. Bestimmte Bereiche werden als Ausgangsbereiche besonders häufig genutzt, andere weniger. Das zeigt sich als Vergleichsweg vom Konkreten, sinnlich Wahrnehmbaren zum Abstrakten. Mit Hilfe metaphorischer Übertragungen kann das Neue, noch nicht begrifflich Gefaßte oder noch Unbekannte dem bereits bestehenden Begriffssystem zugeordnet werden. Das zeigen Benennungen geistiger Handlungen: *sich etwas vorstellen, in Gedanken etwas ausmalen, etwas begreifen*. Sie alle sind metaphorisch benannt mit Verben, die sinnlich wahrnehmbare Handlungen bezeichnen.

Die Benennungen von Tieren oder Körperteilen der Tiere werden schon lange genutzt

zur Benennung von Gegenständen:
Fuchsschwanz – ‚Säge', *Katzenauge* – ‚Kontrollämpchen', *Biberschwänze* – ‚Dachziegel', *Eidechse* – ‚Fahrzeug';
zur Benennung anderer Tiere:
Fuchs – ‚Schmetterling', ‚Pferd', *Eule* – ‚Falter';

---

[29] Zum Problem der Voraussagbarkeit des Sprachwandels vgl. COSERIU 1980, WURZEL 1988, KELLER 1991.

als Schimpfwörter für Menschen:
> *Affe, Esel, Fuchs*;

als Benennungen für Pflanzen:
> *Löwenmaul, Löwenzahn, Hahnenfuß, Weidenkätzchen, Fledermaus*;

zur Benennung der Sternbilder:
> *Löwe, Stier, großer und kleiner Bär*;

als Krankheitsbezeichnungen und zur Benennung von Körperteilen:
> *Wolf, Krebs, Schnecke* (im Ohr).

Häufig ist die Übertragung von Körperteilbenennungen auf Gegenstände:
> *Schenkel* (des Dreiecks), *Arm* (des Hebels), *Skelett* (aus Stahl), *Kopf* (des Briefes oder des Nagels).

Umgekehrt treten Sachbezeichnungen als Körperteilbezeichnungen auf:
> *Adamsapfel, Brustkorb, Magengrube, Jochbein, Herzkranz, Blutgefäß, Speiche, Ellenbogen*.

Metonymische Beziehungen als Ausdruck regulärer Mehrdeutigkeit

Ein Formativ kann verschiedene Sememe erfassen, zwischen denen aufgrund objektiv gegebener Zusammenhänge semantische Verwandtschaftsbeziehungen bestehen.

Metonymische Beziehungen bestehen zwischen

Benennungen des Stoffs und von Produkten aus diesem Stoff:
> *Eisen – Bügeleisen, Fangeisen*;

Benennung der Handlung, des Orts und des Subjekts:
> *Aufsicht – Aufsicht haben, zur Aufsicht gehen, mit der Aufsicht sprechen*;

Benennung der Handlung und des Resultats:
> *Ernte – während der Ernte, die Ernte einbringen*;

Benennung des Ganzen und des Teils (totum pro parte):
> *Brot – ein Brot kaufen, ein Butterbrot essen*;

Benennung des Teils und des Ganzen (pars pro toto):
> *Kopf – den Kopf schütteln, ein kluger Kopf*;

Benennung des Gegenstandes und des mit ihm Erzeugten:
> *Stempel – einen Stempel anfertigen, einen Stempel im Paß*;

Benennung des Gefäßes und seines Inhalts:
> *Tasse – die Tasse zerbrechen, die Tasse trinken*

Hierher gehören auch die Fälle der Polysemie von Verben, bei denen ein Semem durch „Objektvertauschung" oder „Subjektvertauschung" entstanden ist:
> *Wasser ausdrücken – den Schwamm ausdrücken, die Decke abwaschen – den Schmutz abwaschen*;

oder auch bei Adjektiven:
> *die warme Hand – der warme Mantel*.

Hyperonymische Beziehungen als Ausdruck der regulären Mehrdeutigkeit
Hyperonymische Beziehungen bestehen als Abbild der Beziehungen von Kollektiv und Einzelnem:
> *Holz: ins Holz fahren, Holz schlagen, Holzeinschlag*;

von Gattung und Individuum:
> *Mann: der Mann unterscheidet sich von der Frau; mein Mann...*

von Gattung und Spezies:
> *Holz – mit Holz bauen, edle Hölzer nutzen.*

Zu Metaphorik und Metapher vgl. KURZ, G./PELSTER 1976; KELLER-BAUER 1984; RICŒUR 1986; KURZ 1982; KÜSTER 1983.

Ursachen der Polysemie

Die häufigste Ursache der Polysemie ist die Verwendung eines Lexems für Objekte, die bisher nicht durch dessen Bedeutungsextension erfaßt wurden. Ein Lexem tritt in neue Kontexte, in neue Umgebungen. So entstehen neue Sememe durch metonymische Verschiebungen und metaphorische Übertragungen.

Z. B. haben viele „Klimawörter" metaphorische Sememe, die gesellschaftliche Sachverhalte widerspiegeln: *politisches Klima, Sturm der Entrüstung, politische Atmosphäre, gespannte Atmosphäre*. Mit „Krankheitsmetaphern" wird auf politische Sachverhalte referiert: so mit *Kollaps, Krise* (vgl. dazu KÜSTER 1983).

Die „Anlage" zu regulärer Mehrdeutigkeit wird sowohl für metaphorische als auch für metonymische Übertragungen genutzt. BIERWISCH (1983) beurteilt diesen Sachverhalt anders. Er geht von der Annahme aus, daß sich semantische und konzeptuelle (= begriffliche) Strukturen unterscheiden, so daß zu untersuchen ist, in welcher Art Wortsemantik und konzeptuelle Repräsentation miteinander verbunden sind. Er spricht von konzeptueller Verschiebung und sagt damit, „daß zwischen den verschiedenen Varianten in verschiedene begriffliche Bereiche verschobene Interpretationen eines sprachlichen Ausdrucks auftreten" (1983, 76). Am Beispiel *Schule* zeigt er, daß sich *Schule* in bestimmten Kontexten interpretieren läßt als ‚Gebäude', als ‚Institution', ‚Beschäftigungsart' und ‚Institutionstyp' (S. 77). Die Unterschiede der Interpretation beruhen nach BIERWISCH nicht auf der Polysemie der Lexeme, sondern es handelt sich um unterschiedliche begriffliche Ausprägungen der „Konzeptfamilie". „Die semantische Eintragung SEM einer lexikalischen Einheit LE determiniert eine Familie von konzeptuellen Einheiten, die mögliche Interpretationen für SEM sind" (S. 81). Für *Schule* ergeben sich 4 Varianten in verschiedenen Relationen:

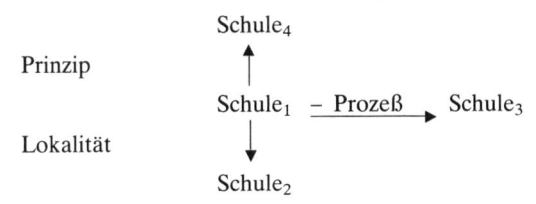

```
                      Schule₄
     Prinzip            ↑
                      Schule₁  – Prozeß →  Schule₃
     Lokalität          ↓
                      Schule₂
```

„Wesentlich ist hier nur die Strukturierung einer Konzeptfamilie, die im Deutschen durch eine lexikalische Einheit erfaßt wird, die nicht mehrdeutig ist in der Art, in der etwa ‚Bank' oder ‚Schloß' mehrdeutig sind" (S. 85).

Wenngleich unterschiedliche Argumentationen und unterschiedliche theoretische Rahmen gegeben sind: konzeptuelle Verschiebungen und reguläre Mehrdeutigkeit beziehen sich auf den gleichen empirischen Befund.

Polysemie kann auch durch Bedeutungsentlehnung entstehen. Unter dem Einfluß des lateinischen *casus* übernimmt das deutsche *Fall* eine zusätzliche Bedeutung: ‚grammatische Kategorie des Nomens'. Das Wort ist damit polysem geworden. Eine weitere Ursache kann auch im elliptischen Gebrauch und in der häufigen Aktualisierung in bestimmten Kontexten liegen: So bedeutet *Geschmack* in *er hat (keinen) Geschmack*, ‚(kein) guter Geschmack', ‚Urteilsvermögen'. Auch hier wirkt Analogie: *er hat keine Umgangsformen, keinen Namen, kein Benehmen, kein Temperament* – in allen Fällen ist nicht die Existenz des Bezeichneten verneint, sondern die jeweils positive Qualität. Diese Bedeutungen sind offensichtlich durch häufigen elliptischen Gebrauch und Wirken des Prinzips der Analogie entstanden.

Polysemie entsteht auch dann, wenn ein bereits veraltetes Wort wieder in den lebendigen Sprachgebrauch übernommen wird und sich eine neue Bedeutung herausbildet: Das Wort *Truhe* trat mit dem Gegenstand, den es bezeichnet, in den Hintergrund. Heute wird es wieder für Behältnisse verwendet, die mit dem früher als *Truhe* benannten Gegenstand lediglich bestimmte Formen gemeinsam haben: *Fernsehtruhe, Tiefkühltruhe, Wäschetruhe*. Bei einigen jüngeren Komposita wird eine Konstituente in zahlreichen Verbindungen übertragen gebraucht, so daß sich neue Sememe bei isolierter Verwendung entwickelt haben: *Zentrum*: ‚Mitte', ‚Mittelpunkt von etwas', ‚Innenstadt' (DUDEN, 771) geht heute viele usuelle Verbindungen ein: *Kulturzentrum, Freizeitzentrum, Sportzentrum, Einkaufszentrum, Naherholungszentrum, Trainingszentrum, Ausstellungszentrum*. Hier ist ein neues Semem entstanden: ‚Örtlichkeit, die bestimmt ist für + Verbbasis'.

Polysemie und Sprachvergleich

Stimmen Lexeme verschiedener Sprachen in einer oder mehreren Bedeutungen überein, so unterscheiden sie sich in ihrer Mediostruktur, in der Anordnung und Zahl ihrer Sememe. So stimmen z. B. dt. *Platz* und russ. *ploščad'* in der Bedeutung ‚Markt', ‚offener Flecken' überein: *Marktplatz, Goetheplatz*, aber *Platz* in dt. *Platz machen, einen Platz anbieten, auf meinem Platz* kann nicht mit *ploščad'* übersetzt werden, sondern mit *mesto*. Ebenso benennt das deutsche *rot* die Haarfarbe: *rotes Haar, rothaarig*, aber das franz. *rouge* kann das nicht. Wenn wir im Deutschen mit *Bock* ein Gestell benennen *(Sägebock)*, wird im Englischen dieses Objekt durch ein Semem von *dog* – Hund erfaßt.

BÖHME 1979 vergleicht u. a. die Sememe von *arbeiten* und *rabotat'*. Hier werden Übereinstimmungen und Leerstellen deutlich sichtbar:

arbeiten	*rabotat'*
1. tätig sein	1. tätig sein
2. beruflich tätig sein beschäftigt sein	2. beruflich tätig sein
3. funktionieren *der Motor, die Maschine der Automat arbeitet*	3. funktionieren *motor, mašina, avtomat rabotaet*
4. anfertigen *an einem Kleid arbeiten*	4. ∅
5. ∅	5. geöffnet sein *magazin, muzej, biblioteka rabotaet*

(Nach BÖHME 1979, 114)

Haupt- und Nebenbedeutungen?

Es ist ein lexikographisches Problem, ob sich Sememe eines polysemen Wortes in Haupt- und Nebenbedeutungen gliedern lassen; denn dadurch müßte die Reihenfolge der Bedeutungsangaben im Wörterbuch geregelt werden.

Alltagserfahrungen sprechen zunächst dafür, daß die Sememe eines Lexems nicht gleichwertig im Hinblick auf Gebräuchlichkeit und Bekanntheit sind. Oft stellt man erst beim Blick ins Wörterbuch fest, daß ein Wort außer der Hauptbedeutung noch weitere Sememe besitzt. So wird man *grün* zuerst als Farbwort auffassen, die Sememe ‚unreif‘ *(grüne Pflaumen)* und ‚unbearbeitet‘ von Lebensmitteln *(grüne Heringe, grüne Klöße)* als abgeleitet einordnen. Deshalb unterscheidet SCHMIDT Haupt- und Nebenbedeutungen. Die Hauptbedeutung ist nach SCHMIDT die „aktuelle Bedeutung, welche als die zu einem bestimmten Zeitpunkt gesellschaftlich wichtigste Bedeutung bei isolierter Nennung des Wortes, also auf der Ebene der Langue, im Bewußtsein der meisten Sprachgenossen zuerst realisiert wird" (1967, 26). Aber nicht in allen Fällen läßt sich die Bestimmung so einfach vornehmen wie bei *grün*, da viele Wörter eine wesentlich kompliziertere Bedeutungsstruktur besitzen. Sieht man davon ab, daß die Ermittlung der Hauptbedeutung sehr von subjektiven Faktoren abhängt, so kann sie bei vielen Wörtern überhaupt nicht festgelegt werden:

Jugend besitzt drei Sememe:

S_1 ‚Jugendalter‘ – *die zarte Jugend, in meiner frühen Jugend*
S_2 ‚junge Menschen‘ – *die Jugend tanzt, die moderne Jugend*
S_3 ‚Jugendlichkeit‘ – *sie hat sich ihre Jugend erhalten*

Es ist kaum zu ermitteln, welches der Sememe als Hauptbedeutung gelten soll.

Die Psycholinguistik versucht experimentell nachzuweisen, daß die semantische Mediostruktur nicht einfach eine Summe von Teilbedeutungen ist, sondern daß es gesetzmäßige Beziehungen zwischen den Sememen gibt, wodurch sich auch Sememe ersten und niederen Ranges ermitteln lassen. Es wurden Assoziationstests durchgeführt. Dabei ergab sich, daß Versuchspersonen bestimmte Sememe eines Wortes öfter aktualisieren als andere. Es rangieren Sememe vor anderen in Abhängigkeit von der Häufigkeit ihres Gebrauchs. Diese Sememe sind meist die nicht übertragenen Bedeutungen, die neutralen und nicht phraseologisch gebundenen. So wurde gefolgert: Die Grundbedeutung ist die kontextuell nicht bedingte Bedeutung eines Wortes, die aus der Bedeutungsstruktur eines Wortes vor allen anderen Bedeutungen ausgegliedert wird (vgl. LEWITZKI 1975).

Dennoch gibt es viele Lexeme, bei denen auch mit Hilfe solcher Tests eine Hauptbedeutung nicht bestimmbar ist.

7.5.3. Polysemie und Homonymie

Viele Diskussionen um die Abgrenzung von Polysemie und Homonymie laufen darauf hinaus, daß es kein Kriterium gibt, nach dem eine klare Grenzziehung zwischen beiden möglich wäre. Wenngleich die praktischen Bedürfnisse der Lexikographie erfordern, Entscheidungen darüber zu treffen, für welche Erscheinungen zwei oder mehrere Lemmata anzusetzen sind, d.h., welche Einheiten als Homonyme (griech. *homonymos* = ‚gleichnamig') betrachtet werden, so zeigen doch gerade Wörterbucheintragungen, wie unterschiedlich solche Festlegungen getroffen werden.

So sind z. B. im WDG für *Flügel* zwei Wörter eingetragen:

Flügel$_1$
(1) ‚am Rumpf sitzendes, bewegliches Organ der Vögel und Insekten . . .'
(2) umg. ‚Tragfläche des Flugzeugs'
(3) ‚seitlicher (beweglicher) Teil eines mehrteiligen Ganzen'
(4) ‚Seitengebäude, das sich unter einem Winkel an sein Hauptgebäude anschließt'
(5) ‚äußerster seitlicher Teil einer im Glied angetretenen Formation'
Als *Flügel*$_2$ wird ‚Klavier' angeführt.

Der DUDEN gibt nur ein Wort an und schließt ‚Klavier' in diese Bedeutung ein. AGRICOLA verfährt ebenso.

Geht man bei der Unterscheidung lediglich von semantischen Kriterien aus, so ist es tatsächlich unmöglich, Homonyme von polysemen Wörtern zu unterscheiden (vgl. ›Probleme der semantischen Analyse‹ 1977, 318).

Wenn eine Unterscheidung nicht als überflüssig erachtet wird, erweist es sich als zweckmäßig, grammatische Kriterien heranzuziehen: Man kann lexikalische Einheiten mit gleichem Formativ in der Grundform dann als Homonyme betrachten,

– wenn sie sich in ihrer Wortart und ihrem grammatischen Formenbestand unterscheiden.

Substantiv und Adverb:	*Morgen – morgen*
Präposition und Präfix:	*auf dem Hof – aufschließen*
Verb u. subst. Infinitiv:	*essen – das Essen*
Adjektiv und Substantiv:	*gut – das Gute*
Substantiv und Präposition:	*Dank – dank*

Wir weichen also von der Feststellung ISAČENKOs ab, daß substantivierte Infinitive Bestandteile des Verbparadigmas seien (vgl. ISAČENKO 1968, 210). Es stimmt nicht, daß jedes Wort in gleicher Weise substantiviert werden kann. Die Bedeutungsstrukturen der durch Konversion gebildeten Wörter weichen von der der Ausgangswörter ab. So bedeutet *liegen* ‚sich befinden', ‚sich auf einer Unterlage in waagerechter Lage befinden': *der Kranke liegt im Bett, der Teppich liegt im Zimmer, Dresden liegt an der Elbe.* Beide lexikalisch-semantischen Varianten erlauben nicht die Bildung des substantivierten Infinitivs: **das Liegen des Kranken,* **das Liegen des Teppichs.* Hier ist nur *Lage* möglich.

- Lexeme haben unterschiedliche grammatische Kategorien, z. B. Substantive mit unterschiedlichem Genus:

    das Band (‚Gewebestreifen') – *der Band* (‚Buch')
    der Bund (‚Bündnis') – *das Bund* (‚Bündel')
    der Erbe (‚Erbender') – *das Erbe* (‚Erbteil')

Diese Lexeme werden trotz etymologischer Verwandtschaft als Homonyme betrachtet.

- Lexeme haben unterschiedliche grammatische Merkmale und sind überdies etymologisch nicht verwandt:

    der Kiefer – mhd. *kiver* gehört zu einer ide. Wurzel **gep(h)* ‚Mund'
    die Kiefer – verdunkelte Zusammensetzung aus *Kien* und *Föhre*
    der Otter – mhd. *otter*, ahd. *ottar* – ide. Wurzel *udro – ‚Wassertier'
    die Otter – aus älterem *noter*, der omd. Entsprechung von mhd. *nater* – ‚Schlange'

- Die grammatischen Formen unterscheiden sich bei heute gleicher Grundform.

Verben werden stark oder schwach konjugiert:
    hängen, hing, gehangen :/: *hängen, hängte, gehängt.*

Substantive bilden unterschiedliche Pluralformen:
    Band – Bande, Bänder; Licht – Lichter, Lichte; Gesicht – Gesichter, Gesichte; Bank – Banken, Bänke.

- Orthographische Unterschiede signalisieren Homonyme.

Auch bei der Abgrenzung nach grammatischen Kriterien ergeben sich Schwierigkeiten, vor allem dann, wenn sich bei regulärer Mehrdeutigkeit, also dem klassischen Fall für ein Wort, Abweichungen im grammatischen Verhalten zeigen. Bei Stoffbezeichnungen besteht eine reguläre Beziehung zwischen Stoffbezeichnung und dem Semem ‚Produkt aus dem Stoff'. Die semantische Beziehung ist regulär, aber die Fähigkeit zur Pluralbildung ist unterschiedlich ausgebildet.

Adjektive können a) die Herkunft und b) ‚sich verhalten wie' benennen. a) kann nicht gesteigert werden und nicht in prädikativer Form erscheinen, die metaphorische Variante ist komparierbar und kann auch prädikativ verwendet werden. Auch hier ist die semantische Beziehung regulär.

Adjektiv	Herkunft	,sich verhalten wie'
väterlich	*väterliches Erbe*	*väterlicher als der Vater*
mütterlich	*mütterliches Erbe*	*mütterlicher Typ*
	Stoff	metaphorische Variante
	nicht prädikativ	prädikativ
	nicht steigerbar	steigerbar
eisern	*eisernes Tor*	*eiserner Wille*
hölzern	*hölzerner Löffel*	*hölzerner Stil*
Substantiv	Nomen qualitatis	Nomen actionis
	ohne Plural	mit Plural
Grausamkeit	*grenzenlose Grausamkeit*	*die Grausamkeiten der Junta*
Freundlichkeit	*seine Freundlichkeit*	*Er sagte Freundlichkeiten*

Wir betrachten unterschiedliche grammatische Eigenschaften in den Fällen grammatischer Mehrdeutigkeit als bedeutungsdifferenzierende Eigenschaften. SCHMIDT verweist darauf, daß verschiedene Verbseme an konstruktive Bedingungen gebunden sind. Er zeigt am Beispiel von *sitzen*, daß dann, wenn die Leerstelle für eine Lokalangabe nicht besetzt ist, eine andere Bedeutung ‚im Gefängnis sein' aktualisiert wird. Valenz- und Distributionswörterbücher gehen selbstverständlich davon aus, daß syntaktische und morphologische Eigenschaften die Sememe e i n e s Verbs voneinander scheiden.

So erweisen sich auch grammatische Kriterien als nicht geeignet, in *allen* Fällen Homonyme von polysemen Wörtern zu unterscheiden. Hier ist das Kategorienpaar „Zentrum und Peripherie" angebracht. Wir sprechen von Homonymen, wenn die sprachlichen Einheiten unterschiedlichen Wortarten angehören, unterschiedliche grammatische Kategorien und Formen bilden. Übergänge sind vorhanden, wenn die Sememe in regulären semantischen Beziehungen zueinander stehen. In den Fällen von regulärer Mehrdeutigkeit nehmen wir Polysemie an.

7.6. Beschreibung von Wortbedeutungen

7.6.1. Analytische und holistische Konzepte

Bedeutungsbeschreibungen beruhen auf Annahmen über die Struktur unseres semantischen Wissens. Ihr Wert ergibt sich aus dem Grad der Adäquatheit, aus ihrer Eleganz und ihrer Praktikabilität, d. h. aus ihrer Eignung für übergeordnete Aufgaben. Gegenwärtig konkurrieren zwei Arten von Bedeutungskonzeptionen – analytische und holistische.

A n a l y t i s c h e Konzepte gehen von der Annahme aus, daß Wortbedeutungen wie auch die Einheiten der phonologischen Komponente der Sprache in kleinere (und kleinste) Elemente zerlegbar, analysierbar seien. Bedeutungen lassen sich durch die Erfassung ihrer Merkmale beschreiben.

Dem stehen holistische Konzepte entgegen, nach denen Wortbedeutungen als Ganzheiten zu erfassen und zu beschreiben sind.
Beide Auffassungen werden durch psychologische Untersuchungen gestützt:

– Begriffe und Wortbedeutungen bilden sich beim Individuum in der kommunikativen und kognitiven Tätigkeit durch Analyse-, Synthese- und Verallgemeinerungsprozesse heraus. In der Ontogenese ist die Entwicklung der Wortbedeutungen und Begriffe an das Wiedererkennen und Erkennen der bezeichneten Objekte durch die Feststellung typischer Merkmale gebunden. Danach ist die Bedeutungsrepräsentation durch die Angabe einer begrenzten Menge von Merkmalen oder Merkmalskombinationen, die kognitiv und kommunikativ relevant sind, möglich.[30]
– Gleichzeitig zeigen psychologische Beobachtungen, daß wir Begriffe und Bedeutungen nicht als Summe oder Bündel von Merkmalen, sondern in Form typischer Vertreter speichern.

Beide Auffassungen sollen an einem (stark vereinfachten) Beispiel verdeutlicht werden: Die Bedeutung des Wortes *Baum* kann beschrieben werden durch die Angabe wesentlicher Merkmale, die den Baum von anderen Gewächsen unterscheiden. Durch Gegenüberstellungen werden folgende Merkmale gewonnen:

zu ‚unbelebt‘ – ‚belebt‘
zu ‚Tier‘   – ‚Pflanze‘ = kategoriales Merkmal
zu ‚Kraut‘   – ‚verholzter Stamm‘, ‚sich verzweigend‘
zu ‚Strauch‘ – ‚größer‘, ‚Stamm‘

Durch die distributionelle Einbettung verfestigen sich weitere Merkmale: Bäume ‚wachsen‘, Bäume ‚grünen‘, Bäume ‚tragen Laub‘ oder ‚Nadeln‘, Bäume können ‚gefällt werden‘.

Aus vielen Situationen, in denen über Bäume kommuniziert wird, werden solche Merkmale ausgegrenzt und gespeichert, die für die Erkenntnis- und Kommunikationstätigkeit relevant sind. Andererseits ist es schwer, eindeutig zu bestimmen, durch welche Merkmale ein Baum „wohlbestimmt" ist, welche der Merkmale sprachlich relevant sind.

Leichter ist es wohl, typische Merkmale zu nennen. Dieses Verfahren birgt jedoch die Gefahr in sich, daß Zweifel bestehen, ob mit dem so semantisch charakterisierten Wort auf bestimmte Objekte referiert werden kann: *Holunderbaum* oder *Holunderstrauch*? Nicht alle mit *Baum* benannten Objekte haben die oben erfaßten Merkmale, nicht alle Objekte lassen sich eindeutig der Kategorie ‚Baum‘ oder ‚Strauch‘ zuordnen.

Wortbedeutungen sind dynamisch. Insofern lassen sie sich auch nicht als fest umrissene Abbilder oder Wissenskonfigurationen durch die Angabe von Merkmalen restfrei beschreiben. Immer müssen Grenzzonen angenommen, Übergänge

---

[30] Vgl. hierzu auch LÜDI: Zur Zerlegbarkeit von Wortbedeutungen. In: Handbuch der Lexikologie, 64–102, und die dort verzeichnete Literatur.

registriert werden. Das geschieht in der Kommunikation immer wieder, ist das eigentlich Normale. Worin unterscheiden sich *Bach* und *Flüßchen*, *Berg* und *Hügel*, *Stuhl* und *Sessel*? Um beim letzten Beispiel – das übrigens mehrfach in der Literatur behandelt worden ist; vgl. GIPPER – zu bleiben: wollte man das Merkmal ‚Seitenlehne' für *Sessel* als unterscheidendes Merkmal ansehen, um die Bedeutung merkmalhaft restfrei zu beschreiben, so könnte leicht als Gegenargument das Beispiel *Klaviersessel* angeführt werden.

Die sogen. Heckenausdrücke sind sprachlicher Indikator dafür, daß wir uns der Vagheit mancher Bedeutungen bewußt sind, indem wir den Hinweis auf den Grad der Ähnlichkeit des Denotats mit einer durch die Bedeutung erfaßten Kategorie angeben: *eine Art Sessel, eine Art Stuhl* (vgl. 7.3.2.).

Semantische Vagheit ist ein in der Geschichte der Linguistik und der Sprachphilosophie oft erörtertes Problem. WITTGENSTEIN versucht, die relative Unbestimmtheit von Bedeutungen mit einem Bild der „Familienähnlichkeit" von „Spielen" zu explizieren, die sich in Sprachspielen herausbildet:

> Ich will versuchen, dies [die Verwandtschaft. T.S.] zu erklären. Betrachte z.B. einmal die Vorgänge, die wir ‚Spiele' nennen. Ich meine Brettspiele, Kartenspiele, Ballspiele, Kampfspiele usw. Was ist allen diesen gemeinsam? – Sag nicht: „Es muß ihnen etwas gemeinsam sein, sonst hießen sie nicht ‚Spiele'" – sondern schau, ob ihnen etwas gemeinsam ist [...] Und das Ergebnis dieser Betrachtung lautet nun: Wir sehen ein kompliziertes Netz von Ähnlichkeiten, die einander übergreifen und überkreuzen, Ähnlichkeiten im Großen und Kleinen. Ich kann diese Ähnlichkeiten nicht besser charakterisieren als durch das Wort ‚Familienähnlichkeiten' (1967, 47).

Die analytische Konzeption erweist sich für eine Bedeutungsbeschreibung nur als begrenzt geeignet, denn mit ihr lassen sich Übergangs- und Ähnlichkeitszonen nicht erfassen. Kritische Einwendungen gegen analytische Bedeutungskonzepte trugen zuerst Psychologen vor. Sie lösten die gegenwärtig noch andauernde Diskussion um analytische vs. holistische Konzepte aus (ROSCH, PUTNAM).

Als Gegenentwurf wurde die Theorie der Prototypen entwickelt. Sie besagt, daß Bedeutungen als Ganzheiten (holistisch) erworben und gespeichert werden und so in Gestalt ihrer typischen Vertreter (ihrer „besten" Vertreter) zu beschreiben sind. Das hieße für unser Beispiel: Die Bedeutung ‚Baum' sollte nicht analytisch zergliedert, sondern durch beste Vertreter repräsentiert werden, also durch *Linde, Buche, Eiche*. Mit deren typischen Merkmalen ‚starker Stamm', ‚stark verzweigt' ist der Kern der Bedeutungen erfaßt. Andere Vertreter ordnen sich nach dem Grad der Ähnlichkeit ein, so daß auch auf Exemplare mit *Baum* referiert werden kann, die in den Grenzbereich (zum Busch, Strauch) gehören: *Fliederbaum, Holunderbaum.*

Die Brauchbarkeit prototypischer Beschreibungen hat sich vor allem bei der Darstellung von Wortschatzbereichen erwiesen, deren Einheiten sich einer Merkmalsanalyse als nicht zugänglich zeigen: so lassen sich z.B. die Bedeutungen von Farbadjektiven nicht in Merkmale gliedern. Besser wird die Bedeutung durch typische Merkmalsträger angegeben: *rot wie Blut, weiß wie Schnee, grün wie Gras.* Diese Farbträger sind beinahe reimhaft im Gedächtnis gespeichert, sie sind *stereo-*

typisch mit den Farbadjektiven verbunden; denn Schnee muß nicht immer weiß, Gras nicht immer grün sein.

Die Lexikographie greift schon lange auf holistische (ganzheitliche) Bedeutungserklärungen zurück. Allerdings wurde auch versucht, auf der Grundlage der strukturellen Semantik Wortbedeutungen merkmalhaft möglichst restfrei zu erfassen (vgl. z. B. *Hund*, S. 149).

Anders aber die Angaben zu den Farbbezeichnungen: im DUDEN finden wir für *rot* – ‚von der Farbe frischen Blutes', *blau* – ‚in der Färbung dem wolkenlosen Himmel ähnlich'; *weiß* – ‚von der Farbe des Schnees'. Das HDG versucht für *blau* den Farbträger noch genauer zu bestimmen: ‚von der Farbe des wolkenlosen Himmels am Tage'.

Indem sich HARRAS auf PUTNAM bezieht, favorisiert sie (gemeinsam mit anderen Lexikographen) eine holistische Bedeutungskonzeption. Sie zitiert Thesen PUTNAMs, durch die prototypische Bedeutungsangaben begründet werden:

> (1) Wörter haben feste (starre) referenzbeziehungen. Diese lassen sich auf den begriff der ähnlichkeit und nicht auf den des distinktiven merkmals zurückführen [...]
> (2) Wenn ich gefragt werde, worin die ähnlichkeit der referenten eines ausdrucks besteht, werde ich – im fall, daß ich eine informative auskunft geben will, und nicht etwa eine tautologische der form: ‚in der wasser- oder tigerhaftigkeit' – bestimmte eigenschaften angeben, die geeignet sind, typische vertreter der extension zu charakterisieren. Im vielzitierten Putnambeispiel für ‚tiger' werde ich sagen, daß ein tiger ein tier, eine raubkatze, gelb-schwarz gestreift ist und im dschungel lebt. Diese eigenschaften beziehen sich auf einen typischen vertreter der extension. In der kognitionspsychologie wird auch von ‚prototypen' gesprochen, denen eine zentrale rolle in der kognitiven organisation unserer erfahrung zukommt (1986, 137).

Eine prototypische Bedeutungsbeschreibung schließt die Angabe von Merkmalen nicht aus. Es handelt sich jedoch um solche Merkmale, die den besten Vertreter der Klasse auszeichnen. Natürlich sind damit weitere Fragen verbunden: die Frage nach dem Sprachträger; denn auch Bedeutungen sind soziolinguistisch differenziert zu betrachten; die Frage nach den Kriterien der Auswahl der Merkmale des Prototyps, der historischen, regionalen Differenziertheit usw.

Daß die Prototypenhypothese leistungsfähiger als die Merkmalsanalyse ist, gilt nicht für alle Wortschatzbereiche. Es gibt Wortarten, wie z. B. die Funktionswörter, wie Präpositionen, Konjunktionen, die nicht durch deren beste Vertreter, sondern nur durch typische Distributionen beschrieben werden können. Für Bezeichnungen von Pflanzen und Tieren, der Farben und menschlichen Eigenschaften, für viele Realienbezeichnungen jedoch erweist sich die Prototypenauffassung als angemessen; denn sie erklärt auch den Spracherwerb als den Erwerb von Ganzheiten besser als die Annahme des Bedeutungsaufbaus durch Anhäufungen einzelner Merkmale.

Insofern sollte man holistische und analytische Konzepte als komplementär und nicht als einander ausschließend betrachten. Welche Methoden auch bevorzugt werden: wir gehen immer von der Tatsache aus, daß Wortbedeutungen nicht direkt zu beobachten sind. Elemente und Regeln lassen sich nur durch unser Wissen darüber beschreiben, wie sprachliche Einheiten verwendet werden, welche Einheiten bedeutungsgleich oder bedeutungsgegensätzlich sind, welche Einheiten zueinander im Verhältnis der Über- oder Unterordnung stehen, in welchen Umgebungen sprachliche Einheiten auftreten können oder nicht usw.

Im Experiment, mit „Proben", ermitteln wir das „Verhalten" der Lexeme im Sprachgebrauch. Wir versuchen,

– Identitäten und Unterschiede aufzudecken,
– die Kompatibilität (die Verbindbarkeit) festzustellen,
– die Bedeutungen zu umschreiben, um sprachlich relevante Merkmale zu erfassen.

7.6.2. Onomasiologische Ermittlung

Onomasiologisches Herangehen gründet sich auf unsere Einsicht, daß Identitäten und Unterschiede der Bedeutungen durch den Rückgriff auf das Benannte zu erkennen sind. Beim Vergleich mehrerer referentiell identischer Benennungseinheiten wird deutlich, welche Merkmale jeweils hervorgehoben werden, mit welchen Einstellungen zum Objekt Lexeme gebildet wurden, wie sich soziale Gruppen oder auch Sprachgemeinschaften zu einer bestimmten Zeit mit dem Objekt auseinandergesetzt haben. Wir erfassen Merkmale, die bedeutungskonstitutiv sind. Auf diese Weise läßt sich die intensionale Bedeutung ermitteln. Gleichzeitig läßt sich feststellen, auf welche Denotate das Lexem angewandt werden kann, seine extensionale Bedeutung wird ermittelt.

Das Untersuchungsmaterial gewinnen wir entweder aus Texten, oder wir gehen von einem Sachverhalt aus und fragen (uns, Versuchspersonen oder onomasiologische Wörterbücher), welche Benennungseinheiten in unserer Sprache oder auch in einer ihrer Existenzformen zur Verfügung stehen. Hierbei wird deutlich, welche semantischen Relationen zwischen den Lexemen bestehen, wie ein entsprechender Denotatsbereich durch eine Sprachgemeinschaft aufgegliedert worden ist. Ist die individuelle Sprachverwendung Gegenstand der Untersuchung, so können wir ermitteln, in welcher Bedeutung der Autor die Lexeme verwendet, welche Auswahl er aus dem sprachlichen Repertoire trifft. Hiervon läßt sich zwar nur bedingt ein Urteil über die durchschnittliche Sprachverwendung und damit auch über die Bedeutungsbeziehungen im Wortschatz ableiten, aber dieser Weg von der onomasiologischen Analyse zur semantischen Interpretation erwies sich in den letzten Jahren immer mehr als ein Zugang zur Texterschließung und Textinterpretation, durch die nicht zuletzt auch Fragen des sprachwissenschaftlichen Zugriffs zum literarischen Text beantwortet werden können.

Onomasiologische Aufbereitung des Materials für die semantische Analyse

Nominative (thematische) Reihen werden für einen Sachbereich zusammengestellt:

Bezeichnungsobjekt: Pferd
Gliederungskriterien der Benennungen:
a) sexusbestimmt/nicht sexusbestimmt: *Hengst, Stute, Wallach: Pferd; Fohlen, Füllen*
b) Farbe: *Schimmel, Apfelschimmel, Fuchs, Rappe, Schecke*
c) Bewertung positiv/negativ: *Roß – Klepper, Gaul, Mähre, Schindmähre*
d) Verwendung: *Reitpferd, Arbeitspferd, Zirkuspferd, Ackergaul, Brauereipferd*

Der Vergleich ergibt: Das Benennungsobjekt ist ein Tier, dessen Geschlecht, Alter, Farbe, Verwendungszweck in der sprachlichen Kommunikation so wichtig sind, daß sie jeweils eine spezielle Benennung fanden. Außerdem drückt der Mensch seine Einstellung zu diesem Tier, seine Bewertung, durch wertende Einheiten aus. Als bedeutungskonstitutive Merkmale konnten durch die onomasiologische Zusammenstellung solche Merkmale wie ‚Tier‘, ‚Geschlecht‘, ‚Farbe‘, ‚Alter‘, ‚Verwendung‘ als sprachlich relevant abgeleitet werden. Auch Werteelemente wurden ermittelt.

Im Prinzip gehen wir auch onomasiologisch vor, wenn wir fragen, wie unter bestimmten Kommunikationsbedingungen Aussageabsichten verwirklicht werden.

Aussageinhalt: X soll Y ein Buch geben
Handlungstyp: Aufforderung
Bei der Verbalisierung werden berücksichtigt:
a) die Beziehungen zwischen Auffordernden und Aufgefordertem,
b) die Art des Buches,
c) die Nachdrücklichkeit der Aufforderung,
d) die Modalitäten der Übergabe (für ständig/nicht ständig; gegen Bezahlung/ohne Bezahlung...)

Damit lassen sich – exemplarisch – folgende Spracheinheiten zusammenstellen:

a) *Geben Sie / gib mir bitte das Buch! Darf ich Sie/dich um das Buch bitten. Seien Sie/ sei bitte so freundlich und geben Sie/ gib mir das Buch. Überlassen Sie mir bitte das Buch. Ich hätte gern das Buch...*
b) B = *Fachbuch, Lehrbuch, Roman, Geschichtsbuch, Kinderbuch, Kochbuch, Nachschlagewerk, Lexikon, Wörterbuch... Schwarte, Schmöker, Werk, Exemplar...*

/Bereich/, /Zweck/, /Nutzer/, /Wert/ sind einige der Merkmale, die diese Bedeutungen konstituieren. Es wird deutlich, daß sich nicht alle unter b) genannten Lexeme in die unter a) genannten Sätze einfügen lassen – sie sind nicht kompatibel, es bestehen Unverträglichkeiten: **Darf ich Sie um die Schwarte bitten.* Durch /wertlos/ und /geringschätzig/ läßt sich *Schwarte* nicht in die höfliche Form der Aufforderung einfügen.

c) *Geben Sie mir X!* + schnell, sofort, endlich, ohne Zögern
Dürfte ich um X bitten + vielleicht,
Ich fordere Sie auf, mir X zu geben + sofort, unverzüglich, ohne Widerrede
d) *Überlassen Sie mir bitte das Buch! Geben Sie mir bitte das Buch? Darf ich das Buch haben?*

Hieraus läßt sich ableiten: Die lexikalische Bedeutung wird durch die grammatische Struktur und die grammatischen Kategorien überlagert. Die Bedeutungsanalyse muß grammatische und lexikalische Einheiten und Strukturen gleichermaßen erfassen, das Zusammenwirken und die Ersetzbarkeit grammatischer und lexikalischer Mittel aufdecken.

7.6.3. Ermittlung des kontextuellen Verhaltens

Lexeme treten in der sprachlichen Kommunikation nie isoliert, sondern immer in Situationen, Zusammenhängen und Kontexten auf. Erst die Berücksichtigung der kontextualen Faktoren läßt das jeweils Gemeinte und damit auch die Bedeutungspotenzen eines Lexems erkennen.

Um die Bedeutung eines Lexems zu erfassen, untersuchen wir, in welchen Kontexten es stehen kann und in welchen nicht; welche Faktoren die Verbindung hemmen, welchen Einfluß die kontextuale Umgebung auf die Bedeutung hat. Wir ermitteln, welche Bedingungen für Kompatibilität und Inkompatibilität existieren und erkennen dadurch Präferenzen und Restriktionen der Wortverwendung. Arbeiten wir am konkreten Text, können wir so auf Kommunikationsabsichten des Autors schließen.

> ‚Große Menschen sind keine wandelnden Denkmäler. Sie sind veränderlich wie ihre Stimmungen und das Barometer ihrer Leidenschaft', sagte Bert Heller, als er sich daranmachte, Bert Brecht zu malen. Und wirklich: Brecht zeigte zu allen Stunden ein anderes Gesicht. Er kroch aus einer Haut in eine andere, lebte bald mit seinen zur Welt gebrachten Bühnenfiguren, bald mit jenen, die er zu gestalten vorhatte [...] (Georg W. PIJET).

Die Verbindung *wandelnde Denkmäler* wäre inkompatibel, wenn *Denkmal* in diesem Text als ‚vom Menschen zum Gedenken hergestelltes Objekt' aufzufassen wäre (*wandeln* setzt Bewegung auf Füßen voraus). *Leidenschaft* signalisiert, daß *Barometer* hier metaphorisch gebraucht ist; in *aus einer Haut in eine andere kriechen* ist die Inkompatibilität von *in eine Haut* und *kriechen* neutralisiert – die Äußerung wird als metaphorisch erkannt.

„Kontext", „Kotext" werden unterschiedlich definiert.

KOLŠANSKIJ unterscheidet sprachliche Faktoren, die innerhalb eines Satzes (Mikrokontext), eines Absatzes (Makrokontext) oder eines ganzen Textes auftreten können (KOLŠANSKIJ 1959, 4). Während BLOOMFIELD und BUDAGOV Kontext und Redesituation identifizieren, unterscheidet AMOSOVA (1958, 5) Kontext im engeren Sinne und Redesituation. LEWANDOWSKI (1976, Bd. 1, 351) trägt ein: „Unter K. versteht man 1) die Umgebung einer linguistischen Einheit, 2) die Bedingungen ihres Auftretens als das Zusammenvorkommen mehrerer bedeutungstragender Einheiten (vgl. Kookkurrenz), 3) ein relativ umfangreiches und sinnmäßig abgeschlossenes Text- oder Redestück als Gedanken- oder Sinnzusammenhang, 4) die sachlichen Umstände und situativen Zusammenhänge einer [...] Äußerung."

„Außersprachlicher Kontext", „Gesprächssituation", „Kommunikationssituation", „Präsupposition", „Hintergrundwissen" sind nur einige Begriffe, durch die

die Einsicht fixiert wird, daß eine Äußerung, aber auch nur ein einzelnes Lexem in einem realen Kontext oft nur durch außersprachliche Faktoren erschlossen werden kann. Der sprachliche Kontext reicht nicht zur Bedeutungserschließung und damit auch nicht zur Bedeutungsuntersuchung und -beschreibung aus. Zu diesen außersprachlichen Faktoren gehört die Redesituation. In einer bestimmten – typischen – Situation kann eine Äußerung undeterminiert bleiben, weil die Situation Verständigungshilfen bietet. Das können Gegenstände sein. Wer in einem Gasthaus *Noch ein Glas* verlangt, wird ein Getränk erhalten. Wer im Geschäft auf ein Glas Honig zeigt, braucht nur zu äußern, daß er *ein Glas* will. Im Glasgeschäft hingegen bekommt er auf die gleiche Bitte ein Gefäß aus Glas. Die Redesituation kann auch beschrieben werden. Regieanweisungen sind ein klassisches Beispiel.

Der Großkontext, ein Kapitel oder ein ganzes Buch, kann die Situation vermitteln und den Hintergrund erhellen, auf dem die Bedeutung eines Lexems erschlossen wird. Wir sprechen hier vom Redekontext.

Im Zusammenhang mit der Beschreibung der Bedingungen für Sprechakte wird die Rolle der Sprechaktsituation für das Verstehen der Äußerung besonders hervorgehoben, vor allem bei der Beschreibung indirekter Sprechakte.[31]

Neben diesen situativ gegebenen Kontexten ist auch hier die Existenz konnotativer Systeme zu diskutieren, die für die Erschließung der denotativen Bedeutung wichtig sind (vgl. 7.4.4.). Dazu ist die Einordnung der Lexeme nach ihrer sozialen, historischen, regionalen und funktionalen Charakteristik erforderlich. Solche Mitinformationen können den soziokulturellen Hintergrund für die Bedeutungserschließung bilden. So ist der Begriff „Kulturkontext", „cultural background" (vgl. 7.3.), von MALINOWSKI geprägt, im engen Zusammenhang mit dem Begriff der Konnotation zu sehen; denn er meint „die Einbettung unserer gesamten sprachlichen Leistung in eine Fülle von ständig uns aus der gemeinsamen Kultur und Zivilisation erwachsenden Verständnishilfen" (AMMER 1958, 69).

„Kulturkontext" umfaßt die Erfahrungen einer Sprachgemeinschaft oder einer sozialen Gruppe, die aus gemeinsamen Traditionen, aus der gemeinsamen Kultur, gemeinsamen Lebensbedingungen erwachsen. Sie können auch durch die Literatur vermittelt werden. So setzt das Verstehen mancher Lexeme und Äußerungen soziokulturelles Wissen voraus.

LORENZ/WOTJAK unterscheiden Ko- und Kontext. „Bei der Scheidung von Ko- und Kontext ist uns klar, daß es sich hier um eine für die wissenschaftliche Beschreibung der Bedeutung notwendige methodische Abstraktion handelt. Vom Kontext im weiten Sinne (Gesprächssituation, Kommunikationssituation, soziokultureller Hintergrund usw.) wollen wir den sprachlichen Kontext auch terminologisch abheben" (1977, 89).

---

[31] Zu indirekten Sprechakten vgl. SCHLIEBEN-LANGE; B. 1975; WUNDERLICH 1972; MAAS/WUNDERLICH 1974.

Distributionsanalyse

Das kontextuale Verhalten der Lexeme wird nicht allein an ihrem realen Vorkommen in konkreten Texten untersucht, sondern auch durch die Ermittlung potentieller Umgebungen. Es wird ermittelt, in welchen typischen Kontexten ein Wort stehen und in welcher Umgebung es nicht stehen kann. Unter Distribution wird die Gesamtheit aller Umgebungen verstanden, in welchen eine sprachliche Einheit auftreten kann, die sich unterscheidet von all denen, in denen sie nicht vorkommt.

Nach HARRIS sind Unterschiede in den Bedeutungen auch Unterschiede in der Distribution. Ziel solcher Distributionsanalysen sind also Feststellungen zur Identität und Unterschiedlichkeit von Bedeutungen. Wörterbücher zur Valenz und Distribution (HELBIG/SCHENKEL; SCHUMACHER) tragen mit den Distributionsbeziehungen die semantische Mediostruktur der Verbbedeutungen ein. LORENZ/WOTJAK weisen auf die Grenzen der Distributionsanalyse hin, denn nicht immer läßt die gleiche Distribution auf die gleiche Bedeutung schließen. Dennoch kann die Distributionsanalyse zur Ermittlung der Sememstruktur eines Lexems dienen:

Die Regierung wird gewählt – die Regierung wird ausgeübt.
Die Wache tritt ihren Dienst an – die Wache wird übernommen.

Als Kontext der Substantive gelten hier die verbalen Prädikate. Die Verben grenzen die Sememe ‚Handlung' und ‚Subjekt der Handlung' voneinander ab.

Durch die Distributionsanalyse werden ermittelt

– die Art der regulären wortinternen semantischen Beziehungen, die semantische Mediostruktur des Wortes,
– die Kompatibilität von Lexemen
– die Bedeutungsidentität und Nichtübereinstimmung.

Kollokationstest

NEUBERT schlägt den Kollokationstest als Methode der linguistischen Untersuchung vor. Kollokationen sind ein Sonderfall von Syntagmen, weil sie verschiedene semantische Bedingungen erfüllen müssen: „Verschiedene Kollokationen mit jeweils einer identischen Komponente grenzen sich dahingehend voneinander ab, daß die nichtidentischen Komponenten n i c h t (bzw. nur teilweise oder von Fall zu Fall) ausgetauscht werden können, ohne die semantischen Regeln einer Sprache zu verletzen" (1966, 109). In einer Kollokation kann ein Semem aus dem Verband einer Mediostruktur ausgegliedert werden, die Kollokation signalisiert Bedeutungsgrenzen. Von den Verbindungen *reißender Strom, elektrischer Strom, nicht anhaltender Strom (von Menschen), roter Strom (von Blut)*, mit denen jeweils eine Bedeutung aktualisiert wird, ist *starker Strom* zu unterscheiden, weil *stark* keine aktualisierende Kraft besitzt. *Starker Strom* ist daher k e i n e Kollokation. *Dicker Strom* dagegen hat beschränkte Kraft zur Aktualisierung, bezogen auf Blut, auf Menschen. „In einer Kollokation kommen per definitionem immer nur eine oder

mehrere, aber niemals alle potentiellen Bedeutungen zur Geltung." (Die Beispiele sind der zit. Arbeit von NEUBERT entnommen.)
Begründet wurde der Kollokationstest bereits von JOOS (1958).

7.6.4. Experimentelle Ermittlungsverfahren

Substitutionstest

Als ergänzende Verfahren werden Tests eingesetzt, mit denen der Wissenschaftler – gestützt auf sein Sprachwissen, seine Kompetenz, durch Austausch und Veränderung das Verhalten eines Lexems unter veränderten Bedingungen beobachtet. NIDA (1964) hat auf die Vorteile des Substitutionstests hingewiesen:

– Der Substitutionstest stützt sich auf das Sprachwissen des Forschers und bedarf daher keiner umfangreichen Materialsammlung;
– er erlaubt, nach verschiedenen Gesichtspunkten signifikante Klassen zusammenzuschließen;
– der Substitutionstest ermöglicht, Bedeutungen voneinander abzugrenzen, Identitäten und Unterschiede festzustellen.

Ein sprachliches Element der Kette wird durch ein anderes ersetzt. Das zu ersetzende Element (Substituendum) kann zur ersetzten Form (Substitut) in verschiedenen semantischen Beziehungen stehen: in der Beziehung der Synonymie, Antonymie, Hyperonymie; verschiedene konnotative Merkmale werden isoliert. Insofern ist der Substitutionstest ein sehr breit anwendbares und wichtiges Instrument der semantischen Beschreibung. Wir unterscheiden: Substitution im konkreten Text – Substitutionsmodelle im Experiment.

Substitution einer konkreten sprachlichen Einheit in einer konkreten sprachlichen Äußerung erlaubt die Feststellung der referentiellen Bedeutung und damit des Redesinns:

Er brachte ihr einen Blumenstrauß.
Er brachte ihr ein Blumengebinde.
Er brachte ihr ein Geburtstagsgeschenk.

In diesen drei Sätzen ist das syntaktische Objekt ersetzt worden. Wird mit diesen drei Lexemen auf das gleiche Objekt referiert, sind sie referenzidentisch.
Aber nicht in jedem Text läßt sich *Blumenstrauß* durch *Blumengebinde* ersetzen (z. B. Feldblumenstrauß). Damit läßt sich nachweisen, daß *Blumenstrauß* und *Blumengebinde* zwar bedeutungsähnlich, aber nicht -identisch sind. Wir unterscheiden mit Hilfe der Methode der Substitution Referenzidentität auf der Ebene des Textes von Synonymie auf der Ebene des Systems.
Synonymie auf Systemebene wird ermittelt, indem ein Lexem in einem festen Kontext substituiert wird, ohne daß sich die Gesamtbedeutung verändert: *Im großen Zimmer war leises Flüstern zu hören.* In diesem Text kann ohne Bedeutungsver-

änderung *Flüstern* durch *Wispern, Raunen, Tuscheln, Getuschel, Gewisper, Geflüster* ersetzt werden, es handelt sich um Synonyme.

Beim Einsatz eines solchen Tests wird das Sprachwissen des Untersuchenden für zwei Entscheidungen vorausgesetzt:

– Er muß darüber entscheiden, ob die Gesamtbedeutung erhalten bleibt und
– ob diese Äußerung den lexikalischen Normen entspricht.

Insofern kann die Methode der Substitution niemals als einzige Methode der Bedeutungserschließung eingesetzt werden.

Transformation

Die Transformation, hier verstanden als Veränderung des grammatischen Status bei Beibehaltung des Lexembestandes, also als Methode des Experimentierens mit realen sprachlichen Einheiten, kann ebenfalls zur Ermittlung von Bedeutungsidentitäten und -unterschieden eingesetzt werden. Zwei Konstruktionen sind Transforme voneinander, wenn sie die gleiche Bedeutung bei gleichem Lexembestand repräsentieren. Damit wird ermittelt, daß gleiche Strukturen unterschiedliche Bedeutung tragen:

Samtkleid – Kleid aus Samt – S_1 (Stoff) · S_2 (Produkt aus S_1)
Strandkleid – Kleid für den Strand – S_2 (Kleid) · S_1 (Zweck von S_2)

Die Transformation kann die Idiomatizität einer Wortbildungskonstruktion signalisieren: Die Morphemstruktur von *Augenblick, Tausendfüßler, Hundekälte* ist zwar durchsichtig, aber die Bedeutung läßt sich durch Transformation nicht ermitteln: ein Augenblick ist eine kurze Zeitspanne, ein Tausendfüßler hat nicht tausend Füße, und die Hundekälte hat nichts mit Hunden zu tun.

Die Methode der Transformation wird immer dann eingesetzt, wenn die Bedeutung von Konstruktionen erschlossen werden soll. Sie hilft, die semantischen Beziehungen zwischen den Konstituenten einer Konstruktion aufzudecken, Wortbedeutungen und Motivbedeutungen zueinander in Beziehung zu setzen, unterschiedliche Bedeutungen gleicher Strukturen sichtbar werden zu lassen.

Mit onomasiologischen Methoden, der Beobachtung des kontextualen Verhaltens und dem Einsatz struktureller Methoden sind wir imstande,

– Bedeutungsidentitäten und -unterschiede festzustellen,
– Bedeutungsmerkmale aus Bedeutungsstrukturen herauszulösen,
– konnotative Merkmale zu isolieren,
– semantische Beziehungen zwischen den Sememen eines Wortes festzustellen,
– Kompatibilität von Lexemen zu begründen.

7.6.5. Analytische Konzepte der Bedeutungsbeschreibung

7.6.5.1. Annahmen für die Zerlegbarkeit von Wortbedeutungen

Seit etwa 30 Jahren hat die **Merkmalsanalyse** ihren Platz im Arsenal linguistischer Methoden gefunden. (Vgl. auch 7.6.1.) Sie geht von folgenden Annahmen aus:

1) Für die semantische Komponente der Sprache wurden gleiche Aufbauprinzipien wie für die phonologische Komponente angenommen. Bedeutungen lassen sich mit Hilfe der Methode der distinktiven Opposition in Kombinationen kleinerer Merkmale gliedern: Die Bedeutungen von *Vater* und *Mutter* werden gegliedert in

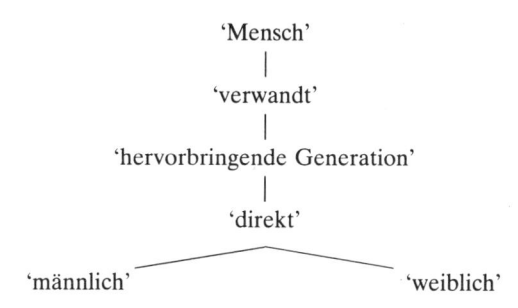

```
                    'Mensch'
                       |
                   'verwandt'
                       |
            'hervorbringende Generation'
                       |
                    'direkt'
                    _____
                   /        \
         'männlich'          'weiblich'
```

Diese Merkmale werden durch die Oppositionen *Vater, Mutter* :/: *Kind, Großvater, Großmutter* :/: *Enkel* und *Vater* :/: *Mutter* gewonnen.

2) Bedeutungen der Lexeme können somit als Kombinationen semantischer Merkmale aufgefaßt werden. Diese Merkmale stellen ein endliches Inventar dar, mit dessen Hilfe auf dem Weg der Kombinatorik unendlich viele Bedeutungen entstehen können. So ist z. B. das Merkmal ‚männlich' in seiner Opposition zu ‚weiblich' in Benennungen von Menschen und Tieren als bedeutungskonstitutives und -unterscheidendes Merkmal enthalten: *Mädchen – Junge, Hahn – Huhn, Vater – Mutter*.

3) Durch die Feststellung dieser Merkmale lassen sich Bedeutungen voneinander abgrenzen, semantische Relationen zwischen Wortschatzelementen ermitteln.

4) Da die semantischen Merkmale als Wissenselemente aufzufassen sind, die für sprachliches Handeln relevant werden, stellen sie auch das Inventar unseres semantischen Wissens dar. Sie sind Elemente unserer klassifikatorischen Tätigkeit, also kommunikativ und kognitiv relevant.

5) Auf semantischen Merkmalen als bedeutungskonstitutiven Elementen beruhen Kompatibilität oder Inkompatibilität lexikalischer Einheiten.

6) Die Prinzipien der semantischen Verbindbarkeit wirken über die Lexemgrenzen hinaus. Auch Satz- und Textbedeutungen entstehen durch die Kombination semantischer Merkmale. Sie lassen sich an **Topikketten** in Texten nachweisen.

7) Mit Hilfe der Ermittlung relevanter Merkmale müßten sich Bedeutungen „restfrei" beschreiben und voneinander abgrenzen lassen.

Auf diesen Grundannahmen basieren unterschiedliche Richtungen und Hypothesen „merkmalsanalytischer Konzepte".

Eine Schwierigkeit solcher analytischen Konzepte besteht darin, daß die Objektsprache auch gleichzeitig Beschreibungssprache ist und als Metasprache dient. Aus diesem Grund ist oft versucht worden, Bedeutungen mit Hilfe logischer und/oder mathematischer Symbole zu beschreiben und Symbole als Beschreibungseinheiten einzusetzen.

7.6.5.2. Konzept der Seme und Wege der Semanalyse

Das Konzept der Seme geht davon aus, daß sich Beschreibungseinheiten für kleinere und kleinste Einheiten der Bedeutungen (sowohl der Langue als auch der Parole) aus der Zerlegung realer sprachlicher Einheiten ableiten lassen. Das können nicht weiter gliederbare, aber auch komplexere Elemente sein. So wäre als Beschreibungseinheit von *Mann* ‚Mensch' anzusetzen. Dabei meint aber ‚Mensch' nicht die Bedeutung des Wortes *Mensch*, sondern den Komplex der Merkmale, die notwendig sind, um *Mensch* von *Tier* zu unterscheiden, wenn z. B. die Verbindbarkeit der Verben *denken, schreiben* usw. festgestellt werden soll. Insofern ist ‚Mensch' die empirisch kleinste notwendige Beschreibungseinheit. Soll allerdings die Bedeutung des Wortes *Mensch* bestimmt werden, müssen elementare Einheiten zu Hilfe genommen werden. Dennoch bleibt die Schwierigkeit bestehen, daß die Objektsprache gleichzeitig Metasprache ist. Solche kleineren Beschreibungseinheiten werden in der Literatur unterschiedlich bestimmt und benannt.

Das Konzept der N o e m e (griech. *noeo* – ‚ich nehme wahr', ‚erkenne', ‚begreife') geht davon aus, daß Noeme als kleinste *interlinguale* Erkenntniseinheiten in einem Noematikon erfaßbar und beschreibbar sind. Dieses Konzept wird vor allem von G. F. MEIER vertreten, dem es dabei um so aktuelle Fragen wie automatische Sprachübersetzung oder interlinguale Kommunikation geht. Daher will er seine Beschreibungseinheiten auch nicht aus einer Einzelsprache ableiten, sondern erkenntnistheoretisch-logisch bestimmen und für die Sprachanalyse vorgeben. So muß die Zahl der Noeme endlich sein, infolge ihres rekursiven Charakters auch klein. 1964 schätzte sie MEIER auf maximal 1000, „doch dürfte unsere derzeitige Schätzung von maximal 5000 eher zu hoch gegriffen sein" (MEIER 1980, 652).

Ein solches Noematikon könnte dann auch das theoretische Konstrukt einer „Zwischensprache" in der interlingualen personalen und automatischen Kommunikation sein.

> In das Corpus der Elemente für Faktenspeicherung (von uns *Noeme* genannt) münden nicht nur logische Elemente ein [...], sondern auch physikalische, soziologische, psychologische usw. Grundgrößen sowie grundlegende Relationen (Mengen, Raum, Zeit, Quantität, Qualität, Dialektik usw.) und besonders häufig auftretende Elemente, die zu besonderen Deskriptionen unerläßlich sind. Schließlich kommen dazu Zweck- und Bewertungselemente bis zu Angaben über emotionelle Färbungen (MEIER 1972, 327).

In G. F. MEIER 1964, 1965, 1966, 1969, 1972, 1980 und B. MEIER/VOLKMANN (1971) finden sich viele noematische Beschreibungen.

Seme werden durch Analyse sprachlicher Einheiten gewonnen. In der wissenschaftlichen Literatur werden sie auch bezeichnet als semantische Merkmale (BIERWISCH, LÜDI, UFIMCEVA), semantische Komponenten (APRESJAN), Bedeutungselemente (SCHMIDT), Seme (POTTIER, GREIMAS, BALDINGER, HEGER, WOTJAK, LORENZ/WOTJAK, HENNE/WIEGAND, COSERIU, NIDA, ›Probleme der semantischen Analyse‹), semantic marker (KATZ, FODOR/KATZ).

Übersichten über die verschiedenen Auffassungen, Terminologien und Methoden der Ermittlung und Beschreibung semantischer Strukturen finden sich bei LORENZ/WOTJAK 1977, Kap. 2 und 4 mit einer Bestandsaufnahme der in der linguistischen Literatur eingeführten Seme in zwei Semtabellen, die als Grundlage für die Aufstellung eines Seminventars und einer Semtypologie dienen könnten. Vgl. auch die Zusammenstellung in ›Probleme der semantischen Analyse‹ 1977, 111, und die ausführliche Darstellung der „Zerlegbarkeit der Wortbedeutungen" bei LÜDI, 1985 und die dort angegebene Literatur. LÜDI stellt die Techniken der Merkmalsanalyse vor und beschreibt Merkmaltypen.

Trotz gleicher Benennung bestehen Unterschiede in den Auffassungen vom Status der Seme. Einmal werden sie als *metasprachliche Benennungseinheiten* für Merkmale von Bedeutungen aufgefaßt. Ihre „Namen" sind nicht mit den Wörtern der Objektsprache zu verwechseln. So erfassen LORENZ/WOTJAK die Schreibarten verschiedener Forscher, durch die der Gefahr der Verwechslung vorgebeugt werden soll. Für das Merkmal ‚flüssig', wie es z. B. für die Bedeutungsbeschreibung von *schwimmen* gebraucht wird (*schwimmen* – ‚Fortbewegung' ‚im Wasser' ‚aus eigener Kraft' (DUDEN) werden verwendet: /liquid/, (Liquid), +liquid, flüssig, Flüssig(keit), flüssig(y), H_2O, verflüssigbar, water, im Wasser, Wasser (LORENZ/WOTJAK 1977, 320).

Zum anderen wird Semen oder semantischen Merkmalen psychische Realität zugesprochen. Sie werden als kleinste Bestandteile unseres semantischen Wissens aufgefaßt und durch die Bedeutungsanalyse objektsprachlicher Einheiten gewonnen. Sie sind also an die Einzelsprache gebunden. Es werden verschiedene Wege beschritten, um semantische Merkmale zu gewinnen. Schon im vorigen Jahrhundert wies ROSENSTEIN (1884) darauf hin, daß sich Bedeutungen aus kleineren Elementen konstituieren, von denen je nach dem kontextualen Zusammenhang bald die einen, bald die anderen in den Vordergrund treten. Damit ist schon angedeutet, daß Seme (semantische Merkmale) sowohl aus dem Syntagma (aus Texten, Textsegmenten) als auch von Systemelementen, isolierten Zeichen, ermittelt werden können.

a) Die Methode der distinktiven Opposition erlaubt, Gemeinsamkeiten und Unterschiede der Bedeutungen festzustellen und relevante Merkmale auszugrenzen. GREIMAS (1966, 35) erfaßte solche Merkmale in Form einer Matrix zur Verdeutlichung der Semantik der Dimensionsadjektive:

Lexeme	Raum	Dimens.	Vertik.	Horizont.	Perspekt.	Lateralit.
hoch	+	+	+	−	−	−
niedrig	+	+	+	−	−	−
lang	+	+	−	+	+	−
kurz	+	+	−	+	+	−
breit	+	+	−	+	−	+
schmal	+	+	−	+	−	+

b) KATZ (›Zeichen und System der Sprache‹ III 1966, 203) demonstriert in Form eines Stammbaums, welche Merkmale erfaßt werden müssen, um die Sememe eines polysemen Wortes zu gewinnen und merkmalhaft zu beschreiben.

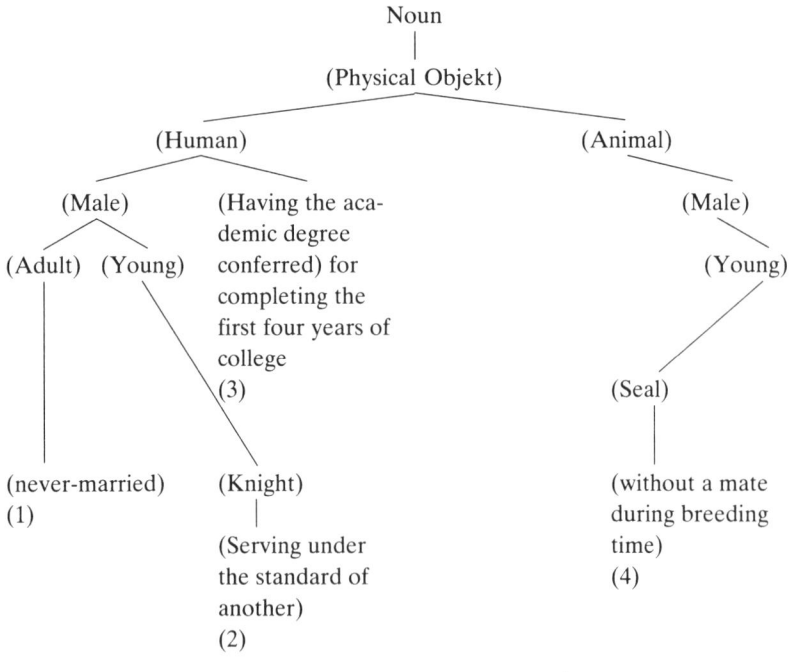

```
                            Noun
                             |
                      (Physical Objekt)
                     /                \
              (Human)                  (Animal)
            /    |    \                /      \
      (Male)   (Having the aca-    (Male)
     /     \    demic degree                    \
(Adult) (Young) conferred) for                (Young)
   |             completing the                   \
   |             first four years of
   |             college
   |             (3)                            (Seal)
   |                                              |
(never-married) (Knight)                   (without a mate
   (1)            |                         during breeding
              (Serving under              time)
              the standard of                (4)
              another)
              (2)
```

Die marker werden als unterscheidende Merkmale bestimmt.

c) Wir haben bereits in 7.6.2. gezeigt, daß durch die Zusammenstellung bedeutungsähnlicher Lexeme Identitäten und Unterschiede semisch erfaßt werden können (vgl. S. 175). Mit Hilfe der Paraphrase, der Umschreibung einer Wortbedeutung, können Seme und diskrete semantische Beziehungen verbalisiert werden. Aus dieser Paraphrase lassen sich die Merkmale isolieren, die für die Bedeutungsbestimmung relevant sind: *fliegen* – „sich (mit Flügeln oder durch die Kraft eines Motors) in der Luft fortbewegen" (DUDEN). Aus dieser Paraphrase lassen sich als relevante Merkmale ‚fortbewegen' ‚durch die Luft' isolieren.

Die gleichen Merkmale könnten mit Hilfe der Methode der distinktiven Opposition ermittelt werden: *schwimmen – gehen – fliegen*. Diese drei Verben benennen Fortbewegungsarten, enthalten das Merkmal ‚sich fortbewegen'. Sie unterscheiden sich durch das Medium, in dem die Fortbewegung erfolgt: ‚Wasser', ‚Erde', ‚Luft'. Damit sind diese drei Bedeutungen voneinander hinreichend abgegrenzt.

Zu Bedeutungsparaphrasen in der lexikographischen Praxis vgl. WIEGAND 1989, 544ff.

d) „Eine andere Möglichkeit der Ermittlung von Semen ist das Einfügen des betreffenden Wortschatzelements in Kontexte, die in ihrer inhaltlichen Gestaltung der intuitiv angenommenen Semem-Beschreibung (Umschreibung) widersprechen" (›Probleme der semantischen Analyse‹ 1977, 117). *Der Hund flüstert.* Subjekt und Prädikat sind inkompatibel (unvereinbar). *Flüstern* setzt ein Subjekt voraus, dessen Bezeichnetes imstande ist, ‚leise' ‚Laute' ‚zu äußern'.

e) Lexeme werden als Glieder semantischer Netze betrachtet. Seme vermitteln zwischen paradigmatischen und syntagmatischen Nachbarn. So können Identitäten, Polaritäten, Über- und Unterordnungen, Modalitäten festgestellt und merkmalhaft beschrieben werden. Stehen Verben im Mittelpunkt eines solchen Netzes, werden Valenzbeziehungen in die Betrachtung einbezogen.

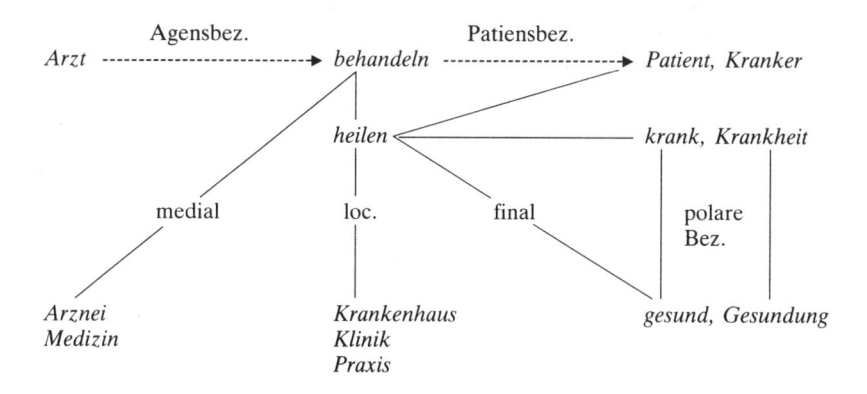

```
              Agensbez.              Patiensbez.
  Arzt ------------------------> behandeln ------------------------> Patient, Kranker
                                   /    |    \
                                  /     |     \
                               heilen <--------------- krank, Krankheit
                                /      |      \
                               /       |       \
                            medial    loc.    final              polare
                             /         |                          Bez.
                            /          |
                         Arznei    Krankenhaus              gesund, Gesundung
                         Medizin   Klinik
                                   Praxis
```

Die Ermittlung der paradigmatischen und syntagmatischen Einbettung führt zur Bedeutungsbeschreibung durch relevante Merkmale: *behandeln* benennt eine Tätigkeit, die ein Arzt ausführt, um Kranke (Patienten) zu heilen.

7.6.5.3. Leistungen und Grenzen analytischer Konzepte

Wie oben angedeutet, ist die Merkmalsanalyse seit den 70er Jahren mehr und mehr kritisch betrachtet worden. LÜDI (1985) geht ausführlich auf die gegenwärtige Einschätzung der analytischen Konzepte ein, nennt Stärken und Schwächen:

> Es trifft aber zu, daß eine bestimmte, in den 60er Jahren entwickelte strukturalistische Form der Merkmalstheorie heute als überholt bezeichnet werden muß. Es sind vor allem drei Grundannahmen, die zurückgenommen werden müssen:
> a) die Hypothese, daß Wortbedeutungen restlos in distinktive Merkmale aufgelöst werden können;
> b) die Hypothese, daß das von der Distinktivität reflektierte *kategoriale* Denken für die Sprache absolut determinierend sei;
> c) die – von Anfang an umstrittene – Auffassung vom Wortschatz als „système où tout se tient", als Feld von *konstanten* Größen (1985, 97/98).

Wenn wir davon ausgehen, daß im Kommunikations- und Kognitionsprozeß komplexe Bewußtseinsinhalte sprachlich gegliedert, semantische Einheiten, vermittelt durch die Beziehung auf Formative, fixiert werden, so ergibt sich die Notwendigkeit, nach den Merkmalen dieser Ausgrenzung und Hypostasierung zu fragen. Daß wir das Kontinuum unserer semantischen Kenntnisse nach Merkmalen gliedern, ist psychologisch bestätigt. Insofern haben wir keinen Grund, generell auf die Merkmalsanalyse zu verzichten. Vielmehr müssen Tendenzen beachtet werden, die an das bisher Erreichte anknüpfen und die Merkmalskonzeption in neue sprachtheoretische und psychologische Zusammenhänge einordnen.

– Das betrifft die Nutzung der Merkmalstheorie für die Erklärung sprachlichen Handelns. Sollen die Möglichkeiten der Speicherung und Aktivierung lexikalischen Wissens im Gedächtnis beschrieben, semantische Vernetzungen verdeutlicht werden, so werden semantische Merkmale als „Knoten" solcher Netze notiert.
– Die Merkmalsbestimmung bleibt notwendig für die Feststellung semantischer Beziehungen im Wortschatz: Äquivalenz, Polarität, Implikation und Hierarchie lassen sich in bezug auf semantische Merkmale erfassen und beschreiben.
– Schließlich greift auch die diachronische Bedeutungstheorie auf analytische Konzepte zurück, wenn sie den Bedeutungswandel beschreibt. Die Annahme stabiler und variabler Seme macht den Prozeß der Ausbildung neuer Bedeutungen erklärbar.

Allerdings darf die Anwendung der Merkmalshypothese nicht dazu verleiten, Bedeutungen als stabile und festumrissene Einheiten zu betrachten, die sich semisch restfrei beschreiben lassen.

Die Grenzen analytischer Konzepte bestehen darin, daß sich durchaus nicht alle Wortschatzbereiche merkmalhaft aufgliedern lassen, daß oftmals überhaupt nicht zu ermitteln ist, welche semantischen Merkmale sprachlich relevant sind, weil auch die Frage nach dem Verhältnis von Sprach- und Sachwissen noch nicht hinreichend beantwortet ist; daß nicht alle distinktiven Merkmale für den Sprachgebrauch wesentlich sind; daß sich bei semanalytischen Beschreibungen Schwierigkeiten bei der

Zuordnung solcher Exemplare zur Klasse ergeben, die nur einige der analytisch ermittelten Merkmale besitzen; daß man mit der Semanalyse nur schwer der Variabilität der Bedeutungen gerecht werden kann.

7.6.6. Holistische Konzepte der Bedeutungsbeschreibung

In den 70er Jahren wurden verstärkt Einwände gegen analytische Bedeutungsauffassungen vorgebracht. Als alternativer Entwurf wurde die Prototypenhypothese entwickelt (vgl. 7.6.1.). ROSCH (1973) wies an einem Wortschatzbereich, der sich tatsächlich der semantischen Gliederung nach einzelsprachlichen Merkmalen entzieht, den Farbadjektiven, nach, daß der Bereich der Farbbenennungen nach einem universellen Prinzip strukturiert ist, nach dem Prinzip des besten Vertreters. Der beste Vertreter einer Klasse dient als Maßstab für andere Exemplare, die an ihm nach dem Grad der Ähnlichkeit gemessen werden. Es gibt also gewisse Objekte, an denen sich die Klassenbildung im Gedächtnis orientiert. Danach sind *Hammer* und *Säge* bessere Vertreter der Klasse *Werkzeug* als *Bleistift* und *Stecknadel*. Löste man aus der Definition von *Werkzeug* im Wörterbuch die semantischen Merkmale heraus, so gehören sowohl Bleistift als auch Stecknadel in die Klasse der Werkzeuge: „einzelner, je nach Verwendungszweck geformter Gegenstand, mit dessen Hilfe etwas bearbeitet oder hergestellt wird" (DUDEN).

Schwierigkeiten der Semanalyse von Lexemen mancher Wortschatzbereiche können so überwunden werden. Die ganzheitliche Beschreibung eignet sich vor allem für Konkreta, für Kollektiva und bestimmte Verbklassen.

Soll z. B. die Bedeutung von *Möbel* angegeben werden, kann die Semanalyse nur eine komplexe Beschreibung anbieten, die offen läßt, ob zu *Möbel* auch *Klavier*, *Kühlschrank* und *Nähmaschine* gehören. Die Angabe bester Vertreter, der Prototypen, wird für die Anwendung der Bedeutungstheorie in der Lexikographie, der Sprachpädagogik und in der Psychologie nützlich sein.

Semantische Netze, Modelle der Repräsentation lexikalischen Wissens, die von der Psychologie und der KI-Forschung entwickelt wurden, greifen auf die Prototypenhypothese zurück, weil sie Gedächtnisstrukturen adäquater modellieren kann, als das analytische Modelle vermögen. Netzwerkmodelle enthalten als „Knoten" prototypische Vertreter.

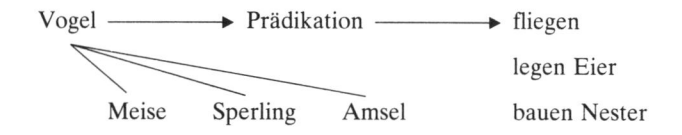

```
Vogel ──────▶ Prädikation ──────▶ fliegen
    ╲                                legen Eier
     ╲
  Meise  Sperling  Amsel           bauen Nester
```

Die angeführten Benennungen verweisen auf typische Vögel, die Prädikationen auf Verhaltensmuster oder Geschehenstypen.

8. Das lexisch-semantische System der Sprache

8.1. Das lexisch-semantische System als Voraussetzung, Medium und Resultat der sprachlichen Tätigkeit

8.1.1. Psycholinguistische Aspekte

Der Wortschatz unserer Sprache ist strukturiert, geordnet, und jeder Sprachteilnehmer erwirbt seinen Anteil an diesem gesellschaftlichen Besitz in der sprachlichen Tätigkeit, im Text- und Situationszusammenhang. Neues wird dem bereits Bekannten zugeordnet, semantische Beziehungen im Gedächtnis sind Resultat sprachlichen Handelns und der kognitiven Verarbeitung der Informationen. Sprachliche Einheiten und Strukturen prägen sich in Abhängigkeit von der sprachlichen Tätigkeit ein. Wie im individuellen, so sind auch im gesellschaftlichen Besitz, im Lexikon einer Sprache, Lexeme in funktionalen und formalen Zusammenhängen gespeichert. Untersucht die Psychologie Organisationsformen menschlichen Wissens, so greift sie einerseits auf unsere Kenntnis von der Organisation des Lexikons zurück und gibt andererseits Auskunft darüber, ob und in welchem Maße die semantischen Relationen im Wortschatz psychische Realität besitzen. Zu den wichtigsten Anregungen, die die Lexikologie in den letzten Jahren von der Psychologie erhielt, gehören Einsichten in die Begriffsbildung und die Modellierung der Wissensrepräsentation im Gedächtnis.

Geschehenstypen (KLIX)

> Menschliches Wissen besteht aus Begriffen und Beziehungen zwischen ihnen. Dieses Wissen ist austauschbar vermittels der Sprache [...] Die [...] Grundhypothese besagt, daß wir über zwei Klassen von Wissen verfügen:
> (1) über ereignisbestimmtes Wissen und
> (2) über merkmalsbestimmtes Wissen" (KLIX 1984, 7).

Diese in der Gedächtnispsychologie erarbeitete Hypothese liegt auch in den Modellen der Wissensrepräsentation zugrunde: Begriffe sind Festpunkte des Wissensbesitzes. Sie existieren nicht isoliert, sondern es bestehen Beziehungen zwischen ihnen. Diese Begriffsbeziehungen können gespeichert sein, sie können aber auch auf der Grundlage von Regeln hergestellt, aktualisiert werden. Zwischenbegriffliche Relationen „ordnen" die Begriffe und damit auch die Begriffsträger – lexikalische Einheiten. „Es geht um die Erfassung der externen Begriffsbeziehungen, um die Systematik der Verbindungen zu anderen Begriffen" (KLIX 1984, 13). Hier verweist der Psychologe darauf, daß *linguistische* Untersuchungen Aufschluß über diese zwischenbegrifflichen Relationen geben. Mit Recht können wir uns daher auf die Psychologie berufen.

KLIX sieht ein Ordnungsprinzip unseres Wissens in der Speicherung von Geschehenstypen:

> Wir wollen [...] den Begriff des Geschehenstyps verwenden, der von einem semantischen Kern aufgespannt wird. Semantische Kerne sind also eine Art Ankerbegriffe, von denen aus verwandte Klassen von Ereignissen gebildet werden können. LERNEN, SCHREIBEN, AUTOFAHREN, TANKEN, KAUFEN sind Beispiele für Geschehenstypen in unserem Kulturkreis [...] Geschehenstypen sind klassifizierte Ereignisse, die im einzelnen immer wieder anders sind, die aber doch ihre durchgehende Gemeinsamkeit darin haben, daß Dinge und Personen mit ganz bestimmten Rollen und Funktionen in ihnen vorkommen (1984, 20).

Die Beispiele zeigen, daß mit diesen begrifflichen Netzen der Geschehenstypen auch gleichzeitig lexisch-semantische Strukturen modelliert werden. Nur überlagern dann sprachliche Spezifika, wie Konnotationen und Präsuppositionen, die begrifflichen Strukturen. KLIX stellt den Geschehenstyp LERNEN vor:

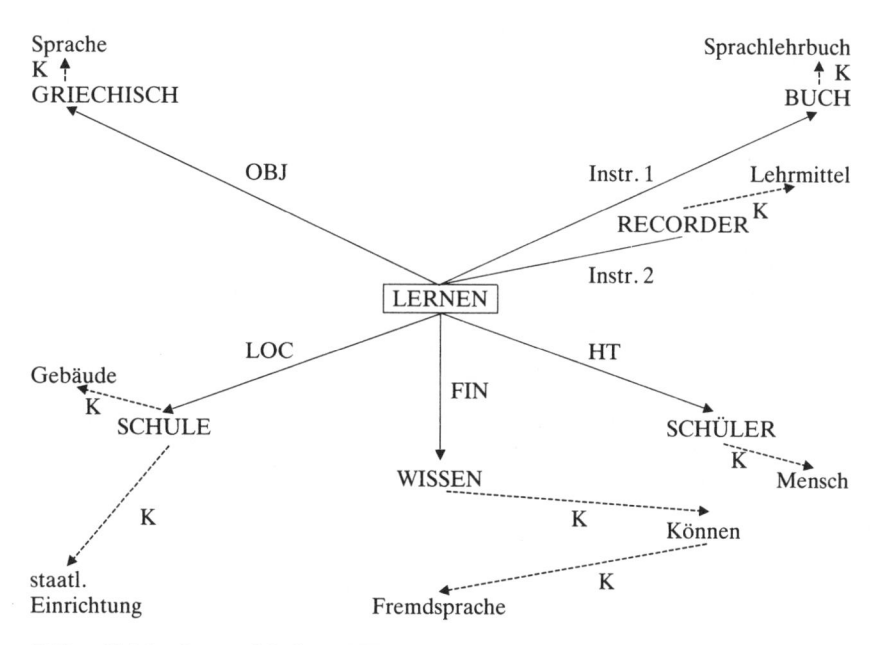

```
Sprache                                      Sprachlehrbuch
K ↑                                               ↑ K
GRIECHISCH                                        BUCH

          OBJ              Instr. 1    Lehrmittel
                                RECORDER K
                           Instr. 2
              [LERNEN]
          LOC              HT
Gebäude              FIN
  K
  SCHULE                         SCHÜLER
                                    K
                    WISSEN            Mensch
     K                   K
                              Können
staatl.              K
Einrichtung    Fremdsprache
```

OBj. – Objekt; Instr. – Medium; HT – Handlungsträger; FIN – Zweck; K – Kategorie

Ein solcher Geschehenstyp, dessen Knoten Begriffe, also nicht lexikalisierte Einheiten der sprachlichen Oberfläche, sondern Einheiten der Tiefenstruktur sind, kann Basis der Modellierung lexisch-semantischer Strukturen, also von Netzen sein, deren Knotenpunkte konkrete sprachliche Einheiten der Oberfläche sind.

Netzwerkmodelle

Semantische Netzwerkmodelle zur Repräsentation lexikalischen Wissens sind von verschiedenen psychologischen und psycholinguistischen Schulen entwickelt worden. Als ältestes Modell gilt das Assoziationsmodell. Das semantische Netz wird durch die Wörter gebildet, die als Reaktion auf ein Stimuluswort genannt werden. Durch Assoziationsexperimente wird die semantische Nähe von Wörtern ermittelt. Die so festgestellten assoziativen Beziehungen stimmen größtenteils mit den linguistisch nachgewiesenen paradigmatischen und syntagmatischen Relationen im Wortschatz überein. Wenn z. B. auf Reizwörter wie *Vater* mit *Mutter*, auf *Bruder* mit *Schwester* reagiert wird, so werden Lexeme mit k o m p l e m e n t ä r e r Bedeutung aktiviert.

Hierarchische Netzwerkmodelle, die vor allem auch durch Forschungen zur Künstlichen Intelligenz stimuliert wurden, Geschehenstypen und Begriffsvernetzungen repräsentieren sprachliche Zusammenhänge. So hat gerade die Psychologie der letzten 20 Jahre wesentliche Einsichten in die sprachlichen Speicherungsstrukturen vermittelt, die für die Beschreibung des lexisch-semantischen Systems der Sprache insofern von Bedeutung sind, als sie Auskunft über die psychische Realität linguistisch nachweisbarer Zusammenhänge im Wortschatz geben.

8.1.2. Soziolinguistische Aspekte

Mehr als bei jeder anderen Komponente der Sprache bestehen Wechselbeziehungen zwischen Wortschatz und gesellschaftlicher Struktur, gesellschaftlichen Entwicklungen und Anschauungen des Sprachträgers. Das betrifft auch den individuellen Wortschatz. Er entwickelt sich in Abhängigkeit von der sprachlichen Tätigkeit und ist somit durch soziales Handeln, durch soziale Erfahrungen und Berufstätigkeit, durch die Zugehörigkeit zu sozialen Klassen und Schichten determiniert. Jeder Mensch erwirbt den Wortschatz seiner Muttersprache in der Kommunikation und übernimmt sozial bedingte Varianten, Benennungsprinzipien und -normen seiner sozialen Umwelt. Im Laufe seines Lebens ist er Mitglied unterschiedlicher Kommunikationsgemeinschaften (z. B. der Familie, der Schule, des Betriebes, der Freizeitgruppe usw.), deren spezifische Benennungsgewohnheiten seinen I d i o l e k t bilden.[32]

---

[32] Idiolekt definiert LEWANDOWSKI als „sprachliche Verhaltensweise eines einzelnen Sprachteilhabers; ‚the totality of speech habits of a single person at a given time' (Hockett); Gesamtheit der professionellen, sozialen, territorialen, psychophysischen individuellen sprachlichen Besonderheiten, die meist auf phonetischer und lexikalisch-stilistischer Ebene liegen; die individuelle Realisierung eines sprachlichen Systems" (S. 268).

Der Wortschatz unserer Sprache ist in mehrfacher Weise differenziert: Es existieren gruppenspezifische Benennungen, die regional, funktional und, damit verbunden, sozial bedingt sind. Angehörige sozialer Gruppen, die Sonderwortschätze, spezifische Gebrauchsregeln und Abwandlungen des allgemeinen Wortschatzes nutzen, können sowohl durch die berufliche und fachliche Tätigkeit, durch gemeinsame Interessen als auch durch die Altersspezifik verbunden sein. Die gesellschaftliche Differenzierung spiegelt sich z.T. in der sprachlichen Differenzierung wider. (Vgl. dazu 9. Die soziale Gliederung des Wortschatzes)

Ein weiterer Aspekt soziolinguistischer Wortschatzuntersuchungen besteht in der Analyse regionaler Varianten und ihrer gesellschaftlichen Bewertung. So sind sowohl regionale Umgangssprachen als auch die Mundarten in Deutschland gesellschaftlichen Bewertungen unterworfen. Hier scheint es so zu sein, daß es ein Bewertungsgefälle von Nord nach Süd gibt. Die Umgangssprachen der sächsischen Großstädte im obersächsischen Sprachraum werden im gesellschaftlichen Urteil negativer als die niederdeutschen bewertet. Aber gerade regionale Varianten lassen deutlich werden, daß ihr Gebrauch mit soziokulturellen Faktoren verbunden ist. Ihr Verständnis fordert in vielen Fällen soziokulturelles Hintergrundwissen (vgl. 7.1.4., 7.3.). Z.B. wäre ohne Kenntnis der Volksbräuche zur Weihnachtszeit erzgebirgisches Wortgut wie *Neunerlei, hutzen, Hutzenstube, Mette* semantisch nicht voll zu erschließen.

Probleme des *politischen Wortschatzes* sind letztlich auch Gegenstand soziolinguistischer Wortschatzbetrachtung. Auch bei umstrittenen Wortbildungen, wie bei der Movierung der Feminina, spielen politische Überlegungen zur Gleichberechtigung der Frau, auch feministische Bewegungen, eine große Rolle. Seit Beginn der 80er Jahre wird intensiver gefordert, Frauen mit movierten Feminina zu benennen. Aber noch immer sind neben den traditionellen Benennungen, wie *Schneiderin, Lehrerin, Kindergärtnerin, Ärztin*, die für sogen. Frauenberufe existieren, weitgehend maskuline Nomen für die Benennung von Inhaberinnen von Titeln, Ämtern, akademischen Graden üblich. So werden bevorzugt *Frau Professor X, Frau Doktor Y*, selbst *der Direktor, Frau X*, ist anzutreffen. Ebenso: *der Lehrstuhlinhaber, Frau X*. In vielen Presseorganen und auch im Amtsdeutsch werden jedoch schon movierte Formen verwendet: *die Lehrstuhlinhaberin, die Professorin*. Oft begegnet man der Form *BürgerInnen*, die als zusammenfassende Benennung allerdings nicht unumstritten ist. Die Forderung, neben dem Indefinitpronomen *man* nun auch *frau* einzuführen, ist übertrieben und berücksichtigt nicht die Entwicklung der Sprache.[33]

---

[33] Die Literatur zu feministischer Sprachpolitik und ihren Auswirkungen auf den Wortschatz ist in den letzten Jahren international sprunghaft gewachsen. Als Zusammenfassung der Diskussion liegt, von HELLINGER herausgegeben, ein Sammelband vor: ›Sprachwandel und feministische Sprachpolitik. Internationale Perspektiven‹ (1985). Auch hier nehmen Fragen femininer Personen- und Berufsbezeichnungen einen breiten Raum ein. Die Neuerungen und Vorschläge kommen in erster Linie aus den Altländern der BRD, kaum aus der ehemaligen DDR, aus Österreich und der Schweiz. Vgl. dazu auch den Bericht von J. ERFURT (1988).

Im Nebeneinander von *Gleichstellung* und *Gleichberechtigung* zeigt sich ein weiteres Problem der Schichtung des deutschen Wortschatzes: in der deutschen Sprache der Gegenwart sind die zahlreichen Differenzierungserscheinungen im Wortschatz der „Altländer" und der „Neuländer" der BRD ein anschauliches Beispiel für die politische Determiniertheit von Wortschatz und Wortschatzentwicklung.[34] Das betrifft nicht allein den terminologischen Bereich und Benennungsstandards, sondern auch viele Wörter der Alltagssprache, die zu Indikatoren der Herkunft des Sprechers/Schreibers aus dem Gebiet der ehemaligen DDR oder der „Altländer" werden. Zahlreiche Wörter verschwinden seit der Einigung Deutschlands, die bisher nur in der DDR üblich waren: *volkseigener Betrieb, Volkseigentum, Landambulatorium, Frauenförderungsplan, Frauensonderstudium, Babyjahr, Mütterjahr*. Andere Lexeme, die im Sprachgebrauch der DDR als archaisch betrachtet wurden, weil ihre Denotate nicht mehr existierten oder bedeutungslos geworden waren, gehören wieder zum aktiven Wortschatz der Sprecher. Das betrifft onomasiologische Gruppen, die mit Arbeitslosigkeit und sozialer Situation zusammenhängen, wie *Arbeitsamt, Arbeitslosenunterstützung, -fürsorge, Sozialhilfe, Obdachlosenasyl*. Es könnte auch noch für längere Zeit Parallelbenennungen geben: *Sero – Recycling, Feierabendheim – Seniorenwohnheim – Altenwohnheim*. Im offiziellen Sprachgebrauch werden sich die aus den Altländern stammenden Benennungen durchsetzen, im Alltag werden auch in der ehemaligen DDR Wörter aus diesem Bereich weiterleben.

GÜNTER (1979) weist darauf hin, daß „jeder beliebige Begriff" zum politischen Begriff werden kann, wenn die Kommunikation das fordert. Er zeigt am Beispiel *Sardine*, daß dieses Wort im Wirtschaftskrieg zum politischen Wort wurde, als es galt, festzulegen, „was als Sardine gelten kann". In vielen Fällen ist es vom Geschichtsverständnis und vom Selbstverständnis bestimmter Gruppen der Gesellschaft abhängig, worauf mit einem Wort referiert werden kann. So ist die Bedeutungsextension von *Putsch* und *Aufstand* unterschiedlich bestimmt. Damit ergeben sich folgende Fragen: Für welche sozialen Gruppen, für welche politischen Auffassungen sind welche Ausdrücke typisch? Welche Ausdrücke für sich und ihre Institutionen und Theorien und welche für den Gegner und dessen Einrichtungen benutzen soziale Gruppen? Welche Ausdrücke werden gruppenspezifisch genutzt?

STRAUSS/HASS/HARRAS haben mit ihrem ›Lexikon zum öffentlichen Sprachgebrauch – Brisante Wörter von Agitation bis Zeitgeist‹ (1989) eine Sammlung solcher Wörter vorgelegt, die im politischen Kontext „erklärungsbedürftig" sind, z.T. als Schlagwörter gebraucht werden. Unter Schlagwort werden solche Wörter verstanden, die in einer bestimmten Zeit politische Leitsätze, Losungen und Ziele ausdrücken und oftmals starken Gefühlswert haben. „Es handelt sich um Wörter mit unscharfer lexikalischer Bedeutung, unspezifischer Verwendung und emotiven Bestandteilen, die als Auslöser von Gefühlsregungen wirken" (LEWANDOWSKI,

---

[34] Zum Wortschatz der DDR vgl. ›Wortschatz der deutschen Sprache in der DDR‹. Fragen seines Aufbaus und seiner Verwendungsweise (Hrsg. v. FLEISCHER, 1987). Das Buch stellt in umfassender Weise die Spezifik der Wortschatzentwicklung in der ehemaligen DDR dar.

640). Zu diesen „brisanten Wörtern" gehören auch Wörter aus Wissenschaft und Technik, wenn sie Objekte politischer Auseinandersetzungen benennen, wie *Störfall, Restrisiko, Schwangerschaftsabbruch, Familienplanung.*

Schließlich sind auch die semantischen Relationen im Wortschatz, wie Synonymie, Antonymie, Hierarchiebeziehungen unter soziolinguistischem Aspekt zu betrachten: *Kultur* steht in semantischen Beziehungen zu anderen Lexemen. Die Spezifik dieser Beziehungen ergibt sich aus dem soziokulturellen Kontext und ist theorieabhängig. *Kultur* wird lange Zeit als Antonym zu *materieller Produktion* aufgefaßt und auf den geistigen Bereich begrenzt. *Kultur* wird aber auch als Antonym zu *Zivilisation* gesehen. Hier wird *Zivilisation* vorwiegend dem materiellen Sektor zugeordnet. Anderseits wird aber der Bedeutungsumfang von *Kultur* so weit ausgedehnt, daß *Kultur* als Hyperonym zu *Sport, Wissenschaft, Kunst, Technik*, die Art und Weise zu wohnen, sich zu kleiden usw. auftritt. Ob also zwischen *Kultur* und *Zivilisation* antonymische, synonymische, hierarchische oder komplementäre Beziehungen angenommen werden, ist von politischen, gesellschaftstheoretischen und auch sozialökonomischen Anschauungen der Sprachgemeinschaft oder sozialer Gruppen abhängig.

8.2. Lexisch-semantisches System und Text

Lexikalische Einheiten sind Elemente des Lexikons und des Textes.[35] Die Typen lexisch-semantischer Beziehungen im System widerspiegeln solche semantischen Beziehungen, die in sprachlichen Handlungen gewohnheitsmäßig aufgebaut werden. Wenn wir daher unseren Blick auf lexisch-semantische Beziehungen im Text richten, so wollen wir die Beziehungstypen rekonstruieren, die für die Textgestaltung – die Herstellung des semantischen Zusammenhangs – wesentlich sind. Dabei wollen wir unter Text ein Stück schriftlicher oder mündlicher Rede verstehen, durch das ein Sachverhalt als relativ abgeschlossene Inhaltseinheit sprachlich gestaltet ist, um eine Kommunikationsabsicht zu realisieren.

Einer solchen Textbestimmung liegt eine funktionale Konzeption zugrunde; denn nicht allein die Struktur, sondern auch die Kommunikationsintention wird als Kriterium der Textdefinition herangezogen. VIEHWEGER (1978) definiert den Text als „eine nach einem bestimmten Handlungsplan, d. h. einem dynamischen System von Handlungen und Operationen im Prozeß der sprachlich-kommunikativen Tätigkeit des Menschen erfolgte und durch die Regeln des Sprachsystems realisierte Zuordnung von Bewußtseinsinhalten als Abbildern von Sachverhalten der Wirklichkeit und Lautfolgen" (1978, 156). Im Text widerspiegeln die Lexeme und ihre Beziehungen zueinander den Sachverhalt, wie er den Kommunikationsintentionen und -bedingungen entsprechend sprachlich gestaltet worden ist. Insofern sind die

---

[35] Zum Text als Gegenstand der Linguistik vgl. DE BEAUGRANDE/DRESSLER 1981, SANDIG 1978, AGRICOLA, E. 1977, VIEHWEGER 1976.

lexisch-semantischen Beziehungen durch den Sachverhalt, über den gesprochen wird, und die Faktoren der sprachlichen Handlung, wie Absicht, Partnerbeziehungen, die räumliche und soziale Situation, die Kommunikationsstrategie determiniert. Es kann also davon ausgegangen werden, „daß ein Zusammenhang zwischen der objektiv existierenden Ordnung der Wirklichkeit und der Darstellungsordnung im Text besteht. [...] So kann eine Ereignisfolge im Bereich der Wirklichkeit die Erwähnungsfolge im Text determinieren, und die objektiv existierende Ordnung zwischen den Gegenständen und Erscheinungen der Wirklichkeit (Teil-Ganzes-Beziehung, Obermenge – Untermenge, Element – Klasse usw.) kann sich als determinierender Faktor für die Erwähnungsfolge der in den Text eingeführten Objekte erweisen" (VIEHWEGER 1978, 157).

Der Text wird aufgebaut, indem durch lexische Einheiten bestimmte Beziehungen hergestellt werden, die als Typ schon im System verfestigt sind. Es handelt sich letztlich um die in der Textlinguistik beschriebenen Isotopieketten, um semantische Verflechtungen und Verkettungen. Da es hier nicht auf eine Diskussion textlinguistischer Kategorien ankommt, sondern auf die Darstellung der für den Textaufbau relevanten lexikalischen Kenntnisse, benutzen wir folgende Termini: „Isotopie" = „Kontinuität und Fortschreiten des Inhalts" (vgl. AGRICOLA 1975, 28); „Topik" = Minimalpaare von Lexemen, die in regulären semantischen Beziehungen zueinander stehen und somit die Isotopie des Textes herstellen.

E. AGRICOLA spricht von substituierbaren semantischen Einheiten. Dabei bezieht er zwar Antonymie, Kontrast und lexikalische Paraphrasierung ein, aber es scheint doch praktikabler, den Begriff auf alle regulären semantischen Paare auszudehnen. Außerdem sind die Beziehungstypen verfestigt, die durch die Prädikation zwischen Verb und seinen Aktanten aufgebaut werden. Es sind dies syntagmatische Beziehungen, die im System als Valenz, Kompatibilität und Inkompatibilität gespeichert sind.

Nominative Ketten und Referenzbedeutung (referentielle Bedeutung)

Die referentielle Bedeutung ist die Bedeutung eines Lexems in einem konkreten Sprechakt. Fragt z. B. ein Tourist: „Ist das Haus dort das Dacheröden-Haus?", so referiert er mit *Haus* auf ein bestimmtes Gebäude, *Haus* tritt mit einer referentiellen Bedeutung auf. In Texten wird der inhaltliche Zusammenhang sprachlich dadurch hergestellt, daß die benennenden Lexeme in spezifischen semantischen Beziehungen zueinander stehen. Durch nominative Einheiten werden Themen entfaltet, weitergeführt und vernetzt. Es entstehen nominative Ketten und damit referentielle Beziehungen zwischen den Lexemen, die nicht mit den semantischen Beziehungen im System übereinstimmen müssen.

Nominative Ketten sind somit Bezeichnungsketten, deren Elemente sich im konkreten Text auf den gleichen Referenten, d.i. das im Text eingeführte Objekt, beziehen. „Das Wesen nominativer Ketten besteht darin, daß ein in den Text eingeführtes Objekt, eine Nomination, durch einfache oder mehrmalige Rekurrenz vollständig oder partiell wiedererwähnt wird" (VIEHWEGER 1978, 160).

> Baukastenwaschmittel sind die umweltverträglichsten Saubermacher; denn ihre Bestandteile lassen sich nach Bedarf dosieren. Bei diesem System sind das sonst in einem Mittel enthaltene Grundwaschmittel, der Wasserenthärter und das Bleichmittel voneinander getrennt. Bunte Wäsche kommt mit dem Grundwaschmittel aus, Enthärter wird entsprechend der Wasserhärte zugegeben und spart somit Grundwaschmittel ein. Dieses enthält weder Phosphat noch Sulfatzusatz und optische Aufheller. Die Sauerstoffbleiche verzichtet auf das giftige Perborat und besteht aus dem umweltfreundlichen Percarbonat.

Das Thema wird im ersten Satz als Aussage formuliert. *Baukastenwaschmittel – umweltverträglich*. *Baukastenwaschmittel* wird fortgeführt durch *Bestandteile* und *Grundwaschmittel, Wasserenthärter* und *Bleichmittel*, die *Bestandteile* explizieren und in der Relation ‚Teil – Ganzes' zum texteröffnenden Wort stehen. Sie werden wieder aufgenommen und wiederum zu *Baukastenwaschmittel* in Beziehung gesetzt – das Textthema entfaltet sich. *umweltverträglich* wird aufgenommen durch *sparen*, die Negation von *giftig* und das synonymische *umweltfreundlich*. In diesem Beispiel wird die Textkohärenz vor allem durch die ‚Teil-Ganzes-Beziehung' gesichert.

Die Weiterführung eines Themas kann auch durch referenzidentische Ausdrücke, Hyperonyme und Hyponyme erfolgen:

> Ein Junge von vielleicht 12 Jahren preist mit südländischer Beredsamkeit die Vorzüge seiner „Ware": Bonbons, eben erst aus Taiwan importiert [...] Süßigkeiten sind bestimmt nicht lebenswichtig [...] doch das geschieht mit allen Waren [...] Hemden aus Italien, Hosen aus den USA, Bier in Dosen aus der Bundesrepublik Deutschland, Schinken aus Dänemark, Wein aus Chile [...] Konsumartikel, Autos und Maschinen werden eingeführt [...] (Gonzales, Szenen aus Montevideo).

Hier ergibt sich eine nominative Kette, deren Glieder in Beziehungen der semantischen Über- und Unterordnung zueinander stehen: *Waren – Hemden, Hosen, Bier, Schinken, Wein; Ware* ist das H y p e r o n y m, die weiteren Substantive sind Hyponyme zu Ware und stehen zueinander in der Beziehung der K o h y p o n y m i e. Kohyponyme sind Lexeme, die sich gleichrangig auf das gleiche Hyperonym beziehen.

Selbst wenn ein Wort dem zu bezeichnenden Sachverhalt aufgrund seiner denotativen Bedeutung entspricht, ist es möglich, daß es uns aufgrund stilistischer Regularitäten als deplaziert erscheint. Nicht alle Wörter eignen sich für alle T e x t s o r t e n. Bestimmte Textsorten fordern auch spezielle Lexik und verschließen sich anderen Einheiten. So sind neben vielen Wörtern unserer Sprache, die sich für alle Textsorten eignen, auch solche vorhanden, die bestimmten Restriktionen unterliegen. Sie sind stilistisch markiert. So werden z. B. *Briefmarke, Fahrkarte, fahren, laufen* in jeder Textsorte passend sein, während *Postwertzeichen* oder *terminieren* nur in einem Text des Amtsverkehrs als normal empfunden werden.

EROMS nimmt eine terminologische Dreiteilung vor: Alle Ausdrucksweisen, die in beliebigen Texten erwartet werden können, sind durch S t i l n e u t r a l i t ä t gekennzeichnet. Alle Ausdrücke, die nur in Texten bestimmter Textsorten zu erwarten sind und deren kommunikative Funktion in natürlicher Weise betreffen, geben S t i l w e r t e ab. Alle Ausdrucksweisen, die offensichtlich in einem Text unerwartet sind, aber seine kommunikative Funktion unterstützen, und zwar in auffälliger Weise, ergeben S t i l e f f e k t e (EROMS 1986, 13). Somit gehört auch das Wissen um Verwendungsregeln zu unserem lexikalischen Wissen. Diese Komponenten werden in der stilistischen Literatur als „Stilschichtmarkierungen" oder auch „funktionalstilistische Markierungen" bestimmt. Dabei orientieren sich Stilschichtmarkierungen am literatursprachlichen Standard. Die Bedeutung eines Lexems kann durch die stilistische Verwendung überlagert, durch kontextuale oder situative Faktoren variiert werden.

Die Textbedeutung ist nicht einfach eine aktualisierte Systembedeutung, sondern ein sehr komplexer Bewußtseinsinhalt. NEUBERT spricht von „Arten der Bedeutung", die die systemhaft vorgegebenen Elemente überlagern:

> Die Lexeme sind [...] zugleich Abbilder der Abbildenden sowie Indikatoren des Abbildprozesses und der Kommunikation. Die hier zur Debatte stehenden Arten der Bedeutung (über die referentielle, also direkte Abbildung hinaus) sind damit Ausdruck dieser sekundären ‚Brechung der Realität', und zwar spezifischer sprachlicher Potentialitäten, die dem Widerspiegelungsprozeß, dem die Kommunikation dient, den spezifischen menschlich/ sozialen Charakter geben. Konnotationen und Übertragungen, Stilfärbungen und funktional-stilistische Indizes geben Auskünfte, die über die deskriptiven Bedeutungsinhalte nicht nur hinausgehen, sondern ihnen erst ihr kommunikativ adäquates Profil geben (1978, 22).

8.3. Lexisch-semantische Beziehungen im System

8.3.1. Paradigmatik und Syntagmatik

Wir betrachten den Wortschatz als offenes System, dessen Elemente in funktionalen und formalen Beziehungen zueinander stehen. Lexeme, die genetisch zusammengehören, bilden eine Wortfamilie. Betrachten wir das Verb als Kern einer Wortfamilie, dann gehören zu ihr nicht allein Präfigierungen und Derivate, sondern auch Komposita und – als Glieder 2. Grades – Derivate der Präfigierungen und Derivate:

Wortfamilie *fahren*
weg-, aus-, be-, ver-, um-, hin-, her-, auf-; Fahrt, Ausfahrt, Auffahrt, Einfahrt, Hinfahrt, Herfahrt, Furt, erfahren, Erfahrung, Fahrer, Mitfahrer, Beifahrer...

Die Glieder einer solchen Wortfamilie sind nur noch teilweise semantisch miteinander verbunden.

Formativisch-semantische Beziehungen bestehen auch zwischen den Gliedern eines Wortbildungsnestes.

> Ein WBN ist zu bestimmen als ein Paradigma, das aus WBK (Wortbildungskonstruktionen) mit jeweils einem identischen Grundmorphem und diesem Grundmorphem als Kernwort besteht *(kalt – Kälte – erkälten – Erkältung – Erkältungskrankheit)*. Das Grundmorphem muß auf synchroner Ebene in den Nestgliedern semantisch identifizierbar sein. Die nestkonstituierende Relation ist demnach die morphologisch-semantische Motivation (BARZ 1988, 96).

Der Wortschatz als lexisch-semantisches System widerspiegelt in seiner semantischen Struktur objektiv gegebene und subjektiv wesentliche Zusammenhänge der

Gegenstände, Prozesse und Erscheinungen. Die semantischen Relationen im Wortschatz sind letztlich durch die Doppelfunktion der Sprache geprägt: Medium der Erkenntnis und der Kommunikation zu sein.

Seit DE SAUSSURE ist es üblich, die systemhaften Beziehungen als paradigmatische und syntagmatische Relationen zu klassifizieren. Paradigmatik und Syntagmatik bedingen einander. Jedes Element hat Eigenschaften, auf denen seine Fügung in die Rede beruht. Haben Elemente gleiche paradigmatische Eigenschaften, können sie auch die gleiche Stellung in der Redekette einnehmen. Das bedeutet jedoch nicht, daß sie einander in der realen Kommunikation auch ersetzen können. So haben zwar *Junge* und *Knabe* die gleichen denotativen Bedeutungen, sind aber nicht austauschbar. *Knabe* ist als /archaisch/ konnotiert. Für die syntagmatische Fügung ist die Gesamtheit der lexikalischen Eigenschaften ausschlaggebend. Für den Kern des Wortschatzes gilt jedoch, daß die Einheiten, die paradigmatisch verwandt sind, auch syntagmatisch gleiche Eigenschaften besitzen. AGRICOLA zeigt das an Verben der Gruppe *helfen*:

> Die Bedeutungen (oder bestimmte einzelne Sememe) der Lexemformen: *helfen, unterstützen, beispringen, beschützen, beistehen (er)retten, sekundieren, stehen (zu), sorgen (für)* usw. werden, auch isoliert betrachtet, als eng miteinander verwandt empfunden, weil die Wörter vielfach im gleichen oder in ähnlichem Kontext auftreten und miteinander austauschbar sind, wenn auch in verschiedenem Maße. Die Gruppe bildet eine relativ geschlossene Einheit und grenzt sich gegen andere Einzelwörter oder Gruppierungen deutlich ab, etwa gegen: *abbilden, darstellen, nachahmen, kopieren* usw. (1975, 8).

Auch konnotiertes Wortmaterial folgt dem gleichen Prinzip. Paradigmatisch verbundene Wörter mit gleichen Konnotationen verbinden sich syntagmatisch mit gleichartig konnotierten Lexemen. Dabei gehen wir im weiteren immer davon aus, daß wir mit monosemierten Einheiten operieren, daß also die Feststellung semantischer Relationen immer anhand eindeutiger Lexeme erfolgt. So wäre z. B. ein Wort wie *groß* mehreren paradigmatischen Gruppen zuzuordnen: der Gruppe der Dimensionsadjektive *groß, riesig, umfangreich* :/: *klein, winzig*; der Adjektive zur Benennung menschlicher Eigenschaften *groß, bedeutend, berühmt, bekannt, hervorragend*; der Adjektive zur Benennung des Alters *groß, erwachsen*.

8.3.2. Syntagmatische Beziehungen

Durch syntagmatische Beziehungen sind die Elemente miteinander verbunden, die zur Redekette gefügt werden können. Jedes Lexem besitzt morphosyntaktische und semantische Eigenschaften, die seine Fügung in die Rede determinieren. Die Aufnahme eines Elements in einen Text ist die Realisierung seiner syntagmatischen Eigenschaften. Dabei ist zu beachten, daß reale syntagmatische Beziehungen nicht allein semantisch und grammatisch, sondern auch durch kommunikative Bedingungen konstituiert oder verhindert werden.

So hat z. B. ein Verb semantische Eigenschaften, die seinen Fügewert bestimmen. *mähen* benennt eine Handlung, die bewußt ausgeführt wird. Damit kann *mähen* syntagmatische Beziehungen mit Personenbezeichnungen und Bezeichnungen von Maschinen eingehen. Mähen ist eine Handlung, durch die Gras, Getreide abgeschnitten werden. Es ist also syntagmatisch verbindbar mit *Gras, Getreide, Futter* und bedeutungsähnlichen Substantiven. Es gibt typische Instrumente, mit denen man mäht: Sense, Sichel, Mähdrescher. Faßt man die Lexeme zusammen, die mit *mähen* syntagmatisch verbindbar sind, entsteht ein semantisches Netz, das einen Geschehenstyp modelliert:

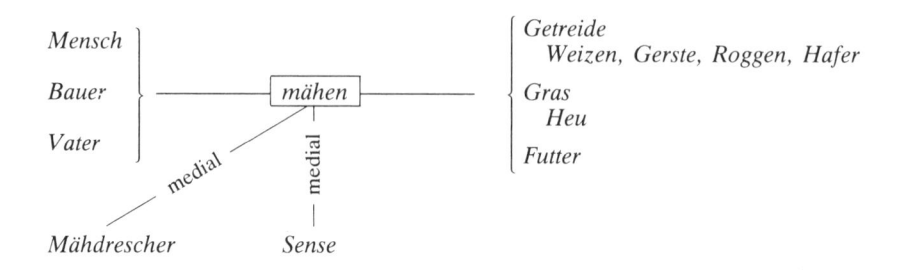

```
Mensch  ⎤                          ⎧ Getreide
        ⎥                          ⎥   Weizen, Gerste, Roggen, Hafer
Bauer   ⎬ ──────┤ mähen ├────── ⎨ Gras
        ⎥           │              ⎥   Heu
Vater   ⎦     medial │ medial      ⎩ Futter
                     │
Mähdrescher        Sense
```

(1) *Der Baum fliegt davon.
(2) *Er hat mich aufrichtig belogen.
(3) *Er hat einen blonden Hund.
(4) *Er kauft ihr ein Kleid für Geld.
(5) *Er speist in der Eckkneipe.

Diese fünf Sätze widersprechen, wenn auch auf unterschiedliche Art, den syntagmatischen Regeln. Wir empfinden sie als Normverstoß. In bestimmten Texten allerdings könnten sie, als bewußt von der Norm abweichend, eine kommunikative Funktion erfüllen.

Schon viele Sprachwissenschaftler haben beschrieben, daß Lexeme Eigenschaften besitzen, auf denen ihre **Kompatibilität** und damit ihr Fügewert beruhen. So wies 1934 PORZIG darauf hin, daß die Bereitschaft der Wörter, mit anderen Wörtern Verbindungen einzugehen, bei den Wortarten unterschiedlich ausgeprägt ist. Während Adjektive und Verben durch ihre Bedeutungen relativ genau vorgeben, welche Substantive mit ihnen kompatibel sind, binden Substantive einen großen Kreis von Wörtern an sich. PORZIG (1934) nannte diese von Verb und Adjektiv getragenen Beziehungen „wesenhafte Bedeutungsbeziehungen". Sie beruhen darauf, daß in den Bedeutungen von Verben und Adjektiven Leerstellen existieren, daß diese Wortarten Valenz besitzen, bestimmte Partner an sich zu binden. PORZIG zeigt das am Beispiel *greifen*. In seiner semantischen Struktur ist eine Leerstelle, die nur von relativ wenigen Substantiven besetzt werden kann: nur von solchen, die Objekte benennen, die ein Greiforgan haben, wie *Mensch* und andere Personenbezeichnungen, aber auch *Bagger, Kran*.

Die Bedingungen für semantische Valenz und semantische Verträglichkeit sind unterschiedlicher Natur.

Kompatibilität bedeutet ‚Verträglichkeit', Inkompatibilität ‚Unverträglichkeit'. Sie können durch die semantische Valenz bedingt sein. Semantische Valenz meint die semantisch begründete Fähigkeit eines Lexems, durch ‚Argumentstellen' (Leerstellen) bestimmte semantische Partner zu fordern. LEISI (1975) bezeichnet die semantisch begründete Verbindbarkeit als semantische Kongruenz.

> Semantische Kongruenz muß [...] bestehen zwischen demjenigen Substantiv, das Subjekt, und demjenigen Verb, das Prädikat ist, aber auch zwischen dem Prädikat und dem Objekt. So klassiert *schießen* [...] das Objekt als jagdbares Wild [...] Es ist also im Deutschen möglich, zu sagen: Er schießt *Hasen, Rehe, Füchse*, aber nicht: *Er schießt Menschen, seinen Gegner* usw. (LEISI 1975, 71).

Bedingungen für Kompatibilität

Satz (1) oben ist nicht akzeptabel, weil seine Aussage nicht wahr sein kann, d.h., weil die Aussage nicht mit der objektiven Realität übereinstimmt. Damit ergibt sich eine erste Feststellung für inkompatible Fügungen: die Sememe von *Baum* und *fliegen* sind unvereinbar, weil die in ihnen abgebildeten Objekte der Wirklichkeit nicht in dieser Beziehung zueinander stehen können: Bäume sind im Erdreich verwurzelt, *fliegen* setzt Bewegung durch die Luft voraus. Das schließt allerdings nicht aus, daß eine inkompatible Verbindung bewußt hergestellt wird. Es gibt z. B. ein Kinderspiel, bei dem solche Unverträglichkeiten festgestellt werden sollen. Der Spielführer ruft: *Dächer fliegen, Bäume fliegen, Häuser fliegen...*

Belügen fordert, daß die Objekt- und Subjektpositionen durch Personenbezeichnungen besetzt werden; denn *lügen* bedeutet, ‚wider besseres Wissen eine falsche Aussage machen'. Damit ist das Verb nur mit solchen Nomen verbindbar, die Personen benennen, die auch ‚bewußt' ‚wider besseres Wissen' handeln können. Im Satz (2) widerspricht *aufrichtig* der Bedeutung von *lügen*, das die Bedeutungsmerkmale ‚nicht aufrichtig' enthält.

Anders liegt der Sachverhalt in (4): *kaufen* und *Geld* widersprechen einander nicht. Aber in der Semstruktur von *kaufen* – ‚etwas von jemandem zum ständigen Besitz gegen Geld entgegennehmen' ist ‚Geld' bereits enthalten. ‚Geld' ist in dieser Struktur ein präsuppositives Sem – ein Voraussetzungssem. Ein solches Sem darf im Text nicht ohne weitere Spezifizierung verbalisiert werden, es wirken Restriktionen. Es ist nur möglich, *Geld* zu attribuieren und damit eine weitere Aussage einzuschließen: *Er kaufte ihr ein Kleid für teures Geld* = *Er kaufte ihr ein Kleid. Das Kleid war teuer.* Als Verstoß gegen die Regel, daß präsuppositive Seme unspezifiziert nicht verbalisiert werden dürfen, gelten auch die Beispiele: **Er schenkte ihr das Kleid umsonst. Er erhielt das Geschenk ohne Bezahlung.*

Wie kompliziert die Mechanismen semantischer Verbindbarkeit sind, wird deutlich an dem Satz *Er las die Rede*. *Lesen* setzt voraus, daß ein optisch wahrnehmbarer, mit Schriftzeichen materialisierter Text vorhanden ist, *Rede* enthält ‚Lautäußerung'. Dennoch sind *Rede* und *lesen* vereinbar, wenn noch Überführungen vorausgesetzt werden, wie ‚Text, der für den mündlichen Vortrag schriftlich fixiert wurde'. Diese Bedeutung ist im WDG nicht angegeben. Verbgruppen kann man nach den in den Bedeutungen enthaltenen Voraussetzungen ordnen. So enthalten Verben der Ortsveränderung ein Sem, durch das der Zustand vor der Ortsveränderung angezeigt wird:

ankommen – Voraussetzung: ‚noch nicht vorhanden sein'
weggehen – Voraussetzung: ‚an einem bestimmten Ort (hier) sein'
hinaufgehen – Voraussetzung: ‚unten sein'

Verben der Zustandsänderung setzen vorangegangene Zustände voraus:

erwachen – Voraussetzung ‚schlafen'
erröten – Voraussetzung ‚noch nicht rot sein'

Die Erfassung solcher Voraussetzungen ist wichtig für die Beschreibung der Aktionsarten der Verben und ihrer syntagmatischen Möglichkeiten. Vgl. dazu vor allem BREKLE, STEINITZ, WOTJAK, Probleme der semantischen Analyse, COSERIU. COSERIU bezeichnet solche semantischen Verbindbarkeitsregeln als „lexikalische Solidaritäten".[36]

Selbstverständlich sind bei der Beschreibung der Verträglichkeiten auch solche Fälle der Unverträglichkeit zu berücksichtigen, die durch einander widersprechende Wertungen oder durch gegensätzlichen Gefühlswert bedingt sind. So sind inkompatibel *angenehmes Geschwätz, *lobenswerte Infamie, *begehrenswertes Unglück. Positive Bewertungsseme in den Adjektivbedeutungen widersprechen den in den Substantiven gespeicherten negativen Bewertungen.

Einen weiteren Fall semantischer Unverträglichkeit finden wir im Satz (3). Schon LEISI hatte darauf hingewiesen, daß es in jeder Sprache sprachspezifische Gebrauchsbedingungen und -verbote gibt, die nicht mit der Widerspiegelung der objektiven Zusammenhänge erklärt werden können. Ohne Zweifel kann die Farbe manchen Hundefells mit dem Blond menschlichen Haares übereinstimmen, die Farbe eines Pferdefells mit der brünetten Haarfarbe. Dennoch gibt es eine Regel: *blond* und *brünett* dürfen nur für menschliches Haar verwendet werden. Man spricht hier auch von semantischer Sortenbeschränkung. Zu den Voraussetzungen, die mit den Sememen gespeichert sind, gehört die Zuordnung zu nur ganz bestimmten, meist sehr wenigen Partnern. *brenzlig* kann nur in Verbindung mit *Geruch* oder Wörtern, die eine allgemeine Situation benennen, auftreten: *brenzlige Angelegenheit, Sache*, aber nicht *brenzlige Speisen, mollig* sagt man nur von weiblichen Personen und Kleinkindern, nicht von Männern und Tieren. Auch für ganze Gruppen von Wörtern ist die Verbindbarkeit stark eingeschränkt. Das sind vor allem Verben, deren Denotate auf Tiere bezogen sind: *miauen* sagt man nur von Katzen, *bellen* nur von Hunden, *blöken* nur vom Schaf und *krähen* nur vom Hahn (übertra-

---

[36] COSERIU (1967) bestimmt S. 296 die „lexikalischen Solidaritäten" als inhaltliche Bestimmung eines Wortes durch eine Klasse, ein Archilexem oder ein Lexem und zwar „in der Hinsicht, daß eine bestimmte Klasse, ein bestimmtes Archilexem oder ein bestimmtes Lexem im Inhalt des betreffenden Wortes als unterscheidender Zug funktioniert." „So ist *Baum* in *fällen* enthalten (aber nicht umgekehrt); denn lexikalische Solidaritäten werden als gerichtete Beziehungen aufgefaßt."

gen auch von Kindern), obwohl die akustische Wahrnehmung auch andere Quellen der Lautäußerung zuließe.

Von den Beispielen (1) bis (4) unterscheidet sich Satz (5). Auch dieser Satz ist nicht lexikalisch, d. h. die Regeln der Wortwahl sind verletzt. Die Ursache liegt in der Inkompatibilität der konnotativen Bedeutungen. In unserem Beispiel widerspricht das als /gehoben/ konnotierte *speisen* dem als /alltagssprachlich/ konnotierten *Eckkneipe*.

Unverträglichkeiten beruhen auf gegensätzlichen kommunikativen Rahmenbedingungen, die Verbindbarkeit wird nicht allein durch denotative, sondern auch durch konnotative Merkmale geregelt. Semantische und pragmatische Faktoren wirken zusammen.

Indirekte Wortverwendung

Nach dem Gesagten dürften nun die folgenden Sätze nicht akzeptabel sein:

Wie die Erde frißt.
Da zeugte der See einen zweiten See. Der zweite See war aus Nebel und schwebte.
Der Frühling hockte und war vertieft, Schnee in blauen Rauch zu verwandeln, und er sah mich nicht. (STRITTMATTER, Schulzenhofer Kramkalender).

POTTIER sagte, daß prinzipiell jedes Lexem mit jedem vereinbar sei unter der Voraussetzung einer bestimmten Mitteilungsabsicht, die einen Bedeutungszusammenhang sichert. Es handelt sich in unseren Fällen um poetischen Sprachgebrauch, um Übertragungen, um indirekte Wortverwendung. Solche Verwendungsweisen sind nicht systemhaft gespeichert. Wichtig ist die Frage, wieso wir diese Texte verstehen.

Unter bestimmten kommunikativen Bedingungen kann man indirekt etwas sagen. Die Wörter sollen nicht wörtlich verstanden werden. In unserem Beispiel sind *Frühling* und *Erde* personifiziert eingesetzt, *fressen, hocken und zeugen* metaphorisch verwendet.

Ironie und Metaphorik stellen die häufigsten, wenn auch durchaus nicht einzigen Arten indirekten Sprachgebrauchs dar. Aber wenn auch Metaphern nicht im Gedächtnis aufgehoben sind, so gehören doch die Muster indirekten Sprachgebrauchs zu unserem lexikalischen Wissen. Im STRITTMATTER-Text ist die Bedeutung von *hocken* und *sehen* durch die Übertragung Mensch – Frühling, also metaphorisch, festgelegt.

LEISI führt zwei Sätze an, deren Diskussion die Komplexität von Wortbedeutungen und die Kompliziertheit der Erklärung syntagmatischer Bedeutungsbeziehungen verdeutlicht (LEISI 1975, 72ff.). *„Die Steine reden. Die Steine schweigen."* Im ersten Satz ist *reden* metaphorisch gebraucht. *reden* setzt bei direkter Verwendung ein Subjekt voraus, das eine Person benennt. Da jedoch *reden* auch die Bedeutung ‚Auskunft geben' hat, kann dieses Merkmal auch Steinen zugesprochen werden. *Die Steine reden* ist eine poetische Metapher. Im zweiten Satz sind *Steine* und *schweigen* semantisch kompatibel. Aber ein implizites Bedeutungsmerkmal (ein präsuppositives Sem) wird verbalisiert. LEISI bezeichnet diese Verwendung als „indirekte Metapher".

Die direkte Metapher ist also der gleichzeitig (in bezug auf die Aktbedingung) wörtlich-reale und (in bezug auf die Gegenstandsbedingung) übertragene Gebrauch eines Verbs" (LEISI, 73). Er interpretiert die poetische Wirkung der indirekten Metapher: „Diese Zwischenstellung gibt ihr etwas Schillerndes [...] Wenn in unserem Beispiel die Steine durch das Wort *schweigen* als Lebewesen klassiert, ‚angeschaut' sind, so ist diese Anschauung zweifellos nicht so deutlich, wie bei einer direkten Metapher... Die *schweigenden* Steine in unserem Beispiel erscheinen lediglich in einer undeutlichen Weise ‚fremd', feindselig oder doch mindestens geheimnisvoll, so wie der Wald in Claudius' Zeile: ‚*Der Wald steht schwarz und schweiget*'" (ebd.).

Mit indirekten Metaphern kann also Aufmerksamkeit behutsam erregt werden. Es wäre zu überprüfen, ob man bei solchen Sprachhandlungen wie Anregen, Empfehlen nicht gerade diese indirekte Gebrauchsweise bevorzugt.

8.3.3. Paradigmatische Beziehungen

8.3.3.1. Sachgruppen und thematische Reihen

Wie bei der Darstellung der syntagmatischen Ordnung des Wortschatzes unterscheiden wir auch hier denotativ und konnotativ begründete Zuordnung zu Gruppen. Die paradigmatische Ordnung der Lexik widerspiegelt Beziehungen, die in der Wirklichkeit als Beziehungen zwischen Gegenständen und Erscheinungen mit Gemeinsamkeiten existieren. Wenn wir z. B. Wörter wie *Tisch, Schrank, Stuhl, Möbel; rot, gelb, grün* zusammenstellen, dann erkennen wir ihre semantische Verwandtschaft als Benennungen für Gegenstände oder Farben. Die Ordnung des Wortschatzes ergibt sich somit aus der Benennungsfunktion lexikalischer Einheiten. Dennoch ist sie nicht allein sachbedingt. Immer werden die Dinge der Welt nach Merkmalen geordnet, die aus der kognitiven Verarbeitung und damit aus den Bedürfnissen der Menschen erwachsen. Welche Pflanzen z. B. der Sachgruppe *Heilkräuter* zugeordnet werden, ist vom Kenntnisstand, von Traditionen, Überlieferungen und von Notwendigkeiten bestimmt. Ob z. B. *Melde, Miere, Spitzwegerich* als Hyponyme von *Heilkräuter* betrachtet werden, ist nicht allein von den natürlichen Eigenschaften der Pflanzen, sondern auch von den Erkenntnis- und Ordnungskriterien der Menschen abhängig.

Wenn Lexeme nach dem Objektbereich, den sie benennen, zusammengefaßt werden, sprechen wir von Sachgruppen und von thematischen Reihen. Sie können als paradigmatisch gebunden betrachtet werden, weil sie aufgrund der gemeinsamen Benennungsfunktion ähnliche Bedeutungen haben. Auch solche Sachgruppen und thematischen Reihen ändern ihre Zusammensetzung, weil sich die Benennungsobjekte selbst verändern, neue Gegenstände entstehen, andere nicht mehr genutzt werden usw. So hat sich z. B. in den letzten 100 Jahren mancher Sachbereich überhaupt erst entwickelt. Man vergleiche etwa Wörter, die zum Sachbereich *Flugzeug, Flugverkehr* gehören, mit der Eintragung in älteren Wörterbüchern. In PAULS ›Deutschem Wörterbuch‹ finden wir z. B. unter *Flugzeug* nur die Eintragung „Flugzeug, Neubildung nach *Fahrzeug*" (PAUL 1960, 197). So ist die paradigmatische Ordnung wohl stärker als die syntagmatische historisch veränderlich.

In einem lexikalischen Paradigma sind die Einheiten vereinigt, die aufgrund gemeinsamer semantischer Merkmale die gleiche Stelle in der syntaktischen Struktur besetzen können. Paradigmatische Beziehungen bestehen zwischen den Elementen, die im gleichen Kontext auftreten können und sich in diesem Kontext gegenseitig ausschließen.

Im gleichen Kontext stehen *rot, grün, gelb: sie trug ein . . . Kleid.* Die Farbadjektive bilden eine paradigmatische Gruppe. S y n o n y m e sind semantisch äquivalent: so *lila* und *violett.* Paradigmatisch verbunden sind auch semantisch über-, unter- oder nebengeordnete Wörter der gleichen Begriffsklasse: *Er liebt Tiere, vor allem Katzen. Tiere* ist das semantisch übergeordnete Wort: das H y p e r o n y m. *Katze* ist *Tier* untergeordnet. Es ist das H y p o n y m. Wörter, die sich auf das gleiche Hyperonym beziehen und semantisch gleichwertig sind, sind K o h y p o n y m e: *Er liebt Tiere – Hunde, Katzen und Vögel. Jung und alt nahm am Fest teil. jung* und *alt* sind „Gegenwörter", zwischen ihnen bestehen polare Beziehungen, sie sind A n t o n y m e.

Paradigmatisch verbundene Lexemgruppen können unterschiedlichen Umfangs und unterschiedlicher Qualität sein. Wir hatten bereits festgestellt, daß im Text, in einer konkreten kommunikativen Handlung, Lexeme durch die Beziehung auf den gleichen Referenten synonym verwendet werden, also einander ersetzen können, die kontextfrei semantisch nicht identisch sind. Wenn wir im folgenden von paradigmatischen Beziehungen sprechen, beziehen wir uns ausdrücklich auf das Sprachsystem. Weiterhin gehen wir davon aus, daß auch paradigmatische semantische Beziehungen nicht schlechthin zwischen Lexemen, sondern zwischen lexisch-semantischen Varianten bestehen. Ein und dasselbe Wort kann Glied unterschiedlicher paradigmatischer Gruppen sein; denn wir operieren mit monosemen Einheiten. *Jugend* gehört in die paradigmatischen Gruppen

– Lebensalter, zusammen mit *Kindheit, Alter* in Kontexten wie *in seiner Jugend*;
– Altersgruppe, zusammen mit *Kinder, Erwachsene,* in Kontexten wie *die Jugend nahm daran teil.*

Für den Begriff des lexikalischen Paradigmas kann man folgende Umschreibung wählen: Zu einem lexikalischen Paradigma gehören Lexeme, die aufgrund eines identischen semantischen Kerns die gleiche Stelle in der Redekette einnehmen können.

Paradigmatische Gruppen können um so größer sein, je weniger gemeinsame Bedeutungsmerkmale vorhanden sind. Der Umfang paradigmatischer Gruppen reicht von Wörtern mit absoluter Bedeutungsidentität über Lexeme, bei denen die Bedeutung des einen Wortes die des anderen einschließt, bis zu jenen Lexemen, die einige denotative Gemeinsamkeiten haben und deshalb auch in gleichen Kontexttypen auftreten wie Personenbenennungen, Verwandtschaftsbenennungen, Kollektiva, Nomina qualitatis, Nomina actionis, Verben der Fortbewegung, Verben des Gebens, Verben des Besitzwechsels, performative Verben, Stoffadjektive, Privativa, Farbbenennungen. Solche Gruppen werden häufig als Wortfelder bezeichnet und sind oft Gegenstand semantischer Untersuchungen (vgl. 8.3.4.).

8.3.3.2. Hierarchische Beziehungen im Wortschatz

Mensch – Mann, Frau; Haus – Wohnhaus, Schule, Klinik; Körperteil – Arm, Bein; Wald – Bäume, Sträucher; Gras – Grashalm; Herde – Kühe, Kälber; Familie – Vater, Mutter, Kind.

Diese Wörter stehen in jeweils anderen Beziehungen der Über- und Unterordnung zueinander.

1) Es wird das Verhältnis von Allgemeinem und Einzelnem ausgedrückt. In diesem Fall ist das Hyperonym ein Gattungsbegriff, ihm ist der Artbegriff untergeordnet: Genus – Spezies.

Die Beziehung von Gattung und Art kann als Inklusionsbeziehung betrachtet werden; denn die Gattung schließt die Art ein. Andererseits enthält die Art alle Gattungsmerkmale. Diese Doppelseitigkeit der Inklusion betont auch LYONS (1980): Es sei unklar, ob ein Hyponym in seinem Hyperonym eingeschlossen ist oder ein Hyperonym in seinen Hyponymen. Betrachten wir die Extension von Lexemen, dann ist das Hyperonym inklusiver; betrachten wir die Intension, dann enthält das Hyponym das Hyperonym.

Aufgrund verschiedener Merkmale kann ein Lexem (Spezies) auch mehreren Hyperonymen als Trägern des Gattungsbegriffs untergeordnet sein:

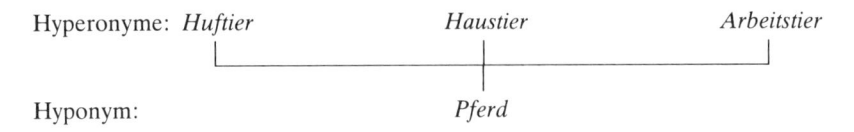

Hyperonyme: *Huftier*   *Haustier*   *Arbeitstier*
            └──────────────────┼──────────────────┘

Hyponym: *Pferd*

Wird eine ganze Reihe von Sememen einem allgemeinen Semem untergeordnet, so wird von manchen Sprachwissenschaftlern dieses übergeordnete Semem Archisemem, das übergeordnete Lexem Archilexem genannt (vgl. POTTIER 1964). Das Verhältnis zwischen Hyperonym (Gattungswort) und Hyponym (Spezieswort) läßt sich mit der Auflösung S_2 ist ein S_1 beschreiben: *Mann* und *Frau* sind *Menschen*. *Wohnhaus, Klinik* und *Schule* sind jeweils ein *Haus*. Diese Art der Hierarchie besteht bei Substantiven, Verben und eingeschränkt auch bei Adjektiven.

Verben: *laufen – rennen, schleichen, gehen*
Substantive: *Buch – Lehrbuch, Lesebuch, Kochbuch, Roman*
Adjektive: *farbig – rot, gelb, grün*

Anders entscheidet LYONS, wenn er meint, daß es bei Adjektiven keine Hyperonyme gebe, von denen Subklassen Hyponyme sind. Im Text kann anstelle des Hyponyms das Hyperonym verwendet werden: *Er hat eine Katze. Er liebt das Tier.* Diese gemeinsame Semmenge kann in einer Definition oder Umschreibung verbalisiert werden: *ein Mann ist ein männlicher Mensch; eine Schule ist ein Haus, in dem Kinder unterrichtet werden, ein Wohnhaus ist ein Haus zum Wohnen.* Nach LYONS verkapselt das Hyponym in vielen Fällen die Bedeutung eines adjektivischen Modifikators: *Tyrann – despotischer Mensch.* So stellt er fest: „Hyponymie ist eine paradigmatische Sinnrelation, die auf der Verkapselung einer syntagmatischen Modifizierung der Bedeutung des Hyperonyms in dem Hyponym beruht." Die Beziehung Genus – Spezies ist nicht umkehrbar: eine Frau ist ein Mensch, nicht jeder Mensch ist eine Frau.

Hierarchische Beziehungen können stufenweise aufgebaut sein, so daß ein Lexem, das zunächst als Hyponym auftritt, wieder Hyperonym eines untergeordneten Lexems wird. *Pflanze* kann als Hyperonym für unterschiedliche Hyponyme angesehen werden: *Baum, Kraut, Strauch, Gras*... *Baum* wiederum kann Hyperonym für weitere Spezies sein: *Linde, Buche, Eiche, Kiefer, Tanne, Fichte*... *Tanne* wird zum Hyperonym für *Blautanne, Silbertanne.* Auf diese Weise lassen sich ganze Wortschatzbereiche als hierarchisch geordnet darstellen:

	Pflanze	
Baum	*Strauch*	*Pilz*
Nadelbaum, Laubbaum	*Beerenstrauch*	*Röhrenpilz*
Kiefer	*Stachelbeere*	*Marone*

2) Eine andere Art der Unterordnung liegt bei *Körper – Arm* vor. Während *Körperteil – Arm* ein Genus-Spezies-Verhältnis ist (ein *Arm* ist ein *Körperteil*), drückt sich in der Unterordnung von *Arm* zu *Körper* das Verhältnis des Teils zum Ganzen aus. Daß auch diese Art hierarchischer Beziehungen linguistisch relevant ist, hat BIERWISCH am Beispiel der Körperteilbenennungen im Zusammenhang mit Redundanzregeln gezeigt (BIERWISCH 1965, 51ff.). Für diese Beziehung gilt die Auflösung: S_1 ist ein Teil von S_2. Auch diese hierarchische Beziehung ist stufenweise aufgebaut:

Ganzes-Teil-Hierarchie

		Pflanze		
Baum	*Busch*	*Staude*	*Getreide: Roggen, Hafer*	*Gras*
Stamm		*Stengel*	*Halm*	*Halm*
Ast	*Ast*	*Stiel*		
Zweig	*Zweig*			
Blatt	*Blatt*	*Blatt*		
Blüte	*Blüte*	*Blüte, Dolde*	*Ähre*	*Rispe*

3) Wieder anders liegen die Verhältnisse in den Beispielen *Herde – Kuh, Kalb; Wald – Baum.* Das übergeordnete Lexem ist ein Kollektivum. LEISI unterscheidet Gruppenkollektiva und Genuskollektiva.

Lexeme können Individuen als Elemente von Kollektiven benennen. Als Gruppenkollektiva gelten *Familie, Herde, Klasse.* „Es ist aber zu sagen, daß die Individuen, die durch diese Kollektiva bezeichnet werden, meist in mehr oder weniger *begrenzter* Anzahl in einer als Ganzes überschaubaren Gruppe vereinigt sein müssen" (LEISI 1975, 32). „Genuskollektiva [...] sind Wörter, die in der Einzahl nicht für eine Gruppe von Individuen, sondern für das ganze Genus (für die ganze Klasse) stehen, z. B. *Wild* [...] Genuskollektiva sind besonders häufig bei Tiernamen" (ebd., 32f.). Während also Gruppenkollektiva aus mehreren Individuen eine neue Einheit „gründen", gibt das Genuskollektivum die Klasse an, zu der ein Individuum gehört: *Vieh – ein Stück Vieh*. Setzt man nun die Arten hierarchischer Relationen zueinander in Beziehung, so wird deutlich, daß ein Lexem im Schnittpunkt mehrerer hierarchischer Beziehungen stehen kann:

Wald   *Pflanze*   *Herde*   *Tier*

           Baum   *Rind*

8.3.3.3. Identitäts- und Äquivalenzbeziehungen im Wortschatz – Synonymie

Der Terminus „Synonym" tritt für „sinnverwandte Wörter" zum ersten Mal in der Sammlung ›Deutsche Synonyme oder sinnverwandte Wörter‹ 1794 auf, wie EBERHARD in seinem Vorwort zum ›Synonymischen Handwörterbuch‹ feststellt (EBERHARD [17]1910). In der Vielfalt der Definitionsversuche widerspiegelt sich die praktische und theoretische Bedeutung dieser sprachlichen Kategorie, mit der Grammatik, Lexikologie und Stilistik arbeiten. Synonymie – Ähnlichkeit der Bedeutungen von sprachlichen Einheiten unterschiedlicher Art – wird festgestellt in der Morphosyntax, in der Syntax (als Synonymie von Satzstrukturen, wie z. B. als Synonymie von Nebensatz und Wortgruppe: *Er fordert mich auf zu gehen. Er fordert mich auf, daß ich gehen soll. Er fordert mich zum Gehen auf*), im Wortschatz und schließlich als spezielle Erscheinung des Textes.

Als erste Bestimmung soll gelten: S y n o n y m e sind sprachliche Einheiten oder Strukturen, die sich formal unterscheiden, aber ähnliche oder gleiche Bedeutung haben und deshalb im Kern der Bedeutung übereinstimmen. S y n o n y m i e ist die Bezeichnung für die Beziehung zwischen Synonymen.

Wenn bei Formativverschiedenheit Identität der Sememe vorliegt, spricht man von absoluter Synonymie. ULLMANN bezeichnet identische Semembeziehungen als „reine Synonymie" (ULLMANN 1967, 102). AMMER ist der Auffassung, daß es im Sinne völliger Austauschbarkeit eine „wirkliche Synonymie" nicht gibt.

So ergeben sich aus diesen unterschiedlichen Auffassungen eine ganze Reihe notwendiger Feststellungen.

(1) *Er nahm die Katze und streichelte das Tier.*
(2) *Die Eltern hatten sich verabschiedet. Es war selten, daß Vater und Mutter gemeinsam zu ihnen kamen.*
(3) *Wir haben frische Wäsche bereitgelegt. Ich muß eine frische Seite beginnen. Es weht doch ein frischer Wind.*
(4) *Im Erzgebirge sagt man zum Scheuertuch Scheuerhader.*

Im Satz (1) beziehen sich *Katze* und *Tier* auf das gleiche Objekt. Es handelt sich um referentielle Identität. In diesem Bezug sind *Katze* und *Tier* zwar referentiell identisch, aber als Systemelemente sind sie nicht synonym, sondern stehen in einer Hyperonym-Hyponym-Beziehung zueinander. Der Synonymie-Begriff soll nur für semantische Äquivalenzbeziehungen im Sprachsystem gelten.

Im Satz (2) liegt wiederum referentielle Identität vor. Aber auch kontextfrei sind *Vater und Mutter* und *Eltern* synonym, beide Ausdrücke sind semantisch identisch. Es handelt sich um einen Grenzfall lexikalischer Synonymie, denn wir gehen zunächst davon aus, daß Synonyme der gleichen Wortart angehören und reproduzierbare Einheiten des Systems sind. Insofern können als Synonyme Wörter und feste Wortgruppen gelten. *Vater und Mutter* existieren zwar nicht als phraseologische oder feste Einheit, aber sie sind eine reguläre Auflösung von *Eltern*. Solche Äquivalente sollen noch als lexikalische Synonyme gelten.

Die Beispiele unter (3) verdeutlichen, daß Synonymie in der Regel nicht zwischen allen, sondern nur zwischen einigen lexisch-semantischen Varianten eines polysemen Lexems besteht; denn als Synonyme könnten in den Beispielen *sauber, neu* und *kühl* eingesetzt werden.

Das Beispiel (4) soll zeigen, daß zwar semantische Äquivalenz zwischen Wörtern verschiedener Sprachen, verschiedener Subsysteme einer Sprache besteht, aber daß wir „Synonymie" systembezogen verwenden. Mundart- oder Dialektwörter mit gleichem Denotatsbezug bezeichnen wir als Heteronyme. Sie können zu Synonymen werden, wenn sie als regionale Dublette außerhalb ihres Subsystems in der Literatursprache Verwendung finden. So gelten heute als Synonyme *Samstag/ Sonnabend, Brötchen/Semmel, Schornsteinfeger/Essenkehrer*.

Nach diesen Abgrenzungen kann man Synonymie mit FILIPEC definieren: Synonyme

> sind formal nicht gleiche (zum Unterschied von den Varianten) LE (= lexikalische Einheiten. T.S.) gleicher Wortart oder mit gleicher syntaktischer Funktion, die gemeinsame relevante Bedeutungselemente (die gleiche begriffliche Bedeutungskomponente) und die Mehrheit gemeinsamer Kontextverbindungen (synonymischer Kontexte) haben und in einer homogenen Sprachgesellschaft verwendet werden (1968a, 196).

Als Synonyme betrachten wir somit Lexeme, die Benennungen des gleichen Denotats sind und deshalb über einen Kern gleicher Bedeutungselemente verfügen, sich aber durch periphere denotative Seme oder konnotative Merkmale oder durch beides unterscheiden können. Beim Austausch der Synonyme in bestimmten Kontexten kann daher der gleiche Denotatsbezug hergestellt werden, aber es können Merkmale hervorgehoben/unterdrückt und zusätzliche Informationen übermittelt werden. Schließlich ist auch in der Betonung bestimmter Merkmale, in der Hervorhebung von Eigenschaften, in der Möglichkeit, zusätzliche Informationen zu übermitteln, die Ursache für die Entstehung von Synonymen zu sehen.

Zur Ermittlung der Synonymie

Um festzustellen, ob zwei Lexeme synonym sind, können Proben oder Tests (vgl. 7.6.4.) eingesetzt werden.

Substitutions- oder Lückentest: Zur Feststellung der Synonymie wird in einem Minimalkontext ein Lexem ersetzt. So können Übereinstimmungen und Unterschiede festgestellt werden. Die Bedingung für diese Tests besteht darin, daß sich der denotative Bezug nicht ändert.

In *etwas eingraben* wie *eine Kiste eingraben, einen Gegenstand eingraben* ist *eingraben* bei gleichem denotativen Bezug zu ersetzen durch *etwas versenken, etwas einscharren, einbuddeln, vergraben.* In *ich bin empört* läßt sich *empört* ersetzen durch *entrüstet, erbost, erzürnt.*

Der Substitutionstest verdeutlicht: Synonyme heben in Kontexten bestimmte Merkmale/Konnotationen deutlicher hervor und gestatten so eine präzisere Aussage. *eingraben* hat gegenüber *versenken* das Merkmal ‚mit einem Grabegerät', *versenken* gegenüber *eingraben* das Merkmal ‚senkrecht in die Tiefe'. *Einscharren* hat ein negatives Sem ‚in Eile', daher: ‚nicht ordnungsgemäß'. Noch expressiver wirkt dieses Verb in Verbindungen mit ‚Mensch' oder ‚Tier': *die Leichen/Körper/Kadaver ein-, verscharren.* Durch Substitution lassen sich der semantische Kern, periphere denotative Seme, die häufig durch die Motivbedeutung eingebracht werden *(versenken – vergraben),* und konnotative Seme ermitteln.

Lückentest: Mit Hilfe eines Lückentests (vgl. AGRICOLA 1975) werden Grade der Synonymie ermittelt, da die Anzahl der in einen Minimalkontext einsetzbaren Lexeme schwanken kann. Isoliert können *genau, exakt, präzise, gewissenhaft, klar, sorgfältig* als synonym empfunden werden. Sie sind in der Bedeutung ‚Merkmal einer Handlungsweise, mit der man Normen einhält und die daher positiv bewertet wird', weitgehend übereinstimmend.

	T1	T2	T3	T4	T5
exakt	+	–	+	+	+
genau	+	+	+	+	–
präzise	+	–	–	+	+
gewissenhaft	+	+	+	–	+
klar	–	–	–	+	–
sorgfältig	+	+	+	–	+

T1: *Jede Arbeit führt er ... aus.*
T2: *Bevor das Gerät ausgeliefert wird, wird es einer ... Prüfung unterzogen.*
T3: *Der Text ist ... überprüft worden.*
T4: *Er hat eine ... Anweisung gegeben.*
T5: *Durch seine ... Arbeit konnte das Ziel erreicht werden.*

Es stellt sich heraus, daß *gewissenhaft* und *sorgfältig* in mehr Kontexten austauschbar sind als *gewissenhaft* und *präzise.* Nur in einem Text kann *klar* als Synonym eingesetzt werden. Während *gewissenhaft* und *sorgfältig* das Merkmal der Verantwortlichkeit, der moralischen Haltung betonen, ist es bei *genau* und *präzise* das Maß der Präzision.

Funktionen der Synonyme

Funktionen der Synonyme werden erst im Nebeneinander zweier oder mehrerer Synonyme, in synonymischen Kontexten, sichtbar.

1) Die im gleichen Text auftretenden Synonyme heben jeweils unterschiedliche Merkmale hervor. Durch Motivbedeutungen können andere Aspekte des Benannten ins Blickfeld rücken. Wenn auch durch Idiomatisierung und Lexikalisierung die gleiche denotative Bedeutung entsteht, können sich die Lexeme im Nebensinn (ERDMANN), den von den Motivbedeutungen getragenen assoziativen Potenzen, unterscheiden (vgl. 5.3.). *Löwenzahn, Pusteblume, Kuhblume, Milchstengel* sind synonym. Die Benennungsmotive bringen Merkmale des gleichen Denotats ein: *Löwenzahn* wird im WDG erklärt als „zur Familie der Korbblütler gehörende Wiesenblume mit grob gezähnten grünen Blättern und einem einzigen Kopf aus schmalen, leuchtend gelben Blütenblättern, der nach dem Verblühen das Aussehen einer federigen Kugel annimmt". Die Definition enthält nicht alle Merkmale, die in den Synonymen verbalisiert sind: ‚Kuh' deutet auf Futterpflanze, ‚Milch' auf den Milchsaft im Stengel. Aber die Aussageintention wird durch den Einsatz des Synonyms verdeutlicht: *„Die ganze Wiese war gelb vom Löwenzahn, den Pusteblumen der Kindheit."*

2) Die Wahl eines Synonyms wird vom Bestreben gesteuert, das „treffende Wort" auszuwählen. GAUGER (1972) bemerkt dazu, daß es zwischen Synonymen Unterschiede des „Treffens" oder des „Verfehlens" gibt, die von einem Fast-Ebenso bis zu einem Gerade-Noch reichen. Diese Wahl treffen wir mehr oder weniger unbewußt. Erst im synonymischen Kontext treten die Merkmale hervor, die unter bestimmten Bedingungen als die wichtigsten gelten können. Wenn wir kommunizieren, sind solche synonymischen Hervorhebungen Mittel des Korrigierens, Betonens, der Steigerung oder Abschwächung. Gerade diese Aussageabsichten begründen die Bedeutung synonymischer Wiederaufnahme im Text.

A s p e k t b e t o n u n g : *„Und was an pädagogischer Führung seitens des Lehrers oder Erziehers nicht kommt, das findet eben durch Gleichaltrige statt... Das ist doch auch ‚Führung'. Zwar keine bewußte, gezielte, aber es findet eine Führung im Sinne von Beeinflussung, Lenkung statt"* (HÖPCKE, Weltbühne). *Führung, Beeinflussung, Lenkung* sind Synonyme. Zurückgenommen wird das Element der Bewußtheit, betont das der Wirkung.

S t e i g e r u n g : *Die Tatsache, daß es Widersprüche, Kollisionen, Konflikte gibt..."* (ebenda). *Kollision* und *Konflikt* drücken eine Vertiefung des Widerspruchs aus, haben im Text steigernde Funktion. Das Synonymwörterbuch verzeichnet bei *Konflikt* und *Kollision* jeweils *Zwiespalt*, das WDG gibt als synonymische Erklärung bei *Konflikt* „innerer Widerstreit, Zwiespalt", bei *Kollision* „Widerstreit, Zwiespalt", bei *Widerspruch* „Gegensatz" an.

E r l ä u t e r u n g : *Lexeme können kompatibel, d. h. vereinbar sein.* Ist der Autor der Meinung, daß ein Wort, vielleicht ein Fachwort, einer Erläuterung bedarf, verwendet er ein erläuterndes Synonym. Die Erklärung oder Erläuterung kann auch durch *d. h., wie man sagt* oder ähnliche Wörter angeschlossen werden.

3) Schließlich kann das Synonym stärkere gefühlsmäßige Beteiligung, Emotionalität oder Wertung ausdrücken. Das träfe für die Wiederaufnahme von *Buch* durch *Schwarte*, von *lesen* durch *schmökern*, von *Rede* durch *Pamphlet* zu. Gerade im letzten Fall muß ein synonymischer Kontext nicht aktualisiert, d. h., im gegebenen Text muß keine Vorerwähnung des Benannten erfolgt sein. Das konnotativ markierte Wort wird auf dem Hintergrund des mitgedachten neutralen Wortes rezipiert. In den letzten Jahren greift man wieder verstärkt auf BÜHLERs Organon-Modell zurück und spricht von symbol-, symptom- und signalfunktionalem Gebrauch der Wörter (vgl. REICHMANN 1976, WAHRIG 1973, KÜHN 1979).

Von den grundlegenden kommunikativen Funktionen des sprachlichen Zeichens ausgehend, Mittel zu sein, etwas darzustellen, zu beschreiben, mitzuteilen, etwas emotional beteiligt auszudrücken, sich selbst darzustellen und auf den Partner einzuwirken, kann man auch die Funktionen synonymischer Lexeme beschreiben. Lexeme können als Synonyme in verschiedenen funktionalen Beziehungen zueinander stehen. KÜHN (1979, 4) bestimmt daher im Anschluß an BAUMGÄRTNER 1967, WIEGAND 1970, HENNE 1972, REICHMANN 1976 und LYONS Synonymie:

Dies bedeutet, daß Synonyme in Kontexten kommutierbar sind, ohne daß sich der Symbolgehalt dieser Kontexte ändert. *Mein Vater kauft die Wurst beim Schlachter, Metzger, Selcher...* Es handelt sich genau dann um synonyme lexikalische Signeme, wenn diese symbolfunktional in freier Distribution stehen und in bezug auf ihre Symptom- und Signalfunktion differieren. Nach diesen Merkmalen läßt sich für die semantische Relation ‚Synonymie' folgende operationale Definition angeben: In einem onomasiologischen Paradigma besteht zwischen zwei Lexemen A und B des gleichen Sprachsystems die semantische Struktur der Synonymie, wenn ihre Semsumme identische symbolfunktionale aber differierende signal- bzw. symptomfunktionale Seme aufweisen (1979, 84).

Allerdings, und das scheint im Sinne einer funktionalen Sprachbetrachtung wichtig, können sich auch die sogenannten symbolfunktionalen Semstrukturen unterscheiden.

Semantische Äquivalenz und Paraphrase

Die Paraphrase (Umschreibung) ist eine größere syntaktische Einheit, die mehr als ein Wortschatzelement, d. h. Lexem oder Paralexem, umfaßt, im wesentlichen ein freies Syntagma als Teil eines einfachen oder komplexen Satzes repräsentiert... Die Paraphrase ist das Ergebnis einer nichtformalisierten, mehr oder weniger willkürlichen freien Zerlegung eines Semems in einzelne Merkmale, die durch selbständige sprachliche Elemente lexikalisiert sind (›Probleme der semantischen Analyse‹ 1977, 257).

Wir betrachten Paraphrasen als Methode der Untersuchung der lexikalischen Bedeutung und als Parallelkonstruktion zu einem Lexem, durch die bestimmte kommunikative Absichten verwirklicht werden sollen.

Als Beschreibungsmethode wird die Paraphrase im Wörterbucheintrag, für die Unterscheidung der Sememe eines polysemen Lexems und für die Feststellung von

Synonymie gebraucht. Im Text ist die Paraphrase „Produkt der Expansion" des Semems eines Lexems, das Semem eines Einzellexems im Vergleich zur Paraphrase das Produkt der Kondensation (vgl. ›Probleme der semantischen Analyse‹; 259).

Was von einem Punkt aus in Komponenten zerlegt, ‚aufgelöst' wird, wird vom anderen Punkt aus wieder zu einer Einheit zusammengefügt, ‚verdichtet': auf der einen Seite ein expandierendes Kodieren/Dekodieren einer komprimierten lexikalischen Einheit, auf der anderen ein komprimierendes Kodieren/Dekodieren einer expandierten Sequenz (ebd., 260).

Die Paraphrase dient der Aufdeckung der Bedeutungsstruktur

- In der Paraphrase erscheinen linguistisch relevante Seme, wenn man das Hyperonym attribuiert:

  rennen = schnelles Laufen (des Menschen)
  schleichen = langsames Sich-Fortbewegen
  Geschwister = Kinder vom gleichen Elternpaar

- Die Paraphrase kann ein Vergleich/eine Metapher sein:

  sich schlängeln = sich bewegen wie eine Schlange
  rot = wie die Farbe des Blutes

- Durch die Paraphrase können Hyperonyme durch Hyponyme erklärt werden:

  Familie = Vater, Mutter, Kinder, Großeltern

- Die Paraphrase kann eine privative Umschreibung sein:

  Stille = das Fehlen von Geräuschen
  leer = es fehlt Inhalt

- Die Paraphrase kann Ausdruck funktionaler Beziehungen sein:

  Sprache = Medium der Kommunikation
  Besen = Gerät zum Kehren

- Paraphrasen können durch lexikalische Konversionen ausgedrückt werden:

  Eltern = Hervorbringende von Kindern

- Paraphrasen lexikalisieren das polare Semem:

  lügen = das Gegenteil der Wahrheit sagen

- Die Paraphrase kann auch die Präsupposition enthalten:

  erwachen = aufhören zu schlafen

Vgl. auch GREIMAS 1966, 1971, BREKLE 1974, AGRICOLA 1979.

Synonymgruppen (SG)

Synonymgruppen haben den Charakter von Teilsystemen und sind damit im Sinne der Prager Schule durch Zentrum und Peripherie gekennzeichnet. Sie umfassen alle Synonyme, die sich durch Nebenmerkmale der denotativen Bedeutung oder konnotative Merkmale vom Leitsynonym, vom Archilexem, abheben. FILIPEC definiert die Grund- oder Leitsynonyme:

Zentrum einer SG bildet das *Grundsynonym* (selten Grundsynonyme), das in zwei Funktionen aufzufassen ist:
1) als selbständige LE mit der invarianten Bedeutung, die meistens stilistisch merkmallos ist und umfangreiche Distribution und relativ größte Häufigkeit aufweist.
2) als paradigmatische Dominante der ganzen Gruppe, deren zentraler Charakter auch dadurch betont wird, daß gerade sie und nicht ein anderes Glied der SG die Bildung von Ableitungen und Zusammensetzungen ermöglicht (*groß-* und nicht *riesig- Auto* und nicht *Wagen*)... Es gibt auch Fälle, daß das Grundsynonym eine feste WV (Wortverbindung) ist *(dankbar sein, außer sich sein)* oder eine stilistisch merkmalhaltige LE (*flachsen* umgangssprachl. ‚albernes Zeug reden', *Flegel* abw. nach dem Duden-Synonym-Wörterbuch) (1968 a, 196). Zur Illustration bringt FILIPEC die SG *rennen*.

Die Lexeme einer SG können sich daher unterscheiden

– nach dem Anteil peripherer denotativer Merkmale,
– nach dem Anteil denotativer Merkmale, die durch die Motivbedeutung in die Sememstruktur eingebracht worden sind und Nebensinn hervorrufen,
– nach den konnotativen Merkmalen,
– nach Emotionalität und Expressivität, der funktionalen Bestimmung, der regionalen, historischen und sozialen Bindung,
– nach Gebrauchsrestriktionen konventioneller Art.

KÜHN 1979 nennt die Synonyme solcher Gruppen dann Homoinyme, wenn sie keine symbolfunktionale Identität besitzen. Er zitiert weitere Linguisten, die nur von partieller Synonymie sprechen, wenn auch unterscheidende denotative Merkmale auftreten: Teilsynonymie, Pseudosynonymie, sogen. Synonymie, partielle Synonymie. Vgl. BELLMANN (1968), HENNE/WIEGAND, ULLMANN zu dieser Frage.

Natürlich sind die Grenzen solcher Synonymgruppen nicht immer scharf zu ziehen; die Annahme von Peripherie und Zentrum hat auch im Bereich der Synonymik volle Gültigkeit. Aufgrund der Polysemie kann ein Lexem mehreren Synonymgruppen angehören.

Innerhalb einer SG unterscheiden sich die Lexeme ebenfalls graduell. Setzt man voraus, daß die Grundlage für die Zugehörigkeit zu einer SG die Austauschbarkeit in wenigstens einem Kontext ist, so gibt die Anzahl der gemeinsamen Kontexte eine Möglichkeit, semantische Nähe bzw. Grade der Synonymität zu bestimmen.

AGRICOLA führt die Synonymreihungen (Synonymgruppen) um *absolut, komplett, total, vollendet, vollkommen, völlig, vollständig* als Grundsynonyme vor. Diese Lexeme wurden zunächst nicht nach ihren Sememen differenziert. Die Gliederung ergab sich erst durch die unterschiedlichen Partnersynonyme.

Lexem *absolut*
1. absolut = komplett, total, vollendet, vollkommen, völlig...
2. absolut = schrankenlos, unbeschränkt, uneingeschränkt
3. absolut = bedingungslos, unbedingt

Lexem *komplett*
1. komplett = absolut, total, vollendet, vollkommen, völlig
2. komplett = komplettiert, vollständig, vervollständigt, geschlossen, abgeschlossen, fertig, vollzählig

Lexem *total*
1. total = absolut, komplett, vollendet, vollkommen, völlig, vollständig
2. total = ganz, gänzlich, vollendet, umfassend, allumfassend, endgültig

Lexem *vollendet*
1. vollendet = absolut, komplett, total, vollkommen, vollständig, völlig
2. vollendet = vollkommen, fehlerlos, musterhaft, einzigartig, unübertroffen, zufriedenstellend
3. vollendet = beendet, fertig, abgeschlossen, erfüllt, erledigt
(Gekürzt aus AGRICOLA 1975, 75−79).

Diese SG als Subsysteme des Wortschatzes sind offen für weitere Synonyme.

Ursachen der Synonymie

Die Entstehung neuer Synonyme erklärt sich in erster Linie aus kommunikativen und kognitiven Bedürfnissen. In irgendeiner Weise genügt der vorhandene Lexembestand nicht mehr, um Kommunikationsbedürfnisse zu befriedigen. Die Ursachen für die Entstehung neuer Synonyme liegen in den Funktionen synonymischer Einheiten.

1) Die politische Entwicklung in Deutschland führt dazu, daß ein Nebeneinander von Ausdrücken entsteht, die aus „Alt-" und „Neuländern" der Bundesrepublik Deutschland stammen, aber gleichen Denotatsbezug haben und noch eine gewisse Zeit als Synonyme bestehen bleiben. Ihr Gebrauch ist regional gebunden: *Feierabendheim, Altersheim, Altenwohnheim, Seniorenwohnheim*.
2) Synonyme entstehen aus dem Bedürfnis heraus, neue Wertvorstellungen ausdrücken zu wollen. Meist handelt es sich um überhöhende Benennungen in Handel und Werbung: neben *Schuhgeschäft* tritt *Schuhsalon*, neben *Raumgestaltung Raumdesign*, neben *Dienstleistung Service*.
3) Eine ständige Quelle neuer Synonyme sind euphemistische Umschreibungen. Da der verhüllende Charakter von Euphemismen verlorengehen kann, neue Hüllwörter benötigt werden, können Synonymgruppen entstehen. Verwiesen sei auf die in der Literatur oft zitierten Synonymketten für *sterben, stehlen*, für Benennungen, die mit dem menschlichen Körper zusammenhängen usw. In diesem Zusammenhang sind auch synonymische Ersetzungen für Tabuwörter zu nennen (vgl. S. 103).
4) Synonyme werden auch aus dem Bedürfnis heraus gebildet, als wesentlich betrachtete Merkmale oder Eigenschaften des Denotats besser hervorzuheben. Man spricht von Neumotivierung: *Hauswirtschafterin − Dorf- und Familienhelferin*.
5) Auch „kommunikationstechnische" Gründe können zur Neubildung von Synonymen führen. Verständlichkeit, Durchschaubarkeit auf der einen, Sprachökonomie, Knappheit auf der anderen Seite sind Pole eines Widerspruchs, der zur Synonymbildung führen kann. Hier sind vor allem Verdeutschungen von Fremdwörtern zu nennen, wie *Anschrift − Adresse, Börse − Portemonnaie, Stockwerk − Etage, Pförtner − Portier, Briefumschlag − Kuvert*. Kurzwortbildungen treten aus ökonomischen Gründen neben die lange Ausgangsform: *LKW − Laster − Lastkraftwagen, Kfz-Werkstatt − Reparaturwerkstatt für Kraftfahrzeuge − Kraftfahrzeuginstandsetzungsbetrieb*, das Simplex tritt neben das Kompositum: *Zentrum − Stadtmitte*.

6) Häufig führt das Bedürfnis nach fachgerechter Ausdrucksweise ebenso wie die Erhöhung der Allgemeinbildung der Menschen und, dadurch bedingt, die Übernahme von Fachwörtern in die Alltagsrede (also in die Laiensprache) zum synonymen Nebeneinander von (Quasi-)Fachwort und gemeinsprachlicher Benennung, wie *Gynäkologe – Frauenarzt, ökonomisch – wirtschaftlich, rationell – sparsam.*
7) Emotional-expressive Synonyme entstehen durch metaphorische Übertragungen. Das ist oft mit dem Übergang aus einem Kommunikationsbereich in den anderen, aus der Fach- in die Gemeinsprache verbunden: *beginnen – starten, fair – rücksichtsvoll, grünes Licht geben – erlauben.*

Die Aufzählung fortsetzen hieße, generell über Entwicklungen im Wortschatz zu sprechen; denn der Ausbau des Wortschatzes vollzieht sich zum großen Teil durch die Bildung zunächst okkasioneller Einheiten, die eine Zeitlang als Synonym neben den gebräuchlichen Lexemen existieren.

8.3.3.4. Beziehungen der Gegensätzlichkeit (Polarität) im Wortschatz

In den Beziehungen zwischen Lexemen wie *alt* und *jung*, *heiß* und *kalt*, *oben* und *unten*, *hinein* und *hinaus*, *Gesundheit* und *Krankheit* widerspiegeln sich gegensätzliche Sachverhalte, Standpunkte oder Eindrücke, in Wertwörtern gegensätzliche Wertungen: *gut – schlecht, böse, schön – schlecht, häßlich, nützlich – schädlich.* Es gibt viele Bemühungen, diese Gegenwörter einzuteilen. LYONS (1980) sieht in der binären Opposition eines der wichtigsten Prinzipien der Strukturierung der Semantik und unterscheidet kontradiktorische und konträre Gegensätze wie A n t o n y m i e , K o m p l e m e n t a r i t ä t u n d K o n v e r s h e i t .

Dabei steht A n t o n y m für solche Gegenwörter, die graduierbar sind, also in erster Linie Adjektive und von ihnen abgeleitete Substantive, wie *hell – dunkel, heiß – kalt, Hitze – Kälte*, die Zwischenstufen zulassen, wie *dämmrig, lau*, und sich dadurch von solchen Wörtern unterscheiden wie *männlich – weiblich, ankommen – abfahren.*

LYONS faßt Antonyme nicht als Repräsentanten absolut gegensätzlicher Werte auf, sondern als Ausdruck relativer Polaritäten. Er führt z. B. (unter Berufung auf SAPIR) an, daß solche Kontrastwörter vortäuschen, daß es im Bereich der Quantitäten absolute Werte gebe, wie: *das ist ein kleiner Elefant, also ein kleines Tier.* CHR. und E. AGRICOLA (1980) unterscheiden Konversivität, Komplementarität und Antonymie (im engeren Sinnne). Sie sprechen von fakultativen Gegenwortpaaren (Kontrast im allgemeinen). Auch bei der Darstellung kontrastierender sprachlicher Einheiten ist zu beachten, daß Gegensätzlichkeit im Text durch Wörter ausgedrückt werden kann, die kontextfrei nicht in polaren Relationen zueinander stehen: *Ich komme nicht morgen, sondern am Donnerstag.* Solche Paare sind nicht Gegenstand der Darstellung von Systembeziehungen.

Zum anderen gilt auch hier, daß immer nur lexisch-semantische Varianten ein bestimmtes Gegenwort haben können, so daß ein polysemes Wort mehrere Antonyme hat, wie *alt* in *alter Mensch – junger Mensch, altes Buch – neues Buch, alte*

Lebensmittel – frische Lebensmittel. Auch bei gleicher Distribution kann ein zweites Antonym auftreten: *alter Mensch – neuer Mensch* oder *junger Mensch.*

Antonymie

Die Negation eines Ausdrucks impliziert nicht notwendigerweise die Behauptung des anderen, sondern zwischen zwei antonymischen Polen gibt es Übergänge. Wer nicht laut spricht, muß nicht unbedingt leise, sondern er kann normal sprechen; was nicht teuer ist, muß nicht billig sein. Somit treten Antonyme meist dort auf, wo auf der Grundlage bestimmter Kriterien Qualitäten eingeschätzt und diese Qualitäten auf eine angenommene „Null-Stufe" bezogen werden. Diese Adjektive sind komparierbar. Sie lassen sich im übertragenen Sinn auf einer angenommenen Achse nach ihrer Entfernung vom Nullpunkt, dem Durchschnittswert, anordnen; denn sie haben einen gemeinsamen Bedeutungskern und jeweils +/– -Graduierungsseme.

Bereich		Nullpunkt 0	
räumlich	*groß*	←|→	*klein*
zeitlich	*früh*	←|→	*spät*
wertend	*gut*	←|→	*schlecht*
(ethisch)	*gut*	←|→	*böse*
(ästhetisch)	*schön*	←|→	*häßlich*
(pragmatisch)	*nützlich*	←|→	*schädlich*
Wahrnehmung			
optisch	*hell*	←|→	*dunkel*
akustisch	*laut*	←|→	*leise*
Temperatur	*kalt*	←|→	*warm*
Geschmack	*süß*	←|→	*sauer*

Bei Bewertungsaussagen wird oft das positiv bewertende Adjektiv als erstes genannt: *gut* und *böse, süß* und *sauer, hell* und *dunkel,* aber auch: *laut* und *leise, kalt* und *warm.* Jedoch im Text: *fließendes warmes und kaltes Wasser.*

Komplementarität

Die polaren Lexeme schließen einander aus. Zwischenstufen sind nicht möglich. Handelt es sich um Adjektive, so sind sie oft nicht komparierbar, weil nicht graduierbar. Die Behauptung des einen impliziert die Verneinung des anderen.

Die Beziehung zwischen komplementären Lexemen läßt sich als Entweder-oder-Beziehung überprüfen: entweder *verheiratet* oder *unverheiratet, Mann* oder *Frau, Flut* oder *Ebbe, belebt* oder *unbelebt.*

Polare komplementäre Lexeme können als Stammwörter oder als Wortbildungskonstruktionen (Präfigierung oder Suffigierung) auftreten: *Vater – Mutter, Mann – Weib, bebaut – unbebaut, umstritten – unumstritten, neidisch – neidlos, bewohnbar – unbewohnbar, jodhaltig – jodfrei*.

Konversivität

Zwei Verben drücken die gleiche Handlung unter gegensätzlichen Sehweisen aus. *geben* und *nehmen* sind aufeinander bezogen und benennen die gleiche Handlung, einmal vom Standpunkt A, das andere Mal von B aus. A kann die Handlung *geben* nur ausführen, wenn B gleichzeitig die Handlung *nehmen* ausführt. Der gleiche Sachverhalt liegt bei *mieten* und *vermieten, kaufen – verkaufen* und den abgeleiteten Substantiven vor. In den Sememen konverser Verben existieren jeweils Seme des Gegenwortes als präsuppositive Seme.

Systemhafte Beziehungen der Polarität existieren zwischen Einheiten aller vollbedeutenden Wortarten, also auch im Bestand von Präpositionen und Adverbien.

Substantive. Antonyme, unter ihnen auch deadjektivische Substantive: *Wärme – Kälte, Hitze – Kälte, Höhe – Tiefe, Mangel – Überfluß, Anfang – Ende, Tag – Nacht*.
Auch bei Substantiven tritt wechselseitiger Ausschluß, also Komplementarität auf: *Mann – Frau, Hahn – Henne, Hengst – Stute*, wobei noch ein drittes, sexusneutrales Lexem auftreten kann.
LYONS weist darauf hin, daß konverse Relationen besonders häufig in Bereichen des Wortschatzes vorkommen, die mit „reziproken sozialen Rollen" zu tun haben: *Arzt – Patient, Sieger – Verlierer, Herr – Diener, Lehrer – Schüler, Erblasser – Erbe*.

Verben. Im Verbalbereich drücken sich Gegensätze vor allem im Merkmal der Gerichtetheit aus. LYONS spricht von direktionalen Oppositionen. Diese Gerichtetheit wird vor allem durch Präfixe lexikalisiert. BÖHNKE (1972) stellte die im WDG verzeichneten antonymischen Präfixverben zusammen und ergänzte diese Listen durch das Wörterbuch ›Deutsche Verben‹ (MATER). Hierauf gründet sich die Darstellung „antonymer Präfixfelder beim Verb" (BÖHNKE 1972, 170ff.). Nach der Anzahl ihrer Belege ergaben sich als antonymische Präfixpaare, geordnet nach der Zahl der Belege *ab-/an-* (112), *aus-/ein-* (69), *ab-/auf-* (51), *ent-/ver-* (38), *ent-/∅* (35), *an-/durch-* (28), *an-/aus-* (26), *ent-/be-* (19). Als Merkmal, das antonymischen Verben zugrunde liegt, bestimmt sie das Merkmal /Richtung/: Richtung im Raum, in der Zeit; der Quantität/Qualität, wie bei Verben der Befestigung *an-/abbinden, an-/abhaken*, des Einordnens *anbauen/ausbauen, ausrasten/einrasten, abspulen/aufspulen*. Sie teilt die antonymischen Präfixverben in drei große Gruppen ein:

1) Das Grundwort ist neutral, die antonymischen Präfixe ‚laden' es gegensätzlich auf ...
   (*abströmen/anströmen ... abmarschieren/anmarschieren*)

2) Das Grundwort steht auf der einen Seite der Opposition. Das eine Präfix verstärkt häufig die Bedeutung des Grundwortes und liefert zu dem inhaltlichen auch den formalen Gegenpol zum anderen Präfixverb... *(abrüsten/aufrüsten, abraten/zuraten, beladen/entladen)*
3) Das antonymische Präfixpaar modifiziert die Bedeutung des Grundwortes entscheidend... *(abmustern/anmustern, abpfeifen/anpfeifen, abdrehen/andrehen...)* (S. 175).

Bei den nichtpräfigierten Verben dominiert ebenfalls das Merkmal /Richtung/: *kommen/gehen, steigen/fallen.*

Anfang und Ende und gegensätzliche Wertungen bestimmen auch die antonymischen Beziehungen zwischen Verben: *lieben/hassen, beginnen/aufhören.*

CHR. und E. AGRICOLA führen in ›Wörter und Gegenwörter‹ noch „Fakultative Gegenwortpaare" an. Solche Paare werden in der Kommunikation frei gebildet. Bei einigen jedoch führt die Häufigkeit auch zu kontextfrei empfundener Polarität. „Wenn der Bedeutungsabstand genügend groß und eine gemeinsame übergeordnete Bedeutung erkennbar ist, können sie als Gegenwörter beurteilt, unter Umständen als fester Bestandteil des Wortschatzes aufgenommen werden: *zweihändig : vierhändig* (Klavierspiel), *römisch : arabisch* (Ziffern) [...]" (AGRICOLA 1987, 20).

Solche Paare stehen an der Peripherie des Bestandes an polaren Lexemen. Sie unterscheiden sich von freien Gegenüberstellungen, die textabhängig sind: *Es waren nicht nur Verwandte, sondern auch Mitarbeiter gekommen.*

Ich laufe nicht, ich fahre. Er konnte nicht mehr laufen, er schlich nach Hause. Wir wollen laufen, nicht stehenbleiben. Ein Lexem hat verschiedene polare Partner.

Bildungsweise der Gegensatzwörter

Gegensatzwörter können Stammwörter sein oder Wortbildungskonstruktionen. Wortbildungsmittel zur Markierung der Polarität differieren im Deutschen von Wortart zu Wortart. Die Bildung antonymer Verben erfolgt vor allem durch ein Feld antonymischer Präfigierungen, während im nominalen Bereich Verneinungsaffixe *un-* und Fremdpräfixe *illegal, irregulär, impotent, inkonsequent* dominieren. Als Adjektivsuffixe treten z. B. *-frei/-haltig, -voll/-leer, -lich/-los* auf.

Selten sind Antonyme, die als lexisch-semantische Varianten des gleichen Lexems auftreten:

borgen	–	S_1 ‚erhalten'	*Er hat sich Geld geborgt.*
			Er hat Geld geborgt.
		S_2 ‚geben'	*Ich werde dir Geld borgen.*
leihen	–	S_1 ‚erhalten'	*Er leiht sich ein Auto.*
		S_2 ‚geben'	*Ich werde dir das Auto leihen.*

Die meisten kontroversen Verben jedoch werden mit Präfixen gebildet: *kaufen/verkaufen, mieten/vermieten.*

Der Überblick über Wortbildungsmittel der Gegensätzlichkeit macht deutlich, daß in vielen Fällen die Gegensatzbeziehung durch die Verneinung ausgedrückt wird. Das ist nicht unumstritten. W. SCHMIDT betrachtet die Verneinung nicht als eine Form des Ausdrucks der Polarität.

RACHIDI leitet ihre Arbeit zu Gegensatzrelationen im Bereich deutscher Adjektive mit einem Forschungsbericht zu den Aussagen der Linguistik zu Gegensatzrelationen ein. Vgl. RACHIDI 1989.[37]

8.3.4. Felder und Feldtheorien

Der Grundgedanke der Feldtheorien besteht in der Annahme, daß zwischen sprachlichen Einheiten regelmäßige Beziehungen bestehen, durch die mehr als jeweils zwei Glieder (Synonyme, Antonyme, Hyperonyme, Hyponyme und Kohyponyme) miteinander verbunden sind. Meist wird der Feldbegriff auf paradigmatisch und/oder syntagmatisch verbundene Wortschatzeinheiten bezogen. Eingeführt wurde er von IPSEN, der davon ausgeht, daß sich Wörter einer Sprache zu Bedeutungsgruppen ordnen: „Diese Verknüpfung ist aber nicht als eine Aneinanderreihung an einen Assoziationsfaden gemeint, sondern so, daß die ganze Gruppe ein ‚Bedeutungsfeld' absteckt, das in sich gegliedert ist; wie in einem Mosaik fügt sich hier Wort an Wort, jedes anders umrissen [...] (1924, 225). PORZIG unterscheidet parataktische und syntaktische Felder und meint damit, daß jedes Lexem im Schnittpunkt paradigmatischer und syntagmatischer Beziehungen steht: „[...] ein parataktisches Feld bilden die Wörter, die an einer bestimmten Stelle eines syntaktischen Feldes austauschbar sind" (^{5}1971, 126). Heftige Einwände gegen Feldauffassungen ergaben sich vor allem infolge der philosophischen Deutung der Felder durch TRIER und L. WEISGERBER. Nach ihrer Auffassung sind Felder ein Ausdruck der Gestaltung der geistigen Welt der Sprachgemeinschaft. „Die Begriffsbildung mit Hilfe der Worte ist ein gliedernder Klärungsvorgang a u s d e m G a n z e n h e r a u s. Dabei s p i e g e l t die Sprache nicht reales Sein, sondern *schafft* intellektuelle Symbole, und das Sein selbst, d. h. das für uns gegebene Sein, ist nicht unabhängig von Art und Gliederung der sprachlichen Symbolgefüge" (TRIER 1931, 2). Diese auch von WEISGERBER vertretene und weitergeführte Überhöhung der Funktion der Sprache gegenüber der verallgemeinernden Denkleistung in der Auseinandersetzung der Menschen mit der sie umgebenden Wirklichkeit und mit sich selbst wurde vor allem widerlegt. Es wäre müßig, wollte man die mehrere Jahrzehnte andauernden Auseinandersetzungen um den Feldbegriff nachzeichnen, die Vielzahl weiterer Feldhypothesen vorführen, wenn dieser Feldbegriff nicht doch einen gewissen heuristischen Wert hätte. Wir wissen, daß die Sprache nur funktionieren kann, weil sie ein System ist, weil ihre Einheiten in regelmäßigen Beziehungen zueinander stehen, die als Sprachverwendungsregeln im Bewußtsein gspeichert sind. Man wird deshalb die Frage, ob Felder psychische Realität besitzen, einschränkend und mit Vorsicht bejahen müssen. Durch unser sprachliches Handeln

---

[37] Einen guten Überblick über die Forschungslage gab auch BÖHNKE, R.: Versuch einer Begriffsbestimmung der Antonymie. Diss. A. Leipzig 1972. Sie hebt besonders die Arbeit von KOMISSAROV hervor: Problema opredelenija antonima. In: Vopr. Jazykoznanija 2/1957. MÜLLER verfaßte Kap. 49 in ›Wörterbücher‹, 628ff.

erwerben wir sprachliche Einheiten nicht isoliert, sondern in formalen und vor allem funktionalen Zusammenhängen. Im Wortschatz ergeben sich diese Zusammenhänge aus der Nominations-, Verallgemeinerungs- und der kommunikativen Funktion der Lexik, oder angelehnt an BÜHLER, aus Symbol-, Symptom- und Signalfunktion.

Die Sprachtheorie versucht nun auf vielfältige Weise, die außerordentlich komplexen Strukturen des Wortschatzes zu erfassen. Hierbei zeigt es sich, daß sehr viele Zugänge zur Modellierung des lexikalischen Teilsystems möglich sind, so daß wohl auch die verschiedenen Arten sprachlicher Felder ein mehr oder weniger adäquates Abbild der in der Sprache bestehenden semantischen Relationen zwischen den lexikalischen Einheiten sind. Sie sind theoretische Konstrukte, die vereinfacht sprachliche Realität abbilden. Sie unterscheiden sich in der philosophischen Interpretation, in der sprachtheoretischen Fundierung und in der Wahl des methodischen Weges, können von der Benennungsfunktion (Bezeichnungsfelder), der Bedeutung (semantische Felder) oder der Kommunikation (funktional-semantische oder funktional-kommunikative Felder) ausgehen. Mit der Entwicklung der strukturellen Semantik wurde auch der Feldbegriff wieder mehr beachtet, weil er eben die strukturellen Beziehungen im Wortschatz, seine systemhafte Gliederung abbilden kann. Auch handlungstheoretisch orientierte Darstellungen des Wortschatzes arbeiten mit Abbildern der sprachlichen Vernetzungen, mit Wort- und semantischen Feldern. Insofern sind Wortfelduntersuchungen auch heute noch aktuell.

Feldvorstellungen

„Bezeichnungsfelder", „Wortfelder", „Begriffsfelder", „lexisch-semantische Gruppen" sind einige Termini, mit denen „Felder" linguistisch benannt werden. In ihnen widerspiegeln sich nur z. T. theoretische Prämissen. Deshalb werden im folgenden nicht die z. T. homonym oder polysem verwendeten Bezeichnungen benutzt, sondern Feldmodelle werden beziffert.

Typ I: Onomasiologische Felder
Ausgangspunkt ist ein Begriff, der als „Kern" des Feldes gilt. Sein Träger hat eine hyperonymische Funktion, ist das Archilexem. Zum Feld gehören die onomasiologisch zusammengestellten Wörter/Lexeme, deren Bedeutungskerne diesen Begriff implizieren. Sie unterscheiden sich durch spezielle Seme, die mit der Methode der distinktiven Opposition ermittelt werden. Mit der Entwicklung der analytischen Bedeutungstheorie wurde auch die Feldbeschreibung präzisiert. Andererseits belegen Felduntersuchungen die Hypothesen der analytischen Bedeutungskonzepte.
Wortfeld *Wasserlauf*
Wasserlauf – ‚fließendes Gewässer' läßt sich semanalytisch beschreiben als /liquid/, /dynamisch/ – ‚fließendes Wasser'. Das Merkmal /dynamisch/ ‚fließend' ist relevant für die Abgrenzung von ‚stehendes Gewässer', wie *Pfütze, Teich, See, Meer, Ozean*.

Danach ergäbe sich folgende Feldstruktur:

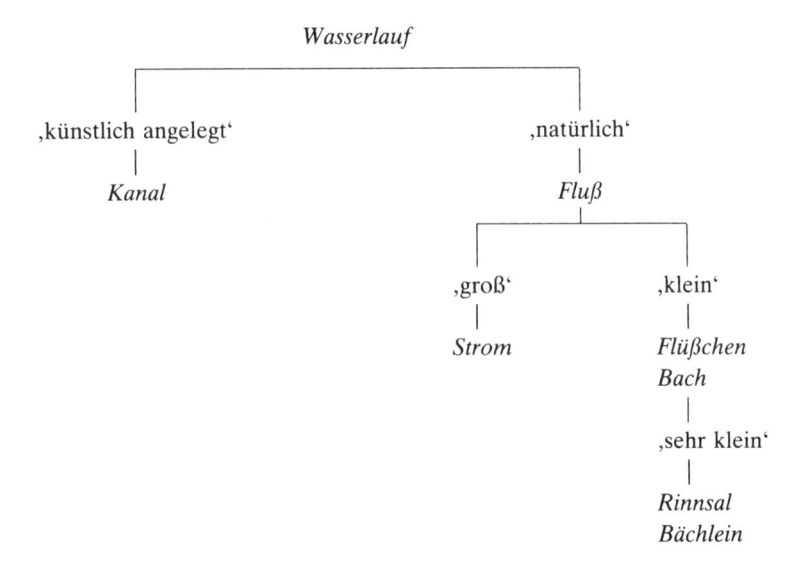

```
                        Wasserlauf
            ┌───────────────┴───────────────┐
      ‚künstlich angelegt'              ‚natürlich'
            │                               │
         Kanal                             Fluß
                                ┌───────────┴───────────┐
                              ‚groß'                 ‚klein'
                                │                       │
                             Strom                   Flüßchen
                                                     Bach
                                                        │
                                                   ‚sehr klein'
                                                        │
                                                     Rinnsal
                                                     Bächlein
```

Oder in Form einer Merkmalsmatrix

Seme:	fließend	natürlich	groß	klein	kleiner als
1 Kanal	+	−	+/−	+/−	−
2 Strom	+	+	+	−	−
3 Fluß	+	+	+/−	+/−	2
4 Flüßchen	+	+	−	+	3
5 Bach	+	+	−	+	3
6 Bächlein	+	+	−	+	5
7 Rinnsal	+	+	−	+	3–6

Dieser einfache Typ der Darstellung ist vielfach genutzt worden zur Darstellung der Verwandtschafts-, Farb-, Dimensions-, Geräuschbenennungen, zur Beschreibung bestimmter Verbfelder, wie der Verben der Fortbewegung, des Besitzwechsels, der Speisenzubereitung usw.

Hier werden jedoch auch die Grenzen der feldmäßigen Gliederung sichtbar; denn die Übergänge und Vagheitszonen können nicht berücksichtigt werden. Es läßt sich keine Abgrenzung zwischen *Bach* und *Fluß* oder gar *Flüßchen*, *Bach* und *Bächlein* oder *Rinnsal* vornehmen, wenn nicht außersprachliche Kontexte berücksichtigt werden: „Monatelange Trockenheit ließ aus den Flüssen Rinnsale werden."

Typ II: Wortfelder, die paradigmatische und syntagmatische Beziehungen berücksichtigen

Hier wird jedes Semem eines polysemen Lexems durch seine ko/kontextuellen Bedingungen, seine Gebrauchsvoraussetzungen bestimmt. So enthält dieser Feldtyp auch die Monosemierungsbedingungen, paradigmatische und syntagmatische Umgebungen sind verbunden. GECKELER, einer der Vertreter der „Feldstrukturalistik", weist darauf hin, daß vor dem Aufdecken des Gesamtfeldes das Aufsuchen von Gliederungsreihen liegt.

hell

		(1) Substantive	(2) Verben	(3) Klassifikatoren	(4) Bedeutung
a)		Feuer Flamme	brennen leuchten	Lichtquelle	reich an
b)		Blau Rot	leuchten scheinen	Farbe	Licht
c)	paradigmatische Felder	Haar Zimmer Landschaft			
d)		Tag	sein	Zeitangabe	
e)		Klang Ton Stimme Lachen	klingen tönen	Geräusch	klar sein hoch sein tönen

syntaktische Felder →

(Nach WAHRIG 1973)

Typ III: Vereinigung von Bezeichnungsbeziehungen und Bedeutungsbeziehungen ohne Angaben zu syntagmatischen Regeln

P. KÜHN hat 1979 „Niederschlagswörter" feldmäßig erfaßt: *Hagel, Landregen, Nebel$_1$, Nieselregen, Regen, Reguß, Reif$_1$, Schauer$_1$, Schnee, Tau$_1$, Wolkenbruch.* In einer Merkmalsmatrix werden die für die Sememe geltenden Seme festgehalten. Folgende Seme sind für die Beschreibung relevant: /flüssig/ /länger anhaltend/ /kurz und heftig/ /stark/ /aus Eiskörnern bestehend/ /sehr fein/ /Niederschlag in der Nacht/ /Trübung durch Wassertröpfchen/ /flockenförmig/ /aus feinsten Eiskristallen bestehend/.

Die Beschreibung der Bezeichnungs- und Bedeutungsbeziehungen vervollständigt das mehrdimensionale Feld.

Bezeichnungsbeziehungen   Bedeutungsbeziehungen

(A) Hyponymie/Hyperonymie   (A) Monosemie
    Regen   *Hagel*
Landregen   Nieselregen   *Landregen*
    Schauer$_1$ *Regen*
    Regenschauer   *Regenguß*
            Schnee
            Wolkenbruch

(B) Synhyponymie
Landregen   Nieselregen

(B) Polysemie
Nebel
Nebel$_1$: ‚Trübung der Luft durch Wassertröpfchen'
Nebel$_2$: ‚Nebelschwaden'

(C) Homonymie
Reif
Reif$_1$: ‚gefrorener Tau'
Reif$_2$: ‚Schmuckstück'

(D) Multisemie
Schauer
Schauer$_1$: ‚heftiger Niederschlag'
Schauer$_2$: ‚Zittern vor Ehrfurcht'
Schauer$_3$: ‚Zittern vor Kälte'

(E) Multiheterosemie
Tau$_1$: ‚Niederschlag'
Tau$_2$: ‚Turngerät'
Tau$_3$: ‚Schiffsseil'

(Nach KÜHN 1979, 158–159).

Typ IV: Komplexes Paradigma – „Semantisches Netz"
Beim Zusammentreffen hyperonymischer, synonymischer, komplementärer und antonymischer Beziehungen auf verschiedenen Ebenen entsteht ein komplexes Paradigma. „Jedes Semem eines komplexen Paradigmas steht dann mit allen Sememen dieses Paradigmas in Beziehung: mit einigen in einer spezifischen direkten, mit anderen in einer spezifischen indirekten Beziehung" (›Probleme der semantischen Analyse‹ 1977, 342). Die Autoren weisen darauf hin, daß die Erscheinung der Unterordnung verdeutlicht, daß es sich um semantische und nicht um Begriffssysteme handelt, weil das Fehlen von Wortschatzelementen in hyperonymischer Funktion als „Leerstelle" im Sememsystem erscheint.

Kernwort: *Lehrer* (Semem 1: 'Schüler Unterrichtender')

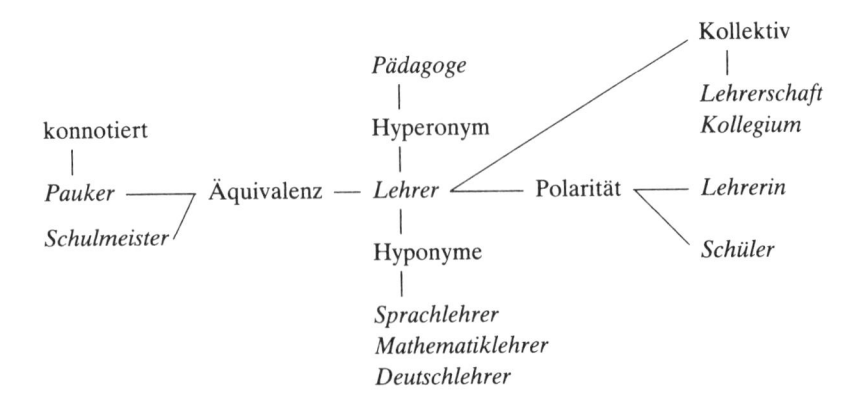

```
                                                          Kollektiv
                                                              |
                              Pädagoge                    Lehrerschaft
                                  |                       Kollegium
   konnotiert                 Hyperonym
       |                          |
   Pauker ────┐                   |
              ├ Äquivalenz ─── Lehrer ──── Polarität ──── Lehrerin
  Schulmeister┘                   |
                              Hyponyme                    Schüler
                                  |
                             Sprachlehrer
                             Mathematiklehrer
                             Deutschlehrer
```

Typ V:
Dieser Typ der feldhaften Darstellung ist eine Kombination aus syntagmatischer und paradigmatischer Beschreibung. Die Komplexität läßt nur eine tabellarische Darstellungsweise zu, wie sie z. B. als Anlage zu WOTJAK (1977) existiert. Dort werden die Verben des Besitzwechsels, wie *geben, reichen, umtauschen, stehlen, klauen, vermachen, verkaufen, abkaufen* usw. mit ihren Argument- und Prädikatsemen beschrieben. Dazu werden konnotative Seme notiert. In der Tabelle erscheinen Hinweise auf Bedeutungsaffinitäten. Als Argumentseme (für das Subjekt) treten auf:
/belebt/ /Hum/ bei *geben, reichen, umtauschen, stehlen*...
/Hum/ (nur Kollektiv) bei *besetzen* (Land), *erobern*...
/+ Anim//+ Hum/ bei *stehlen, klauen*...
Als Prädikatseme erscheinen /have/(haben) auf der Geber- oder Empfängerseite. Weitere Gliederungsmerkmale sind die Merkmale
/gewaltsam/ bei *sich bemächtigen, erobern*, ...
/nach dem Tod/ bei *beerben, erben von*...
/heimlich/ bei *stehlen, rauben*...
(Vgl. Anlage zu WOTJAK 1977).

Bei allen Unterschieden in der Wortfeldauffassung, z. T. mehr behauptet als tatsächlich vorhanden, lassen sich doch Gemeinsamkeiten erkennen:

– Felder können semantische Relationen zwischen Lexemen evident machen und damit deren funktionale Zusammengehörigkeit verdeutlichen.
– Felder können die Bedingungen für die Monosemierung sichtbar machen und erhellen, daß jedes Semem eines polysemen Wortes wiederum Ausgangspunkt für ein Feld sein kann. Auf diese Weise läßt sich die Einheit von Benennungs- und Bedeutungsfunktion der Lexeme erklären.
– Die Felddarstellung erlaubt, die Beziehungen von Paradigmatik und Syntagmatik nachzuweisen.
– Die Ordnung in Feldern ist Voraussetzung für semantische Analysen. Somit ist die Feldbeschreibung Bestandteil analytischer Bedeutungsmodellierungen. Im Vergleich feldmäßig verbundener Lexeme werden Bedeutungsidentität und -unterschiede sichtbar.
– Die Felddarstellung kann bis zu einem gewissen Grad Hypothesen über den Aufbau des lexikalischen Teilsystems einer Sprache stützen. Sie macht z. B. „Lücken" im Benennungssystem deutlich, die in einer anderen Sprache besetzt sind.

So fehlen z. B. im Deutschen Hyperonyme, die das Russische hat. Das Feld der Verwandtschaftsbenennungen wird im Deutschen anders gegliedert als im Russischen. *Schwiegervater* bezeichnet im Deutschen sowohl den Vater der Frau als auch den Vater des Mannes der Eheleute, *Schwiegermutter* steht für die Mutter der Frau und die des Mannes. Eine zusammenfassende Benennung *Schwiegereltern* umfaßt die Eltern beider Ehegatten. Im Russischen ist dieses Feld anders aufgegliedert:

Eine zusammenfassende Benennung fehlt. Dafür stehen für: Vater der Frau der Eheleute – *test'*; Vater des Mannes der Eheleute – *svekor*; Mutter der Frau der Eheleute – *tešča*; Mutter des Mannes der Eheleute – *svekrov'*.

Allerdings wäre es falsch, hieraus die Schlußfolgerung zu ziehen, daß diese unterschiedliche Strukturierung des Feldes eine „Zwischenwelt", eine das Denken determinierende Kraft, darstellt, wie es vor allem von WEISGERBER behauptet wurde. Diese unterschiedliche Aufteilung hat historische Ursachen. Die historisch-konkrete Situation kann zu einem bestimmten Zeitpunkt in einer Gemeinschaft Abgrenzungen von Begriffen fordern, die zu anderen Zeiten und unter anderen historischen Bedingungen nicht notwendig sind. Diese Abgrenzungen können sich verfestigen, die Wörter werden lexikalisiert und idiomatisiert, ohne daß sie „prägende Funktion" haben. Die Gliederung des Feldes der Verwandtschaftsbezeichnungen im Mhd. und Nhd. hat sich aus der historischen Entwicklung ergeben, ohne daß sich durch die im Deutschen übliche Aufgliederung eine bestimmte Weltsicht ableiten ließe.

Man muß auch bedenken, daß der Aufbau des Systems und die tatsächliche kommunikative Notwendigkeit eines Lexems nicht immer übereinstimmen. Gewiß haben wir im Deutschen die Hyponyme *Laubbaum* und *Nadelbaum* zu *Baum*. Aber diese Lexeme werden in der Alltagskommunikation kaum genutzt, sondern die Arten – *Lärche, Kiefer, Fichte, Tanne* – erscheinen als Hyponym zu *Baum*. Schwerlich wird jemand auf die Frage, was das für ein Baum sei, die Antwort *Nadelbaum* oder *Laubbaum* erhalten. Diese Beobachtungen zur Wortschatzstruktur stimmen mit psychologischen Befunden zur Wissensspeicherung überein. HOFFMANN stellt in seinen Untersuchungen zu hierarchisch geordneten Begriffsnetzen fest, daß „innerhalb der Begriffshierarchien die relativ allgemeinsten noch sensorisch repräsentierten Begriffe eine hervorgehobene Stellung einnehmen. Wir nennen sie Primärbegriffe" (1986, 72). „Primärbegriffe sind damit diejenigen Begriffe, die die relativ umfangreichsten Objektmengen durch die relativ kleinste Menge anschaulicher Merkmale, vor allem durch gemeinsame Formeigenschaften, zusammenfassen" (S. 73).

Als ein solches hierarchisches Netz führt HOFFMANN das Netz der Nahrungsmittel an. Nicht von den Hyperonymen, den zusammenfassenden Kategorien, gehen im psychologischen Experiment die stärksten Assoziationen aus, sondern von den Primärbegriffen, die noch ein gewisses Maß sensorischer Merkmale enthalten.

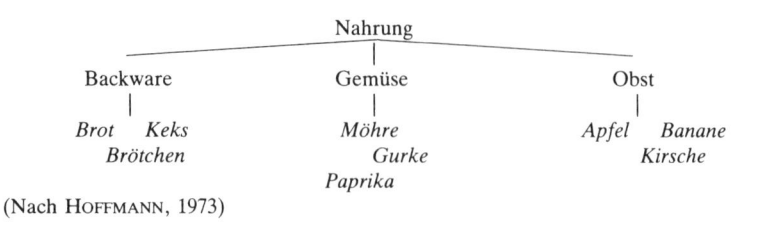

	Nahrung	
Backware	Gemüse	Obst
Brot Keks	Möhre	Apfel Banane
Brötchen	Gurke	Kirsche
	Paprika	

(Nach HOFFMANN, 1973)

Die Gedächtnispsychologie kann damit nachweisen, daß diejenigen Begriffe, die mit einem Maß sensorischer Merkmale verbunden sind, auch für die Strukturierung unseres Wissens eine besondere Rolle spielen. „Primärbegriffe erscheinen damit als Klassifikationskerne in der begrifflichen Durchgliederung unserer Umwelt" (HOFFMANN, 76).

Die Lexeme, die die Primärbegriffe repräsentieren, verfestigen sich im Sprachwissen infolge ihrer kommunikativen Bedeutsamkeit; denn semantische Vernetzungen sind Resultat der kognitiven und kommunikativen Tätigkeit.

Die folgenden Definitionen von Wort-, Begriffs- und Bedeutungsfeldern machen deutlich, daß trotz unterschiedlicher Termini, unterschiedlicher Akzentuierungen letztlich Einverständnis darüber besteht, daß mit dem Feldbegriff objektiv in der Sprache existierende Ordnungen erfaßt werden können. COSERIU 1967, 293:

> Ein Wortfeld ist in struktureller Hinsicht ein lexikalisches Paradigma, das durch die Aufteilung eines lexikalischen Inhaltskontinuums unter verschiedene, in der Sprache als Wörter gegebene Einheiten entsteht, die durch einfache, inhaltunterscheidende Züge in unmittelbarer Opposition zueinander stehen.

LORENZ/WOTJAK 1977, 254:

> Die als Bedeutungs- bzw. Begriffsfelder bezeichneten semantischen Makrostrukturen sind als in spezifischer Weise gegliederte Subsysteme des Lexikons zu betrachten. Allen Feldbestandteilen 1-n des Feldes F_i sind 1... m Genusseme als eine Art gemeinsamer Oberbegriff – als Archisemen S_A – gemeinsam, so daß $S_A (F_1) = S_{1...m}$. Die ‚innere Struktur' der Felder ist durch einander vielfältig überschneidende Seme gekennzeichnet.

Dennoch ist zu bedenken, daß Felder – wenn der Anspruch auf adäquate Modellierung von Wortschatzausschnitten erhoben wird – nicht durch kognitive Gliederung nach logischen Aspekten, sondern durch die Zusammenhänge im sprachlichen Handeln bestimmt sind. Deshalb kommen wohl „semantische Netze", die sich sowohl auf paradigmatischen, als auch auf syntagmatischen Beziehungen aufbauen, diesem Ziel am nächsten.

Semantisches Netz von *ernten*

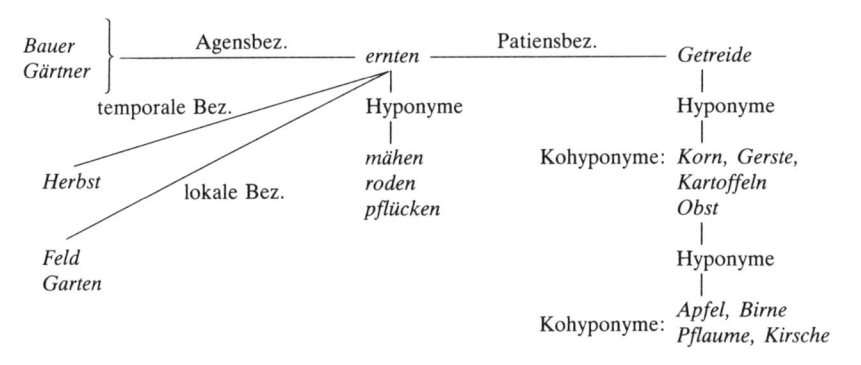

```
Bauer    ⎫  Agensbez.              Patiensbez.
Gärtner  ⎭ ─────────── ernten ─────────────── Getreide
                         │                        │
         temporale Bez.  Hyponyme               Hyponyme
                         │
                         mähen       Kohyponyme: Korn, Gerste,
Herbst     lokale Bez.   roden                   Kartoffeln
                         pflücken                Obst
                                                  │
Feld                                             Hyponyme
Garten
                                     Apfel, Birne
                         Kohyponyme: Pflaume, Kirsche
```

Funktional-semantische Felder

War lange Zeit der Feldbegriff zur Analyse und Beschreibung der strukturellen Gliederung des Wortschatzes oder auch der semantischen Komponente der Sprache genutzt worden, so tritt er heute auch als Beschreibungskonstruktion für funktionale Gliederungen auf. Felder werden als Ordnungen jener lexischen und grammatischen Einheiten/Kategorien betrachtet, die gleichen/ähnlichen Zielen kommunikativer Handlungen dienen, gleiche/ähnliche Funktionen haben. Daraus ergibt sich:

– Man versucht mit funktional-semantischen Feldern, die Integration lexischer und grammatischer Einheiten/Kategorien zu modellieren. Sie werden daher als integrative Felder betrachtet.
– Funktional-semantische Felder gehen von einer semantischen Kategorie als Felddominante aus. Diese semantische Kategorie kann als grammatische Kategorie repräsentiert sein, wie durch Modus, Tempus oder die Stufen der Komparation. Dabei wird unter Bedeutung einer grammatischen Kategorie die operationale Bedeutung dieser Kategorie verstanden, die verallgemeinernde Abbildung von Beziehungen beim Operieren mit Begriffen. Sie kann aber auch lexikalisch repräsentiert werden.
– Funktional-semantische Felder haben Zentrum und Peripherie. So werden eine Reihe solcher Felder, wie das Modalfeld, das Temporal- und Kausalfeld, das Feld der Graduierungen beschrieben. BONDARKO geht davon aus, daß jeweils eine grammatische Kategorie das Zentrum bildet: Im Zentrum des Modalfeldes steht z. B. im Deutschen die Verbkategorie ‚Modus‘, im Zentrum des Graduierungsfeldes die Adjektivkategorie ‚Komparation‘.[38]

Feld der Graduierung: Zum Feld der Graduierung gehören alle die lexischen Einheiten, die als Angaben eines Grades einer Eigenschaft, eines Merkmals usw. dienen können. Gradangaben können Resultat vergleichender Handlungen sein und damit auch gleiches, geringeres oder größeres Vorkommen der Merkmale/Eigenschaften der als Vergleichsobjekte gewählten Größen angeben. Neben den Komparationsstufen der Adjektive und Adverbien, also einer grammatischen Kategorie, erfüllen vor allem lexikalische Einheiten diese Aufgabe.

Zur Angabe der Gleichheit können genutzt werden: Adjektive, Adverbien wie *ebenso, genau so, gleich, gleich wie*. Dazu gehören auch Verben, die Gleichheit signalisieren: *einander gleichen, ähneln, gleich sein, sein wie*.

Zur Angabe eines geringeren oder geringen Grades bis hin zur Verneinung dienen *weniger, wenig, geringer, kaum, fast. fast gar nicht, nicht, gerade noch, kaum noch, etwas weniger als*; zur Angabe eines höheren Grades stehen Wörter wie *mehr, mehr als, außerordentlich, viel, ungemein, unendlich, sehr* zur Verfügung. Auch Partizipien wie *auffallend, beeindruckend, überzeugend* können inhaltliche Steigerungen und einen hohen Grad einer positiven Bewertung ausdrücken.

Wortgruppen und Komposita können eine Vergleichsgröße angeben, die prototypisch einen hohen oder geringen Grad bestimmter Eigenschaften besitzen: *zuckersüß – süß wie Zucker; wieselflink – flink wie ein Wiesel*.

---

[38] BONDARKO, A. V.: Teorija morfologičeskich kategorij. Leningrad 1976; GULYGA, E. V./ E. I. ŠENDEL'S: Grammatiko-leksičeskie polja v sovremennom nemeckom jazyke. Moskva 1969.

Halbpräfixe können eine Graduierungsfunktion übernehmen: *Riesenspaß, Hundewetter, hundsmiserabel, sauelend.*

Phraseoschablonen, wie Komparativ + als + Positiv: *schlauer als schlau, dümmer als dumm* oder Positiv + und + Komparativ: *lang und länger.*

Ein solches Feld kann durch Einheiten aller Ebenen besetzt sein: durch grammatische, lexikalische, morphosyntaktische und phraseologische.

Sprachhandlungsbezeichnende Verben und ihre Äquivalente

Aus der Absicht heraus, sprachliche Einheiten nach ihren funktionalen Möglichkeiten zu ordnen, kann man auch die Lexeme, die Sprachhandlungen benennen, feldhaft ordnen. „Performative" und performativ zu brauchende Verben und ihre Äquivalente enthalten in ihren Bedeutungen Abbildelemente (Merkmale) sprachlicher Handlungen. So lassen sich aus der Semantik dieser Verben relevante Merkmale sprachlicher Handlungen rekonstruieren, die in der Kommunikation das Erwartungsprogramm prägen. Wir reagieren auf eine Bitte anders als auf eine Aufforderung, auf einen Tadel anders als auf ein Lob. Insofern vermittelt die semantische Analyse sprachhandlungsbenennender Verben zwischen Sprachsystem und sprachlicher Tätigkeit. Sie gibt Aufschluß über die Struktur dieses Benennungs- und Bedeutungsfeldes und so auch Einsichten in das System sprachlich-kommunikativer Handlungen. Diese Verben sind gleichzeitig Indikatoren der jeweiligen sprachlichen Handlung.

Verben des Bittens: *bitten, erbitten, erbeten, jmdn. anflehen, etw. erflehen, jmdn. anrufen$_2$, Bitte vortragen, Bitte äußern*; Verben des Aufforderns: *auffordern, aufrufen, appellieren, befehlen, anweisen, anordnen, Aufforderung richten an jmdn., Aufforderung aussprechen, Anordnung treffen*; Verben des Verbietens: *untersagen, verbieten, Verbot aussprechen.* Weit über diese Beispiele geht hinaus: ›Verben in Feldern. Valenzwörterbuch zur Syntax und Semantik deutscher Verben‹. Hrsg. von SCHUMACHER. 1986.

Der Feldbegriff ist also auf völlig unterschiedliche sprachliche Tatbestände anwendbar. Die Lexikologie nutzt ihn auch, um mit Hilfe der feldhaften Zusammenstellung des Wortmaterials Voraussetzungen für die Anwendung lexikologischer Ergebnisse im Fremdsprachenunterricht zu schaffen. Die Felder können helfen, Bedeutungsunterschiede und -identitäten zu erkennen, die Eignung lexikalischer Einheiten für bestimmte Aussageintentionen und das Zusammenwirken der Wortschatzelemente bei der Textgestaltung zu erfassen.

9. Die soziale Gliederung des Wortschatzes

9.1. Berufs- und Fachwortschätze

9.1.1. Die Gliederung der Fachwortschätze

Der Wortschatz als ein dynamisches, offenes System ist das Produkt vieler Generationen miteinander arbeitender, miteinander kommunizierender Menschen. Seine Schichtung ergibt sich aus den Funktionen und Bedingungen sprachlichen Handelns. In dieser Schichtung widerspiegeln sich Integration und Differenzierung der praktischen und theoretischen Tätigkeit. So sind auf der Grundlage solcher praktischen Bedingungen Typen sozialer Varianten der Sprache entstanden, deren Kern sozial determinierte Gruppenwortschätze als spezifische Ausprägungen der Literatursprache sind. Aus der Spezifik sozialer Gruppen erklärt sich die Herausbildung von Kooperations- und Gruppensprachen, insbesondere von Gruppenwortschätzen, die sich mit der fachlichen, beruflichen und wissenschaftlichen Arbeit entwickeln. Die soziale Schichtung des Wortschatzes ist durch die Art der gesellschaftlichen Beziehungen, durch die Stellung der Menschen im Prozeß der Produktion, durch ihre Beziehungen in den verschiedensten Gemeinschaften, von der Familie bis zu Institutionen des öffentlichen Lebens, durch die sozialen Verhältnisse in Gruppen mit gleichen Interessen oder gleichen Alters bestimmt.

Alle Gemeinschaften haben ihre kollektiven Normen des Zusammenlebens und damit auch der sprachlichen Kommunikation ausgebildet, nach denen sie Lexik bilden, aufnehmen, auswählen und meiden. Die Fülle sozialer Wortschatzvarianten läßt sich zunächst in zwei große Gruppen gliedern:

1. Varianten, die sich aus der Kommunikation im Beruf, im Fach oder in der Wissenschaft, in der Sphäre der Zusammenarbeit auf praktischem und theoretischem Gebiet des Berufslebens ergeben – Professionalismen im weitesten Sinne;
2. Varianten, die der Kommunikation in Gruppen unterschiedlichster Art dienen, von der Intimsphäre der Ehe, Familie, Freundschaft bis hin zu Altersgruppen, Freizeit-, Sport-, Spiel- und anderen Interessengruppen.

Jedes Individuum gehört im Laufe seines Lebens mehreren solcher Gemeinschaften an, besitzt in unterschiedlichem Maße fach- und sondersprachliche Kompetenz.

Die fachliche Spezialisierung führt zur Herausbildung von Wortschätzen, die der präzisen wissenschaftlichen Erfassung und Beschreibung der theoretischen Elemente und Prozesse in Berufen, Fächern und Wissenschaften dienen. Es entwickeln sich Terminologien als Bestandteile von Fach- und Berufssprachen, als Kern der Wissenschaftssprachen. Ihrer bedienen sich der Fachmann, der Wissenschaftler und Praktiker. In den beruflichen und wissenschaftlichen Einrichtungen bilden sich wiederum Varianten der wissenschaftlichen und beruflichen Kommunikation heraus – die Umgangssprache im Berufsleben. Sie enthält neben umgangssprachlichen phonetischen und grammatischen Elementen fachspezifische Lexik in Gestalt von Nomenklaturelementen, Termini, umgangssprachlichen Abwandlungen der Termini, laiensprachlichen Fachausdrücken oder Halb-/Quasitermini. Andererseits trägt sie auch Züge der regionalen Umgangssprache. Schließlich sind unter diesem Gesichtspunkt auch diejenigen lexikalischen Einheiten zu sehen, die die Produkte der materiellen Produktion benennen, wenn diese als Waren auf den Markt kommen. Sie erscheinen dann als Warennamen (vgl. S. 64/65) oder Trivialnamen und gehören zum Wortschatz der Verbraucher.

Allerdings kennt auch nur der Fachmann die Warennamen, unter denen Arzneimittel, technische Konsumgüter u. a. auf den Markt gelangen, wie z. B. die exakten Benennungen von Werkzeugen: *Elektrohandbohrer, -eckbohrer, -schlagbohrer, Bohrhämmer, Supportschleifer, Geradschleifer, Winkelschleifer, Balancer* ... Es ist vielfach versucht worden, die fachsprachliche Lexik nach verschiedenen Kriterien zu klassifizieren (vgl. SCHMIDT 1969, FILIPEC 1969, ›Allgemeine Sprachwissenschaft‹ Bd. 1, HOFFMANN 1976, 1984, 1990, FILIPEC 1975, DROZD/SEIBICKE 1973, REINHARDT 1979, WÜSTER 1979, FELBER 1979, WIESE 1984). FILIPEC ordnet:

Wortschatz: Sonderwortschatz :/: allgemeiner Wortschatz (Nicht-Termini)
Sonderwortschatz: Professionalismen :/: Termini (Terminoide)
Professionalismen: nichtschriftsprachliche :/: schriftsprachliche
Termini: eigentliche Termini :/: Quasitermini
eigentliche Termini: spezifische Termini :/: Termini mehrerer Wissenschaften
spezifische Termini: gnoseologischen Charakters, Fachausdrücke, Nomenklatur

Man kann bei einer so weiten Auffassung von Fachwortschatz die Gesamtheit lexikalischer Sprachmittel, die Fachleuten und Beteiligten in Wissenschaft und Technik sowie Nutzern der Güter zur Kommunikation über fachliche Probleme und zur Organisation des Arbeitsprozesses zur Verfügung stehen, diesem Begriff zuordnen.

ISCHREYT unterscheidet Fachsprache – Verkäufersprache – Werkstattsprache – wissenschaftliche Sprache.

SCHMIDT kommt zu folgender Einteilung:

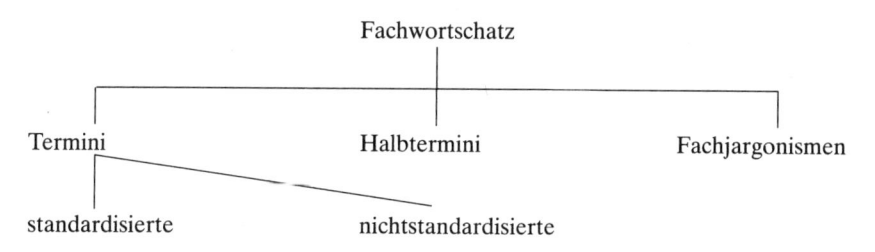

```
                        Fachwortschatz
          ┌─────────────────┼─────────────────┐
       Termini          Halbtermini      Fachjargonismen
          │
    ──────┴──────
standardisierte   nichtstandardisierte
```

Allerdings enthält seine Übersicht nicht alle der von FILIPEC berücksichtigten Fälle.
Unter dem dominierenden Aspekt der Sprachverwendung werden Fachsprachen als pragmatisch-funktionale Varietäten oder Subsysteme der Gemeinsprache charakterisiert, die durch ein Bündel von besonderen Merkmalen gekennzeichnet sind, zu denen das eines speziellen Werkzeugs zur Erzielung von Effektivität und Ausdrucksökonomie für die Kommunikation der in einem bestimmten Fachgebiet tätigen Menschen gehört. Bei dieser Kommunikation wird Fachwissen vorausgesetzt (GERBERT 1990, 34).

9.1.2. Terminologien und Fachwortschätze

9.1.2.1. Termini und Terminologien

Eine Terminologie – das System der Termini einer Wissenschafts- oder Fachsprache – stellt den Kern der Fachwortschätze dar. Termini machen den definierten, den festgelegten Teil fachsprachlicher Lexik aus, charakterisiert durch Eindeutigkeit, Bestimmtheit und Genauigkeit.

ACHMANOVA (1966) definiert Terminologien als die „Gesamtheit der Termini eines bestimmten Produktionszweiges, Tätigkeitsbereichs oder Wissenschaftsgebietes, die einen besonderen Sektor (eine besondere Schicht) der Lexik bilden, der sich am ehesten bewußt regulieren und ordnen läßt". Aufgrund dieser Spezifik stellen Termini einen Zeichentyp besonderer Art dar; denn sie sind nicht allmählich historisch gewachsen, gleichen sich in ihren Bedeutungen nicht dem Alltagswissen an, sondern werden per definitionem festgelegt.

In den 30er Jahren unseres Jahrhunderts entstand die Terminologiewissenschaft. Die wissenschaftlich fundierten Resultate dienen der terminologischen Grundsatznormung:

> Die Terminologienormung besteht grob gesehen aus der wissenschaftlichen Terminologiearbeit, den terminologischen Festlegungen (Terminologien, einzelnen Begriffszeichen mit Definitionen) und dem formalen Akt der Verkündigung dieser Festlegung als Norm. Die Terminologienormung dient der Rationalisierung, bei der es darum geht, auszuschalten, daß ein Begriff falsche Vorstellungen erweckt, daß mehrere Begriffszeichen einem Begriff oder mehrere Begriffe einem Begriffszeichen zugeordnet werden, daß ein falsch gebildetes oder im Laufe der Zeit falsch gewordenes Begriffszeichen in Umlauf gesetzt wird (FELBER 1990, 10f.)

Terminologienormung wird international betrieben, so daß auch hier Spezifika gegenüber der Entwicklung der Gemeinsprache gegeben sind. Vgl. dazu ›Empfehlung Standard Norm‹ 1990. Erhält ein gemeinsprachliches Wort den Charakter eines Terminus, so wird es terminologisiert.

Durch Entterminologisierung ordnet sich ein solches Lexem in das lexikalische System ein, wird wieder Element der Gemeinsprache mit der Tendenz zur Polysemie, zur Expressivität und zum Bedeutungswandel.

9.1.2.2. Merkmale der Terminologien

1) Termini sind im Rahmen einer Theorie begrifflich definierte Fachwörter. In ihre Bedeutung gehen jene Merkmale ein, die im Rahmen dieser Theorie als Wesensmerkmale des technischen und/oder wisenschaftlichen Objekts aufzufassen sind. So nähert sich der Inhalt eines Terminus dem höchsten Grad begrifflicher Abstraktion. Damit kann bei den Kommunikationsteilnehmern, die über eine gemeinsame Terminologie verfügen, ein Höchstmaß an begrifflicher Übereinstimmung erreicht werden.

2) Termini sind Elemente eines terminologischen Systems. Dieses terminologische System folgt der Systematik der Wissenschaft (des Faches) und läßt pragmatische Gesichtspunkte wie Wirkung, Verständlichkeit, Emotionalität zurücktreten. Der Terminus ist daher als Element aus einem terminologischen System abzuleiten und nur im Rahmen dieses Systems in seinem Wert bestimmbar (Wert = valeur). Die wesentlichsten Kriterien für einen Terminus sind Eindeutigkeit, Genauigkeit, Festlegung seines Werts in der Hierarchie der Terminologie, seines Platzes im terminologischen Ordnungssystem.

3) Die Definition eines Terminus erfolgt durch einen spezifischen Kontext, meist in Form einer Festsetzungsdefinition. Sie hat die Form eines Kopula-Satzes, in dem der Terminus Subjekt ist. Zum Beispiel: *Kette ist eine lineare Folge von sprachlichen Elementen oder linguistischen Kategorien.* Im Wörterbuch (›Kleines Wörterbuch sprachwissenschaftlicher Termini‹, S. 130 in diesem Fall) kann die Kopula wegfallen, denn Lemma und Definition sind drucktechnisch voneinander abgehoben.

4) Die Bedeutung eines Terminus kann sich spontan verändern. Neue Erkenntnisse, Verifizierung oder Falsifizierung von Hypothesen wirken sich auf terminologische Systeme und ihre Elemente aus. Daher tendieren auch Termini zu Homonymie und Polysemie und auch zur Synonymie, obwohl das eigentlich dem Streben nach Eindeutigkeit und dem Wesen terminologischer Arbeit widerspricht. Auch die Terminologie einer Wissenschaft ist im Spannungsfeld zwischen Anpassung an neue kommunikative und kognitive Bedürfnisse der jeweiligen Wissenschaft und dem Streben nach Stabilität terminologischer Bedeutungen zu sehen.

5) Termini zeigen die Tendenz zu stilistischer Neutralität, zur Vermeidung von Konnotationen, die den konnotativen Merkmalen /terminologisch/, /fachsprachlich/ entgegenstehen.

6) Naturwissenschaftliche und technische Terminologien unterscheiden sich in einigen wesentlichen Merkmalen von geisteswissenschaftlichen und philosophischen. Diese Unterschiede ergeben sich aus den Denotaten (als meist empirisch nicht nachweisbaren Objekten) und aus unterschiedlichen Kommunikationsabsichten und -zielen von Politik und Philosophie. Diese brauchen Öffentlichkeit. Es ist daher nicht selten, daß ein und dasselbe Formativ unterschiedliche, ja gegensätzliche Bedeutungen trägt. Viele der geisteswissenschaftlichen Termini sind als Homonyme zu betrachten; denn sie erfahren im Rahmen ihrer Systeme unterschiedliche Definitionen. Das fällt z. B. bei der Fülle von Definitionen von *Demokratie, Freiheit, Menschenrecht* auf (zu *Demokratie* vgl. BRAUN 1981, zu *Freiheit* SCHLUMBOHM 1978).

Hatten wir oben als Wesenszug der Termini Sachbezogenheit und stilistische Neutralität bestimmt, so gilt das für eine Reihe von geisteswissenschaftlichen Termini nur mit Einschränkungen. Ihre Nutzung in emotiver Argumentation führt zu emotionaler Aufladung, zu mehr oder weniger starkem Gefühlswert. So sind sie leichter der Emotionalisierung, aber auch der Entterminologisierung zugänglich. Sie können den Charakter eines Schlagwortes annehmen. Das zeigt sich z. B. auch bei dem im Untertitel von STRAUSS/HASS/HARRAS aufgeführten *Agitation*. Es besteht die Gefahr, daß sich solche Termini zu Worthülsen wandeln,
7) In Naturwissenschaften und Technik zeigen sich dagegen Internationalisierungstendenzen. Normung soll der Entterminologisierung entgegenwirken. Terminologienormung aber setzt Sachnormung voraus. „Sie wird deshalb meistens ‚nachgeholt‘, d. h., sie muß sich an bestehende technische und sprachliche Gegebenheiten anpassen. In diesem Fall hinkt die Terminologienormung der tatsächlichen Sprachentwicklung hinterher. Die Normung hat u. U. mit eingebürgerten Bezeichnungen zu kämpfen, die sich als sehr beharrlich erweisen, so der ‚Schraubenzieher‘ gegenüber dem ‚Schraubendreher‘ oder der ‚Kleber‘ gegenüber ‚Klebstoff‘" (LACHAUD 1990, 24f.)

9.1.2.3. Schichtung der Terminologien und Fachwortschätze

Im Jahrbuch 1978 des Instituts für deutsche Sprache „Fachsprachen und Gemeinsprache" werden drei „Schichten" der Fachsprachen genannt: fachinterne, interfachliche, fachexterne Kommunikation bilden die Grundlage der „Schichtung" der Fachsprachen. Hier werden zur fachinternen Schicht die Wissenschaftssprache (Theoriesprache, Terminologien) und die fachliche Umgangssprache (Werkstatt-, Betriebs-, Laborslang) gerechnet, als interfachlich zählt die Kommunikation zwischen den Fächern, während fachextern die Verbreitungssprache (Verteilersprache, Werbung, Verkauf) gebraucht wird.

Neben den genormten und durch Festsetzungsdefinitionen festgelegten Termini (vgl. 9.1.2.4.) bauen sich Fachsprachen aus Fachwörtern auf, die

– Termini übergreifender Wissenschaften sind, allgemeine wissenschaftliche Verfahren, Merkmale usw. benennen, wie *positiv, negativ, lokal, integrativ, integrieren, proportional, aktiv, Synthese, Funktion, Transformation*;
– zur Kommunikation in der jeweiligen Fachsprache notwendig sind, ohne daß ihre Bedeutung durch Festsetzungsdefinition festgelegt wäre. Es sind meist Fachwörter, die sich mit den Handlungen, Verfahren, Verhaltensweisen in der wissenschaftlichen Arbeit herausbilden und durch ihre ko-/kontextuale Einbettung nicht mißverstanden werden. Sie sind oft Bestandteile bestimmter Fachsprachen, wie z. B. *systematisieren, kategorisieren*. Hierzu zählen die Benennungen technischer Teile, Geräte, Werkzeuge, wie *Wärmeaustauscher, Membrane, Vergaser* usw.

Somit gehören zum terminologischen Bereich der Fachwortschätze Termini (in Form streng definierter Termini), systematische Nomenklaturen, Quasi- oder Halbtermini, Fachwörter übergreifenden Charakters, „Arbeitsbegriffe".

Den fachlichen und beruflichen Diskussionen dienen weiter die Fachjargonismen, fach- und berufsspezifische Alltagslexik. Die heutigen Fachsprachen haben ihre Wurzeln häufig in den alten Handwerker- und Standessprachen. Diese entwickelten sich mit der fortschreitenden Arbeitsteilung, die im Mittelalter oft professionelle von gelegentlichen Handwerkern schied. Ein Beispiel dafür bietet die Sprache der Jagd und der Jäger, die Weidmannssprache, die WILLKOMM 1986 beschrieben hat. Er macht auch deutlich, daß trotz der Herausbildung der modernen Fachsprache die alte Weidmannssprache weiterlebt, so, wie sie sich seit dem Hochmittelalter herausgebildet hat. Die Ausbildung der Weidmannssprache ging Hand in Hand mit der Entwicklung des Berufsjägertums. Im Hochmittelalter belief sich der Jägerwortschatz auf etwa 900 Lexeme, wobei etwa ein Viertel gemeinsprachlicher Herkunft war. „Ausgangs des Mittelalters, um die Wende vom 15. zum 16. Jahrhundert, bediente sich die Jägerei bereits einer vollentwickelten Standessprache" (WILLKOMM). „Die ersten schriftlichen Aufzeichnungen des deutschen jagdlichen Wortschatzes" entstammen der Feder des württembergischen Hofjagdsekretärs Johann Elias Meichßner und erschienen im Jahre 1538 unter dem Titel „Etliche zierliche und artliche Wörter deren man sich vff vnd zu denn weidwerck gebrucht / einem schreyber by Fürsten vnd herrn dienende hoflich vnd nutzlich zu wissen" (nach WILLKOMM, 13).

9.1.2.4. Quellen der Entstehung fachsprachlicher Lexik

1) Ein großer Teil der Fachwortschätze enthält gemeinsprachliches Wortgut, das durch Definition genormt und terminologisiert worden ist. Dabei besteht ein enger Zusammenhang zwischen Real- und Nominaldefinition.

2) Die Termini sind entweder motiviert oder unmotiviert. Motivierte Termini können metaphorische oder metonymische Übertragungen aus der Gemeinsprache sein, oder sie entstehen auf dem Wege der Wortbildung (vgl. DROZD/SEIBICKE 1973, REINHARDT 1971, HOFFMANN 1976). Als motiviert sind solche Termini zu betrachten, deren Bedeutung im Kern mit der ihrer gemeinsprachlichen Basis übereinstimmt, z. B. *Feld* in der Physik oder in der Sprachwissenschaft, in dessen Bedeutung das Merkmal der flächenhaften Ausdehnung gemeinsprachliche und terminologische Bedeutung verbindet. Gerade in solchen Fällen ist die Ermittlung der terminologischen Merkmale wichtig, um Mißverständnisse in der Fachkommunikation zu vermeiden. Vgl. dazu auch die terminologischen Bedeutungen von *Markt* (Wirtschaftswissenschaft), *Menge* (Mathematik), *Kraft*, *Arbeit* (Physik), *Feld*, *Kette* (Sprachwissenschaft) usw. Die Gefahr von Fehlinterpretationen der Bedeutungen besteht z. B. auch bei durch deutsche Benennungen motivierten grammatischen Termini wie *Tätigkeitswort, Dingwort, Eigenschaftswort, Verhältniswort*.

3) In die Fachwortschätze dringt immer mehr fremdes Wortgut ein. Dieser Prozeß läßt sich mit der verstärkten wissenschaftlichen Zusammenarbeit in Forschung und Wirtschaft erklären. Häufig handelt es sich dabei um Internationalismen, Neubildungen aus griechischen oder/und lateinischen Morphemen/Lexemen. Diese Be-

nennungsform finden wir auch in der Sprachwissenschaft: *Neologismus, Archaismus, Positiv, Komparativ, Distribution, Transformation.*
Traditionell nutzt die Medizin fremdes Wortgut. Das kann allerdings zur Folge haben, daß zahlreiche Synonyme gebildet werden. Sie sind u. a. im Sprachgebrauch der Patienten als Quasitermini geläufig: *Zuckerkrankheit, Gelbsucht.*
4) Die fachsprachliche Wortbildung führt zu Wortbildungskonstruktionen, die der fachsprachlichen Systematik Rechnung tragen. Es entstehen fachsprachliche Wortbildungsmodelle, oder Wortbildungsmodelle werden stärker und differenzierter für die Bildung von Fachwörtern genutzt. Das betrifft auch die Wortbildung des Verbs, die Bildung deverbaler Substantive (*-ung*-Derivate, Konversion), die Komposita-Bildung und die Kurzwortbildung. Hier muß die Bildung fachsprachlicher Verben nach in der Gemeinsprache relativ wenig genutzten Modellen genannt werden, wie Verb + Verb: *ziehschleifen, trennschleifen, preßschweißen, sandstrahlen* (vgl. REINHARDT 1979, 87ff.), Adj. + Verb: *kaltschweißen, stumpfschweißen, kaltpressen*; Konversion Verb ⇒ Nomen: *Streckwalzen, Spülbohren.* Die Fachsprache der Medizin baut ihren Wortschatz immens aus:

> Die Mehrdimensionalität und Komplexität medizinischer Sachverhalte macht unterschiedliche Gesichtspunkte der Klassifizierung notwendig und ermöglicht dadurch im Prozeß der sprachlichen Nomination die Bildung verschiedenartiger Benennungsstrukturen für den gleichen Sachverhalt (WIESE 1984, 37).

Dieser Benennungsbedarf führt zu neuen Wortbildungsmustern:
Der Kurzwortgebrauch nimmt zu. „Das Wörterbuch ‚Abkürzungen in der Medizin und ihren Randgebieten' von U. SPRANGER (Berlin 1980) verzeichnet 13 500 Abkürzungen" (WIESE, 40).

> Dies sei am Beispiel der Verwendung des Initialwortes ‚HKK' (= Herz-Kreislauf-Krankheit) in einem Aufsatz über ein Herz-Kreislauf-Programm verdeutlicht: Im ersten Satz des Textes wird das Initialwort eingeführt: Die Zunahme der Herz-Kreislauf-Erkrankungen (HKK) in den industrialisierten Staaten... Im Text werden folgende syntagmatische Einheiten mit ‚HKK' bzw. ‚HK' verwendet: Kranke mit HKK, Kontrollfälle von HKK, Früherkennung von HKK, ... HK-Leiden, HK-Gesunde, HK-gesund, HK-krank... (WIESE, 40f.).

WIESE weist in der gleichen Arbeit auch darauf hin, daß in der Fachsprache der Medizin die numerische Benennungsstruktur gewählt wird:

> Durch die numerische Benennungsstruktur wird die sprachlich realisierte Information allgemeiner und unanschaulicher. Andererseits ermöglicht sie unproblematisch die Benennung neu entdeckter Typen bzw. Subtypen, z. B. die Untergliederung des ‚Typs 2' in ‚Typ 2 A' und ‚Typ 2 B' (WIESE, 62).

Diese numerische Benennung ist über die Medizin hinaus auch in anderen Fachsprachen neuerdings weit verbreitet. Auch wir haben in 8.3.4. von ihr Gebrauch gemacht.
Über die Wortbildungsmodelle der Fachsprachen dringen auch fremdsprachige bevorzugte Mittel der Wortbildung stärker in die deutsche Sprache ein; denn gerade Fremdaffixe werden in den meisten Fachwortschätzen gebraucht. Dazu

gehören *neo-, ant(i)-, de-, hyper-, sub-, super-, e-, arch-, co(l, m, n)-* (vgl. ISCHREYT 1965, REINHARDT 1971, FLEISCHER 1983, WIESE 1984).

5) Das Motivationsprinzip wird in erster Linie gefordert, damit sich die Systematik der Wissenschaft oder des Faches auch in den Benennungen widerspiegelt. Das kann seinen Ausdruck in Nomenklaturen, streng genormten Fachausdrücken und Termini finden. Dem könnte die oft beobachtete Tatsache widersprechen, daß immer mehr Fachwörter mit Eigennamen gebildet werden.

Gegen diese Praxis werden Einwände formuliert: „Die Bedenken, die sich vom streng linguistischen wie pragmatischen Gesichtspunkt aus gegen den allzu häufigen Gebrauch der Eigennamen in der Benennungsbildung vorbringen lassen, resultieren vor allem aus der Erkenntnis, daß die gegenwärtige Tendenz der Internationalisierung bzw. Standardisierung der Terminologien lexikalische Mittel erfordert, die geeignet sind, die Potenzen der Sprache in der internationalen Kommunikation optimal zur Wirkung zu bringen" (G. NEUBERT 1980, 331). „Bildungen wie *Yagi-Antenne, Daniell-Element, Coolidge-Röhren* lösen insofern beim Hörer/Leser keinerlei Assoziationen zum Denotat aus, als das klassifizierende Kompositionsglied auf die Herkunft des betreffenden Objekts verweist, nicht aber auf begriffskonstituierende Merkmale [...]" (ebd., 332). Für die Terminologie der Elektronik hat der Verfasser nachgewiesen, daß drei Motivationstypen existieren, wenn Synonyme vorhanden sind: a) konkurrierende Formen, deren semantische und terminologische Leistung durch entsprechende Motivwahl verbürgt ist, indem Motivationsmerkmale ‚die wesentlichen Eigenschaften des Denotats widerspiegeln'... *Colpitts-Schaltung* :/: *kapazitive Dreipunktschaltung*; b) lexikalische Entsprechungen..., wo der pragmatische Wert des Lexems sinkt, weil entweder der Personenname beibehalten wird und die zusätzliche Substanz in der Regel nicht erkenntnisfördernd wirkt oder aber begriffskonstituierende Merkmale weitgehend fehlen: *Meißner-Schaltung*; c) sinnverwandte Lexeme, die im Hinblick auf die gewählte sprachliche Form das Wortverstehen nicht wesentlich fördern: *Paulsen-Sender* :/: *Paulsen-Generator*. Auch für die Rolle des Eigennamens in fachsprachlichen Benennungen kann die Medizin wieder zahlreiche Beispiele liefern. Vgl. dazu WIESE 1984.

9.1.3. Rückwirkung der Fachlexik auf die Gemeinsprache

1) In dem Maße, in dem eine Wissenschaft oder eine Berufsrichtung aus ihrem Wirkungsbereich in die Öffentlichkeit tritt, gesellschaftlich bedeutsam ist oder als bedeutsam erkannt wird, in dem Maße wirkt auch die Fachlexik über ihren ursprünglichen Anwendungsbereich hinaus. Einmal geschieht das durch Übernahme des Vokabulars durch den Laien, zum anderen aber entstehen zahlreiche Parallelbildungen für das gleiche Denotat. Oftmals ist die Aufnahme eines Fachwortes in die Gemeinsprache mit Entterminologisierung oder mit der Übertragung in andere Fachbereiche verbunden. So werden z. B. *Kettenreaktion, Störfall, Altlast* metaphorisch aus dem Bereich der Kernenergie auf politische und ugs. bereits auf alltägliche

Sachverhalte übertragen. Sie verlieren damit ihren terminologischen Charakter. Dagegen sind *GAU, Endlagerung, Zwischenlagerung* lexikographisch als Termini verzeichnet.

2) In der Alltagspraxis werden heutzutage viel mehr technische Konsumgüter verwendet. Das technische Vokabular dringt damit in die Gemeinsprache ein. So beherrschen große Kreise der Bevölkerung Fachwörter der Elektronik, den Wortschatz der Kraftfahrzeugtechnik usw. Es gibt Stufen des Übergangs aus Fachsprachen in die Gemeinsprache:

– Er erfolgt einmal als Übernahme einer Konstituente eines Kompositums oder einer Wortgruppe, z. B. *Schraubenzieher*.

– Durch Presse und Populärwissenschaft werden Fachwörter zwar in spezifischen Kontexten popularisiert, aber in der Alltagskommunikation sehr bald metaphorisch verwendet, z. B. *schalten* außerhalb der Technik als ‚reagieren', *Diagnose* als ‚Feststellung'.

In vielen Fällen ist ein Wort auch gleichzeitig „eigentlicher Terminus" und „Quasiterminus" (nach FILIPEC), nämlich dann, wenn er, einem bestimmten Fachgebiet entstammend, mit nicht mehr festumrissener Bedeutung auf andere Gebiete übertragen wird.

Historische Untersuchungen können wertvolle Aufschlüsse über die Wechselbeziehungen zwischen Fachlexik (Terminologien, Fachlexik i. e. S., Fachjargonismen, Werkstattsprache) und Gemeinsprache geben. So zeigen historisch angelegte Untersuchungen des Wortschatzes der Medizin, der Elektrotechnik, des Eisenbahnwesens und der baumwollverarbeitenden Industrie des 19. Jahrhunderts (LS 63/III 1980) sehr deutlich, daß fachsprachliche Lexik aus Denotats- und Lebensbereichen, die besonders eng mit dem Leben der Bevölkerung verbunden sind, viel schneller in die Gemeinsprache eindringen. So ist z. B. aus dem Spinnereiwesen (19. und 20. Jh.) kaum Wortmaterial in die Alltagssprache übernommen worden, ganz im Gegensatz zu Schneiderei, Eisenbahnwesen, Elektrotechnik und Landwirtschaft.

Weiterführende Literatur dazu geben an: HOFFMANN 1987, DROZD/SEIBICKE 1973.

– Aufschlußreich sind auch Übernahmen aus dem medizinischen Bereich. Existieren in der Fachsprache der Medizin Synonyme, so wird meist das deutsche Wort dem lateinischen Ausdruck oder der fachsprachlichen Wortbildung vorgezogen. So dringt aus der medizinischen Fachsprache eher *Blinddarmentzündung* als *Appendicitis acuta* ein. Eher wird dann noch die orthographisch angeglichene Form *Appendizitis* aufgenommen. Ähnliches gilt auch für *Gelbsucht*.

Anders verhält es sich dann, wenn die deutsche Benennung entweder negative Assoziationen auslöst oder die Krankheit mit einem Fremdwort in euphemistischer Funktion benannt wird: Statt von *Fettsucht* spricht man auch im Alltag von *Adipositas*, statt von *Krebs* von *Karzinom*, für *Tuberkulose* wird *Tbc* gesagt.

– Fachjargonismen, kommunikative Varianten, die zunächst in der beruflichen Arbeit verwendet werden, wie z. B. in der Medizin als Umgangssprache des medizinischen Personals: *OP, OP-Saal, OP-Dienst, eine Lunge, ein Magen* für eine Lungen- oder Magenoperation, werden so auch von Patienten und damit in der alltagssprachlichen Kommunikation verwendet. *fahren* in *eine Schicht fahren* als „stark frequentiertes Element" (vgl. SCHÖNFELD 1974, REIHER 1980) hat auch seinen Platz im Alltag gefunden.

9.2. Gruppenspezifische Wortschätze

Relativ stabile soziale Gruppen existieren als Familie, als Alters-, Freizeit-, Interessen- und Organisationsgruppen. Auch hier bilden sich durch gemeinsame Kommunikationsbedürfnisse, -aufgaben, -gegenstände und -situationen gruppenspezifische Wortschätze heraus. Das Spektrum solcher Gruppenwortschätze ist sehr breit. Es reicht von solchen mit einem festgelegten terminologischen Kern, wie er als Sonderwortschatz verschiedener Spiel- und Sportarten existiert, bis hin zu solchen sich schnell verändernden, sich um Originalität bemühenden Sprachformen der Jugendlichen und Minderjährigen. Dem noch in der ›Allgemeinen Sprachwissenschaft‹ (Bd. 1, 394ff.) beschriebenen „Deklassiertenjargon" (S. 400) oder der bei STEPANOVA/ČERNYŠEVA noch erwähnten Gaunersprache, dem „Rotwelsch", „Argot", ist in unserer Zeit weitgehend der soziale Nährboden genommen, so daß wir in diesen Fällen kaum mehr von einer sozialen Variante sprechen können. Anders steht es um die zahlreichen Gruppenwortschätze (hierfür wird auch „Gruppenjargon" verwendet) der Freizeitgruppen. Sie nehmen einen breiten Raum im gesellschaftlichen Leben ein. Das hängt mit kulturellen Freizeitbedürfnissen zusammen.

Solche Wortschätze bauen sich ähnlich den Fachwortschätzen und Handwerkersprachen aus einem terminologischen Kern, der gruppenspezifischen Ausdrucksweise (Fachjargonismen, Terminoide) und der gruppenspezifischen Umgangssprache auf. So gehören z. B. zum Wortschatz des Fußballsports die definitorisch festgelegten Termini als Bestandteile der Spielregeln. Dazu gehören *Halbzeit, Tor, Torlinie, Abseits, Strafraum, Linienrichter*, Fachjargonismen wie *stoppen, foulen, Stürmer*, aber auch umgangssprachliche und saloppe Lexik, wie sie von Fußballanhängern verwendet wird. Das hier Gesagte gilt für Sport- und Spiellexik insgesamt. So sind die Benennungen der Figuren des Schachspiels *Bauer, Springer, Turm, Läufer, Dame, König* festgelegt, die Karten der Kartenspiele haben ebenfalls ihre Namen *Bube, Dame, König, As* oder *Daus* wie auch bestimmte Spiele. Hier wird auch fremdes Wortgut verwendet: *Grand, Null overt* oder deutsch *Hand, Null*. Für die bei Sportspielen oft der Sphäre des Saloppen, Gesenkten angehörende Sprachform wird auch der Terminus S l a n g verwendet.

Slang könnte man als eine gruppenspezifisch saloppe Ausdrucksweise bezeichnen, die vor allem durch ihren expressiven Wortschatz und ihre gewollt burschikose, legere bis ins derbe reichende Wortwahl gekennzeichnet ist. „Slang – Der gruppenspezifische, burschikose, über-expressive und zugleich unterkühlte Wortschatz großstädtischer Jugend, in dem die Bereiche Geld, Mädchen, Sexualität, Musik, Polizei, Angst, Drogen und Tod besondere Metaphorik zeigen" (LEWANDOWSKI nach LEISI 1973). Der jugendspezifische Wortschatz enthält insofern Wesenszüge des Slang, als auch er bewußt unterkühlt, bewußt originell und expressiv Jugendliche von Erwachsenen abheben soll. Er ist stark veränderlich; denn die Originalität geht bald verloren. Er nimmt Wortgut unterschiedlicher Art auf. Einmal werden gemeinsprachliche Wörter umgedeutet und gegebenenfalls attribuiert: *steiler Hirsch* für ‚Motorrad', zum anderen aber – und das kennzeichnet gegenwärtige Tendenzen des Ausbaus des Wortschatzes Jugendlicher – werden Satzmuster, Stereotype für immer neue lexikalische Füllung genutzt, z. B. *Ich denk...*, das oft mit unsinnigen Wendungen ausgefüllt wird: *Ich denk, mein Hamster bohnert, mein Sparschwein quiekt, mich tritt ein Pferd, mich streift ein Bus.* In einem „Kleinen Wörterbuch der Jugendsprache" hat M. HEINEMANN (1990) Wörter und Wendungen der Jugendsprache nach onomasiologischen Gesichtspunkten zusammengestellt (vgl. BENNEKE 1983, M. HEINEMANN 1989, 1990).[39]

Auch Gruppenwortschätze stehen in enger Wechselbeziehung zu Berufs- und Fachwortschätzen. Wenn einerseits in Betrieben Alters- und Interessengruppen ihren Wortschatz verwenden, dringt andererseits Berufs- und Fachlexik in Freizeitgruppen ein. Das ergibt sich vor allem auch daraus, daß Bürger verschiedenen sozialen Gruppen zur gleichen Zeit angehören: sie sind Familienmitglieder, gehören zu beruflichen Kommunikationsgemeinschaften, können unterschiedlichen Freizeitgruppen beitreten. Der Wortschatz der Studenten, Schüler und Soldaten wird auch nach der Schul-, Studien- oder Dienstzeit weiter gebraucht. So dringt *beim Bund, bei der Fahne sein* auch in die Alltagsrede ein.

Sonderwortschätze gehen ineinander über und stehen in steter Wechselbeziehung mit der Gemeinsprache. Das kann am historischen Beispiel belegt werden. Viele der im ›Studenten-Lexicon‹ von C. W. KINDLEBEN (1781) verzeichneten Wörter sind längst in den allgemeinen Wortschatz übergegangen. KINDLEBEN schrieb im Vorwort: „Man wird übrigens in diesem Lexicon nicht blos die besondern Redensarten der Studenten einer einzelnen Universität antreffen; ich habe deren vielmehr durch mündliche Unterredung und Korrespondenz von verschiedenen z. B. von Göttingen, Jena, Frankfurt an der Oder gesammelt, und auch manche jetzt schon wieder veraltete Ausdrücke hinzugefügt, die zu der Zeit, da ich selbst ein akademischer Jüngling war, unter meinen damaligen Mitbrüdern im Schwange gingen" (S. 13). Selbst wenn man in Betracht zieht, daß viele der hier als Sonderwortschatz der Studenten angeführten Wörter schon zur damaligen Zeit nicht auf die studentische Kommunikation begrenzt waren, bleibt doch noch ein großer Teil des Wortgutes, das aus dem Sonderwortschatz in die Gemeinsprache überging: *Archiv, bärbeißig, Balg, balgen, baumstark, ein baumstarker Kerl, belegen, einen Bock machen, Bursche* (‚Student'). Vgl. dazu vor allem HENNE 1986,

---

[39] Im Vorwort des ›Kleinen Wörterbuchs der Jugendsprache‹ geht M. HEINEMANN auf die Herkunft jugendspezifischen Wortgutes ein. Sie nennt Umdeutungen (*Zahn* = ‚Mädchen'), Bedeutungserweiterungen (*Asche* = ‚Geld', ‚Ärger'), Bildung von Formeln und Phraseoschablonen *(Ich denk...)*, Übernahme von Fachwörtern, Regionalismen (*fetzt, poppt* aus Berlin), Archaismen und Fremdwörtern. M. HEINEMANN fügt ihrem Wörterbuch eine Auswahl jugendspezifischer Texte an.

HENNE/OBJARTEL/KÄMPER-JENSEN 1984, HENNE/OBJARTEL 1984, M. HEINEMANN 1990.

Sollen Funktionen der Sonderlexik genannt werden, so ist neben der, Medium der Gruppenkommunikation mit ihrer Spezifik zu sein, die Verwendung als Stilmittel im gemeinsprachlichen Kontext zu nennen.

Fachlexik kann ebenso wie die Lexik der Gruppensprachen im belletristischen Text zur Skizzierung des Sprachporträts genutzt werden. Solche Wörter sind dann Indikator für die berufliche Tätigkeit, die soziale Stellung oder die Zugehörigkeit literarischer Gestalten zu sozialen Gruppen. Sie dienen der Charakterisierung literarischer Figuren und der Standortmarkierung des Autors. M. WANDER nutzt diese Lexik in ›Guten Morgen, du Schöne‹. Familiäres Wortgut ist Indikator für die starke familiäre Bindung einer Interviewten: „Das verbindet mich sehr mit meinem *Vati*, [...] Was mich noch mit *Vati* verbindet, ist das Zeichnen [...] Mit *Mutti* wars manchmal ein bißchen schwierig, wenn sie kaputt nach Hause gekommen ist" (M. WANDER, S. 43). Oder eine andere: "Ich seh doch, was *Mammi* für ein Leben führt [...] und wenn *Papa* kommt, ist sie so klein" (S. 73). Wortschatz der Jugendsprache ist im Porträt einer Jugendlichen eingesetzt: „Die Zeit in der *Clique* war eigentlich *schau*." (S. 65)

10. Veränderungen im deutschen Wortschatz

10.1. Ursachen und Triebkräfte der Veränderungen im Wortschatz

> Verbreitet werden neue Wörter namentlich durch die Jugend und durch die Ungebildeten, die keine Spracherfahrung haben, die nicht wissen, ob ein Wort alt oder neu, gebräuchlich oder ungebräuchlich ist; dann werden sie oft zu *Modewörtern* [...] Im folgenden sollen einige Wörter zusammengestellt werden, die entweder überhaupt oder doch in der Bedeutung, in der sie jetzt fast ausschließlich angewandt werden, unzweifelhaft Modewörter sind. Die meisten davon stehen jetzt in vollster Blüte; einige haben zwar schon ihre Blütezeit hinter sich, sollen aber doch nicht übergangen werden, weil sie am besten zeigen können, wie schnell dergleichen veraltet. *Darbietung, Ehrung, Prozent* oder *Prozentsatz* für *Teil* [...] Man sagt nicht mehr: über die *Hälfte* aller Arbeiter, sondern: über *fünfzig Prozent* aller Arbeiter [...] *Rückschluß, Rückschlag, Rückwirkung* [...] *Unstimmigkeit.* Törichte Neubildung für *Widerspruch, Meinungsverschiedenheit, Mißhelligkeit, ... Verfehlung.* Mattherzig bemäntelndes Wort für *Verbrechen, Vergehen* ... Aufs unsinnigste mißbrauchtes Wort [...] (›Allerhand Sprachdummheiten‹ [5]1911).

Wörter, die R. WUSTMANN noch 1911 als Modewörter mißbilligte, sind längst heimisch geworden. Weder sie noch *belanglos, eigenartig, einwandfrei, erheblich, froh* in Zusammensetzungen wie *farbenfroh, großzügig, hochgradig, jugendlich, minderwertig, offensichtlich, schneidig, selbstlos, tiefgründig, uferlos,* die R. WUSTMANN aus der 4. Auflage der ›Sprachdummheiten‹ von G. WUSTMANN übernahm, empfinden wir als veraltet oder unpassend. Hätte sie WUSTMANN nicht abgelehnt, mißbilligt – wir wüßten heute nicht, daß sie noch vor 80 Jahren als neu empfunden und umstritten waren.

Wir verdanken aber „dem WUSTMANN", wie man die ›Kleine deutsche Grammatik des Zweifelhaften, des Falschen und des Häßlichen‹ gewöhnlich nennt, auch Einsichten in die Gründe dieser Neuerungen im deutschen Wortschatz der ersten Jahre unseres Jahrhunderts. Und wir können uns fragen, warum diese Wörter trotz der Ankündigung ihres Verschwindens weiter zum Wortschatz unserer Sprache gehören, warum sie von seiner Peripherie ins Zentrum rückten. WUSTMANN erklärte damals, daß diese von ihm mißbilligten Neubildungen durch die Jugend und Ungebildete verbreitet werden. Damit sind sie für ihn nicht akzeptabel, er sieht in ihnen Normverstöße derer, die die Norm nicht kennen. Dennoch spricht er eine Wahrheit aus: Neuerungen beginnen mit Verstößen gegen Bestehendes, gegen Normen, gegen übliche Verwendungsregeln. Sollen Ursachen des Wandels im Wortschatz ergründet werden, so ist danach zu fragen, warum Neuerungen zu Veränderungen im Wortschatz führen und führen können. Zuvor aber muß geklärt werden, weshalb überhaupt Innovationen erfolgen.

Einige nennt WUSTMANN, auch wenn er sie tadelt: Ein neues Wort ersetzt als Euphemismus, als aufwertende Bildung, andere, wie *Verfehlung* für *Verbrechen*, als Verdeutschung eines Fremdwortes: *eigenartig* für *originell*. Spreizwörter sind für WUSTMANN *einschätzen, werten, bewerten*. Er lehnt metaphorische Übertragungen ab und zeigt, daß *hoch-* eine so starke Verallgemeinerung ausdrückt, daß es zur semantischen Steigerung von *fein, elegant*... verwendet werden kann. Viele Wörter sind für ihn Modewörter, weil sie in Sonderwortschätzen neu eingeführt werden: „In der Sprache der Geschäftsleute, der Zeitungs-schreiber, wohin man blickt: Mode, nichts als Mode" (S. 389f.). Als Elemente von Sonderwortschätzen nennt er Hyponyme von *Sorte: Qualität, Marke, Genre*; aus der Publizistik stammen *Verfolgung aufnehmen, wohlverdienter Ruhestand, auf xjährige Tätigkeit zurückblicken* u. a. Diese Beispiele zeigen, daß WUSTMANN sehr wohl Ursachen von Neuerungen erkannt hat, daß er jedoch bei der Bewertung der Prozesse das Wesen der Sprache und der sprachlichen Kommunikation völlig verkennt.

Welche Veränderungen vollziehen sich im Wortschatz?

- Neue Wörter werden gebildet. Sie füllen entweder Lücken im Wortschatz aus oder verdrängen andere Wörter. Neologismen werden aufgenommen, werden zu Wortschatzelementen oder verschwinden bald wieder aus dem Sprachgebrauch.
- Wörter rücken an die Peripherie des Wortschatzes, veralten und sterben aus, d. h. sind den Angehörigen der Sprachgemeinschaft nicht mehr bekannt. Als Archaismen und Historismen leben sie jedoch noch im lebendigen Sprachgebrauch, werden als alt empfunden und genutzt.
- Wörter werden aus anderen Sprachen entlehnt. Sie passen sich der deutschen Sprache an oder behalten die Merkmale ihrer Herkunftssprachen. Fremdwörter können auch durch deutsche ersetzt werden, sie werden eingedeutscht.
- Wörter verändern ihre Gebrauchssphäre. Mit dem Übergang in einen anderen Wortschatzbereich, eine andere Varietät der Sprache, ändert sich der Stellenwert eines Wortes im Sprachsystem.
- So erscheinen Wörter in neuen Kontexten, neuen Distributionen. Ihre Bedeutungen verändern sich mit Veränderungen des Gebrauchs. Sprachliche Normen sind nicht stabil. Den Wert von Veränderungen kann man nicht am Gegebenen messen. Aber es gibt Modewörter, „Wortmeteore". Sie haben dann Aussicht, sich im lexikalischen System zu verfestigen, wenn die Sprachgemeinschaft sie aufnimmt.

Letztlich sind Veränderungen im Wortschatz durch das sprachlich-kommunikative Handeln bestimmt, durch kommunikative und kognitive Bedürfnisse. Entfaltung und Reduktion, Strukturveränderungen und Bedeutungswandel, die Aufnahme fremden Wortgutes und seine Bewertung, die Wechselbeziehungen zwischen den Existenzformen ergeben sich aus den kommunikativen Beziehungen der Menschen im praktischen Leben, im Beruf, in der Freizeit. Als Medium der Kommunikation, der Benennung und, damit verbunden, der Verallgemeinerung und Bewertung, muß der Wortschatz ständig neuen kommunikativen und kognitiven Aufgaben angepaßt werden. Mehr als jede andere Komponente unterliegt die Lexik Wandlungsprozessen. Dabei setzen sich Neuerungstendenzen gegenüber Beharrungstendenzen, systemfremde gegenüber systemstabilisierenden durch. Innere Widersprüche, begründet im Wesen der Sprache, wirken als Triebkräfte von Sprachveränderungen, Sprachwandel. Solche Veränderungen können sich – wie die Beispiele zeigen – trotz sprachpflegerischer Bemühungen durchsetzen. Sie sind kommunikativ notwendig und werden vom Einzelnen oft nicht bemerkt. KELLER hat das mit dem Bild der „Trampelpfade" zu erklären versucht.[40] Schon HUMBOLDT schrieb:

> Man kann den Wortvorrat einer Sprache auf keine Weise als eine fertig daliegende Masse ansehen. Er ist, auch ohne ausschließlich der beständigen Bildung neuer Wörter und Wortformen zu gedenken, solange die Sprache im Munde des Volkes lebt, ein fortgehendes Erzeugnis und Wiedererzeugnis wortbildenden Vermögens, zuerst in dem Stamme, dem die Sprache ihre Form verdankt, dann in der kindlichen Erlernung des Sprechens und endlich im täglichen Gebrauch der Rede. Die unfehlbare Gegenwart des jedesmal notwendigen Wortes in dieser ist gewiß nicht bloß Werk des Gedächtnisses. Kein menschliches Gedächtnis reicht dazu hin, wenn nicht die Seele instinktartig zugleich den Schlüssel zur Bildung der Wörter selbst in sich trüge (›Über die Verschiedenheit des menschlichen Sprachbaues und ihren Einfluß auf die geistige Entwicklung des Menschengeschlechts‹).

HUMBOLDT erkannte sehr wohl die innere Dialektik sprachlicher Entwicklung, die innere Einheit der Gegensätze. „Polaritäten" sind das Ensemble sprachspezifischer Widersprüche, die NEUBERT in Anlehnung an „Russkij jazyk i sovetskoe obščestvo" als Antinomien bezeichnet (vgl. NEUBERT 1973, 193ff.). Solche Widersprüche, die zu Veränderungen im Wortschatz führen können, sind der Widerspruch zwischen den sich stets verändernden kommunikativen Bedürfnissen sozialer Gruppen oder ganzer Sprachgemeinschaften und dem vorhandenen lexikalischen Material; zwischen Usus und Erneuerungsbedürfnissen, Stabilität und Variabilität; zwischen der Dynamik des praktischen Lebens und der Notwendigkeit, in jedem Augenblick ein intaktes Verständigungsmittel zu besitzen, entstehende Benennungslücken rasch zu schließen; zwischen rationalen und emotionalen Anlässen sprachlichen Handelns.

---

[40] Diese Metapher besagt: „Individuen handeln unter bestimmten (gesellschaftlichen, sprachlichen, materiellen, sozialen, politischen etc.) Rahmenbedingungen, die die Ökologie des Handelns darstellen. Ihr Handeln, das intentional auf die Erreichung bestimmter Ziele gerichtet ist, weist eine gewisse Gleichförmigkeit auf; d. h. die Individuen handeln nach gewissen Handlungsmaximen. Eine Handlungsmaxime ist eine Funktion, die Mengen ökologischer Bedingungen in Handlungsräumen abbildet. Gewisse gleichförmige Aspekte individueller intentionaler Handlungen kumulieren im sogenannten Invisiblehand-Prozeß und bringen als kausale Konsequenz die zu erklärende Struktur hervor" (KELLER 1991, 131). Ein Trampelpfad entsteht, wenn viele Menschen über den Rasen einem Ziel zustreben. Bedeutungswandel wird nicht beabsichtigt, sondern ist das Resultat von Sprachverwendung unter bestimmten Rahmenbedingungen. Maximen, die sprachverändernd wirken, sind z. B.: Wer Aufmerksamkeit erwecken will, muß Ausgefallenes tun; wer verstanden werden will, muß sich anpassen. Wer beides will, muß Kompromisse schließen. Kommunikative Ziele, die dynamisierende Folgen zeitigen, sind etwa: Distanz signalisieren wollen, sich abgrenzen wollen, imponieren, höflich sein wollen, witzig sein wollen... (so KELLER 1984, S. 1–28).

Stabilität und Variabilität bedingen einander. Die Richtungen der Veränderungen ergeben sich aus dem polaren Verhältnis von kommunikativer Anforderung und sprachlicher Norm, von relativer Dynamik des Geistigen und relativer Stabilität der Formative und Strukturen. So zeigen auch die Wandlungen des Wortschatzes einander widersprechende Tendenzen, wie die Tendenz zur Sprachökonomie und zu verdeutlichender Ausführlichkeit, wie sie sich z. B. in der Zunahme der Konstituenten der Determinativkomposita einerseits und der Tendenz zur Kurzwortbildung andererseits ausdrücken (*Arbeitsbeschaffungsmaßnahmen* – *ABM*, *Kommunale Wohnungsbaugesellschaft* – KOWO); die Tendenz zu größerer Toleranz und stärkerer Verbindlichkeit, wie sie sich in der Wechselbeziehung von Terminologisierung und Entterminologisierung (Determinologisierung), in der Polarität von Synonymie und Polysemie zeigt; die Tendenzen zur Aufnahmebereitschaft für Fremdes und die Betonung des Systemeigenen, wie sie einerseits im starken Einfluß der Internationalismen und andererseits in der Zunahme von Lehnübersetzungen und Bedeutungsentlehnungen sichtbar werden. Wandel ist Wesenszug jeder Sprache. Richtungen und Tendenzen sind für jede einzelne Sprache zu bestimmen. Sie hängen von den Lebensverhältnissen der Völker, Sprach- und Kommunikationsgemeinschaften ab. Daher ist auch nach der Spezifik der Veränderungen zu fragen, die die deutsche Sprache der Gegenwart erfährt.

Nach dem zweiten Weltkrieg, als Staatssprache in den beiden deutschen Staaten, zeigte sie, begründet durch unterschiedliche Entwicklungen, Differenzierungen im Gebrauch, in stilistischen Regularitäten und vor allem im Wortschatz. Seit der Wiedervereinigung erleben wir Ausgleichstendenzen vor allem im lexikalischen Bestand. BELLMANN (1991) hat am „Paradigma" der „Beitrittsterminologie" gezeigt, daß allein die Wiedervereinigung eine Reihe konkurrierender Ausdrücke für dieses Ereignis mit sich brachte: *Beitritt, Einigungsprozeß, Vereinigung, Anschluß, Zusammenschluß*... (S. 21ff.). Wenn wir uns im weiteren auf den Wortschatz der deutschen Sprache der Gegenwart beziehen, so erfassen wir in erster Linie Wandlungsprozesse des Wortschatzes in Deutschland (zu Veränderungen der Lexik in Österreich und in der Schweiz vgl. 2.2., 2.3.). Veränderungen der Fachwortschätze wurden bereits in 7. dargestellt.

10.2. Neologismen und Archaismen

10.2.1. Neologismen

Als Neologismen werden gewöhnlich Neubildungen (nach Wortbildungsmodellen gebildeter Wörter) und Wortschöpfungen (erstmalige Verbindungen von Formativen und Bedeutungen – Entstehung neuer Morpheme) bezeichnet. Da man mit *neo-* (neu) eine kategoriale Einordnung von sprachlichen Zeichen nach der Entstehungszeit vornimmt, ergeben sich eine Reihe von Fragen bei der Zuordnung eines Wortes zu den Neologismen:

– Ist jede Neubildung ein Neologismus? Gehört die okkasionelle Wortbildungskonstruktion eines Dichters z. B. zu den Neologismen?
– Wielange bleibt ein Wort ein Neologismus? Die relative Bedeutung von *neu* erschwert die Beantwortung dieser Frage.
– Gehören zu den Neologismen auch neue Bedeutungen, neue Sememe eines Lexems?
– Sollte man auch Lehnübersetzungen und Bedeutungsentlehnungen dieser Kategorie zuordnen?

Auf jede dieser Fragen gibt es unterschiedliche Antworten. Ich betrachte Neologismen als Lexeme, deren Entstehungszeit bekannt ist und die zu eben dieser Zeit von der Mehrzahl der Menschen einer Sprachgemeinschaft aufgenommen, aber noch als neu empfunden werden. Mit Recht bemerkt KLARE, daß ein Neologismus, wenn er erst einmal usuell wird, eigentlich schon kein Neologismus mehr ist. Eine Neutralisierung dieser Relativität ist dann möglich, wenn die Entstehungszeit angegeben werden kann: Neologismen des Jahres 1789, der ersten Nachkriegsjahre 1945–49, Neologismen des Jahres 1989. DOU XUEFU (1989) führt z. B. als in den sechziger und siebziger Jahren entstandene Neologismen *abschminken, Banker, Chauvinismus, Datenschutz, Entsorgung, Geisterfahrer, Hochleistungssport, Intercity-Verkehr, Konsumgesellschaft, verunsichern, Wegwerfgesellschaft* u. a. an (S. 43).[41]

Da es sich um eine sprachwissenschaftliche Kategorie handelt, die auf das gesellschaftliche System Sprache bezogen ist, sollten Einmalbildungen, okkasionelle Einheiten nicht zu den Neologismen gezählt werden, es sei denn, sie gehen in den allgemeinen Sprachgebrauch ein. Auch DOU XUEFU zählt „relativ hohe Häufigkeit" zu den Merkmalen eines Neologismus (vgl. S. 50). Ich betrachte nur solche Innovationen als Neologismen, die aus der Sphäre des Individuellen hinaustreten, d. h. von Gruppen oder ganzen Sprachgemeinschaften aufgenommen worden sind. Neologismen können sehr bald in den Wortschatz integriert werden, so daß sie schon nach kurzer Zeit nicht mehr als neu empfunden werden. Dieser Prozeß kann vollendet sein, bevor das betreffende Wort lexikographisch erfaßt ist.

Seit der Wiedervereinigung Deutschlands erleben wir, daß Wörter, die als Neologismen in den vergangenen 40 Jahren in der DDR entstanden, heute wieder mit den Sachverhalten, die sie benannten, aus dem Sprachgebrauch verschwinden. Das können Benennungen aus dem gesellschaftichen Leben sein, wie *Kinderkombination* (Kindergarten und Kinderkrippe in einem Gebäude), *Mütterjahr, Gemeindeverband, Patenbetrieb, Patenklasse*. Daß in der DDR zahlreiche Neologismen entstanden, belegt auch das Vorhandensein mehrerer Wörterbücher der Neologismen der DDR, so das von KINNE/STRUBE-EDELMANN: ›Kleines Wörterbuch des DDR-Wortschatzes‹ 1980.

Schwieriger ist die Frage zu beantworten, ob auch Neosemantismen und Neuformative zur Kategorie der Neologismen zu rechnen sind. Die Befürworter einer

---

[41] Zur Problemlage bei der lexikographischen Erfassung der Neologismen schreibt DOU XUEFU. Er bereitet ein deutsch-chinesisches Neologismenwörterbuch vor, das 7000 bis 8000 Stichwörter enthalten soll.

solchen weiten Begriffsbestimmung begründen ihre Auffassung damit, daß sowohl neue Bedeutungen als auch neue Formative für bereits benannte Denotate neue Zeichen begründen können:

> Wir gehen davon aus, daß der Neologismus – wie eine jede andere lexikalische Einheit – ein bilaterales Zeichen darstellt. Von den übrigen Wortschatzeinheiten unterscheidet sich der Neologismus dadurch, daß entweder die Form oder der Inhalt oder auch beides von der Mehrheit der Angehörigen einer Kommunikationsgemeinschaft über eine bestimmte Zeit hinweg als neu empfunden werden. Der Neuheitswert einer Wortschatzeinheit kann sich also auf das gesamte Zeichen oder auch nur auf eine seiner Seiten beziehen (HELLER u. a. 1988, 7f.).

Entsprechend dieser Auffassung unterscheiden die Autoren der Arbeit ›Theoretische und praktische Probleme der Neologismuslexikographie‹ Neulexeme (Neubildungen), Neuformative (Neubezeichnungen) und Neusememe (Neubedeutungen) (vgl. S. 8). Sie stützen sich dabei auf Ergebnisse der sowjetischen Linguistik. Noch weiter faßt DOU XUEFU den Begriff des Neologismus; denn er bezieht Neuentlehnungen mit ein: „Die neuentlehnten Wörter bilden einen wichtigen Bestandteil der Neologismen und fallen allgemein auf. Nach meiner Gliederung sind die Wörter, die nach 1945 aus fremden Sprachen neu entlehnt oder mit entlehnten Bestandteilen neu gebildet worden sind, Neuentlehnungen" (S. 53). Weiter klassifiziert er Neologismen aus heimischem Wortmaterial in neue Ableitungen, Abkürzungen und Kurzwörter, Neuprägungen und Neosemantismen.

Dieser weite Neologismus-Begriff ist mit einer Reihe von Problemen verbunden. Es müßte, wollte man von Neosemantismen sprechen, festzustellen sein, wann sich eine Bedeutungsvariante zu einer neuen Bedeutung wandelt. Das setzt m. E. einen statischen Bedeutungsbegriff voraus und widerspricht unserer Auffassung von der Dynamik der Wortbedeutungen. Handelt es sich z. B., wenn 1989 *Runde Tische* für sich zusammenschließende Personen gebraucht wurde, also eine metonymische Bezeichnungsübertragung stattfand, um einen Neosemantismus oder um eine Bedeutungserweiterung, die auf der Offenheit und Dynamik semantischer Strukturen beruht? Die Annahme von Neosemantismen berücksichtigt zu wenig die Beweglichkeit der Wortbedeutungen und birgt die Gefahr einer statischen Zeichenauffassung in sich. Andererseits entstehen neue Benennungseinheiten durch die bewußte Zuordnung einer neuen Bedeutung zu einem Formativ. Das betrifft z. B. Wörter der Sonderwortschätze und Fachsprachen, wie in der Sprache der Jungendlichen *ehrlich* als nachdrückliche Bestätigung eines Sachverhaltes, *Clique* ‚Freizeitgruppe', *Kunde* negativ bewertete Person. Hier erscheint ‚Neosemantismus' als angebracht.

Aus anderen Gründen halte ich auch die Annahme von Neuformativen für nicht gerechtfertigt. Als Beispiel wird *Raumpflegerin* statt *Reinemachefrau* angeführt (S. 8). Hier handelt es sich um eine Neubildung, denn ein neues Wort ist nach den Regeln der deutschen Wortbildung entstanden. Dieses Wort ist nicht nur „in der Form" neu, sondern es erfolgt generell eine neue Formativ-Bedeutungs-Zuordnung. Das betrifft jede Wortbildung, so daß eine Kategorie „Neuformativ" irreführend ist. Allenfalls könnte man bei der Bildung von Kurzwörtern als Parallelform und fakultative Variante von „Neuformativen" sprechen, wie bei *LKW* zu *Lastkraftwagen*, *Intercity* zu *Intercity-Zug*.

Entgegen diesem Vorschlag beschränke ich den Begriff der Neologismen auf Neubildungen, Neuwörter aus einheimischen und/oder fremden Morphemen und Wörtern. Neosemantismen werden dann als Neuwörter betrachtet, wenn es sich um eine bewußte Neuzuordnung von Formativ und Bedeutung handelt, durch die eine neue lexikalische Einheit entsteht. Die Herausbildung neuer Sememe betrachte ich als einen Fall des Bedeutungswandels, der sich unter Umständen als ein langwieriger Prozeß darstellt. Die Ursachen der Bildung von Neologismen liegen im gesellschaftlichen Bedarf an neuen Benennungen, die als E r s t b e n e n n u n g e n für neue Objekte gebraucht werden, als Z w e i t b e n e n n u n g e n, die als pragmatisch günstigere Einheit gewählt (gebildet) werden. Sie lassen sich im einzelnen mit Beispielen belegen. Neuerungen aus Wissenschaft und Technik mußten benannt werden: *Kompakt-* tritt als erste Konstituente von Komposita in zahlreichen Verbindungen auf: *Kompaktbauweise, -anlage, -baugruppe, -kamera, -kassette*. Die Werbung führt Neologismen zur Benennung der Produkte ein: *Tintenkiller, Kuko-Reis* (Kurzkochreis), *Top* wird als erste Konstituente übernommen: *Top-Preis, Top-Angebot, -Fahrzeug, -Kamera, -Kassette*. Diese Beispiele verzeichnet bereits das DUDEN-Bedeutungswörterbuch.

W. MÜLLER spricht hier von A f f i x o i d e n, die allerdings noch nicht oder nur ansatzweise in Wörterbüchern verzeichnet seien. In allen Bereichen des Lebens entstanden Neologismen, so im onomasiologischen Bereich „Umwelt" *Öko-, Ökoladen, Ökopackung, Umweltauto, Ozonloch, Mülltourismus*, im Militärwesen *Kurzstreckenrakete, Mittelstreckenrakete, Salt-Abkommen, Nachrüstung*, in der Politik *Fundamentalisten, Neuländer, Altländer (der BRD)*, in der Alltagssprache nach der Wiedervereinigung *Ossi, Wessi*, im Sozialbereich *Azubi, Wirtschaftsflüchtlinge*, im Gesundheitswesen *Aids* und Komposita mit *Aids -fürsorge, -betreuung, -risiko*.

Linguistisch wesentliche Merkmale der Bildung von Neologismen

Die Bildung von Neologismen erfolgt nach Wortbildungsmodellen. Auf diese Weise werden sie schnell inkorporiert. Das kann Auswirkungen auf das Lexikon haben:

– Es können Synonyme entstehen. Das führt entweder zur Verdrängung des vorhandenen Wortes oder zur Bedeutungsdifferenzierung. So sind *Frustration, Frust* synonymisch zu *Enttäuschung* getreten. *Wegwerfpackung* und *Einwegpackung* sind Synonyme mit unterschiedlichem pragmatischem Wert: die Motivation von *Einweg-* dürfte diesem Neologismus bessere Überlebenschancen bieten: *Einwegspritze, -flasche*. *Zweitfrisur* und *Perücke* unterscheiden sich heute funktionell: *Perücke* wird im Amtsverkehr (z. B. Krankenkasse) erhalten bleiben.
– Neologismen entstehen oft reihenweise. Dies kann zu Veränderungen im Wortbildungssystem führen. Die sogen. Affixoide sind als häufig genutzte Kompositakonstituenten desemantisiert worden. Somit entstehen auch neue Wortbildungselemente. MÜLLER verzeichnet u. a. im DUDEN-Bedeutungswörterbuch folgende

reihenbildenden Elemente, die dann als Konstituenten von Neologismen auftreten: *Problem- -haar, -haut, -kind, Risiko- -geburt, -familie, top- -aktuell, -fit, Killer-/-killer : Killerbakterien, Bakterienkiller* ...
- Neologismen entstehen im Zusammenhang mit den Prozessen der Archaisierung. Mit der Bildung neuer Wörter gelangen andere an die Peripherie des Lexikons und veralten schließlich: *Gaststätte, Restaurant* schränken den Geltungsbereich von *Gasthaus* ein (nur kleine Gasthäuser oder G. auf dem Lande).
- Neologismen können den Wortschatz mancher onomasiologischer Bereiche stark erweitern. Neue Motivationsmodelle werden genutzt. Dies kann am Beispiel der Farbbenennungen gezeigt werden, obwohl viele der Neubildungen nicht zu Lexikoneinheiten werden, sondern nach einer Saison wieder aus dem Sprachgebrauch verschwinden. Insofern liegt hier ein besonderer Fall der Wortschatzerweiterung vor. Als Farbbenennungen treten Substantive auf, die dann wortartindifferent genutzt werden. Als Modefarben für Oberbekleidung werden gebraucht: *Erdnuß, Schilf, Meer, Kokos*. Trotz der Motivation ist der Farbton oft nicht genau zu ermitteln: *Hibiskus, Gladiole, Reseda, Waldmeister, Curry* ... In diesen Fällen könnte man allerdings auch von Neosemantismen (vgl. S. 245) sprechen, da ein Akt willkürlicher Übertragung stattgefunden hat, den Lexemen eine neue Bedeutung zugeordnet wurde. Ständig entstehen adjektivische Komposita zur Farbbezeichnung:

Die erste Konstituente benennt:

ein Tier	eine Pflanze	einen Edelstein	Stoff
delphingrau	*citrusgelb*	*opalblau*	*betongrau*
biberbraun	*schilfgrün*	*saphirblau*	*brandygelb*

Diese Komposita benennen Modefarben, werden vor allem in Katalogen, Zeitschriften und Prospekten für Textilien und Kraftfahrzeuge verwendet, kaum mündlich gebraucht und verschwinden oft nach kurzer Zeit. Die strukturell-semantischen Modelle sind zwar nicht neu (*kirschrot, mausgrau*), aber werden mit ungewöhnlicher Frequenz und immer neuer lexikalischer Füllung genutzt.

Der Wortschatz wird ungleichmäßig durch Neologismen erweitert. Der Bedarf an Neuwörtern ist im Bereich der Technik wesentlich größer als etwa im Bereich der Verben zur Benennung von Grundtätigkeiten. Im Substantivbestand werden einige onomasiologische Gruppen besonders stark ausgebaut: Handel und Werbung brauchen neue Benennungen für neuentwickelte Konsumgüter; die Industrie bedarf neuer technischer und technologischer Terminologien, im politischen und kulturellen Leben entstehen Schlagwörter, pragmatische Bildungen und auch neue Eigennamen für Vereine, Vereinigungen usw.

10.2.2. Archaismen

10.2.2.1. Ursachen der Archaisierung

„Archaismus" verwenden wir als Oberbegriff für aus verschiedenen Gründen veraltendes und veraltetes Wortgut, das aber noch im Bewußtsein der Sprachträger lebt und im gegenwartssprachlichen Text verwendet wird. Der Begriff des Archaismus ist damit wiederum als relative Kategorie auf einen bestimmten Zeitpunkt der Sprachentwicklung bezogen. Man kann nicht jedes Wort eines früheren Sprachzustandes als „Archaismus" bezeichnen, sondern nur diejenigen Elemente, die im heutigen Sprachgebrauch eine Rolle spielen. Z. B. wird unter diesen Bedingungen ahd. *dumpfe* – ‚Schwindsucht' nicht zu den Archaismen zu rechnen sein. CHERUBIM (1988) faßt den Begriff der „Sprachfossilien" etwas weiter. Sie sind für ihn „Sprachspuren vergangener Zeiten", die uns heute z. B. als Auf- und Inschriften begegnen. „Es gehört, wie wir wissen, zur ‚Lebensform' natürlicher Sprachen, daß sie kommunikativ mehrere (d. h. mindestens drei) Generationen, kulturell viele Jahrhunderte oder sogar Jahrtausende überbrücken können" (CHERUBIM 1988, 529). Archaismen sind veraltende Lexeme, Fügungen, Wortformen, sind auch nur formativische „Fossilien", wie z. B. *Verlöbnis*, heute *Verlobung*.

– Wörter veralten mit ihren Denotaten. Solche Lexeme, die gegenwärtig genutzt werden, um über diese nicht mehr existenten Denotate zu kommunizieren, bezeichnen wir als Historismen. So sind *Brückenzoll, Wegzoll, Geleitgeld, Geleithaus* mit den zu benennenden Sachverhalten veraltet, werden aber noch verwendet, um über diese Sachverhalte zu sprechen oder zu schreiben. Solche Historismen stammen aus allen Etappen der Sprachentwicklung. Dabei bestehen Unterschiede im Gebrauch dieser Lexeme in den verschiedenen deutschsprachigen Ländern und Gebieten. Z. B. wird das im Kerngebiet veraltete *Maut* in Österreich noch verwendet. Historismen aus ahd. oder mhd. Zeit können bei gegenwärtiger Verwendung orthographisch der Gegenwartssprache angepaßt werden, z. B. durch die Großschreibung, wie *Minne*. Mit Wörtern wie *Dienstmagd, Knecht, Pedell* sprechen wir über Verhältnisse der Vergangenheit.
– Anders sind die folgenden Archaismen zu bewerten: *ein Laib Brot, ein hübscher Knabe, des Schulmeisters Weib, in die Sommerfrische fahren*. Die Denotate existieren nach wie vor, aber Synonyme haben diese Wörter entweder im gesamten Sprachgebiet oder in bestimmten Regionen verdrängt. Die Ursachen sind unterschiedlicher Natur. Durch Sprachökonomie können als überflüssig empfundene Benennungen wegfallen. Es reicht *ein Brot*. Bestimmte Maßeinheiten erweisen sich unter den heutigen Bedingungen als nicht effektiv, ihre Benennungen veralten, beggnen in älteren belletristischen Texten oder aber werden noch von älteren Menschen gebraucht: *Schock, Mandel*, auch Komposita mit *Pfund* werden immer weniger verwendet: *ein Viertelpfund, ein Achtelpfund*, selbst *Pfund* wird durch *Kilogramm, ein halbes Kilo* oder *500 g* abgelöst. *Junge* hat *Knabe* verdrängt, *Knabe* erscheint noch als Konstituente einiger Komposita, wie *Kna-*

benschuhe, Knabenbekleidung, Knabenschule ist an alten Gebäuden zu lesen. *Weib* ist durch *Frau, Schulmeister* durch *Lehrer* abgelöst worden. Ihre Verwendung ist neutral nicht mehr möglich, sondern nur ironisch oder abwertend: *ein Schulmeister, alter Knabe, altes Weib.*

Das Vordringen eines Synonyms in den Benennungsbereich eines anderen Wortes wiederum kann unterschiedlich begründet sein, pragmatisch günstigere, z. T. euphemistische Benennungen verdrängen ein Wort und lassen es veralten. Ein solcher Verdrängungsprozeß führt oft dazu, daß das ältere Wort abgewertet wird.

– Zu den Archaismen kann man auch veraltete Wortformen, Wortbildungsmittel und Formative zählen. Ein Blick in WUSTMANNS ›Sprachdummheiten‹ läßt erkennen, wie sich in rund 80 Jahren das Urteil über Normgerechtheit verändert: „Dagegen hat leider der plebejische Plural Gehälter (Lehrergehälter, Beamtengehälter) gleichzeitig mit dem häßlichen Neutrum Gehalt von Norddeutschland aus selbst in den Kreisen der Gebildeten große Fortschritte gemacht. Auch in Leipzig, wo Freytag noch 1854 in seinen Journalisten richtig der Gehalt und die Gehalte geschrieben hat, halten es schon viele für fein, das Gehalt und die Gehälter zu sagen" (^{5}1911, 22).

Hier werden eine ganze Reihe von Gründen für das Veralten genannt: Analogiebildungen verdrängen alte Formen, Kommunikationsgemeinschaften formieren sich neu, der Sprachgebrauch älterer Generationen wird abgelehnt, neue Kräfte setzen ihre Lexik durch. Systemfremde Wörter werden durch deutsche Wörter verdrängt, nicht zuletzt wegen orthographischer Schwierigkeiten, vgl. *Kanapee*, was auch dazu führen kann, daß sie zwar noch in der mündlichen Rede weiterleben, aber schriftlich schon abgelöst sind: *Trottoir*. Das zumeist fremde Vokabular ganzer onomasiologischer Bereiche wird durch neue Wörter abgelöst, wie im Eisenbahnwesen *Cupé, Perron*. Alte Wörter und Wendungen werden aber auch in den Mundarten konserviert. Nicht selten finden wir archaisches Wortgut oder auch nur archaische Wortformen in der Volksdichtung, im Volkslied oder im Sprichwort: *wie schon die Alten sungen; ein gülden Ringelein, die Zeit ist kommen*, Kosewörter, wie *Lieb, Schätzchen, Liebster*, die heute nicht mehr verwendet werden. Auch Grußformeln, Anreden sind historisch gebunden und begegnen uns jetzt als archaisches Wortgut.

10.2.2.2. Funktionen der Archaismen in der deutschen Sprache der Gegenwart

Archaismen treten in unterschiedlichen Texten und Textsorten auf. Wir sprechen dann von „Funktionen", wenn Sprecher/Schreiber sie bewußt als Stilmittel einsetzen, um bestimmte Wirkungen zu erreichen. Anders zu bewerten ist die kommunikativ notwendige Verwendung zur Benennung historisch zurückliegender Sachverhalte, also die Nutzung von Historismen.

Archaismen können aber auch Indizfunktion haben, wenn ältere Menschen sie brauchen. CHERUBIM spricht, bezogen allerdings generell auf Sprachmittel mit zeitspezifischer Markierung, vom Auftreten „in vier unterschiedlichen, in der Sprachpraxis aber eng miteinander verbundenen Zusammenhängen":

(1) als stilistisch integrierte Elemente der Sprachkompetenz einzelner Sprachteilnehmer und/oder bestimmter Gruppen;
(2) als Indikatoren der sozialen Differenz verschiedener Altersgruppen in einer Sprachgemeinschaft (das sog. age grading);
(3) als eigentümliche Bestandteile unterschiedlicher Spezialsprachen oder Varietäten;
(4) als Repräsentanten der kulturellen Kontinuität älterer Texte und Sprachzustände (CHERUBIM, 1988a, 533).

Eine spezielle Funktion haben Archaismen im Sprachkunstwerk. Autoren nutzen sie, um Zeitkolorit zu schaffen. Meisterhaft gebraucht TH. MANN das Deutsch der Goethezeit in seinem Roman ›Lotte in Weimar‹. Hier wird mit dem Epochenstil, mit archaischem Wortgut der historische Rahmen des Romans vergegenwärtigt. Eine etwas andere Funktion haben Archaismen als Mittel des Sprachporträts, sie haben hier Indizfunktion. Durch altertümliche Redeweise wird die Generationsgebundenheit einer Person charakterisiert. Serenus Zeitblom in TH. MANNs Roman ›Doktor Faustus‹ versteht sich als „Nachfahre deutscher Humanisten" und drückt das durch das Wortgut des humanistischen Bildungsbürgers aus: *ehrerbietige Vertraulichkeit, Helene, geb. Ölhafen, mein treffliches Weib.*

Im spontanen Sprachgebrauch können Archaismen Lebensumstände und -erfahrungen des Sprechers signalisieren. So kommen im Interview mit der 92jährigen in M. WANDERS ›Guten Morgen, du Schöne‹ archaische Wörter vor, wie *Badekarren, Kaufmannsladen, Lokalanzeiger, Dienstmädchen.*

Neben diesen als Stilmittel im literarischen Text oder im Alltag verwendeten Wörtern oder Wortformen ist die durchgehende Archaisierung ganzer Textsorten zu sehen. Das betrifft u. a. juristische und Behördentexte.

> Vor allem dort, wo in Sprache soziale Erfahrungen und Wertmuster festgehalten und für die folgenden Generationen tradiert werden, kommt es leicht zur rituellen Fixierung auf bestimmte Sprachmuster, die selbst dann noch aufrecht erhalten werden, wenn sie infolge der Veränderungen im lebenspraktischen Kontext längst hätten obsolet werden müssen (CHERUBIM, 539).

Vgl. CHERUBIM 1988 und die dort angegebene Literatur.

10.3. Bedeutungswandel

10.3.1. Ursachen und Bedingungen des Bedeutungswandels

Haben wir zunächst Veränderungen im Wortschatz vor allem im Kommen und Vergehen von Wortschatzelementen gesehen, so ist weiter zu bedenken, daß große Teile des Wortschatzes allmählich ihre Bedeutungen verändern. Der Bedeutungswandel ist nicht unmittelbar zu beobachten, sondern kann nur aus den veränderten Distributionen und Textrelationen erschlossen werden. Die Formative bleiben stabil, so daß die Identität erhalten bleibt. Seit langer Zeit hat das Phänomen des Bedeutungswandels die Linguistik beschäftigt.

1839 versuchte REISIG in den ›Vorlesungen über lateinische Sprachwissenschaft‹, den Bedeutungswandel zu klassifizieren und sieht dessen Triebkräfte in Ideenassoziationen, wenn sich Gebrauchssphären des Wortes ändern. Veränderung des Gebrauchs meint auch PAUL, wenn er auf Assoziationen beruhende Verschiebungen im Wortgebrauch, Affekt und andere psychologische Phänomene als Triebkräfte des Bedeutungswandels annimmt.

Es ist offensichtlich, daß Wörter ihre Bedeutungsextension verändern, wenn sich Verschiebungen in Bezeichnungsfeldern ergeben, wenn sich der Stellenwert eines Wortes im semantischen Gefüge des Wortschatzes verändert. Wenn wir davon ausgehen, daß jede Sprache in jedem Augenblick „intakt" sein, die Deutbarkeit der Äußerungen und Texte gewährleistet sein muß, andererseits Kommunikationsgegenstände in ihrer Sachwelt, Kommunizierende mit ihren Anschauungen, in ihren sozialen Welten, mit ihren Interessen und Bedürfnissen, die sozialen Beziehungen in Sprach- und Kommunikationsgemeinschaften und die Beziehungen der Menschen zu ihrer natürlichen Umwelt, der Erkenntnisstand und die soziale Gemütslage ständigem Wandel unterliegen, so ergibt sich, daß Wörter, die Einheiten der Benennung, Verallgemeinerung und Bewertung, in diese Prozesse eingeschlossen sind, daß Sprachwandel – Bedeutungswandel – das Normale ist.[42]

Der Ansatz, in den Anlässen und Bedürfnissen sprachlichen Handelns unter bestimmten wirtschaftlichen, politischen, kulturellen, philosophischen, vor allem sozialen Bedingungen Triebkräfte des Bedeutungswandels zu sehen, kann sowohl das Funktionieren von Bedeutungen als auch die Prozesse des Bedeutungswandels erklären. Es ist zu fragen, warum jeweils Benennungseinheiten in neue Zusammenhänge gebracht werden, ob und warum neue Verwendungsweisen usuell werden und welche Auswirkungen die Veränderung der kontextualen Umgebung und der inhaltlichen Zusammenhänge auf die Bedeutungsstruktur des Wortes haben. Bedeutungswandel beginnt mit Veränderungen des Sprachgebrauchs. Daher suchen wir auch die Ursachen des Wandels in den Anlässen und Notwendigkeiten veränderter Wortverwendung. Der Bedeutungswandel läßt sich nicht am isolierten Wort beobachten, sondern nur im Rede- und Textzusammenhang. Erst mit historischem Abstand wird Bedeutungswandel des isolierten Wortes konstatiert.

Unsere Auffassung von der Dynamik der Wortbedeutungen ist auch die theoretische Basis der Erklärung des Bedeutungswandels. Im sprachlichen Handeln werden nicht schlechthin sprachliche Zeichen aus dem Lexikon ausgewählt oder aktualisiert,

---

[42] BUSSE (1986), KELLER (1982, 1984, 1991), CHERUBIM (1983) haben in den 80er Jahren die Diskussion um Ursachen, Voraussagbarkeit des Bedeutungswandels erneut aufgenommen. Vgl. dazu auch ›Sprachgeschichte. Ein Handbuch zur Geschichte der deutschen Sprache und ihrer Erforschung‹, hrsg. v. W. BESCH/O. REICHMANN/ST. SONDEREGGER. NEUMANN eröffnete auch in ZPSK 4(1987) Ende der 80er Jahre erneut die Diskussion um den Bedeutungswandel mit seinem Aufsatz „‚Uuer ist so sälig'... Eine Variation über das Thema Bedeutungswandel". Hier geht es vor allem um die Dynamik von Wortbedeutungen in Synchronie und Diachronie.

sondern sie werden in jeweils neue, jeweils andere sprachliche Zusammenhänge gebracht; andere Aspekte des semantischen Wissens werden betont, bestimmte Merkmale des Denotats werden hervorgehoben, andere unterdrückt. Sprachliches Handeln ist stetes Neuverwenden und kann zu Andersverwenden der Wörter führen.

Bedeutungswandel wird oft erst mit zeitlichem Abstand empfunden, meist dann, wenn die ältere Verwendungsweise nicht mehr dominiert, wenn deutlich ein neuer Denotatsbereich mit dem Lexem verbunden ist. Im Wörterbuch erscheint dann die neue Bedeutung als Resultat eines Bedeutungswandels. Nach PAULS ›Deutschem Wörterbuch‹ haben *Tier* und *Vieh* ihre Bedeutung verändert. Dieser Bedeutungswandel kann verwundern, denn er kann nicht auf Denotatswandel beruhen. Unter *Tier* verzeichnet PAUL: „Es bezeichnet urspr. ein vierfüßiges in der Wildnis lebendes Tier (noch bei Luther), so daß also Vögel, Fische, Würmer usw. nicht eingeschlossen waren, ebensowenig die Haustiere, wofür *Vieh* die alte zusammenfassende Bezeichnung ist (vgl. den Gegensatz von *Tiergarten* und *Viehstall*)" (S. 618). Zu *Vieh* heißt es dort: „Es ist urspr. kollektiv auf die dem Menschen dienenden gezähmten Tiere beschränkt" (S. 698). In TRÜBNERS ›Deutschem Wörterbuch‹ ganz ähnlich: „Im Gegensatz von Viehstall und Tiergarten wird heute noch deutlich, daß nur die ungezähmten Geschöpfe des festen Landes Tiere sind. Weiter beschränkt sich unser Wort auf das vierfüßige Wild [...]" (S. 51).

Ohne Zweifel hat sich bei *Tier* und *Vieh*, so bestätigen die einschlägigen Wörterbücher, ein Bedeutungswandel vollzogen. Ausgangs- und heutige Bedeutung lassen sich als typische Bedeutungen im Schrifttum nachweisen. Verfolgen wir den Weg beider Wörter, so erkennen wir die Ursachen des Wandels besser:

– Es wird deutlich, daß die Veränderung bei *Tier* und *Vieh* nicht als Veränderung der Bedeutung isolierter Wörter, sondern nur in ihren paradigmatischen und syntagmatischen Beziehungen gesehen werden darf. Die Bedeutung ist in Abhängigkeit von Textinhalten und Handlungsintentionen mit den Bedeutungen semantischer Nachbarn feldartig verbunden, mit der von *Vieh, Wild, Kreatur* und der der heutigen Hyponyme von *Tier*.
– Anlässe zum Bedeutungswandel sind vermittelt in Kommunikationsabsichten, -intentionen und -gegenständen gegeben. Bedeutungsveränderungen müssen auf dem Hintergrund der Faktoren sprachlichen Handelns gesehen werden. Sie werden nicht „eingeleitet", sind nicht der Sinn und Zweck, sondern die Folge veränderten Sprachgebrauchs.
– Die Einsichten, zu denen wir durch die Prototypenhypothese gelangten, vermögen uns auch Hilfe bei der Erklärung des Bedeutungswandels zu geben: die in den Wörterbüchern angegebene Bedeutungsbeschränkung von *Tier* auf wildlebende Waldtiere, die sich „vierfüßig schreitend" bewegen, ist zwar eine typische Bedeutung, tritt in vielen ahd. und mhd. Texten auf, aber im naturbeschreibenden Lehrtext wird *tier* auch auf andere Lebewesen angewandt: im älteren ›Physiologus‹ umfaßt nach lateinischem Vorbild *tier* neben *leo, rinocerus (einhurno), ígena, onager, eleuas*, also „wilden" Vierbeinern, auch *uipera* und *nátera*. Auch *erdtior, meritior* und *waldtior* verweisen auf einen weiteren Bedeutungsumfang.

In der terminologischen Verwendung von *tier* in der Fach- und Standessprache der Jäger benennt *tier* das typische Jagdwild der höfischen Jagd: Rotwild und – noch weiter eingeschränkt – „eine Hindin, ein Stück Wild oder ein Thier ist einerlei Namens zu verstehen [...]" (Übernommen und zitiert nach WILLKOMM, 36). Im Mhd. dominiert diese Bedeutung in allen Texten, die aus der höfischen Sphäre stammen. Auch im Frnhd. stützt der Aspekt der Jagd die Bedeutung in Texten, in denen es um das Jagdrecht geht (Flugschriften). Aber in anderen Textsorten, in der Fabel, im Lehrtext und im Volksbuch, werden alle Tiere *thier* genannt, weil die im Fach- und Rechtstext notwendigen Polaritäten aufgehoben sind. 1525 dichtet B. WALDIS ›Von Loewen vnd andern Thieren‹: „Mit einem Bocke/Schaff vnd Rindt [...]".

Im theologisch-philosophischen Text stabilisiert sich die weite Bedeutung von *Tier* durch eine neue semantische Polarität: Tiere und Menschen werden einander gegenübergestellt. Ein neuer Aspekt wird betont: mit *tierisch* wird der Gegensatz zu *Geist, Vernunft* und *Seele* ausgedrückt. HERDER entwickelt dann den Gedanken, daß es Sprache und Denken sind, die Mensch und Tier unterscheiden. Er beginnt seine Arbeit „Über den Ursprung der Sprache" mit dem Satz „Schon als Tier hat der Mensch Sprache ..." Mit der historischen Notwendigkeit solcher Oppositionen veränderte sich die Bedeutung. Die Bedingungen für diese Wandlungsprozesse sind mit der Dynamik und Variabilität der Wortbedeutungen gegeben. Indem in Handlungszusammenhängen, die durch das gesellschaftliche Zusammenleben der Menschen determiniert sind, jeweils andere Merkmale des Benannten, andere Relationen in semantischen Netzen aktiviert werden, treten Bedeutungsmerkmale zurück, andere verfestigen sich und werden betont.

Dabei können sich verschiedenartige Prozesse vollziehen:

– Ein Wort wird für völlig neue Sachverhalte übertragen verwendet. Die Benennung wird metaphorisch oder metonymisch übertragen, der Bedeutungsumfang erweitert sich, das Wort tritt in eine neue Gebrauchssphäre. Im Wörterbuch wird ein neues Semem eingetragen, weil bisherige Eintragungen das neue Denotat nicht erfassen. *Netz* erhielt zu seiner Bedeutung ‚geknüpftes maschenförmiges Gebilde' zusätzlich ein Semem ‚System aus vielen, sich vielfältig kreuzenden, miteinander verbundenen Strecken und Linien' – *Stromnetz, Eisenbahnnetz, Verkehrsnetz*. Hier liegt eine metaphorische Übertragung vor.

– Ein neues Semem erweitert zunächst die Bedeutung, rückt in den Vordergrund des Sprachgebrauchs, ältere Bedeutungen werden zurückgedrängt: In früheren Zeiten pflegte der Arzt schriftliche Anweisungen an den Apotheker mit der Einleitungsformel *recipe* zu beginnen, der Apotheker bestätigte die Durchführung mit *receptum*. Daraus entwickelte sich *Rezept* mit der Bedeutung ‚Anweisung für Arzneimittel' (15. Jh.). Das Bedeutungselement ‚Anweisung' trat so in den Vordergrund des Gebrauchs, daß die Gebrauchssphäre ‚Arznei' zurücktrat zugunsten der Bedeutung ‚Anleitung zum Verhalten in verschiedenen Situationen (Gebrauchssphären)': *Kochrezept, Rezept gegen Langeweile. Gefährte* – mhd. *geverte*, ahd. *giferto* ist eine Bildung zu *Fahrt* (Reise). Demnach hat Gefährte zunächst die Bedeutung ‚Mitreisender'. Diese Bedeutung umfaßt weitere Denotate, so daß neben *Lebensgefährte, Spielgefährte* auch *Reisegefährte* gebildet wird, ein Zeichen dafür, daß die ursprüngliche Motivation total verblaßt ist.

Ähnlich vollzog sich der Bedeutungswandel von *Geselle*, woraus auch auf Analogie geschlossen werden kann. *Geselle* – mhd. *geselle*, ahd. *gisellio* ist eine Bildung zu *Saal* (‚Halle', ‚Wohnung', ‚Herberge'). *Geselle* ist ursprünglich motiviert als ‚einer, der mit anderen zusammen lebt, wohnt'. Sehr früh erfolgt die Erweiterung auf ‚Geliebter', ‚Gefährte', ‚Freund'. Diese Bedeutungen gehen aber mit der Anwendung auf den ausgelernten Handwerker verloren: *Schneidergeselle, Tischlergeselle, Gesellenstück, Gesellenprüfung.*

Ähnliches vollzieht sich auch bei Verben und Adjektiven. *stiften* – ahd., mhd. *stiften* bezeichnet ‚gründen', ‚schenken' im kirchlichen Bereich (*ein Kloster, eine Kapelle stiften, die Stifterfiguren im Naumburger Dom*). In nhd. Zeit wird *stiften* auf weitere Denotatsbereiche übertragen und hat eine weitere Bedeutung als im Mhd.: *einen Preis stiften, Frieden stiften, Unruhe stiften.* *lösen* – mhd. *loesen*, ahd. *lōsen* bedeutet ‚freimachen', ‚etwas losmachen'. Seine Bedeutung verändert sich im Sinne von ‚aufheben': *Arbeitsverhältnis lösen* und ‚kaufen': *Eintrittskarte, Fahrkarte lösen. schäbig* ist nicht unmittelbar von *schaben*, sondern von dem heute veralteten Substantiv *Schabe, Schäbe* – ‚Schafräude' abgeleitet. Mhd. *schebic* bedeutet ‚räudig', ‚abgeschabt', ‚aussehen wie ein räudiges Tier'. Diese Bedeutung tritt nun erweitert auf: *schäbiger Mantel, schäbige Kleidung* und auch metaphorisch übertragen: *schäbiges Verhalten, schäbiger Charakter.* – Die Qualität einer Bedeutung verändert sich, indem sich Gefühlswert und Wertungskomponenten verändern. Die denotative Bedeutung wird durch Konnotationen überlagert.

Ein völliges Aufgeben der alten Bedeutung zeigt die Bedeutungsgeschichte des Adjektivs *billig*. Aus der Bedeutung ‚wunderkräftig', ‚wirksam' entwickelte sich die Bedeutung ‚recht', ‚angemessen', wie sie heute noch in *etw. billigen, zubilligen, recht und billig* erhalten ist, was eigentlich bedeutet: „‚recht', was durch Gesetz begründet ist, ‚billig', was nach natürlichem Rechtsempfinden ‚angemessen' ist" (DUDEN ›Etymologie‹ 1963, 67). Dazu gehört die Verneinung *unbillig*. Im 18. Jh. beschränkt sich die Bedeutung auf ‚dem Werte angemessen'. Ein *billiger Preis* war ein ‚dem Werte angemessener Preis'. Bei Anwendung auf niedrige Preise entwickelte sich so die heutige Bedeutung ‚preisgünstig'.

eitel, mhd. *ītel*, hat die privative Grundbedeutung ‚leer', ‚ledig', woraus sich die Bedeutung ‚nichts als', ‚lauter': *es ist nicht eitel Gold* und die Bedeutung ‚gehaltlos', ‚nichtig' entwickelt haben (*vereiteln* – ‚wirkungslos', ‚nichtig machen'), mhd. *verītelen* war ‚schwinden', ‚kraftlos werden'. Die heutige Bedeutung ist durch den Bezug auf Menschen entstanden: ‚nichtig, aber selbstgefällig', bis schließlich ‚selbstgefällig' dominierte.

Aufschlußreich ist die Bedeutungsentwicklung von *elend*. Mhd. *ellende* – ‚fremd', ‚verbannt', ‚jammervoll' ist verkürzt aus ahd. *elilenti* – ‚in fremdem Land', ‚ausgewiesen'. Das Dasein in der Fremde, das Ausgewiesensein, wird als schweres Unglück empfunden. Das Bedeutungselement, das sich aus der Bedeutung des

Stammes *lant* – ‚Land' ergab, ist völlig zugunsten des Elementes ‚Unglück' zurückgetreten. Die Bildung *er ist elend, elend aussehen* und die Ableitung *elendiglich* zeugen von der Veränderung der Bedeutungsstruktur.

H. PAUL (1970) unterschied bei der Veränderung der Wertungselemente Werterhöhung und Wertminderung. Wir stellen konnotative Veränderungen fest. Werterhöhung ist seltener als Wertminderung. *Maul* tritt bei LUTHER noch für ‚Mund' und ‚Maul der Tiere' auf (vgl. *dem gemeinen Mann aufs Maul schauen*). Mit der Einengung auf das Maul der Tiere gewinnt *Maul*, soweit es auf Menschen angewandt wird, einen stark pejorativen Zug: *Halt's Maul! Entwenden* wird zunächst im weiten Sinne von ‚wegwenden' gebraucht. In dieser Bedeutung ist das Wort ohne tadelnden Nebensinn. Mit der Einengung auf die Bedeutung ‚stehlen', für das es wahrscheinlich euphemistisch eintrat, ändert sich der begriffliche Kern, das Wort wird zur Benennung eines negativ zu beurteilenden Aktes. *Dilletant* bedeutet noch bei Goethe ‚der, der die Kunst liebt', ‚der, der die Kunst als Laie ausübt'. Heute ist zu den Bedeutungselementen, aufbauend auf ‚Laientum', die Bedeutung ‚laienhaft', ‚unvollkommen' gekommen, die dann als Grundlage für *dilletantisch* – ‚laienhaft', ‚oberflächlich' dient. Andererseits haben *Laienkunst, Laienschaffen, Laienensemble* eine Werterhöhung erfahren. Das DUDEN-Bedeutungswörterbuch trägt ein: ‚jmd., der auf einem bestimmten Gebiet keine Fachkenntnisse hat' (S. 404). *Sich stellen*, das bei LUTHER noch die Bedeutung ‚sich verhalten' besitzt, wird heute mit negativem Akzent ‚sich verstellen' verwendet: *er stellt sich dumm, taub, blind, stumm*.

Wörter können sich bei Bedeutungsveränderungen wechselseitig beeinflussen, so daß ganze Felder betroffen sind: *gemein, gewöhnlich, ordinär: gemein*, urspr. mit der Bedeutung ‚gemeinsam', ‚allgemein', wie es noch in *gemeines Deutsch, der gemeine Mann, sich mit jmdm. gemein machen, Gemeinsprache* zum Ausdruck kommt, hat jetzt die Bedeutung ‚gewöhnlich', ‚ordinär', wie sie im Kontext *gemein handeln, sich gemein verhalten* aktualisiert wird. *Gewöhnlich* – ‚herkömmlich', ‚üblich', wie in *er kommt gewöhnlich gegen Mittag, gewöhnlich trinkt er Milch* – hat zusätzlich die pejorative Färbung ‚ordinär', ‚niedrig' erhalten und ist in den entsprechenden Kontexten synonym mit *ordinär*. TH. MANN verwendet, bewußt den Ton der Goethezeit wählend, *ordinär* im alten Sinn: „Mit der ordinären Post von Gotha trafen [...] drei Frauenzimmer vor dem renommierten Hause am Markt ein [...]" (TH. MANN, Lotte in Weimar).

Die Veränderung der Bedeutungsstrukturen kann ihre Ausprägung auch in gegensätzlichen Sememen finden. Von mhd. *reizen* – ‚antreiben', ‚anstacheln', ‚locken' bezeichnet das adjektivisch gebrauchte *reizend* – ‚verführerisch', ‚schön' (*reizendes Mädchen, reizende Kinder*) durchaus positive Eigenschaften, während das Partizip II *gereizt* die Bedeutung ‚mißgelaunt', ‚zornig' trägt, die auch in der Ableitung *reizbar* aktualisiert wird. Vgl. aber: *Er hat mich gereizt :/: es hat mich gereizt.*

Die Ursachen für all diese Veränderungen sind im sozialen Leben, in der Lebenspraxis, zu suchen – im Widerspruch von Anforderungen an die sprachliche Kommunikation und Sprachsystem. Sie ergeben sich aus dem Wirken der Faktoren, durch die Bedeutungen determiniert sind. Es kommt nun weniger darauf an, ein System zu suchen, nach dem die verschiedenen Ursachen des Bedeutungswandels klassifiziert werden können, sondern vielmehr darauf, das Zusammenwirken verschiedener Faktoren aufzuspüren. Die Prozesse, die dazu führen, daß sich die Bedeutung eines Wortes verändert, sind so komplexer Natur, daß jede Darstellung nur ein grobes, vereinfachtes Bild der wirklichen Verhältnisse bieten kann.

1) Bedarf an Erstbenennungen für neue Objekte, neue Entdeckungen und wissenschaftliche Erkenntnisse. Nominationsbedürfnisse entstehen, wenn Erfindungen und Entdeckungen benannt werden müssen. Neben Wortbildung und Entlehnungen wird dieses Bedürfnis durch bewußte Bezeichnungsübertragungen befriedigt. Dieser Vorgang kann sich schrittweise vollziehen. Zunächst wird eine lexikalische Einheit okkasionell als Benennungseinheit genutzt. Man empfindet sie als neu – akzeptiert sie. Schließlich wird sie usuell – das Lexem hat seine Bedeutung erweitert. Die Entwicklung der Optik bringt metaphorische Benennungen hervor: *Linse* (urspr. ‚Hülsenfrucht', dann ‚Okular'), *optische Bank* (‚Stahlschiene, auf der sich optische Teile anbringen lassen'). In der Kraftfahrzeugtechnik begegnen uns viele Komposita mit einer metaphorischen Konstituente, die auch frei diese ‚technische Bedeutung' trägt: *Gelenkwelle, Zylinderkopf, Ölwanne, Ventilfeder, Zahnkette, das Gerippe des Fahrwerks.* Selbst junge Wissenschaften, wie die Spieltheorie oder die Computertechnik, gewinnen Termini und Fachwörter auf dem Weg der metaphorischen Übertragung: *Strohmann, Spielbaum, Kernspeicher, Adresse, logisches Netz, speichern, Druckmenü.* Auch die Medizin nutzt Metaphern: *Büffelnacken, Maulwurfhand, Hufeisenniere.* Hier werden Symptome durch bildhaften Vergleich benannt (vgl. WIESE, 50).

Oft wird nicht ein einzelnes Wort metaphorisch übertragen, sondern in einem semantischen Rahmen erhalten mehrere Lexeme eine neue Gebrauchssphäre und damit eine neue Bedeutung bei Beibehaltung des semantischen Kerns. Sie werden in einem Frame semantisch „umgeprägt". Es handelt sich dabei um eine Art semantischer Vernetzungen auf Grund konzeptueller Verschiebungen. Durch metaphorische oder auch metonymische Übertragungen werden neue Kategorien und Klassen dem uns bereits vertrauten Kategoriensystem inkorporiert.

2) Denotatsveränderung und Beibehaltung der Benennung. Die Formativ-Bedeutungs-Zuordnung ist nicht identisch mit einer Formativ-Sache-Zuordnung; denn die Bedeutung erfaßt Dinge und Sachverhalte nicht in ihrer Totalität, sondern immer nur im Hinblick auf die kommunikativ und kognitiv relevanten Merkmale. Diese können sich ändern, ohne daß die Zuordnung zu einem Formativ aufgehoben werden muß. Die Kontinuität der Funktion gewährleistet die kommunikative Verwendbarkeit auch bei Demotivierung.

Bleistift, Feder, Scheibe, Diele werden in der Literatur angeführt. Obwohl der Bleistift nicht mehr aus Blei, die Feder nicht mehr vom Vogel ist und die Fensterscheiben nicht mehr rund sind, benutzen wir diese Wörter auch weiterhin für die veränderten Denotate, weil das Merkmal der Funktion alte und neue Bedeutung verbindet, weil diese Bedeutungen ganzheitlich gespeichert sind. Nicht jede Veränderung der benannten Sache führt zum Bedeutungswandel. Häufig wird nur der Anschein des Bedeutungswandels erweckt, wenn das Benennungsmotiv verblaßt. Dabei sollte nicht übersehen werden, daß die Motivbedeutungen schon während des Benennungsvorgangs nicht mit der Wortbedeutung identisch waren (vgl. 5.3.).

Wie weit die alte Bedeutung verblassen kann, zeigen einige Verbindungen: *Holzbüchse, Blechbüchse* – urspr. ahd. *buhsa* aus vlat. *buxis* geht zurück auf ‚zylindrischer Behälter aus Buchsbaumholz'. Heute ist nur noch ‚Behälter' geläufig. *Blechbüchse* ist die typische Verbindung, *Holz* verbindet sich eher mit *Dose*. Ähnliches beobachten wir bei *Flasche*, das, mit *flechten* verwandt, urspr. nur ‚umflochtenes Gefäß' bedeutete. Die Wörter des Hausbaus sind z. T. aus dem Lateinischen entlehnt, z. T. germanisches Wortgut. Auch sie haben mit der veränderten Technologie des Hausbaus Bedeutungswandel erfahren: *Diele* – ahd. *dilo* – ‚Brett', ‚Bretterwand', ‚Bretterboden' bezieht sich immer auf ‚Boden aus Brettern'. Auf dem Wege metonymischer Übertragung, verbunden mit Sachwandel, entwickelt es sich zur Benennung von Vorräumen, Korridoren und in jüngster Zeit auch von Räumen: *Eisdiele, Tanzdiele*. Die Beziehung zu Holz ging verloren, wird lediglich durch *dielen* gestützt. Vgl. aber *Holzdiele*. *Wand* stammt aus germanischer Zeit und benennt die geflochtene – gewundene – Begrenzung. Mit der Steinbauweise geht der Bezug auf *winden* verloren. Das Wort dehnt seinen Bedeutungsbereich auf raumbegrenzende Flächen aus. *Zimmer* geht ebenfalls auf ‚Holz' zurück: ahd. *zimbâr* (‚Baumholz') war die Basis für eine metonymische Übertragung ‚Holzgebäude'. Im 15. Jh. erfolgt die weitere Entwicklung zu ‚Wohnraum', vgl. auch *zimmern, Zimmermann*. *Fenster* wird als lateinisches Lehnwort in der Bedeutung ‚Lichtluke', ‚Öffnung' übernommen. Später wird das Glasfenster weiter mit diesem Wort benannt. Gegenwärtig gibt es eine Reihe metaphorischer Übertragungen: *Fenster* (Briefumschlag).

3) Entwicklung kognitiver Bedürfnisse als Ursache des Bedeutungswandels.
Sehen gesellschaftliche Gruppen Objekte/Sachverhalte genauer, sehen sie sie unter dem Blickwinkel veränderter Interessen, so bilden sie neue Begriffe. Begriffspräzisierungen, -erweiterungen und -verengungen können sich ohne Veränderung der ihnen zugeordneten Formative vollziehen. So werden Fachwörter neu definiert. Aber auch alltagssprachliches Wortgut erfährt Bedeutungswandel, wenn sich Erkenntnisinteressen verändern. Wörter, die in einer Zeit entstanden, als sich Menschen Naturerscheinungen noch nicht erklären konnten, werden heute übertragen gebraucht. Der mittelalterliche Mensch verband mit ihnen den Gedanken ‚existierend': *Engel, Drache, Hexe, Fee* ... *Hexe* aus ahd. *hagazussa* (ein Wort, in dessen erster Konstituente *hag* – ‚Zaun', ‚Gehege' enthalten ist) bezeichnet ursprünglich ein dämonisches Wesen. Hexenglauben und -verfolgung beweisen, daß noch lange die Bedeutung von *Hexe* mit Zauberei und Verderben in Verbindung gebracht wurde. Im Durchschnitt jedoch hat es sich, sowohl positiv als auch negativ emotional gefärbt, zum Schimpf- oder Kosewort entwickelt: *süße kleine Hexe, alte Hexe*.

4) *Normen kommunikativen Handelns und ihre Auswirkungen auf das lexisch-semantische System.* Die Normen kommunikativen Umgangs miteinander, die Art und Weise, wie Menschen miteinander verkehren, die Normen des Sprachgebrauchs, sind letztlich durch den Charakter der sozialen Beziehungen zwischen den Menschen bestimmt und wirken auf sie zurück. In diesem Bezugsrahmen verändern sich auch die sprachlichen Möglichkeiten des kommunikativen Kontakts, der Ausdrucksweise, auch die Bewertung umgangssprachlicher und mundartlicher Lexik. Höflichkeit, Rücksichtnahme, Verdeutlichung und Zuspitzung, aber auch Tabuisierung und Neubewertung gedanklicher und sprachlicher Zeichen führen zu ihrer Bevorzugung oder Vermeidung, zur affektiven und expressiven Abweichung vom Usus und so zum Bedeutungswandel. Die Erscheinungen, die in der Literatur als „psychologische Ursachen des Bedeutungswandels" (vgl. KRONASSER [2]1968) beschrieben sind, haben hier ihre eigentlichen Ursachen; denn auch sie sind mit der Lebenspraxis, also dem sozialen Wesen der Menschen, verbunden. Vorhandenes Wortmaterial kann ganz bewußt im Sinne der Umbewertung mit neuem Inhalt verbunden werden. Mit der Einführung des Christentums wurde germanisches Wortgut umbewertet. Nach lateinischem Vorbild übernahmen diese Wörter Bedeutungen im Sinne des christlichen Dogmas. *Andacht,* mhd. *andâht* bedeutet ‚denken an etwas'. Es ist eine Substantivbildung zu *denken* (ahd. *dâht*). Seit dem 12. Jh. bedeutet es ‚innige religiöse Hingabe an Gott' (*Morgenandacht, Abendandacht*). Das germanische Substantiv *trôst* bedeutet ursprünglich ‚Festigkeit', dazu wird *troester* – ‚Heiliger Geist' gebildet. Unter christlichem Einfluß schränkt sich die Bedeutung auf ‚himmlische Tröstung' ein. *Gnade, Barmherzigkeit, erbarmen* kommen aus dem deutschen Süden und füllen sich mit der Übernahme des Christentums ganz mit christlichem Inhalt.

Wie diese Beispiele zeigen, können sich Bedeutungen durch den lenkenden Eingriff, durch Normsetzung verändern. In diesen Fällen ist die Normierung nicht an die Fachsprache gebunden, sondern beeinflußt die Alltagskommunikation. Die Tabuisierung führt zum Bedeutungswandel der Paraphrasen und der das Tabuwort ersetzenden Lexeme. Diese übernehmen zusätzlich zu ihrer Bedeutung die Bedeutung der ersetzten Lexeme: *der Schwarze, der Böse* sind auf ‚Teufel' festgelegt.

Bewertungen der Dinge übertragen wir auf deren Benennungen. Erscheinungen, die wir als ‚gut', als ‚angemessen' empfinden, positiv bewerten, haben auch ‚gute Benennungen'. Es entstehen euphemistische Synonymketten, weil Euphemismen ihren verhüllenden Charakter verlieren und durch neue ersetzt werden müssen. Viele Synonyme für *sterben* haben durch diese verhüllende Funktion neben ihrer eigentlichen Bedeutung eine weitere übernommen: *einschlafen, Augen schließen, heimgehen, einschlummern.* Die Angaben der Synonyme im DUDEN-BEDEUTUNGSWÖRTERBUCH zeigen allerdings auch eine gegenläufige Tendenz, die wohl nur psychologisch zu erklären ist: das Sterben wird bewußt unterkühlt benannt, man tut so, als ob man es nicht ernst nähme: *von der Bühne abtreten, vom Schauplatz abtreten, den Geist aufgeben, ins Gras beißen.* Wenn das umschreibende Wort seine Bedeutung erweitert, kann das ersetzte Wort eine völlig pejorative Bedeutung annehmen, mitunter auch in einen anderen Begriffsbezirk übergehen. Die sogen. „bessere

Gesellschaft" verlangt Diskretion in privaten, vor allem finanziellen Dingen, Geldangelegenheiten werden mit taktvollen Worten behandelt: *in bescheidenen Verhältnissen leben* für ‚arm sein'. Überhaupt wirken *Verhältnisse, Umstände* verhüllend: *in anderen Umständen sein* – ‚schwanger', *ein Verhältnis haben* – ‚Liebesbeziehung', *über seine Verhältnisse gehen, leben* – ‚seine materiellen Lebensbedingungen falsch einschätzen'. In der alltäglichen Kommunikation spielen Höflichkeit, Scherz, Freundlichkeit und Ironie eine große Rolle. Nach einem gewissen Zeitraum können ironische Wendungen usuell werden. Adjektive, die eine positive Bewertung ausdrücken, werden in Verbindung mit einigen Substantiven nur noch ironisch aufgefaßt: *feiner Herr, feine Dame, nette Geschichte, sauberer Herr, schöne Bescherung*.

Auch Verben können ironische Varianten haben: *ich danke bestens*. Umstände zwingen manchmal zur Unter- oder Übertreibung. Umschreibungen wie diese schwächen sich im Laufe der Zeit ab und verändern ihre eigentliche Bedeutung in diesen Verbindungen: *hundertmal (ich habe es dir hundertmal gesagt), vom Hundertsten ins Tausendste gehen, eine Handvoll Leute*.

5) *Der Sprachgebrauch bedeutender Persönlichkeiten als Ursache des Bedeutungswandels.* Ohne den Einfluß der Persönlichkeit auf die Sprachentwicklung zu überschätzen, muß doch auch die Möglichkeit in Betracht gezogen werden, daß der Sprachgebrauch öffentlich wirkender Persönlichkeiten usuell wird und so das Bedeutungssystem beeinflußt. Fachwörter gehen auf Wissenschaftler zurück. Aber auch die Gemeinsprache wurde z.B. durch das Sprachschaffen LUTHERs beeinflußt. Die von ihm benutzten Wörter, seine Verwendungsweisen setzten sich durch und bildeten durch Jahrhunderte hinweg die Hauptbedeutung. *Empfängnis*, spätmhd. *enphencnisse* – ‚Einnahme, Belehrung'. LUTHER prägte die heutige Bedeutung. Er verwendete zuerst *Abend* im Sinne von ‚Westen', *Abendland. Beruf* bedeutete vor ihm ‚Ruf', ‚Berufung', die Bedeutung ‚Amt', ‚Tätigkeit' gewann es durch ihn. Auch *Arbeit* – mhd. *arebeit*, das wahrscheinlich von einem Wort mit der Bedeutung ‚verwaist' abgeleitet und eng mit der slawischen Gruppe um *rabota* verwandt ist, bedeutete ursprünglich ‚schwere körperliche Anstrengung, Not, Mühsal', wie es auch im Nibelungenlied verwendet wird: *von heleden lobebæren, von grôzer arebeit*. Durch LUTHER, der in der körperlichen Arbeit eine Ehre des Menschen sieht, den sittlichen Wert der Arbeit als Berufung des Menschen auf Erden betrachtet, verlor das Wort *Arbeit* seine negative Bedeutung.

10.3.2. Die sprachlichen Bedingungen des Bedeutungswandels

Ein und dieselbe Ursache kann unterschiedliche Folgen haben: Der Bedarf an Neubenennungen kann durch Wortbildung, durch Entlehnungen oder Bezeichnungsübertragungen und die Beibehaltung der Formative für veränderte oder neue Denotate befriedigt werden. Für welche der Möglichkeiten sich der „Namengeber" entscheidet, hängt von externalen und von internalen Bedingungen ab. Die Anlage zum Bedeutungswandel haben alle Lexeme. Dynamik und Variabilität in der Synchronie, beim Gebrauch der Zeichen, erlauben die Erweiterung des Bedeutungsumfangs, die Anwendung auf neue Denotatsbereiche und konzeptuelle Verschiebungen. So kann sich Bedeutungswandel ganz allmählich vollziehen und wird erst nach längerer Zeit bewußt, wenn ein Wort in Kontexten auftritt, die veraltet sind. Der Bedeutungswandel wird an veränderten Gebrauchsweisen registriert, an solchen, die als neu empfunden werden, oder solchen, die einer Generation schon nicht mehr bekannt sind. So ist das Wörterbuch die wichtigste Quelle, Bedeutungswandel festzustellen.

Unter welchen Bedingungen tritt Bezeichnungsübertragung als Weg der Neubenennung auf?

– Die Variabilität der Bedeutungen erlaubt die Ausdehnung des Bedeutungsumfangs auf Denotate, die konzeptuell durch die gegebene Bedeutung erfaßt werden können. Das gilt z. B. für alle Arten der Metonymie: die Bezeichnung des Teils erfaßt das Ganze: *Kopf* für ‚Mensch‘ in *ein kluger Kopf, pro Kopf der Bevölkerung,* Bezeichnung des Raums steht für die Institution *Schule, Theater.* Vgl. 7.5.
– Die Übertragung nach Ähnlichkeitseindrücken – die metaphorische Bezeichnungsübertragung – führt sowohl zur Bedeutungserweiterung einzelner Lexeme als auch semantisch vernetzter Einheiten. Mehrere Glieder eines semantischen Paradigmas können regelhaft metaphorisch gebraucht werden, so Wetter- und Klimametaphern für zwischenmenschliche Beziehungen, Krankheitsmetaphern für soziale Verhältnisse. Vgl. 7.5.[43]
– In diesem Zusammenhang sind auch die Modelle synästhetischer Bedeutungserweiterung und -variation zu sehen. ULLMANN meint, daß die Synästhesie, die Nutzung einer Bezeichnung eines Sinnbereichs in einem anderen, ein Grenzphänomen zwischen Metapher und Metonymie sei: *süß – süße Stimme, dunkel – dunkle Stimme,* also Übertragungen aus dem Geschmacks- oder optischen Bereich in den akustischen.

In der sprachlichen Tätigkeit entstehen neue Bedeutungen als Resultat neuer Verbindungen, die sich verfestigen, usuell werden. Werden bestehende Verbindungen gelöscht, weil sie kommunikativ nicht mehr notwendig sind, hat sich der Prozeß des Bedeutungswandels vollendet. Wir benutzen heute *hänseln* in der Bedeutung ‚sich über jmdn. ohne Rücksicht auf dessen Gefühle lustig machen, ihn immer wieder verspotten, ohne daß er sich wehren kann‘ (DUDEN, 322). PAUL und TRÜBNER bringen das Wort mit *Hanse* in Verbindung: „Es hat aber in der älteren Sprache auch die Bedeutung ‚unter Anwendung bestimmter Gebräuche in eine Genossenschaft aufnehmen‘ und ist in diesem Sinne jedenfalls eine Ableitung aus *Hanse* [...] Da mit solcher Aufnahme in gewissen Kreisen Foppereien verbunden waren, so läßt sich aus dieser Bedeutung auch die heutige ableiten" (PAUL, 274).

---

[43] Vgl. dazu KÜSTER, R.: Politische Metaphorik (1983), der von „Krankheitsmetaphorik" in der politischen Rede spricht.

Die Systemgebundenheit einer Bedeutung kann den Bedeutungswandel fördern oder hemmen. Häufige Verwendung in einem festen Kontext verfestigt eine elliptische Bedeutung: Die Frage: *Trinkt er?* zielt auf Alkohol, die Frage *Nimmt sie die Pille?* auf eine bestimmte Sorte, auf Schwangerschaftsverhütungsmittel.

10.4. Entlehnungen

10.4.1. Ursachen der Entlehnung fremden Wortgutes

Infolge vielfältiger Beziehungen zwischen den Sprachträgern, direkter Berührungen und kultureller Verbindungen, internationaler Zusammenarbeit kommt es auch zu sprachlichen Annäherungen, zu Sprachkontakten, zu wechselseitiger Beeinflussung der Sprachen und zu Entlehnungen im Wortschatz. Im Laufe ihrer Entwicklung ist die deutsche Sprache durch andere Sprachen bereichert und verändert worden, wie auch deutsches Wortgut von anderen Völkern aufgenommen wurde (vgl. im Russischen *galstuk* < Halstuch, *buchgalter* < Buchhalter). Fremdes Wortgut wurde in seinen phonematischen/orthographischen und morphematischen Merkmalen übernommen. Fremde Wortbildungsmittel traten in entsprechenden integrierten Formen auf, lat. *-ia* dt. *-ie*, franz. *-ie* dt. *-ei*, franz. *-ier* dt. *-ieren*.

Die fremden Morpheme bereichern die deutsche Sprache; denn mit ihrer Hilfe werden im Deutschen Fremdwörter gebildet. P. v. POLENZ spricht von Lehnwortbildungen. MUNSKE, der der Frage nachgeht, ob das Deutsche eine Mischsprache sei, mißt der Lehnwortbildung größte Bedeutung bei; denn „durch die Isolierung und produktive Verwendung von Fremdaffixen in Fremdwörtern wie auch durch die Einbeziehung von entlehnten Basen in die indigene Wortbildung (*tolerier-bar*, *Toleranz-gebot*) hat der Fremdwortschatz seinen Status als Ansammlung entlehnter Fremdelemente verloren und ist zu einem gleichrangigen, wenn auch nach wie vor spezifischen Teil des deutschen Gesamtsystems geworden" (MUNSKE 1988, 62).

1) Die wichtigste Ursache, die in der Vergangenheit zur Übernahme fremden Wortgutes führte, war die Entlehnung mit der Sache (im weitesten Sinne). Bereits vor der hochdeutschen Lautverschiebung wurde in der Zeit der römischen Besetzung lateinisches Wortgut ganzer Sachbereiche übernommen: Straßenbau (*Straße*, *Pflaster*), Garten- und Weinbau (*Wein, Kelter, Rettich*), Militärwesen (*Pfeil*), Handel (*Sack*).
2) Kulturelle und wissenschaftliche Vorbilder und Beziehungen führten immer wieder zu Entlehnungen. So brachte die Christianisierung (5. bis 9. Jh.) griechisches und lateinisches Wortgut. Das lateinische Vokabular entstammt der Terminologie des Christentums (*Altar, Messe, predigen*), dem Wortschatz des Klosterwesens und damit des Bildungsträgers jener Zeit (*Schule, Tafel, Zelle, schreiben*).
3) Als literarische Entlehnung bezeichnet man einen bestimmten Entlehnungsweg. Nur in literarischen Quellen fand man zunächst Wortgut, für das es im deut-

schen Schrifttum keine Äquivalente gab. Lehnübersetzungen und Bedeutungsentlehnungen aus dem Lateinischen mußten diese Lücke schließen. Als Übertragungen entstanden viele Abstrakta, wie aus lat. *conscientia – giwizzani.* Im ›Etymologischen Wörterbuch‹ wird die Entlehnungsgeschichte beschrieben: „Zu dem zu ahd. *wizzan* [...] gehörigen Part. Prät. *giwizzan* wird das Adjektivabstraktum ahd. *giwizzanī* (11. Jh.) gebildet. Es ist der Versuch einer Wiedergabe von lat. *conscientia* ‚Bewußtsein moralischer Handlungen', eigentlich das ‚Mitwissen' (vgl. lat. *scientia* ‚Kenntnis, Wissen, Wissenschaft' und *kon*), das seinerseits dem griech. *syneidesis* ‚Mitwissen, Bewußtsein, (gutes) Gewissen nachgebildet ist" (S. 566).

4) In der Zeit der Renaissance werden Griechisch und Latein als Sprachen der Wissenschaft genutzt. Seitdem bilden diese beiden Sprachen des Altertums den Kern der Bildung von Fachwörtern bis in unsere Tage. Die wenigsten heutiger Fachwörter sind als Ganzheiten entlehnt, sondern mit Hilfe von Wortbildungsmorphemen und griech./lat. Basismorphemen auf dem Weg der Lehnbildung entstanden. Vgl. dazu. auch: ›Latein und Griechisch im deutschen Wortschatz. Lehn- und Fremdwörter altsprachlicher Herkunft‹.

5) Gruppen- und schichtenspezifische Übernahme war Ausdruck von Standesinteressen, Ausdruck des Bestrebens, sich vom Volk abzuheben. Das erklärt auch die Wellen der Übernahme französischen Wortgutes im 16. und 17. Jh. durch den Adel, im 18. und 19. Jh. durch das Bildungsbürgertum. Die Sachgebiete sind typisch für den Lebensstil der höfischen Gesellschaft, die die Lebensformen am französischen Hof kopierte: Ausstattung, Mode, Kunst, Architektur. Vgl. TELLING, Französisch im deutschen Wortschatz.

6) Die internationale Zusammenarbeit auf allen Gebieten führte vor allem im 19. und im 20. Jahrhundert zur Entwicklung international gebräuchlichen Wortgutes, der Internationalismen. Diese Wörter wurden entweder aus nationalen Sprachen entlehnt und traten dann ihren Weg durch die Welt an, wie *Bourgeoisie* aus dem Französischen im 18. Jh., *dumping* aus dem Englischen im 20. Jh., oder sie entstehen als Lehnbildungen: *Elektronik, Phonologie, Isotherme.*

7) Die gesellschaftliche, ökonomische und politische Rückständigkeit Deutschlands führte im 19. Jh. dazu, daß aus England und Frankreich Wortgut vieler industrieller Bereiche übernommen wurde. Seit der Französischen Revolution kam aus beiden Ländern ein großer Teil des politischen und parlamentarischen Wortschatzes nach Deutschland, auch wieder z. T. als Bedeutungsentlehnung, wie *Kammer* oder *Haus, Länderkammer, Unterhaus.*

8) Wirtschaftlicher und politischer Einfluß Englands und der USA ließen seit Ende des zweiten Weltkrieges das Englische beinahe zur Modesprache werden. Mode – so läßt sich auch heute die überaus vielseitige Aufnahme des Englischen erklären – ist eine starke Triebkraft der Entlehnungen. Nach dem zweiten Weltkrieg wurden in der damaligen DDR Benennungen politischer und wirtschaftlicher Sachverhalte aus dem Russischen auf dem Weg der Lehnübersetzung *Fernstudium – zaočnye obučenie, Kulturhaus – dom kul'tury,* und auf dem Weg der Bedeutungsentlehnung *Rat* in *Rat des Bezirkes* aus *oblastnoj sovet* übernommen.

10.4.2. Arten und Wege von Entlehnungen

Lehngut kann auf unterschiedlichen Wegen in eine Sprache gelangen. Unsere Sprache besitzt keltisches Wortgut, das als sprachliches Substrat schon in germanischer Zeit aufgenommen wurde. Das gilt vor allem für Eigennamen, die bei der Besiedlung bereits bewohnter Gebiete übernommen wurden. So erklären sich auch viele Orts-, Gewässer- und Flurnamen aus slawischen Sprachen. Die Onomastik hat reiches Material slawischer Eigennamen in Deutschland aufbereitet.[44] Der Hauptweg der Übernahme in germanischer Zeit war der direkte Kontakt zwischen den Sprachträgern. Er kam in den Grenzzonen und/oder durch die Besetzung von Gebieten, durch Krieg und Handel zustande. Später jedoch wirkte die literarische Entlehnung stärker.

Man unterscheidet außerdem zwischen direkter und indirekter (vermittelter) Entlehnung. Die direkte Entlehnung erfolgt meist auf dem Weg der Sachentlehnung, der literarischen und kontaktiven Übernahme. Von indirekter Entlehnung wird dann gesprochen, wenn ein Wort einer Sprache über ein anderes Land vermittelt wurde, wie z.B. *Meeting, Festival* aus dem Englischen über das Russische. Wurde ein germanisches/deutsches Wort in eine andere Sprache übernommen und kehrte von dort zurück, spricht man von Rückentlehnung. Diese Art der Übernahme ist oft mit Bedeutungswandel verbunden: *Salon* und *Balkon* kamen aus dem Französischen, das zuvor Vorformen von *Saal* und *Balken* übernommen hatte. Germ. **salaz* („Einraumhaus"), frz. *salle* („Saal", „Zimmer"), ital. *sala* („Saal", „Zimmer") *salone* („großer Saal"); ahd. *balko* („Balken"). Lehnbildungen sind Neubildungen von Wörtern mit übernommenen Morphemen.

10.4.3. Formen der Entlehnung

Fremdwort – Lehnwort

Eine terminologische Abgrenzung von Fremd- und Lehnwort richtet sich nach dem Grad der Eindeutschung. Man bezeichnet fremdes Wortgut, das dem deutschen Sprachsystem völlig inkorporiert und angeglichen ist, von den Sprachteilnehmern nicht mehr als fremd erkannt wird und somit als deutsch gilt, als Lehnwort. Aus romanischen Sprachen wurden z.B. zu verschiedenen Zeiten folgende Wörter übernommen: *Banner, Abenteuer, Promenade, Salat, Bassin, Creme*. Sie lassen erkennen, daß es ein breites Übergangsfeld zwischen Fremd- und Lehnwort gibt. Daß *Banner* fremder Herkunft ist, kann nur die Wortgeschichte erhellen: Akzent, Aussprache, Orthographie, Morphologie entsprechen deutschen Regeln. *Aben-*

---

[44] Dabei kann sich die gegenwärtige Forschung durchaus auf R. TRAUTMANNS Forschungen stützen. In seinem Werk ›Die slavischen Ortsnamen Mecklenburgs und Holsteins‹ (1950) wird der Nachweis geführt, daß vorhandene Flur- und Ortsnamen durchweg slavisch waren. Seit TRAUTMANN gehört die Erforschung slavischer Namen zu den Schwerpunkten onomastischer Forschungen an der Universität Leipzig. Vgl. EICHLER (1985), 95–100.

teuer wird als fremd empfunden, obwohl es den Regeln der deutschen Phonemik und Grammatik folgt, weil es paradigmatisch nicht gestützt ist und sich nicht in rekurrente Morpheme gliedern läßt. *Promenade* wirkt durch Akzent und das Wortbildungsmorphem *-ade* fremd. *Salát* hat eine zweite Form: *Sálat* wie in *Sálatpflanze* entwickelt. Hier ist Bedeutungsdifferenzierung eingetreten. *Bassin* behielt als Grundlautung eine angeglichene französische Lautung: bassɜñ und nicht bassi:n, die Phoneme werden nicht nach der Schreibung substituiert: *bassi:n. Bei *Creme* hat sich auch eine deutsche Parallelform entwickelt: *Krem(e)*. Ähnlich sind auch *Café* und *Kaffee* zu sehen. Die Bedeutungsdifferenzierung ‚Getränk', ‚Pflanze': Café hemmt auch den Eindeutschungsprozeß von *Café*. So kann man *Banner* und *Café* als Beispiele für den polaren Gegensatz Fremdwort:Lehnwort betrachten. Für die Masse entlehnten Wortgutes ist eine Stelle auf einer Linie zwischen diesen Polen typisch. Sie besitzen fremde Merkmale neben deutschen.

Kriterien der Abgrenzung von Lehnwort und Fremdwort. Unter synchronem Aspekt kann man Lehnwörter nicht von deutschen Wörtern unterscheiden, sie wurden dem Regelsystem angepaßt. Als Kriterien gelten: morphematische Struktur und damit die Eingliederung in Wortbildungsparadigmen; Lautung und Akzentuierung; Graphematik und – wenn auch nicht unumstritten – die Geläufigkeit (vgl. HELLER 1966, 1981).

Nicht immer kann ein Wort schon nach all diesen Merkmalen als ein deutsches Wort gelten. Vielmehr existiert ein breites Übergangsfeld, so daß auch schon die Berechtigung der Scheidung in Fremd- und Lehnwort bezweifelt wurde.

Morphematische Struktur: entlehntes Wortgut hat die deutschen Flexionsmerkmale (Plural- und Kasusbildung, Konjugation, Komparation): *das Banner, des Banners*. Substantive erhalten eine Genuszuweisung, die entweder dem Genus der Herkunftssprache oder dem Genus morphematisch oder semantisch ähnlicher Wörter entspricht. Entlehnte Wörter werden in Wortbildungsparadigmen eingeordnet. Ein Teil gebräuchlicher und schon lange entlehnter Wörter verschließt sich der Einordnung: *Champagner, Chaussee, Clown*. Andere bilden zwar Komposita, aber keine Derivate: *Toilette* (daher auch kein Verb für *Toilette machen*), *Serviette*. Hybride Bildungen sind Kombinationen aus deutschen und fremden Morphemen: deutsche Basis – fremdes Affix: *superfein, extrastark, buchstabieren, hofieren*; fremde Basis – deutsches Affix: *kontinuierlich, dilletantisch, Sympathisantin*. Ein fremdes Affix scheint den Charakter des Fremden zu stützen. Aussprache und Wortakzent werden ebenfalls in unterschiedlichem Grad dem Deutschen angepaßt. Die Stammbetonung des deutschen Wortes grenzt *Café* von *Kaffee* ab. Selbst bei Übergangsformen bleiben Aussprachebesonderheiten bestehen: *brigadi:r* oder *brigadje:*. Die Orthographie zeigt in einigen Fällen schon Fortschritte der Eindeutschung an, so *ph – f: Photographie – Fotografie*.

HELLER (1966) führt „Geläufigkeit" als Kriterium für die Eingliederung eines Fremdwortes in das deutsche Sprachsystem an. Er macht die Feststellung, daß häufig vorkommende Fremdwörter von Befragten als heimisch, seltener gebrauchte deutsche Wörter als fremd bezeichnet werden. Nicht allein die Form, sondern auch die Funktion sind für den Grad der Eindeutschung ausschlaggebend. Spricht man über „Funktionen" des Fremdwortes, dann hat man in erster Linie die Einheiten im Blick, die in synonymischen Beziehungen zu einem einheimischen Wort stehen, und weniger die, die Benennungslücken füllen.

Assimilationsprozeß – Eindeutschung.
1) Manches Fremdwort wird nur in einer lexisch-semantischen Variante übernommen, und es beginnt bereits mit der Übernahme eine eigenständige Entwicklung. Von engl. *spleen* wurde nur die Bedeutung ‚üble Laune', ‚Ärger' übernommen, die sich zu ‚Schrullen' entwickelte, nicht aber die andere Bedeutung des englischen Wortes ‚Milz' (im Deutschen hat *Galle* eine ähnliche Bedeutungsstruktur); von *spikes* ist nur die Bedeutung ‚Nagel unter Rennschuhen' im Deutschen vorhanden, nicht die allgemeinere ‚Nagel'. Entlehntes Wortgut kann somit in einer von der Ausgangssprache zu unterscheidenden lexisch-semantischen Variante auftreten. Diese Basis kann dann Grundlage weiterer Wortbildungsprozesse sein: *spleenig*, oder sie kann weitere Bedeutungsveränderungen erfahren: *spikes* – ‚Rennschuhe'.
2) Oft wird gleich zu Beginn der Entlehnung die Lautung abgewandelt und dem deutschen Sprachsystem angepaßt. Das ist notwendig, weil die Phonemsysteme auch verwandter Sprachen nicht übereinstimmen. Die Lautsubstitution kennt zwei Hauptrichtungen: man ersetzt das fremde Phonem durch ein ähnlich klingendes deutsches Phonem (engl. th durch dt. f) oder man ersetzt nach dem Schriftbild.
3) Das Lehngut muß ebenfalls von Anfang an grammatisch inkorporiert werden, damit es normgerecht in die Rede gefügt werden kann. Das bedeutet, daß Substantive Genusmerkmale erhalten müssen, Verben übernehmen deutsche Konjugationsformen und die Kennzeichnung des Infinitivs. Kasus- und Numeruskennzeichnung zeigen Besonderheiten. Die Genuseinordnung erfolgt
a) bei Affixen nach dem Genus des Affixes: *-ismus* – mask., *-ität* – fem., *-ett* – neutr.
b) nach dem Genus semantisch benachbarter deutscher Wörter. Im Russischen ist *vodka* femininum, im Deutschen maskulinum nach *der Weinbrand, der Schnaps, der Likör, der Wein, der Alkohol*; engl. *girl* (neutr.) nach *das Mädchen*;
c) nach dem natürlichen Geschlecht: *die Diva*.

Internationalismen. Man versteht unter Internationalismen solche Wörter, die international gebräuchlich sind, sich in der morphematischen, lautlichen und orthographischen Gestalt den aufnehmenden Sprachen anpassen und so in gleicher Bedeutung, oft als Termini, verwendet werden: dt. *Theater*, engl. *theatre*, franz. *théatre*, russ. *teatr*. Sie sind meist aus griechischen und lateinischen Morphemen gebildet (Lehnbildungen): *Thermodynamik, thermonuklear*. Sie können aber auch aus einer nationalen Literatursprache stammen und erst im Laufe der Geschichte internationale Verbreitung gefunden haben: *Alkohol* (arabisch), *Soldat* (ital.). Es können auch Unterschiede in der Anzahl der Sememe oder auch in der Bedeutungsstruktur eines formativisch internationalen Wortes auftreten. Dann handelt es sich um die „falschen Freunde" des Übersetzers: Wörter, die er zu kennen glaubt, weil sie als

Internationalismen auch in seiner Sprache auftreten. Im ›Kleinen Wörterbuch der falschen Freunde‹ vermerken die Herausgeber:

> Jede Sprache entwickelt sich unter dem Einfluß mannigfaltiger kommunikativer und sozioökonomischer Zwänge weiter; davon sind auch die ›falschen Freunde‹ nicht ausgenommen, so daß – z. B. unter dem Einfluß anderer Sprachen – die lexikalischen Einheiten eine weitere, bislang nicht zulässige oder nur lokal begrenzt mögliche Bedeutung annehmen, d. h., daß partielle ›falsche Freunde‹ zu LE [= lexikalische Einheiten. T.S.] werden, die in allen Bedeutungen kongruieren, also nicht mehr als ›falsche Freunde‹ zu betrachten sind, und ›falsche Freunde‹ mit völlig abweichender Bedeutung zu partiellen ›falschen Freunden‹ werden können (WOTJAK/HERRMANN 1984, 18).

Als Beispiele solcher falschen Freunde im Vergleich Spanisch–Deutsch seien aus diesem Wörterbuch angeführt:

span. *papa* – ‚Papst', nicht: *Papa*
span. *parlamentario* – ‚Parlamentär', nicht: *Parlamentarier*
span. *parola* – ‚Beredsamkeit, Wortschwall', nicht: *Parole*
span. *orden* – ‚allgemeine Ordnung', ‚Anordnung', nicht: *Orden*

Bezeichnungsexotismen. Bezeichnungsexotismen sind diejenigen fremden Wörter, die wir nur zur Benennung der Gegebenheiten ihres Herkunftslandes benutzen. Hierher gehören z. B. die Benennungen der Währungseinheiten: *Dollar, Dinar, Rubel,* auch Namen oder Titel: *Wojewode.*

Teilentlehnungen. Es gibt Entlehnungen, bei denen nur die Bedeutung eines fremden Wortes einem deutschen Formativ zugeordnet wird. Das kann auf zwei Wegen geschehen: Einmal übernimmt ein deutsches Wort, das mit einer lexisch-semantischen Variante des fremden Äquivalents übereinstimmt, von diesem auch noch weitere Bedeutungen – B e d e u t u n g s e n t l e h n u n g. Zum anderen wird ein fremdes Wort mit deutschen Morphemen und Wörtern nachgebildet oder Morphem für Morphem übersetzt – L e h n ü b e r t r a g u n g und - ü b e r s e t z u n g.

Man sieht diesen Formen die Übernahme nicht an; denn sie tragen übernommene Bedeutungen im deutschen Gewand. Anders gesagt: unter dem Einfluß einer Fremdsprache kann sich nach deren Vorbild der Bedeutungsumfang eines Wortes erweitern. In der DDR wurden unter dem Einfluß des Russischen Bedeutungen entlehnt. Benennungen aus dem Militärwesen übernahmen von russischen Äquivalenten Bedeutungen aus dem zivilen Bereich: *Pionier* – ‚Angehöriger der Kinderorganisation', *Brigadier* – ‚Leiter eines Arbeitskollektivs'.

Lehnbedeutungen können aber auch eine Umbildung von Sememen zur Folge haben. Sememe übernehmen zusätzliche Bedeutungselemente, oft konnotativen Charakters. So übernahm deutsches Wortgut unter dem Einfluß des Christentums Bedeutungselemente der lateinischen Äquivalente: *Buße,* ahd. *buoza* bedeutet ‚Gutes, Nutzen' (vgl. auch *besser*). Unter dem Einfluß des Lateinischen übernimmt es ‚Sühne, reuevolle Umkehr zum Guten – zu Gott'. Für Lehnübersetzung und -übertragung gibt es schon Standardbeispiele: *Vaterland* ist die freie Nachbildung von *patria.* Das lat. *pater* wird als Benennungsmotiv übernommen. Mit einheimischem lexikalischem Material wird das fremde Wort nachgebildet.

Als Lehnübersetzung bezeichnet man die Glied-für-Glied-Übersetzung. Sie wurde ebenfalls zur Bildung solcher Abstrakta christlicher Texte genutzt, für die es im Deutschen noch keine Entsprechungen gab. Auch die Terminologie der antiken Schriftsteller und Philosophen wurde auf diesem Weg in den Klöstern eingeführt. Vgl. *conscientia – Gewissen*, S. 262.

10.4.4. Funktionen fremden Wortgutes in der deutschen Sprache der Gegenwart

Von spezifischen Funktionen eines fremden Wortes kann nur dann gesprochen werden, wenn es in der aufnehmenden Sprache semantisch selbständig geworden ist. Solange es Leerstellen im lexikalischen System besetzt, d. h., die einzige Benennung für ein Denotat ist, hat es keine über die spezifischen Funktionen der Lexik hinausgehenden Aufgaben. Es erhält sie erst in der Konkurrenz mit anderen Benennungen. Lediglich die Bevorzugung fremden Wortgutes für den Aufbau von Terminologien und Fachwortschätzen könnte man als funktionale Besonderheit fremden Wortgutes und vor allem der Internationalismen ansehen. In terminologischer Funktion haben Fremdwörter gegenüber einheimischem Wortgut den Vorzug, daß sie meist monosem und nicht mit Gefühlswert und Nebensinn „belastet" sind.

Fremdwort und heimisches Wort können synonymisch zur Bedeutungsdifferenzierung beitragen: *Autor – Schriftsteller, Team – Gruppe*. Fremdwort und einheimisches Wort können sich im Gefühlswert unterscheiden. Das Fremdwort wird häufig als ausdrucksstärker empfunden: *attraktiv – anziehend, sensibel – empfindsam*. Dies dürfte auch der Grund dafür sein, daß sich die Werbesprache heute vieler Anglizismen bedient. Das Fremdwort kann aber auch in euphemistischer Funktion verwendet werden, so daß *sensibel, Sensibilität* für *überempfindlich, leicht zu beleidigen* stehen. Fremdwort und deutsches Wort unterscheiden sich im Bedeutungsumfang. Damit ist das Fremdwort zwar ungenauer, aber auch bequemer, wenn diese Art der Vagheit den kommunikativen Effekt nicht mindert: *originell* kann durch mehrere deutsche Wörter ersetzt werden: *originelle Ideen – schöpferische Ideen, origineller Einfall – lustiger Einfall*. Die Differenzierung kann sich auch aus unterschiedlichen Konnotationen ergeben. Fremdwörter und Bezeichnungsexotismen können die assoziative Sphäre ihrer Herkunft in den Text einbringen. Als Prestigewörter spielen heute Angloamerikanismen eine besondere Rolle, vgl. *managen, Manager, Management, Publicity, Entertainer*.

10.4.5. Angloamerikanisches Wortgut in der deutschen Sprache der Gegenwart

LEISI sagte vor noch nicht allzu langer Zeit, daß die Erforschung des angloamerikanischen Einflusses auf die deutsche Sprache der Gegenwart „notwendiger und verdienstvoller als viele Richtungen" sei (vgl. LEISI 1985, 253f.). Geht man von der

Häufigkeit der Angloamerikanismen aus, so erscheint diese Forderung mehr als berechtigt. Dabei ist es nicht allein die Fülle dieses Wortgutes, sondern auch die Vielfalt der Aufnahmewege, die diese Erscheinung unserer Zeit für Linguistik und Sprachpflege so interessant machen. Hier geht es schon darum, ob mit der Übernahme der Angloamerikanismen die Gefahr der Überfremdung unseres Wortschatzes besteht. Während in den neuen Bundesländern erst jetzt die Berührung mit dieser Fremdwortwelle erfolgt, läßt sie sich in den Altländern der Bundesrepublik und in Österreich schon seit 1945 beobachten. Heute kann man wohl auch CARSTENSEN nicht mehr zustimmen, wenn er sagt: „Die Einflüsse des Englischen auf das heutige Deutsch sind ohne Zweifel im Bereich des Wortschatzes am stärksten, aber es muß betont werden, daß dem außerordentlich großen Angebot an englischem Wortgut eine ganz erheblich geringere Nachfrage gegenübersteht, d. h. daß der deutsche Durchschnittssprecher aus dem ihm Angebotenen nur wenig Englisches in seinen aktiven Wortschatz übernimmt" (1979, 15). Diese Auffassung, vor etwa einem Jahrzehnt geäußert, dürfte die heutige Situation kaum mehr richtig widerspiegeln; denn Unterhaltungsindustrie, Technik, Marketing, Mode, Wirtschaft im allgemeinen haben den angloamerikanischen Einfluß verstärkt. Dabei überwiegt das angloamerikanische Englisch. Das stellt, sprachhistorisch gesehen, eine neue Welle fremden Wortgutes gegenüber dem britischen Englisch des beginnenden 20. Jahrhunderts dar.

Besonderheiten der Übernahme

- Die direkte Übernahme ist verbunden mit Sachentlehnungen auf sportlichem, kulturellem Gebiet sowie im Bereich der Lebens- und Genußmittel und der Bekleidung. Hier scheint die Sprachökonomie eine wichtige Rolle zu spielen; denn es werden leicht aussprechbare, besonders einsilbige Wörter aufgenommen: *Fan, Hit, Flip, Gag, Look, Set, Job, Trend, Song, Streß*... Viele der Wörter sind kompositionsfähig: *Fangemeinde, Fanclub, Partnerlook, Reinigungsset, Erdbeershake*.
- Mehrsilbige, auch schwer aussprechbare Wörter werden vor allem dann übernommen, wenn keine deutsche Entsprechung vorhanden ist, aber Benennungsnotwendigkeiten aus der wirtschaftlichen oder politischen Entwicklung heraus auftreten: *Establishment, Know-how, Countdown*, das aus der Raumfahrt auf weitere Bereiche übertragen wurde, *Layout*.
- Unter den heute zu uns kommenden Angloamerikanismen befinden sich auch Rückentlehnungen. Hier sind vor allem Benennungen von Speisen zu finden: *Hamburger* für belegte Brötchen.
- Es treten sehr viele Komposita mit englischen Konstituenten auf, die bereits reihenbildend wirken: *Spray* in *Möbel-Spray, Deo-Spray, Reinigungs-Spray*...
- Lehnübersetzungen und Lehnübertragungen sind häufig: *longplaying* – *Langspielplatte, birth control* – *Geburtenkontrolle*.
- LEHNERT nennt „Falsch- und Scheinentlehnungen", was wir als „Lehnbildung" bezeichnet haben. „Der häufige und vertraute Umgang mit angloamerikani-

schem Wortgut führte in beiden deutschen Staaten zu der bemerkenswerten Erscheinung, daß man nach freiem Ermessen mit englischem Wortmaterial morphologisch, lexikalisch und semantisch in Großbritannien und den USA unbekannte deutsche Schein- und Falschentlehnungen, englische ‚Geisterwörter‘ (ghost-words) bildete" (1986, 59). Er nennt als Beispiele den Plural *Twens* (aus engl. *twenties* abgeleitet), *Talk-Master*.

– Bemerkenswert ist auch die Tatsache, daß in die ehemalige DDR angloamerikanisches Wortgut auf dem Weg über das Russische kam. Hier nennt LEHNERT (S. 48) z. B. *Cocktail, Toast, Dispatcher*. „Auch die erweiterte, neue Bedeutung von *Generation* als ‚Erzeugung, Entwicklung‘, englisch *generation* ... ist wohl über angloamerikanisch *generation* und russisch *generacija* in die DDR gelangt" (1986, 49).

Bedeutend ist der Einfluß englischen und angloamerikanischen Wortgutes im Bereich der Technik und der technischen Wissenschaften. Aber auch Terminologien anderer Wissenschaften zeigen die gleiche Tendenz. Selbst die Linguistik nutzt in der Grammatik, aber auch in den verschiedenen Sprachhandlungstheorien englisches Vokabular.

Der englische Einfluß ist außerordentlich stark und muß zu den auffallenden Entwicklungserscheinungen der deutschen Sprache der Gegenwart gerechnet werden. Vgl. LEHNERT 1986, CARSTENSEN/GALINSKY ³1975, CARSTENSEN 1979, 1980, VIERECK 1980.

* * *

So offenbart sich das Wesen der Sprache in ständiger Anpassung an die kommunikativen und kognitiven Bedürfnisse der Sprachgemeinschaften. Der Wortschatz, dessen Einheiten der Benennung, Verallgemeinerung, Bewertung und Äußerung von Einstellungen und Gefühlen dienen, erweist sich als dynamisch und variabel. Ständig werden neue Lexeme gebildet, vollzieht sich Wandel im lexisch-semantischen System der deutschen Sprache. Nicht alle Innovationen verändern den deutschen Wortschatz. Zu Entwicklungen führen nur jene, die der Effektivität (im weitesten Sinne) sprachlicher Kommunikation dienen. In den Anforderungen des praktischen Lebens liegen die Triebkräfte sprachlichen Wandels und der Veränderungen im Wortschatz.

Literaturverzeichnis

Wörterbücher und Lexika

Achmanova, O. S. 1966. Slovar' lingvističeskich terminov. Moskva
Adelung, J. C. 1773–1786. Versuch eines vollständigen grammatisch-kritischen Wörterbuches der Hochdeutschen Mundart mit beständiger Vergleichung der übrigen Mundarten, besonders aber der oberdeutschen. Leipzig
Adelung, J. C. ²1793–1801; 1970. Grammatisch-kritisches Wörter-Buch der hochdeutschen Mundart, mit beständiger Vergleichung der übrigen Mundarten, besonders aber der oberdeutschen. Leipzig 1793–1801. 4 Bde. Nachdruck: Hildesheim; New York
Agricola, Ch.; Agricola, E. ⁶1987. Wörter und Gegenwörter. Antonyme der deutschen Sprache. Leipzig
Augst, G. 1975. Lexikon zur Wortbildung. Morpheminventar. Bd. I–III. Tübingen
Augst, G. ²1985. Kinderwort. Der aktive Kinderwortschatz (kurz vor der Einschulung) nach Sachgebieten geordnet mit einem alphabetischen Register. Frankfurt (Main); Bern; New York
Benecke, G.; Müller, W.; Zarncke, F. 1854–1866. Mittelhochdeutsches Wörterbuch. Mit Benutzung des Nachlasses von Georg Benecke ausgearbeitet von Wilhelm Müller und Friedrich Zarncke. Leipzig
Bergmann, G. ²1987. Kleines sächsisches Wörterbuch. Leipzig
Borchardt, W.; Wustmann, G.; Schoppe, G. ⁷1954. Die sprichwörtlichen Redensarten im deutschen Volksmund nach Sinn und Ursprung erläutert. Leipzig
Bräuer, R.; Bartels, G. 1979. Wörterbuch lexikologischer Termini. Greifswald
Dasypodius, P. 1536. Dictionarium Latino-Germanicum. Straßburg
Dornseiff, F. ⁷1970 (¹1933). Der deutsche Wortschatz nach Sachgruppen. Berlin
Duden. Bedeutungswörterbuch. ²1985. Bd. 10. Hrsg. u. bearb. v. W. Müller u. a. 2., völlig neu bearb. u. erw. Aufl. Mannheim; Wien; Zürich (Duden)
Duden. Etymologie. 1963. Herkunftswörterbuch der deutschen Sprache. Bearb. v. G. Drosdowski u. a. Mannheim; Wien; Zürich
Duden. 1976–1981. Das große Wörterbuch der deutschen Sprache in sechs Bänden. Hrsg. u. bearb. vom Wiss. Rat u. d. Mitarb. d. Dudenredaktion unter Leitung v. G. Drosdowski; P. Grebe u. a. Mannheim; Zürich; Wien
Eberhard, J. A. 1795–1802. Versuch einer allgemeinen deutschen Synonymik in einem kritisch-philosophischen Wörterbuche der sinnverwandten Wörter der hochdeutschen Mundart. 6 Theile. Nebst einem vollständigen Register über alle sechs Theile. Halle; Leipzig
Eberhard, J. A. ¹⁷1910. Synonymisches Handwörterbuch der deutschen Sprache. Leipzig
Ebner, J. ²1980. Wie sagt man in Österreich? Wörterbuch der Österreichischen Besonderheiten. Die DUDEN-Taschenbücher 8. Mannheim; Wien; Zürich
Eichler, E.; Walther, H. ²1988. Städtenamenbuch der DDR. Leipzig
Engel, U.; Schumacher, H. ²1978. Kleines Valenzlexikon deutscher Verben. Tübingen
Etymologisches Wörterbuch des Deutschen. 1989. Von einem Autorenkollektiv des ZISW der AdW der DDR unter Leitung von W. Pfeifer. Berlin

Familiennamenbuch. 1987. Hrsg. v. H. Naumann. Leipzig
Friedrich, W. ²1976. Moderne deutsche Idiomatik. Alphabetisches Wörterbuch mit Definitionen und Beispielen. München
Frisch, J. L. 1741. Teutsch-Lateinisches Wörter-Buch. 2 Bde. Berlin. Neudruck 1977 Hildesheim; New York
Görner, H. ⁵1986. Redensarten. Kleine Idiomatik der deutschen Sprache. Leipzig
Grimm, J.; Grimm, W. 1854–1960. Deutsches Wörterbuch von Jacob und Wilhelm Grimm. Leipzig 1854–1960. Bd. 1–16 in 32 Bdn. Quellenverzeichnis 1971 Neubearbeitung. Hrsg. v. d. Akademie d. Wissenschaften zu Berlin in Zusammenarbeit mit der Akademie der Wissenschaften zu Göttingen. Leipzig 1965ff.
Handwörterbuch der deutschen Gegenwartssprache. 1984. In 2 Bdn. Von einem Autorenkollektiv unter d. Leitung v. G. Kempcke. Berlin (HDG)
Helbig, G. 1969. Kleines Wörterbuch linguistischer Termini. Beilage zur Zeitschrift „Deutsch als Fremdsprache". H. 2
Helbig, G.; Schenkel, W. ⁴1978. Wörterbuch zur Valenz und Distribution deutscher Verben. Leipzig
Heyse, J. Chr. A. 1833–1849. Handwörterbuch der deutschen Sprache mit Hinsicht auf Rechtschreibung, Abstammung und Bildung, Biegung und Fügung der Wörter, sowie auf deren Sinnverwandtschaft. Nach den Grundsätzen seiner Sprachlehre angelegt. 3 Bde. Magdeburg
Kindleben, Ch. W. 1781. Studenten-Lexicon. Aus den hinterlassenen Papieren eines unglücklichen Philosophen Florido genannt, ans Tageslicht gestellt von Christian Wilhelm Kindleben. Halle. Unveränderter fotomechanischer Nachdruck der Originalausgabe 1781. Leipzig 1972
Kleines Wörterbuch der „falschen Freunde". 1984. Deutsch–Spanisch. Spanisch–Deutsch. Wotjak, G.; Herrmann, U. Leipzig
Kleines Wörterbuch sprachwissenschaftlicher Termini. ³1981. Hrsg. v. R. Conrad. Leipzig
Kluge, F. 1895. Deutsche Studentensprache. Straßburg
Kluge, F. 1908–1911. Seemannssprache. Wortgeschichtliches Handbuch deutscher Schiffahrtausdrücke älterer und neuerer Zeit. Halle (Saale)
Kluge, F. 1967. Etymologisches Wörterbuch der deutschen Sprache. 20. Aufl. bearb. v. W. Mitzka. Berlin; 1. Aufl. 1883 Berlin
Kluge, F.; Götze, A. 1943. Etymologisches Wörterbuch der deutschen Sprache. 13. unveränderte Auflage. Berlin
Küpper, H. 1955–1967. Wörterbuch der deutschen Umgangssprache. Bd. 1–5. Hamburg
Lemmer, M. ²1968. Deutscher Wortschatz. Bibliographie zur deutschen Lexikologie. Halle (Saale)
Lewandowski, Th. ²1976. Linguistisches Wörterbuch. 3 Bde. Heidelberg
Lexer, M. 1872–1878. Mittelhochdeutsches Handwörterbuch. Leipzig
Lexer, M. ³⁵1978. Mittelhochdeutsches Taschenwörterbuch. Leipzig
Lexikon der germanistischen Linguistik. 1973, Bd. 1–3 und ²1980. Hrsg. v. H. P. Althaus; H. Henne; H. E. Wiegand. Tübingen
Maaler, J. 1561. Die Teütsch spraach. Alle wörter namen un arten zu reden in Hochteütscher spraach dem ABC nach ordentlich gestellt unnd mit guotem Latein gantz fleissig unnd eigentlich vertolmetscht dergleychen bißhär nie gesähen. Zürich
Mackensen, L. ⁹1977. Deutsches Wörterbuch. München
Mater, E. ³1970. Rückläufiges Wörterbuch der deutschen Gegenwartssprache. Leipzig
Paul, H. ⁷1960. Deutsches Wörterbuch. Bearb. v. A. Schirmer. Halle (Saale) 1. Aufl. 1897. Halle
Österreichisches Wörterbuch. 1979. Hrsg. im Auftrag des Bundesministeriums für Unterricht und Kunst. 35. völlig neu bearb. u. erw. Aufl. von E. Benedikt; M. Hornung u. E. Pacolt. Wien

Roget, P. M. 1852. Thesaurus of English Words an Phrases. Classified and Arranged so as to Facilitate the Expression of Ideas and assist in Literary Composition. London
Rozental', D. E.; Telenkova, M. A. 1976. Slovar' – spravočnik linguističeskich terminov. Moskva
Sanders, D. 1873–1877. Deutscher Sprachschatz, geordnet nach Begriffen zur leichten Auffindung und Auswahl des passenden Ausdrucks. Ein stilistisches Hülfsbuch für jeden Deutsch Schreibenden. Bd. 1 und 2. Hamburg
Sanders, D. 1876. Wörterbuch der deutschen Sprache. Mit Belegen von Luther bis auf die Gegenwart. 2. Aufl. Leipzig
Sanders, D. 1889. Bausteine zu einem Wörterbuch der sinnverwandten Ausdrücke im Deutschen. Ein Vermächtnis an das deutsche Volk. Berlin
Sanders, D. 1896. Deutsche Synonymen. Gesamt-Ausgabe der Neuen Beiträge zur Deutschen Synonymik und der Bausteine zu einem Wörterbuch der sinnverwandten Ausdrücke im Deutschen. 2 Bde. Berlin; Weimar
Schirmer, A. [5]1965. Deutsche Wortkunde. Kulturgeschichte des deutschen Wortschatzes. 5. Aufl. v. W. Mitzka. Berlin (West)
Slovar' slovoobrazovatel'nych elementov nemeckogo jazyka. 1979. Pod rukovodstvom M. D. Stepanovoj. Moskva
Sommerfeldt, K.-E.; Schreiber, H. [3]1985. Wörterbuch zur Valenz und Distribution deutscher Substantive. Leipzig
Sommerfeldt, K.-E.; Schreiber, H. [3]1983. Wörterbuch zur Valenz und Distribution deutscher Adjektive. Leipzig
Sprachwissenschaftliches Wörterbuch. 1974. Hrsg. v. J. Knobloch. Heidelberg
Stieler, K. 1691. Der Teutschen Sprache Stammbaum und Fortwachs oder Teutscher Sprachschatz. Bd. 1–2. Nürnberg
Neudruck: Hildesheim 1968. Bd. 1. Mit einer Einführung und Bibliographie von G. Ising. Hildesheim; New York
Strauß, G.; Haß, U.; Harras, G. 1989. Brisante Wörter von Agitation bis Zeitgeist. Ein Lexikon zum öffentlichen Sprachgebrauch. Berlin; New York
Synonymwörterbuch. [8]1984. Sinnverwandte Ausdrücke der deutschen Sprache. Hrsg. v. H. Görner u. G. Kempcke. Leipzig
Trübners Deutsches Wörterbuch. 1939–1957. Hrsg. v. A. Götze. (ab Bd. 5 hrsg. v. A. Götze; J. W. Mitzka) 8 Bde. Berlin (Trübner)
Verben in Feldern. 1986. Valenzwörterbuch zur Syntax und Semantik deutscher Verben. Hrsg. v. H. Schumacher. Berlin; New York
Wahrig, G. 1968. Deutsches Wörterbuch. Mit einem „Lexikon der deutschen Sprachlehre". Hrsg. in Zusammenarb. m. zahlreichen Wissenschaftlern u. and. Fachleuten. Völlig überarb. Neuausgabe. München 1986 (Wahrig)
Wahrig, G. 1982. Der kleine Wahrig. Wörterbuch der deutschen Sprache. Hrsg. v. G. Wahrig in Zusammenarbeit mit zahlreichen Wissenschaftlern und anderen Fachleuten. München
Wasserzieher, E. [4]1979. Kleines etymologisches Wörterbuch der deutschen Sprache. Leipzig
Wasserzieher, E. 1918. Woher? Ableitendes Wörterbuch der deutschen Sprache. Berlin
Wehrle, H.; Eggers, H. 1968. Deutscher Wortschatz – Ein Wegweiser zum betreffenden Ausdruck. 2 Tle. Frankfurt (Main)
Wiegand, H. E.; Wolski, W. 1975. Arbeitsbibliographie zur Semantik in der Sprachphilosophie, Logik, Linguistik und Psycholinguistik (1963–1973/74), zusammengestellt von H. E. Wiegand u. W. Wolski. In: Germanistische Linguistik 1–6/75, 93–838
Wiese, J. 1987. Berliner Wörter & Wendungen. Berlin
Wörter und Wendungen. Wörterbuch zum deutschen Sprachgebrauch. 1962. [11]1982. Hrsg. v. E. Agricola unter Mitwirkung von H. Görner; R. Küfner. Leipzig
Wörterbuch der deutschen Gegenwartssprache. Hrsg. v. R. Klappenbach u. W. Steinitz; Akademie der Wissenschaften der DDR. Bd. 1 [10]1980; Bd. 2 [7]1981; Bd. 3 [6]1985; Bd. 4 [5]1985; Bd. 5 [4]1980; Bd. 6 [3]1982 (WDG)

Wörterbuch der Psychologie. ⁴1985. Hrsg. v. G. Clauss u. a. Leipzig
Wörterbuch der Sprachschwierigkeiten. Zweifelsfälle, Normen und Varianten im gegenwärtigen deutschen Sprachgebrauch. ²1986. Hrsg. v. J. Dückert u. G. Kempcke

Abgekürzt zitierte Titel

BES	– Beiträge zur Erforschung der deutschen Sprache. Hrsg. v. W. Fleischer; R. Große; G. Lerchner, Leipzig
DaF	– Deutsch als Fremdsprache. Zeitschrift zur Theorie und Praxis des Deutschunterrichts für Ausländer. Leipzig
LAB	– Linguistische Arbeitsberichte. Mitteilungsblatt der Sektion Theoretische und angewandte Sprachwissenschaft der Karl-Marx-Universität Leipzig
LS/ZISW/A	– Linguistische Studien. Reihe A. Arbeitsberichte. Akademie der Wissenschaften der DDR. Zentralinstitut für Sprachwissenschaft. Berlin
PF	– Potsdamer Forschungen. Schriften der Pädagogischen Hochschule Potsdam
WZ	– Wissenschaftliche Zeitschrift
ZGL	– Zeitschrift für germanistische Linguistik. Hg. H. Henne; E. Oksaar; H. E. Wiegand. Berlin; New York
ZPSK	– Zeitschrift für Phonetik, Sprachwissenschaft und Kommunikationsforschung. Berlin

Sonstige Literatur

Achmanova, O. S. 1957. Očerki po obščej i russkoj leksikologii. T. 2,3,4. Moskva
Agricola, E. 1968 a. Syntaktische Mehrdeutigkeit (Polysyntaktizität) bei der Analyse des Deutschen und des Englischen. Berlin = Schriften zur Phonetik, Sprachwissenschaft und Kommunikationsforschung. Nr. 12.
Agricola, E. 1968 b. Modell eines operativen sprachlichen Thesaurus. In: Probleme der strukturellen Grammatik und Semantik. Leipzig
Agricola, E. ³1975. Semantische Relationen im Text und im System. Halle (Saale)
Agricola, E. 1976. Vom Text zum Thema. In: Probleme der Textgrammatik. = Studia grammatica XI. Berlin, 13–27.
Agricola, E. 1977. Text – Textaktanten – Informationskern. In: Probleme der Textgrammatik II. = Studia grammatica XVIII. Berlin, 11–32.
Agricola, E. 1979. Textstruktur – Textanalyse – Informationskern. Leipzig
Agricola, E. 1982. Ein Modellwörterbuch lexikalisch-grammatischer Strukturen. In: Wortschatzforschung heute. Aktuelle Probleme der Lexikologie und Lexikographie. Hrsg. v. E. Agricola; J. Schildt; D. Viehweger. Leipzig = Linguistische Studien
Agricola, E. 1987. (Leitung) Studien zu einem Komplexwörterbuch der lexikalischen Mikro-, Medio- und Makrostrukturen („Komplexikon"). LS/ZISW/A 169 I u. II. Berlin
Akten des VII. Internationalen Germanisten-Kongresses Göttingen. 1985. Kontroversen, alte und neue. 1986. Hrsg. v. A. Schöne. Bd. 3. Textlinguistik contra Stilistik? Wortschatz und Wörterbuch. Grammatische oder pragmatische Organisation von Rede? Hrsg. von W. Weiss; H. E. Wiegand; M. Reis. Tübingen
Allgemeine Sprachwissenschaft. Von einem Autorenkollektiv unter der Leitung v. B. A. Serébrennikow. Ins Deutsche übertragen u. hrsg. v. H. Zikmund u. G. Feudel.
²1975. Bd. 1: Existenzformen, Funktionen und Geschichte der Sprache.
1975. Bd. 2: Die innere Struktur der Sprache.
1976. Bd. 3: Methoden sprachwissenschaftlicher Forschung. Berlin

Amirova, T. A.; Ol'chovikov, B. A.; Roždestvenskij, Ju. V. 1980. Abriß der Geschichte der Linguistik. Ins Deutsche übersetzt v. B. Meier. Hrsg. v. G. F. Meier. Leipzig
Ammer, K. 1958. Einführung in die Sprachwissenschaft. Bd. 1. Halle (Saale)
Ammon, U. 1973. Dialekt und Einheitssprache in ihrer sozialen Verflechtung.
Amosova, N. N. 1958. Slovo i kontekst. In: Očerki po leksikologii, frazeologii i stilistike. Izd. Leningradskogo Universiteta, Nr. 243
Amosova, N. N. 1963. Osnovy anglijskoj frazeologii. Leningrad.
Der angloamerikanische Einfluß auf die deutsche Sprache der Gegenwart in der DDR. Dem Wirken Martin Lehnerts gewidmet. 1986. = Sitzungsberichte der Akademie der Wissenschaften der DDR. Gesellschaftswissenschaften. Nr. 6/G. Berlin
Ansichten einer künftigen Germanistik. 1973. Hrsg. v. J. Kolbe. Frankfurt (Main); Berlin (West); Wien
Antos, G. 1982. Grundlagen einer Theorie des Formulierens. Textherstellung in geschriebener und gesprochener Sprache. Tübingen
Apresjan, Ju. D. 1962. O ponjatijach i metodach strukturnoj leksikologii. In: Problemy strukturnoj lingvistiki. Moskva
Apresjan, Ju. D. 1974. Leksičeskaja semantika. Sinonimičeskie sredstva jazyka. Moskva
Arens, H. ^{2}1969. Sprachwissenschaft. Der Gang ihrer Entwicklung von der Antike bis zur Gegenwart. Freiburg; München
Aronoff, M. 1976. Word Formation in Generative Grammar. Cambridge
Arutjunova, N. D. 1988. Tipy jazykovych značenij. Ocenka sobytie fakt. Moskva
Aspekte der Semantik. 1972. Zu ihrer Theorie und Geschichte. 1662–1970. Hrsg. v. L. Antal. Frankfurt (Main)
Augst, G. 1975. Untersuchungen zum Morpheminventar der deutschen Gegenwartssprache. Tübingen
Augst, G. 1985. Kinderwort. Der aktive Kinderwortschatz (kurz vor der Einschulung) nach Sachgebieten geordnet mit einem alphabetischen Register. Frankfurt (Main); Bern; New York
Austin, J. L. 1972. Zur Theorie der Sprechakte. Stuttgart
Bäuerle, R. 1985. Das Lexikon in der kompositionellen Satzsemantik. In: Handbuch der Lexikologie, 199–226
Bahner, W. 1962. Grundzüge der Feldtheorie von Jost Trier. Eine kritische Analyse. In: WZ der Karl-Marx-Universität Leipzig. Gesellschafts- und sprachwiss. Reihe. 3, 593–598. Leipzig
Bahner, W. 1978. Aspekte der Sprachbetrachtung in der Renaissance. In: ZPSK Bd. 31, H. 5, 457–462
Baldinger, K. 1957. Die Semasiologie. Versuch eines Überblicks. Berlin
Baldinger, K. 1973. Zum Einfluß der Sprache auf die Vorstellungen des Menschen. Volksetymologie und semantische Parallelverschiebungen. Heidelberg
Ballweg-Schramm, A.; Schumacher, H. 1979. Struktur eines semantisch fundierten Valenzwörterbuchs deutscher Verben. In: Moderner Sprachunterricht – Lehrerbildung und Lehrerfortbildung. Bericht über die V. Internationale Deutschlehrertagung in Dresden vom 1.–5. August 1977. Leipzig
Barth, E. 1971. Fachsprache. Eine Bibliographie. Hildesheim
Barz, I. 1972. Semantische Untersuchungen zu den Lokaladverbien der deutschen Gegenwartssprache. Versuch einer Semanalyse. Diss. A. Leipzig
Barz, I. 1988 a. Nomination durch Wortbildung. Leipzig
Barz, I. 1988 b. Wortbildung und Nomination. In: Zur Theorie der Wortbildung im Deutschen. Sitzungsberichte der Akademie der Wissenschaften der DDR. Gesellschaftswissenschaften. Nr. 4/G. Berlin, 19–24.
Baumgärtner, K. 1967. Die Struktur des Bedeutungsfeldes. In: Satz und Wort im heutigen Deutsch. Probleme und Ergebnisse neuerer Forschung. Hrsg. v. H. Eggers. Düsseldorf
Baur, A. 1983. Was ist eigentlich Schweizerdeutsch? Winterthur

Bedeutungen und Ideen in Sprachen und Texten. 1987. Werner Bahner gewidmet. Hrsg. v. W. Neumann u. B. Techtmeier. Berlin
De Beaugrande, R. A.; Dressler, W. U. 1981. Einführung in die Textlinguistik. Tübingen
Behaghel, O. 1953. ¹⁴1968. Die deutsche Sprache. Mit Hinweisen und Anmerkungen von F. Maurer. Halle (Saale)
Beiträge zur Onomastik. I. 1985. Vorträge der Teilnehmer aus der DDR auf dem XV. Internationalen Kongreß für Namenforschung, Karl-Marx-Universität Leipzig 13.–17. August 1984. Hrsg. v. E. Eichler; H. Walther; I. Bily. = LS/ZISW/A 129/I. Berlin
Beiträge zu theoretischen und praktischen Problemen in der Lexikographie der deutschen Gegenwartssprache. 1985. = LS/ZISW/A 122. Berlin
Beiträge zur Valenztheorie. 1971. Hrsg. v. G. Helbig. Halle (Saale)
Bellmann, G. 1957. Mundart – Schriftsprache – Umgangssprache. In: Beiträge zur Geschichte der deutschen Sprache und Literatur (PBB). Sonderband 1957. Halle (Saale)
Bellmann, G. 1968. Zur Abgrenzung und Terminologie bedeutungsgleicher und bedeutungsverwandter lexikalischer Einheiten. In: Zeitschrift für Mundartforschung H. 3/4, 218–223
Bellmann, G. 1988. Motivation und Kommunikation. In: Deutscher Wortschatz. Berlin; New York, 3–23
Bellmann, G. 1989. Zur Nomination und zur Nominationsforschung. In: Beiträge zur Erforschung der deutschen Sprache (BES), 28–31
Bellmann, G. 1991. Wandlungen im Wortschatz der deutschen Gegenwartssprache: Der Wortschatz und die deutsche Einheit. In: Beiträge zur deutschen Linguistik, Methodik und Didaktik 5. 21–32. Kyoto
Beneke, J. 1983. Untersuchungen zu ausgewählten Aspekten der sprachlich-kommunikativen Tätigkeit Jugendlicher (untersucht an Probanden aus der Hauptstadt der DDR, Berlin, und dem mecklenburgischen Dorf Mirow, Bezirk Neubrandenburg). Diss. A. Berlin
Beneke, J. 1985. Die jugendspezifische Sprachvarietät – ein Phänomen unserer Gegenwartssprache. In: LS/ZISW/A 140, 1–82. Berlin
Berg, W. 1978. Uneigentliches Sprechen. Zur Pragmatik und Semantik von Metapher, Metonymie, Ironie, Litotes und rhetorischer Frage. Tübingen
Betz, W. 1954. Zur Überprüfung des Feldbegriffes. In: Zeitschrift für vergleichende Sprachforschung auf dem Gebiet der indogermanischen Sprachen. Bd. 74, H. 3–4, 189ff.
Betz, W. ²1959. Lehnwörter und Lehnprägungen im Vor- und Frühdeutschen. In: Deutsche Wortgeschichte. Hrsg. v. F. Maurer u. F. Stroh. Bd. 1. Berlin (West), 127ff.
Bickmann, H.-J. 1978. Synonymie und Sprachverwendung. Verfahren zur Ermittlung von Synonymenklassen als kontextbeschränkten Äquivalenzklassen. Tübingen
Bielfeldt, H. H. 1967. Russische Lehnwörter in deutschen Mundarten. In: Zeitschrift für Slawistik. Bd. 12, H. 5, 627ff.
Bierwisch, M. 1965. Eine Hierarchie syntaktisch-semantischer Merkmale. In: Studia grammatica V, 29–86. Berlin
Bierwisch, M. 1969. Strukturelle Semantik. In: DaF, H. 2, 66–74
Bierwisch, M. 1975. Struktur und Funktion von Varianten im Sprachsystem. In: LS/ZISW/A 19, 65–137. Berlin
Bierwisch, M. 1983a. Semantische und konzeptuelle Repräsentation lexikalischer Einheiten. In: Studia grammatica XXII, 61–99. Berlin
Bierwisch, M. 1983b. Psychologische Aspekte der Semantik natürlicher Sprachen. In: Richtungen der modernen Semantikforschung. Hrsg. v. W. Motsch; D. Viehweger, 15–64. Berlin
Bierwisch, M. 1987. Linguistik als kognitive Wissenschaft – Erläuterungen zu einem Forschungsprogramm. In: Zeitschrift für Germanistik, 645–667
Blanár, V. 1977. Der linguistische und onomastische Status des Eigennamens. In: ZPSK. Bd. 30, 138–148
Bloomfield, L. 1967. Language. 8. Aufl. London

Bochmann, K. 1974. Zum theoretischen Status und operativen Wert der Konnotationen. In: LAB 10, 24–38. Leipzig

Böhme, U. 1979. Wort und Wortschatz. Studie zu Fragen der allgemeinen Lexikologie am Material des Russischen. Leipzig

Böhnke, R. 1972. Versuch einer Begriffsbestimmung der Antonymie. Diss. A. Leipzig

Bondarko, A. V. 1977. Zur Problematik der funktional-semantischen Kategorien. In: Potsdamer Forschungen. Reihe A. H. 20, 9–26. Potsdam

Brandt, W.; Freudenberg, R. (Hrsg.) 1983. Tendenzen, Formen und Strukturen der deutschen Standardsprache nach 1945

Braun, W. 1981. Demokratie von demokratia. In: Das Fortleben altgriechischer sozialer Typenbegriffe in der deutschen Sprache. Berlin = Soziale Typenbegriffe im alten Griechenland und ihr Fortleben in den Sprachen der Welt. Bd. 5

Braußе, U. 1987. Bedeutungsdarstellung bei Funktionswörtern. In: LS/ZISW/A 169 I, 110–149. Berlin

Brekle, H. E. 1974. Semantik. Eine Einführung in die sprachwissenschaftliche Bedeutungslehre. München

Brinkmann, H. ^{2}1971. Die deutsche Sprache. Gestalt und Leistung. Düsseldorf

Brykova, L. 1973. Untersuchungen über die Expressivität durch Wortbildung in der deutschen Gegenwartssprache. Diss. A. Leipzig

Budagov, R. A. 1958. Vvedenie v nauku o jazyke. Moskva

Bühler, K. 1918. Kritische Musterung der neueren Theorien des Satzes. Indogerm. Jahrbuch VI, 1–20

Bühler, K. 1918. Die geistige Entwicklung des Kindes.

Bühler, K. 1934, ^{2}1965. Sprachtheorie. Die Darstellungsfunktion der Sprache. Jena, 2. Aufl. Stuttgart (unveränderter Nachdruck)

Bünting, K.-D. 1971. Einführung in die Linguistik. Grundbegriffe, Methoden, Analysetechniken. Frankfurt (Main)

Burger, H. 1973. Unter Mitarbeit von Jaksche. Idiomatik des Deutschen. Tübingen

Burger, H. 1977. Probleme einer historischen Phraseologie des Deutschen. In: Beiträge zur Geschichte der deutschen Sprache und Literatur. Bd. 99, 1ff. Tübingen

Burger, H. 1979. Phraseologie und gesprochene Sprache. In: Standard und Dialekt. Studien zur gesprochenen und geschriebenen Gegenwartssprache. Festschrift f. H. Rupp zum 60. Geburtstag, 89ff. Bern und München

Burger, H.; Buhofer, A.; Sialm, A. 1982. Handbuch der Phraseologie. Berlin; New York

Burkhardt, A. 1982. Gesprächswörter. Ihre lexikologische Bestimmung und lexikographische Beschreibung. In: Konzepte zur Lexikographie. Studien zur Bedeutungserklärung im einsprachigen Wörterbuch. Hrsg. v. W. Mentrup. = Reihe Germanistische Linguistik 38, 138–171. Tübingen

Burkhardt, A. 1991. Vom Nutzen und Nachteil der Pragmatik für die diachrone Semantik. In: Busse, D. (Hg.) Diachrone Semantik und Pragmatik. Untersuchungen zur Erklärung und Beschreibung des Sprachwandels, 7–36. Tübingen

Busse, D. 1986. Überlegungen zum Bedeutungswandel. In: Sprache und Literatur 17, 51–67

Busse, D. 1991. Konventionalisierungsstufen des Zeichengebrauchs als Ausgangspunkt semantischen Wandels. In: Diachrone Semantik und Pragmatik, 37–66. Tübingen

Busse, D. (Hg.) 1991. Diachrone Semantik und Pragmatik. Untersuchungen zur Erklärung und Beschreibung des Sprachwandels. = Reihe Germanistische Linguistik 113. Tübingen

Bykowa, O. 1975. Untersuchung zur lexikalischen Polysemie in der deutschen Gegenwartssprache. Die semantische Struktur der polysemen Substantive unter dem funktionalen Aspekt. Diss. A. Halle (Saale)

Carstensen, B. 1979. Evidente und latente Einflüsse auf das Deutsche. In: Fremdwort-Diskussion, hrsg. v. P. Braun, 90–94. München

Carstensen, B. 1981. Lexikalische Scheinentlehnungen des Deutschen aus dem Englischen. In: Kontrastive Linguistik und Übersetzungswissenschaft – Akten des Internationalen Kolloquiums Trier–Saarbrücken vom 25.–30.9.1978, 175–182
Carstensen, B.; Galinsky, H. ^{3}1975. Amerikanismen der deutschen Gegenwartssprache. Entlehnungsvorgänge und ihre stilistischen Aspekte. Heidelberg
Černyševa, I. I. 1970. Fraseologija sovremennogo nemeckogo jazyka. Moskva
Černyševa, I. I. 1980. Feste Wortkomplexe des Deutschen in Sprache und Rede. Moskau 1980, 83–87
Černyševa, I. I. 1981. Zum Problem der phraseologischen Semantik. In: WZ der Karl-Marx-Universität Leipzig. Gesellschafts- u. sprachw. Reihe, H. 5, 424–429
Cherubim, D. 1979. Zum Problem der Ursachen des Sprachwandels. In: Zeitschrift für Dialektologie und Linguistik, 46, 320–337
Cherubim, D. 1983. Trampelpfad zum Sprachwandel? (zu Rudi Kellers Beitrag in ZGL ...) In: ZGL 11/1983, 65–71
Cherubim, D. 1988 a. Sprach-Fossilien. Beobachtungen zum Gebrauch, zur Beschreibung und zur Bewertung der sogenannten Archaismen. In: Deutscher Wortschatz, 525–552. Berlin; New York
Cherubim, D. 1988. Zum Verhältnis von Theorie und Empirie in der historischen Sprachwissenschaft. In: Ergon und Energeia. Bd. III. Sprachliche Variation – Sprachgeschichte – Sprachtypologie. Das sprachtheoretische Denken Eugenio Coserius in der Diskussion. Hrsg. v. H. Thun, 61–79. Tübingen
Chomsky, N. 1969. Aspekte der Syntax-Theorie. Frankfurt a. Main
Conrad, R. 1987. Wesen, Status und Funktionsweise von Ideologien aus sprachtheoretischer Sicht. In: ZPSK, Bd. 40. H. 4, 475–503
Coseriu, E. 1967. Lexikalische Solidaritäten. In: Poetica 1, H. 3, 293–303, München
Coseriu, E. 1969. Semantik, innere Sprachform und Tiefenstruktur. Hrsg. vom Roman. Seminar. Tübingen
Coseriu, E. ^{2}1973 a. Einführung in die strukturelle Betrachtung des Wortschatzes. Tübingen = Tübinger Beiträge zur Linguistik
Coseriu, E. 1973 b. Die Lage in der Linguistik. Innsbruck
Coseriu, E. 1974. Synchronie, Diachronie, Geschichte. Das Problem des Sprachwandels. Übers. v. H. Sohre. München
Coseriu, E. ^{3}1978. Probleme der strukturellen Semantik. Tübingen
Coulmas, F. 1981. Routine im Gespräch. Zur pragmatischen Fundierung der Idiomatik. Wiesbaden
Coulmas, F. 1985. Lexikalisierung von Syntagmen. In: Handbuch der Lexikologie, 250–268
Debrunner, A. 1916. Griechische Bedeutungslehnwörter im Latein. Festschrift F. C. Andreas. Leipzig
Debus, F. 1988. Original und Variation. Zur Kreativität bei der Benennung von Personen. In: Deutscher Wortschatz, 24–45
Deese, J. E. 1965. The Structure of Associations in Language and Thought. Baltimore
Der angloamerikanische Einfluß auf die deutsche Sprache der Gegenwart in der DDR. Dem Wirken Martin Lehnerts gewidmet. 1986. Sitzungsberichte der Akademie der Wissenschaften der DDR. Gesellschaftswissenschaften. Nr. 6/G Berlin
Deutsche Sprache. Kleine Enzyklopädie. 1983. Hrsg. W. Fleischer; W. Hartung; J. Schildt (Federführung); P. Suchsland. Leipzig
Deutsche Wortbildung. 1973; 1975. Typen und Tendenzen in der Gegenwartssprache. Düsseldorf. Hauptteil 1. I. Kühnhold u. H. Wellmann. Das Verb. 1973. Hauptteil 2. H. Wellmann. Das Substantiv. 1975
Deutsche Wortgeschichte. ^{2}1957–1960. Hrsg. v. F. Maurer und F. Stroh. Bd. 1–3. Berlin (West) = Grundriß d. german. Philologie 17
Deutscher Wortschatz. 1988. Lexikologische Studien. Ludwig Erich Schmitt zum 80. Ge-

burtstag von seinen Marburger Schülern. Hrsg. v. H. H. Munske; P. v. Polenz; O. Reichmann; R. Hildebrandt. Berlin; New York (Deutscher Wortschatz)
Diachrone Semantik und Pragmatik. 1991. Untersuchungen zur Erklärung und Beschreibung des Sprachwandels. Hg. D. Busse Tübingen = Reihe Germanistische Linguistik 113 (Diachrone Semantik und Pragmatik)
Diersch, H. 1968. Verben der Fortbewegung in der deutschen Sprache der Gegenwart. Eine Untersuchung zu syntagmatischen und paradigmatischen Beziehungen des Wortinhaltes. Diss. Leipzig
Dobrovol'skij, D. O. 1978. Phraseologisch gebundene lexikalische Elemente der deutschen Gegenwartssprache. Ein Beitrag zur Theorie der Phraseologie und zur Beschreibung des phraseologischen Bestandes. Diss. A. Leipzig
Dobrovol'skij, D. O. 1980. Zur Dialektik des Begriffs der textbildenden Potenzen von Phraseologismen. In: ZPSK, H. 6, 690–700
Dokulil, A. 1968. Zur Theorie der Wortbildung. In: WZ d. Karl-Marx-Universität Leipzig. Ges. u. sprachwissenschaftl. Reihe, 203–211
Domašnev, A. J. 1989. Aspekte des deutsch-russischen Sprachvergleichs in der Phraseologie. In: LS/ZISW/A 200, 23–33. Berlin
Dornseiff, F. 1950. Die griechischen Wörter im Deutschen. Berlin
Dornseiff, F. 1964. Sprache und Sprechender. Leipzig
Dornseiff, F. [2]1966. Bezeichnungswandel unseres Wortschatzes. Ein Blick in das Seelenleben der Sprechenden. Lahr in Baden
Drosdowski, G.; Henne, H.; Wiegand, H. E. 1977. Nachdenken über Wörterbücher. Mannheim; Wien; Zürich
Drozd, L.; Seibicke, W. 1973. Deutsche Fach- und Wissenschaftssprache. Bestandsaufnahme – Theorie – Geschichte. Wiesbaden
Duden-Beiträge Sonderreihe: Die Besonderheiten der deutschen Schriftsprache im Ausland. Hrsg. v. H. Moser
H. 5: H. Rizzo-Baur: Die Besonderheiten der deutschen Schriftsprache in Österreich und in Südtirol
H. 7: D. Magenau: Die Besonderheiten der deutschen Schriftsprache im Elsaß und in Lothringen
H. 14: H. Wacker: Die Besonderheiten der deutschen Schriftsprache in den USA
H. 15: D. Magenau: Die Besonderheiten der deutschen Schriftsprache in Luxemburg und in den deutschsprachigen Teilen Belgiens
H. 17: H. Wacker: Die Besonderheiten der deutschen Schriftsprache in Kanada und Australien, mit einem Anhang über die Besonderheiten in Südafrika und Palästina
Dückert, J. 1987. Hrsg. Das Grimmsche Wörterbuch. Untersuchungen zur lexikographischen Methodologie. Leipzig
Ebner, J. [2]1980. Wie sagt man in Österreich? Wörterbuch der Österreichischen Besonderheiten. Die DUDEN-Taschenbücher 8. Mannheim; Wien; Zürich
Eco, U. 1972. Einführung in die Semiotik. München
Eichler, E. 1985. Zur Geschichte der slawistischen Namenforschung in Deutschland: Reinhold Trautmann. In: Beiträge zur Onomastik I. LS/ZISW/A 129/I, 95–100. Berlin
Eichler, E.; Walther, H. [2]1988. Städtenamenbuch der DDR. Leipzig
Eisenberg, P. 1989. Grundriß der deutschen Grammatik. 2., überarbeitete und erweiterte Auflage. Stuttgart
Empfehlung – Standard – Norm. 1990. Beiträge zur Rationalisierung in der Fachkommunikation. Hrsg. v. L. Hoffmann. Leipzig
Engelen, B. 1971. Untersuchungen zu Satzbauplan und Wortfeld in der deutschen Sprache der Gegenwart. München
Engelkamp, J. 1985. Die Repräsentation der Wortbedeutung. In: Handbuch der Lexikologie, 292–313
Englische Lexikologie. [2]1985. Einführung in Wortbildung und lexikalische Semantik. B. Hansen u. a. Leipzig

Erben, J. ¹²1980. Deutsche Grammatik. Ein Abriß. München
Erdmann, K. O. ⁴1925. Die Bedeutung des Wortes. Leipzig
Erfurt, J. 1988. Feministische Sprachpolitik und soziolinguistische Aspekte des Sprachwandels. In: Zeitschrift für Germanistik H. 6, 706–716
Eroms, H.-W. 1986. Textlinguistik und Stiltheorie. In: Akten des VII. Internationalen Germanisten-Kongresses. Bd. 3. Kontroversen, alte und neue. Hrsg. v. A. Schöne, 10–21. Tübingen
Europäische Schlüsselwörter. 1963f. Wortvergleichende und wortgeschichtliche Studien. Hrsg. vom sprachwissenschaftlichen Colloquium. Bd. 1 u. 2. München
Fachsprache und Gemeinsprache. 1975. Texte zum Problem der Kommunikation in der arbeitsteiligen Gesellschaft. Hrsg. v. W. Klute. Frankfurt (Main)
Fachsprache und Gemeinsprache. 1979. Jahrbuch 1978 des Instituts für deutsche Sprache. Hrsg. v. W. Mentrup. Düsseldorf
Felber, H. 1990. Die internationale Terminologienormung (Stand und Perspektiven). In: Empfehlung – Standard – Norm, 10–22. Leipzig
Filipec, J. 1961. Česká synonyma z hlediska stylistiky a leksikologie. Praha
Filipec, J. 1966. Probleme des Sprachzentrums und der Sprachperipherie im System des Wortschatzes. In: Travaux linguistiques des Prague 2, 257–275. Prague
Filipec, J. 1968. Zur Theorie der lexikalischen Synonyme in synchronischer Sicht. In: WZ der Karl-Marx-Universität Leipzig. Gesellschafts- und sprachwissenschaftliche Reihe, 189–198
Filipec, J. 1969. Zur Spezifik des spezialsprachlichen Wortschatzes gegenüber dem allgemeinen Wortschatz. In: DaF, 6, 407–414
Filipec, J. 1975. Relevante Terminusmerkmale und einige Möglichkeiten ihrer Bearbeitung durch technische Mittel. In: LS/ZISW/A 27, 23–55. Berlin
Filipec, J. 1978. Die Dialektik von Stabilität und Variabilität im Wortschatz. In: WZ der Karl-Marx-Universität Leipzig. Gesellschafts- und sprachwissenschaftliche Reihe, 581–584
Filipec, J.; Čermák, F. 1985. Česká leksikologie. Praha
Fischer, E. 1982. Zur Semantik von Wortbildungskonstruktionen mit gebundenem Grundmorphem. In: LS/ZISW/A 99, 112–118
Fix, U. 1979. Zum Verhältnis von Syntax und Semantik im Wortgruppenlexem. In: LS/ZISW/A 56, 1–41. Berlin
Fleischer, W. 1969, ⁵1983. Wortbildung der deutschen Gegenwartssprache, Leipzig
Fleischer, W. 1977a. Typen funktionaler Differenzierung in der Wortbildung der deutschen Sprache der Gegenwart. In: Beiträge zur Geschichte der deutschen Sprache und Literatur. Bd. 98, 131ff. Halle (Saale)
Fleischer, W. 1977b. Neologismen als Wortbildungssynonyme. In: LAB 18, 37–49. Leipzig.
Fleischer, W. 1980. Wortbildungstypen der deutschen Gegenwartssprache in historischer Sicht. In: Zeitschrift für Germanistik. 1, 48–57
Fleischer, W. 1982. Phraseologie der deutschen Gegenwartssprache. Leipzig
Fleischer, W. 1984. Aspekte der sprachlichen Benennung. = Sitzungsberichte der Akademie der Wissenschaften der DDR. Gesellschaftswissenschaften. Nr. 7/G. Berlin
Fleischer, W. 1989. Nomination und unfeste nominative Ketten. In: BES. Band 9, 13–27
Fleischer, W.; Michel, G. ³1979. Stilistik der deutschen Gegenwartssprache. Leipzig
Forsgren, K.-A. 1977. Wortdefinition und Feldstruktur. Zum Problem der Kategorisierung in der Sprachwissenschaft. In: Göteborger Germanistische Forschungen 16. Göteborg
Französische Lexikologie. 1983. Eine Einführung. Von einem Autorenkollektiv unter der Leitung v. U. Ricken. Leipzig
Freitag, R. 1974. Zum Wesen des Schlagwortes und verwandter sprachlicher Erscheinungen. In: WZ der Karl-Marx-Universität Leipzig. Gesellschafts- und Sprachwissenschaftl. Reihe, H. 2, 119–139. Leipzig

Friebertshäuser, H.; Dingeldein, H. 1988. Zur Struktur und Arealtypologie alltagssprachlicher Worträume in Hessen. In: Deutscher Wortschatz, 628–646

Friedrich, W. 1976. Moderne deutsche Idiomatik. Alphabetisches Wörterbuch mit Definition und Beispielen. 2. Aufl. München

Fritz, G. 1974. Bedeutungswandel im Deutschen. Neuere Methoden der diachronen Semantik. Tübingen

Fritz, G. 1984. Ansätze zu einer Theorie des Bedeutungswandels. In: Sprachgeschichte. Ein Handbuch zur Geschichte der deutschen Sprache und ihrer Erforschung. Hrsg. v. W. Besch; O. Reichmann; St. Sonderegger. Berlin; New York. Erster Halbband, 739–753

Funktional-kommunikative Sprachbeschreibung. 1981. Theoretisch-methodische Grundlegung. Von einem Autorenkollektiv unter Leitung v. W. Schmidt. Leipzig

Gabka, K. 1967. Theorien zur Darstellung eines Wortschatzes. Mit einer Kritik der Wortfeldtheorie. Halle (Saale)

Gadamer, H.-G. 1972. Semantik und Hermeneutik. Tübingen

Galkina-Fedoruk, E. M. 1954. Sovremennyj russkij jazyk. Leksika. Moskva

Gamillscheg, E. 1951. Französische Bedeutungslehre. Tübingen

Garner, R. 1971. Presupposition in philosophy and linguistics. In: Studies in linguistic semantics. New York

Gauger, H.-M. 1961. Über die Anfänge der französischen Synonymik und das Problem der Synonymie. Diss. Tübingen

Gauger, H.-M. 1970. Wort und Sprache. Sprachwissenschaftliche Grundfragen. Tübingen

Gauger, H.-M. 1971. Durchsichtige Wörter. Zur Theorie der Wortbildung. Heidelberg

Geckeler, H. 1971. Strukturelle Semantik und Wortfeldtheorie. München

Geckeler, H. 1980. Die Antonymie im Lexikon. In: Perspektiven der lexikalischen Semantik. Hrsg. v. D. Kastovsky, 42–69. Bonn

Gedächtnis – Wissen – Wissensnutzung. 1984. Hrsg. v. F. Klix. Berlin

Gerbert, M. 1990. Syntaktische Standardisierungstendenzen in den englischen Fachsprachen der Technik. In: Empfehlung – Standard – Norm, 34–43. Leipzig

Gipper, H. 1959. Sessel oder Stuhl? Ein Beitrag zur Bestimmung von Wortinhalten im Bereich der Sachkultur. In: Sprache, Schlüssel zur Welt. Festschrift für L. Weisgerber. Hrsg. v. H. Gipper. Düsseldorf

Gläser, R. 1973. Zur Namengebung in der Wirtschaftswerbung. Warenzeichen im britischen und amerikanischen Englisch. In: Der Name in Sprache und Gesellschaft. Beiträge zur Theorie der Onomastik. Berlin

Grammatisch-semantische Felder der deutschen Sprache der Gegenwart. 1984. Hrsg. v. K.-E. Sommerfeldt; G. Starke. Leipzig

Grebe, P. 1966. Der semantisch-syntaktische Hof unserer Wörter. In: Wirkendes Wort, 361–364

Greimas, A. J. 1966. Sémantique structurale, recherche de méthode. Paris

Greimas, A. J. 1971. Strukturelle Semantik. Methodologische Untersuchungen. Übersetzt von I. Ihwe. Braunschweig

Grewendorf, G. 1971. Untersuchungen zur Unterscheidung der deskriptiven und wertenden Komponente in der Bedeutung von Wertäußerungen. München

Grewendorf, G.; Hamm, F.; Sternefeld, W. 1987. Sprachliches Wissen. Eine Einführung in moderne Theorien der grammatischen Beschreibung. Frankfurt (Main)

Grigoreva, O. 1972. Syntaktisch-semantische Untersuchungen zu den Verben der sinnlichen Wahrnehmung in der deutschen Sprache der Gegenwart. Diss. A. Leipzig

Grimm, H.-J. 1968. Zur Synonymie in der Wortbildung des deutschen Adjektivs. In: WZ der Karl-Marx-Universität. Gesellschafts- und sprachwiss. Reihe, 213–219

Grimm, H.-J. 1970. Untersuchungen zu Synonymie und Synonymität durch Wortbildung im neueren Deutsch. Ein Beitrag zur Theorie der deutschen Synonymik, dargestellt an Beispielen aus dem Bereich des Substantivs. Diss. A. Leipzig

Grimm, U. 1991. Lexikalisierung im heutigen Englisch am Beispiel der -er Ableitungen. Diss. Schwäbisch Gmünd. Tübingen 1991 = Tübinger Beiträge zur Linguistik

Das Grimmsche Wörterbuch. 1987. Untersuchungen zur lexikographischen Methodologie. Hrsg. v. J. Dückert. Leipzig

Grosse, E. U. 1971. Zur Neuorientierung der Semantik bei Greimas. Grundgedanken, Probleme und Vorschläge. In: Zeitschrift für Romanische Philologie, 87, 359–393. Tübingen

Große, R. 1972. Sprachsoziologische Schichtung im Wortschatz. In: DaF, 325–331

Große, R. 1977. Sprachliche Normen als soziale Normen und ihre Bedeutung für die Verbreitung von Neologismen. In: LAB 18, 1–7. Leipzig

Große, R. 1978. Zur Dialektik von Stabilität und Variabilität in der Sprache und zum Begriff der sprachlichen Norm. In: WZ der Karl-Marx-Universität. Gesellschafts- und sprachwissenschaftliche Reihe, 523–532. Leipzig

Grundke, G. [7]1987. Einführung – Warensystematik. = Grundriß der allgemeinen Warenkunde. Bd. 1. Leipzig

Grundzüge einer deutschen Grammatik. 1981. Von einem Autorenkollektiv unter d. Leitung v. K.-E. Heidolph; W. Flämig; W. Motsch. Berlin (Grundzüge)

Gulyga, E. V.; Šendel's, I. 1969. Grammatiko-leksičeskie polja v sovremennom nemeckom jazyke. Moskva

Gulyga, E. W.; Schendels, E. I. 1970. Die feldmäßige Betrachtung der Sprache. In: DaF, 310–320

Günther, H. 1979. Auf der Suche nach der Theorie der Begriffsgeschichte. In: Historische Semantik und Begriffsgeschichte. Hrsg. v. R. Kosseleck, 102ff.

Gutjahr, B. 1976. Kontext und Verstehensleistung: einige Beziehungen zwischen semantisch-syntaktischen Konteigenschaften, Kontextbeurteilung und Verstehensleistung. Diss. A. Berlin

Haas, W. 1982. Die deutschsprachige Schweiz. In: R. Schläpfer (Hrsg.) Die viersprachige Schweiz, 71–160. Zürich

Haase, F. 1874 und 1880. Vorlesungen über lateinische Sprachwissenschaft. Hrsg. v. F. Eckstein u. H. Peter. Bd. 1: Einleitung und Bedeutungslehre. T. 1. Bd. 2: Bedeutungslehre. T. 2. Leipzig

Häusermann, J. 1977. Phraseologie. Hauptprobleme der deutschen Phraseologie auf der Basis sowjetischer Forschungsergebnisse. Tübingen

Hallig, R.; Wartburg, W. v. 1952. Begriffssystem als Grundlage für die Lexikographie. In: Abhandlungen der Deutschen Akademie der Wissenschaften zu Berlin. Klasse für Sprachen, Literatur und Kunst, H. 4

Hallig, R.; Wartburg, W. v. 1963. Begriffssystem als Grundlage der Lexikographie. Versuch eines Ordnungsschemas. Berlin

Handbuch der Lexikologie. 1985. Hrsg. v. Ch. Schwarze; D. Wunderlich. Königstein. (Handbuch)

Hannapel, H.; Melenk, H. 1979. Alltagssprache. Semantische Grundbegriffe und Analysebeispiele. München

Harras, G. 1986. Bedeutungsangaben im Wörterbuch. Scholastische übungen für linguisten oder verwendungsregeln für benutzer? In: Akten des VII. Internationalen Germanisten-Kongresses Göttingen 1985. Kontroversen, alte und neue, hrsg. v. A. Schöne, Bd. 3, 134–147. Tübingen

Haßlinger, A. 1972 (Hrsg.). Deutsch heute. München

Hatzfeld, H. [2]1928. Leitfaden der vergleichenden Bedeutungslehre. München

Hausmann, F. J. 1986. Für und Wider einer distinktiven Synonymik des Deutschen. In: Akten des VII. Internationalen Germanisten-Kongresses Göttingen 1985. Kontroversen, alte und neue, hrsg. v. A. Schöne, Bd. 3, 237–241

Hayakawa, S. I. [4]1975. Semantik. Sprache im Denken und Handeln. Aus dem Amerikanischen übersetzt und hrsg. v. G. Schwarz. Darmstadt

Hecht, M. 1888. Die griechische Bedeutungslehre. Leipzig

Heerdegen, F. 1875–1881. Untersuchungen zur lateinischen Semasiologie. Erlangen

Heger, K. 1963. Homographie, Homonymie und Polysemie. In: Zeitschrift für romanische Philologie, 471–491

Heger, K. 1964. Die methodischen Voraussetzungen von Onomasiologie und begrifflicher Gliederung. In: Zeitschrift für romanische Philologie, 486–516
Heger, K. 1971. Monem, Wort und Satz. Tübingen
Heinemann, M. 1989. Kleines Wörterbuch der Jugendsprache. Leipzig
Heinemann, M. 1990. Jugendsprache. Ein Beitrag zur Varietätenproblematik. Leipzig
Helbig, G. 1977. Zur semantischen Charakteristik der Argumente des Prädikats. In: Probleme der Bedeutung und Kombinierbarkeit im Deutschen. Leipzig
Helbig, G. 1983. Zu Lexikoneintragungen für Verben unter dem Aspekt der semantischen und syntaktischen Valenz. In: LS/ZISW/A 109, 166–186. Berlin
Helbig, G. 1985. Zu einigen theoretischen und praktischen Problemen der Lexikoneintragungen für Verben (unter dem Aspekt der Beziehungen zwischen Syntax und Semantik). In: LS/ZISW/A 127, 43–63. Berlin
Helbig, G.; Kötz, W. 1985. Die Partikeln. Leipzig
Heller, K. 1966. Das Fremdwort in der deutschen Sprache der Gegenwart. Leipzig
Heller, K. 1970. Der Wortschatz unter dem Aspekt des Fachwortes – Versuch einer Systematik. In: WZ der Karl-Marx-Universität Leipzig. Gesellschafts- und sprachwissenschaftl. Reihe, 531–544
Heller, K. u. a. 1988. Theoretische und praktische Probleme der Neologismuslexikographie. Überlegungen und Materialien der in der Allgemeinsprache der DDR gebräuchlichen Neologismen. = LS/ZISW/A 184. Berlin
Hellinger, M. (Hrsg.) 1985. Sprachwandel und feministische Sprachpolitik. Opladen
Henne, H. 1972. Semantik und Lexikographie. Untersuchungen zur lexikalischen Kodifikation der deutschen Sprache. In: Studia linguistica Germanica 7. Berlin; New York
Henne, H. ^{2}1980. Lexikographie. In: Lexikon der germanistischen Linguistik. Hrsg. v. H. P. Althaus; H. Henne; H. E. Wiegand. Tübingen
Henne, H. 1981. Jugendsprache und Jugendgespräche. In: Dialogforschung. Jahrbuch des Instituts für deutsche Sprache 1980. Hrsg. v. P. Schröder; H. Steger, 370–384. Düsseldorf
Henne, H. 1986. Jugend und ihre Sprache. Darstellung. Materialien. Kritik. Berlin; New York
Henne, H.; Mentrup, W. 1983 (Hrsg.) Wortschatz und Verständigungsprobleme. Was sind „schwere Wörter" im Deutschen? In: Jahrbuch 1982 des Instituts für deutsche Sprache. Hrsg. von H. Henne u. W. Mentrup. Düsseldorf
Henne, H.; Objartel, G. 1984. (Hrsg.) Bibliothek zur historischen deutschen Studenten- und Schülersprache. 1–6; Berlin; New York
Henne, H.; Wiegand, H. E. 1973. Pleremik. Sprachzeichenbildung. In: Lexikon der germanistischen Linguistik. Tübingen, 132ff.
Heringer, H.-J. 1974. Praktische Semantik. Stuttgart
Heringer, H.-J. u. a. 1977. Einführung in die praktische Semantik. Heidelberg
Historische Semantik und Begriffsgeschichte. 1979. Hrsg. v. R. Koselleck. Stuttgart
Hoberg, R. 1970. Die Lehre vom sprachlichen Feld. Ein Beitrag zu ihrer Geschichte, Methodik und Anwendung. Düsseldorf
Hoffmann, J. 1986. Die Welt der Begriffe. Psychologische Untersuchungen zur Organisation des menschlichen Wissens. Berlin
Hoffmann, L. 1976; ^{3}1987. Kommunikationsmittel Fachsprache. Eine Einführung. Berlin
Hornung, M. 1980. Der Wortschatz Wiens, seine Vielschichtigkeit, seine Grenzen. In: P. Wiesinger (Hrsg.) Sprache und Name in Österreich. Festschrift f. Walter Steinhäuser zum 95. Geburtstag. Wien
Horstkotte, G. 1982. Sprachliches Wissen: Lexikon oder Enzyklopädie? Studien zur Sprachpsychologie. Bd. 9. Bern; Stuttgart; Wien
Huber, K. 1958. Der Systemgedanke in der Semasiologie und seine Voraussetzungen. Diss. Berlin
Humboldt, Wilhelm von 1820. 1946. Über das vergleichende Sprachstudium in Beziehung auf die verschiedenen Epochen der Sprachentwicklung. Aufsatz. Gelesen am 29. Juni 1820 in der Berliner Akademie. Nachdruck. Leipzig

Hundsnurscher, F. 1970. Neuere Methoden der Semantik. Eine Einführung anhand deutscher Beispiele. Tübingen
Hundsnurscher, F. ²1971. Neuere Methoden der Semantik. München
Ipsen, G. 1924. Festschrift für Wilhelm Streitberg. Heidelberg
Isačenko, A. V. ²1968. Die russische Sprache der Gegenwart. Teil 1. Formenlehre. Halle (Saale)
Ischreyt, H. 1965. Studien zum Verhältnis von Sprache und Technik. Institutionelle Sprachlenkung in der Terminologie der Technik. Düsseldorf
Iskos, A.; Lenkowa, A. 1960; ³1970. Deutsche Lexikologie. Leningrad
Itkonen, E. 1970. Zwei verschiedene Versionen der Bedeutungskomponente. In: Linguistics 59, 5–13
Jackendoff, R. 1975. Morphological and semantic Regularities in the Lexicon. Language. 51, 639–671
Jacobeit, H. 1976. Textlinguistik – Textkohärenz – Textwirkung. Eine Untersuchung zur funktionalen Textlinguistik unter Einbeziehung der Darstellung appraisiver semantischer Folgerelationen in politischen Texten. Diss. A. Karl-Marx-Universität Leipzig
Jazykovaja nominacija. 1977. Vidy naimenovanij. Moskva
Joos, M. 1958. Semology. A linguistic theory of meaning. Studies in linguistics. Vol. 13, 53–70
Kacnel'son, S. D. 1965. Soderžanie slova, značenie i označenie. Moskva; Leningrad
Käge, O. 1980. Motivation. Probleme des persuasiven Sprachgebrauchs, der Metapher und des Wortspiels. In: Göppinger Arbeiten zur Germanistik. Darmstadt
Kainz, F. 1972. Über die Sprachverführung des Denkens. Berlin (West)
Kaiser, St. 1969. Die Besonderheiten der deutschen Schriftsprache in der Schweiz. Wortgut und Wortgebrauch. 2 Bde. (= Duden-Beiträge 30a + b) Mannheim; Wien; Zürich 1969/1970
Kanngießer, S. 1972. Aspekte der synchronen und diachronen Linguistik. Tübingen
Karl, I. 1974. Studien zur semantischen Analyse chinesischer Handlungsverben. Diss. A. Berlin
Karl, I. 1986. Ermittlung und Darstellung semantischer Mikro- und Mediostrukturen von lexikalischen Einheiten. In: Studien zu einem Komplexwörterbuch der lexikalischen Mikro-, Medio- und Makrostrukturen („Komplexikon"). LS/ZISW/A 169/I,5–109. Berlin
Katz, J. J. 1966. The semantic Component of a Linguistic Description. In: Zeichen und System der Sprache. Bd. 3, 195–224. Berlin
Keller, R. 1982. Zur Theorie des sprachlichen Wandels. In: ZGL 10, 1–27.
Keller, R. 1984. Bemerkungen zur Theorie des sprachlichen Wandels. (Eine Replik auf Dieter Cherubims und Peter Eyers Diskussionsbeiträge zu meinem Aufsatz „Zur Theorie des sprachlichen Wandels" in ZGL 10/1982, 1–28). In: ZGL 12, 63–81
Keller, R. 1991. Erklärungsadäquatheit in Sprachtheorie und Sprachgeschichtsschreibung. In: Busse, D. (Hg): Diachrone Semantik und Pragmatik. Untersuchungen zur Erklärung und Beschreibung des Sprachwandels. Tübingen, 117–138
Keller-Bauer, F. 1984. Metaphorisches Verstehen. Eine linguistische Rekonstruktion metaphorischer Kommunikation. Tübingen
Kiefer, F. 1972. Über Präsuppositionen. In: Semantik und generative Grammatik. Frankfurt (Main) = Linguistische Forschungen. Bd. 1
Kindleben, Chr. W. 1781. Studenten-Lexicon. Aus hinterlassenen Papieren eines unglücklichen Philosophen Florido genannt, ans Tageslicht gestellt von Christian Wilhelm Kindleben. Halle. Unveränderter fotomechanischer Nachdruck der Originalausgabe 1781. Leipzig 1972
Kirkness, A. 1986. Vom Fremdwörterbuch zum Lehnwörterbuch und Schwerwörterbuch – auch zum allgemeinen einsprachigen deutschen Wörterbuch. In: Akten des VII. Internationalen Germanisten-Kongresses Göttingen 1985. Kontroversen, alte und neue. Bd. 3, 153–162 Tübingen

Klimenko, A. P. 1970. Voprosy psicholingvističeskogo izučenija semantiki. Minsk
Klix, F. 1984. Über Wissensrepräsentation im menschlichen Gedächtnis. In: Gedächtnis; Wissen; Wissensnutzung, 9–73. Berlin
Klix, F. 1987. On the role of knowledge in sentence comprehension. In: Vorabdruck der Plenarvorträge. XIV. Internationaler Linguistenkongreß, 111–124. Berlin
Klix, F.; Kukla, F.; Kühn, R. 1979. Zur Frage der Unterscheidbarkeit von Klassen semantischer Relationen im menschlichen Gedächtnis. In: Psychologische Effekte sprachlicher Strukturkomponenten, 131–144. Berlin
Köller, W. 1975. Semiotik und Metapher. Untersuchungen zur grammatischen Struktur und kommunikativen Funktion von Metaphern. Stuttgart
Kolb, H.; Lauffer, H. 1977. (Hrsg.) Sprachliche Interferenz. Festschrift für W. Betz zum 65. Geburtstag. Tübingen 1977
Kolde, G. 1986. Zur Lexikographie sogenannter Hecken-Ausdrücke. In: Akten des VII. Internationalen Germanisten-Kongresses. Kontroversen, alte und neue. Bd. 3, 170–176. Tübingen
Kolde, G. 1989. Probleme der Beschreibung von sogenannten Heckenausdrücken im allgemeinen einsprachigen Wörterbuch. In: Wörterbücher, 855–861. Berlin; New York
Kolšanskij, G. V. 1959. O prirode konteksta. In: Voprosy jazykoznanija 3, 73ff.
Kolšanskij, G. V. 1979. Sprache und Realität. In: ZPSK Bd. 32, H. 5, 550–554
Komlev, N. G. 1969. Komponenty soderžatel'noj struktury slova. Moskva
Korzybski, A. 1933, ^{3}1948. Science and Sanity. An Introduction to Non'Aristotelian Systems and General Semantics. Lakeville
Kotschi, Th. 1974. Probleme der Beschreibung lexikalischer Strukturen. Untersuchungen am Beispiel des französischen Verbs. Tübingen
Kromann, H.-P. 1986. Die zweisprachige Lexikographie: ein Stiefkind der Germanisten. In: Akten des VII. Internationalen Germanisten-Kongresses. Kontroversen, alte und neue. Bd. 3, 177–182. Tübingen
Kronasser, H. ^{2}1968. Handbuch der Semasiologie. Kurze Einführung in die Geschichte, Problematik und Terminologie der Bedeutungslehre. Heidelberg
Kubrjakova, E. S. 1965. Čto takoe slovoobrazovanie. Moskva
Kühn, P. 1978. Deutsche Wörterbücher. Eine systematische Bibliographie. Tübingen
Kühn, P. 1979. Der Grundwortschatz. Bestimmung und Systematisierung. Tübingen
Kühn, P. 1989. Typologie der Wörterbücher nach Benutzungsmöglichkeiten. In: Wörterbücher, 111–127
Kühn, P. 1989. Die Beschreibung von Routineformeln im allgemeinen einsprachigen Wörterbuch. In: Wörterbücher, 830–835
Kühn, P.; Püschel, U. 1990. Die deutsche Lexikographie vom 17. Jahrhundert bis zu den Brüdern Grimm ausschließlich. In: Wörterbücher, 2049–2077
Kühn, P.; Püschel, U. 1990. Die deutsche Lexikographie von den Brüdern Grimm bis Trübner. In: Wörterbücher, 2078–2100
Kurz, G.; Pelster, Th. 1976. Metapher, Theorie und Unterrichtsmodell. Düsseldorf
Küster, R. 1983. Politische Metaphorik. In: Sprache und Literatur in Wissenschaft und Unterricht. H. 54, 30–45
Labov, W. 1978. Sprache im sozialen Kontext. Bd. 2. Königstein/Ts.
Lachaud, M. 1990. Internationale Terminologienormung in der Technik. In: Empfehlung – Standard – Norm, 23–33. Leipzig
Ladissow, A. 1981. Untersuchungen zur Konnotation in der nominalen Wortbildung der deutschen Gegenwartssprache. Diss. A. Leipzig
Lakoff, G. P. 1973. Hedges. A study in meaning criteria and the logic of fuzzy concepts. In: Journal of Philosophical Logic. Toronto. Dordrecht, 458–508
Latein und Griechisch im deutschen Wortschatz. ^{2}1980. Berlin
Lehnert, M. 1969. Morphem, Wort und Satz im Englischen. Eine kritische Betrachtung zur neueren Linguistik. Berlin

Lehnert, M. 1986. Der angloamerikanische Einfluß auf die deutsche Sprache in der DDR. In: Der angloamerikanische Einfluß auf die deutsche Sprache in der Gegenwart in der DDR. Dem Wirken Martin Lehnerts gewidmet. Sitzungsberichte der Akademie der Wissenschaften der DDR. Gesellschaftswissenschaften. Nr. 6/G, 8–88. Berlin

Leisi, E. ^{5}1969. Das heutige Englisch. Heidelberg

Leisi, E. 1973. Praxis der englischen Semantik. Heidelberg

Leisi, E. ^{5}1975. Der Wortinhalt. Seine Struktur im Deutschen und im Englischen. Heidelberg

Leitzke, E. 1987. Zur Bedeutungsbeschreibung ambivalenter (de)nominaler Adjektive im heutigen Englisch. In: Linguistik in Deutschland. Akten des 21. Linguistischen Kolloquiums. Groningen 1986. Hrsg. v. W. Abraham u. R. Århammar, 67–80. Tübingen (= Linguistische Arbeiten 182)

Lemmer, M. ^{2}1968. Deutscher Wortschatz. Bibliographie zur deutschen Lexikologie. Halle (Saale)

Leont'ev, A. A. 1971. Psichologičeskaja struktura značenija. In: Semantičeskaja struktura slova. Moskva

Leont'ev, A. A. 1975. Psycholinguistische Einheiten und die Erzeugung sprachlicher Äußerungen. Berlin

Leont'ev, A. A. 1979. Tätigkeit, Bewußtsein, Persönlichkeit. Berlin

Lerchner, G. 1976. Stilzüge unter semasiologischem Aspekt. In: DaF, 257–262

Lerchner, G. 1978. Wirkungsmöglichkeiten der sprachlichen Gestaltung poetischer Texte. In: Funktion und Wirkung. Soziologische Untersuchungen zur Literatur und Kunst. Berlin; Weimar

Lerchner, G. 1984. Konnotative Textpotenz. In: BES 4, 39–48

Lerchner, G. 1986. Semantische Struktur, pragmatische Markiertheit und (stilistische) Gebrauchspräferenz lexikalisch-semantischer Einheiten. In: ZPSK. Bd. 30, H. 2, 169–181

Lewizki, W. W. 1975. Experimentelle Daten zum Problem der Bedeutungsstruktur des Wortes. In: Probleme der Psycholinguistik. Berlin

Lewkowskaja, X. A. 1968. Lexikologie der deutschen Gegenwartssprache. Moskau

Die Lexikographie von heute und das Wörterbuch von morgen. 1983. Analysen – Probleme – Vorschläge. = LS/ZISW/A 109. Berlin

Lexikologie. 1978. Verfaßt von einem Autorenkollektiv unter Leitung von L. Wilske. = Die russische Sprache der Gegenwart. Bd. 4. Leipzig

Lieb, H.-H. 1980. Probleme der Wortbedeutung: Argumente für einen psychologischen Bedeutungsbegriff. In: Linguistische Arbeiten und Berichte. H. 14. 1980. Arbeiten zur Wortsemantik. Hrsg. v. Fachbereich 16 der Freien Universiät Berlin. Berlin (West)

Lipka, L.; H. Günther (Hrsg.) 1981. Wortbildung. Darmstadt

Löffler, H. (Hrsg.) 1986. Das Deutsch der Schweizer. Zur Sprach- und Literatursituation der Schweiz (= Reihe Sprachlandschaft Bd. 4), Aarau

Lorenz, W.; Wotjak, G. 1977. Zum Verhältnis von Abbild und Bedeutung. Überlegungen im Grenzfeld zwischen Erkenntnistheorie und Semantik. Berlin

Ludwig, K.-D. 1976. Zum Verhältnis von Sprache und Wertung. = LS/ZISW/A 31. Berlin

Ludwig, K.-D. 1983. Zum Status des Nicht-Denotativen und seiner Darstellung in einsprachigen Wörterbüchern der deutschen Gegenwartssprache. In: LS/ZISW/A 109, 37–45. Berlin

Ludwig, K.-D. 1986. Nicht-denotative Informationen lexikalischer Einheiten als Wörterbucheinträge. In: ZPSK, H. 2, 182–194

Lüdi, G. 1977. Metapher und Neologismus. In: LAB 18, 8–20. Leipzig

Lüdi, G. 1985. Zur Zerlegbarkeit von Wortbedeutungen. In: Handbuch der Lexikologie, 64–102. Königstein/Ts.

Lukrez. 1957. Über die Natur der Dinge. Berlin

Lurija, A. R. 1979. Jazyk i soznanie. Moskva

Lurija, A. R. 1987. Die historische Bedingtheit individueller Erkenntnisprozesse. Für die Redaktion d. Ausgabe in dt. Sprache verantw. J. Lompscher; A. Metraux. Berlin

Luther, M. 1986. An die Radherrn aller stedte deutsches landes: das sie Christliche schulen aufrichten vnd hallten sollen (Wittenberg 1524). In: Sendbrief vom Dolmetschen. Hrsg. v. E. Arndt. Halle (Saale)
Lutzeier, P. R. 1985. Linguistische Semantik. Stuttgart
Lutzeier, P. R. 1985. Die semantische Struktur des Lexikons. In: Handbuch der Lexikologie, 103–133. Königstein/Ts.
Lyons, J. 1977. Semantics. Cambridge University Press
Lyons, J. ^{5}1980. Einführung in die moderne Linguistik. München
Maas, U.; Wunderlich, D. ^{3}1974. Pragmatik und sprachliches Handeln. Mit einer Kritik am Funkkolleg „Sprache". Frankfurt (Main)
Mackensen, L. 1972. Traktat über Fremdwörter. Heidelberg
Mackensen, L. 1977. Deutsche Etymologie. Ein Leitfaden durch die Geschichte des deutschen Wortschatzes. Birsfelden–Basel
Malinowski, B. ^{10}1960. The Problem of Meaning in Primitive Languages. In: Anhang zu Ogden-Richards. The Meaning of Meaning. London
Martinet, A. 1963. Grundzüge der allgemeinen Sprachwissenschaft. Stuttgart
Martinet, A. 1968. Synchronische Sprachwissenschaft. Studien und Forschungen. Ins Deutsche übertragen v. W. Blochwitz. Berlin
Maurer, F.; Stroh, F. 1957–1960. Deutsche Wortgeschichte. Bd. 1 u. 2. 2. Aufl. Berlin
Mednikova, E. M. 1974. Značenie slova i metody ego opisanija. Moskva
Mednikova, E. M. 1978. Seminars in English Lexikology. Moscow
Meggle, G. 1970. Gebrauch und Bedeutung. Einführung in die Bedeutungstheorie der „Philosophischen Untersuchungen" Wittgensteins. Oxford
Meier, B.; Volkmann, E. 1971. Monosemierungsalgorithmen polysemer deutscher Lexeme. In: ZPSK. Bd. 24. H. 1/2, 91–120
Meier, G. F. 1964. Semantische Analyse und Noematik. In: ZPSK, Bd. 17. H. 6, 581–595
Meier, G. F. 1965. Ein Beispiel der Monosemierung durch noematische Textanalyse. In: ZPSK. Bd. 18. H. 1, 51–59
Meier, G. F. 1966. Noematische Analyse als Voraussetzung für die Ausschaltung der Polysemie. In: Zeichen und System der Sprache. Bd. 3. Berlin 1966, 117–145
Meier, G. F. 1972. Grundfragen eines Noematikons. In: ZPSK. Bd. 25. H. 4/5, 327–330
Meier, G. F. 1980. Das Semem und seine noematische Struktur (Eugenio Coseriu zu seinem 60. Geburtstag dargebracht). In: ZPSK. Bd. 33. H. 6, 647–654
Meinhard, H.-J. 1984. Invariante, variante und prototypische Merkmale der Wortbedeutung. In: Zeitschrift für Germanistik, H. 1, 60–69
Meringer, R. 1904. 1904/5. Wörter und Sachen. In: Indogerm. Forschungen 16, 101ff.; 17, 100ff.
Möckelmann, J.; Zander; Sönke. 1970. Form und Funktion der Werbeslogans, Untersuchungen der Sprache und werbepsychologischen Methoden in den Slogans (= Göppinger Arbeiten zur Germanistik). Bd. 26. Göppingen
Morfologičeskaja struktura slova v jazykach različnych tipov. 1963. Sbornik. Moskva; Leningrad
Morris, C. W. 1975. Grundlagen der Zeichentheorie. Ästhetik und Zeichentheorie. München
Morris, C. W. 1981. Zeichen, Sprache und Verhalten. Frankfurt; Berlin; Wien
Moser, H.; Putzer, O. 1980. Zum umgangssprachlichen Wortschatz in Südtirol. Italienische Interferenzen in der Sprache der Städte. In: Wiesinger, P. (Hrsg.) Sprache und Name in Österreich. Festschrift für Walter Steinhäuser zum 95. Geburtstag. Wien
Moskal'skaja, O. I. 1981. Grammatika teksta. Moskva
Motsch, W. 1960. Das System der Adjektivableitungsmorpheme in der deutschen Sprache der Gegenwart. Diss. Berlin
Motsch, W. 1965. Zur Stellung der Wortbildung in einem formalen Sprachmodell. In: Studia grammatica I, 31–50. Berlin

Müller, W. 1985. Vorwort des Herausgebers. DUDEN-Bedeutungswörterbuch. 2., völlig neu bearb. u. erweiterte Auflage. Hrsg. u. bearb. v. W. Müller. Duden Bd. 10. Mannheim; Wien; Zürich

Müller, W. 1989. Die Antonyme im allgemeinen einsprachigen Wörterbuch. In: Wörterbücher, 628–635

Müller, W. 1989. Die Beschreibung von Affixen und Affixoiden im allgemeinen einsprachigen Wörterbuch. In: Wörterbücher, 869–882

Munske, H. H. 1988. Ist das Deutsche eine Mischsprache? Zur Stellung der Fremdwörter im deutschen Sprachsystem. In: Deutscher Wortschatz, 46–74. Berlin; New York

Naumann, B. 1972. Wortbildung in der deutschen Gegenwartssprache. Tübingen

Nehring, A. 1963. Sprachzeichen und Sprechakte. Heidelberg

Neubert, A. 1962. Semantischer Positivismus in den USA. Halle (Saale)

Neubert, A. 1966. Analogien zwischen Phonologie und Semantik. In: Zeichen und System der Sprache. Bd. 3, 106–116. Berlin

Neubert, A. 1973. Zur Determination des Sprachsystems. In: WZ der Karl-Marx-Universität Leipzig. Gesellschafts- u. sprachwiss. Reihe, 193–204. Leipzig

Neubert, A. 1978. Arten der lexikalischen Bedeutung. LS/ZISW/A 45, 1–23. Berlin

Neubert, G. 1980. Eigennamen als Bestandteile von Benennungen. In: DaF, 331–336

Neumann, W. 1974. Zeichen, Gedanke, Handlung. Zur linguistischen Fassung des Zeichenbegriffs. In: LS/ZISW/A 10. Berlin

Neumann, W. 1979. Noch einmal: das Zeichen der Sprache. In: ZPSK. Bd. 32, H. 5, 584–591

Neumann, W. 1987. „Uuer ist sō sālig ..." Eine Variation über das Thema Bedeutungswandel. In: ZPSK. Bd. 40, H. 4, 463–474

Nida, E. A. 1964. Toward a Science of Translating. Leiden

Nieraad, J. 1977. „Bildgesegnet und bildverflucht". Forschungen zur sprachlichen Metaphorik. Darmstadt

Noke, K. 1987. Untersuchungen zur deutschen Literatursprache in der Schweiz. In: Zeitschrift für Germanistik 4/1987, 449–454

Ogden, G. K.; Richards, I. A. 1923. ^{10}1960. The Meaning of Meaning. London

Oksaar, E. 1970. Konnotationsforschung und die Polaritätsprofilmethode. In: Benediktsson, H.: The nordic languages and modern linguistics. Reycjavik

Olšanski, I. G. 1979. Moderne deutsche Lexikographie. Ein Hilfsbuch zur deutschen Lexik. Moskau

Olsen, S. 1986. Wortbildung im Deutschen. Stuttgart

Ortner, H. 1987. Die Ellipse. Ein Problem der Sprachtheorie und der Grammatikbeschreibung (= Reihe Germanistische Linguistik 80) Tübingen

Ožegov, S. I. 1974. Leksikologija, Leksikografija, Kul'tura reči. Moskva

Panizzolo, P. 1982. Die schweizerische Variante des Hochdeutschen. In: Deutsche Dialektgeographie 108. Marburg

Pätsch, G. 1955. Grundfragen der Sprachtheorie. Halle (Saale)

Palmer, F. 1977. Semantik. Eine Einführung. München

Partikeln und Interaktion. 1983. Hrsg. v. H. Weydt. Tübingen

Paul, H. 1880. ^{8}1970. Prinzipien der Sprachgeschichte. 5. Aufl. Halle (Saale) 1920. 8. Auflage Tübingen 1970

Paul, H. 1920. Deutsche Grammatik. Bd. 5. T. 4: Wortbildungslehre. Halle (Saale)

Petöfi, J. S.; Rieser, H. 1973. „Präsuppositionen" und „Folgerungen" in der Textgrammatik. In: Präsuppositionen in Philosophie und Linguistik. Hrsg. v. J. S. Petöfi; D. Franck, 485–593. Frankfurt (Main)

Pilz, I. 1978. Die Semantik der Verben der Fortbewegung im Englischen. In: LS/ZISW/A 45, 143–155. Berlin

Pilz, K. D. 1978. Phraseologie. Versuch einer interdisziplinären Abgrenzung. Begriffsbestimmung und Systematisierung unter besonderer Berücksichtigung der deutschen Gegenwartssprache. 2 Bde. Göppingen

Pilz, K. D. 1981. Phraseologische Redensartenforschung. Stuttgart
Pinkal, M. 1985. Kontextabhängigkeit, Vagheit, Mehrdeutigkeit. In: Handbuch der Lexikologie, 27–63. Königstein/Ts.
Polenz, P. von. 1972. Sprachnorm, Sprachnormung, Sprachnormenkritik. In: Linguistische Berichte 17, 76ff.
Polenz, P. von. 1988. Argumentationswörter. Sprachgeschichtliche Stichproben bei Müntzer und Forster, Thomasius und Wolff. In: Deutscher Wortschatz, 181–199. Berlin; New York
Porzig, W. 1934. Wesenhafte Bedeutungsbeziehungen. In: Beiträge zur Geschichte der deutschen Sprache und Literatur (PBB). Bd. 58, 70–97. Halle (Saale)
Porzig, W. ^{5}1971. Das Wunder der Sprache. Bern
Pottier, B. 1964. Vers une sémantique moderne. In: Travaux de linguistique et littérature de Strasbourg II (1964) 1, 107–137
Präsuppositionen in Philosophie und Linguistik. 1973. Hrsg. v. J. S. Petöfi; D. Franck. Frankfurt (Main)
Principy i metody semantičeskich issledovanij. 1976. Moskva
Probleme der Bedeutung und Kombinierbarkeit im Deutschen. 1977. Ein Sammelband für den Fremdsprachenunterricht. Leipzig
Probleme der Psycholinguistik. 1975. Aus dem Russischen übers. v. W. Hartung u. a., Ltg. Chr. Schwarz. Berlin
Probleme der semantischen Analyse. 1977. Von einem Autorenkollektiv unter der Leitung v. D. Viehweger = Studia grammatica XV. Berlin
Probleme der Textgrammatik. 1976. Hrsg. v. F. Daneš; D. Viehweger = Studia grammatica XI. Berlin
Psychologische Beiträge zur Analyse kognitiver Prozesse. 1976. Hrsg. v. F. Klix. Berlin
Psychologische Effekte sprachlicher Strukturkomponenten. 1979. Hrsg. u. eingel. v. M. Bierwisch. Berlin
Püschel, U. 1975. Semantisch-syntaktische Relationen. Untersuchungen zur Kompatibilität lexikalischer Einheiten im Deutschen. Tübingen
Püschel, U. 1986. Joh. Eberhards Synonymik – bloß historisches Dokument oder auch Vorbild für heute? In: Akten des VII. Internationalen Germanisten-Kongresses. Kontroversen, alte und neue. Bd. 3, 242–247. Tübingen
Putnam, H. 1979. Die Bedeutung von ‚Bedeutung'. Hrsg. u. übers. v. W. Spohn. Frankfurt (Main)
Quadri, B. 1952. Aufgaben und Methoden der onomasiologischen Forschung. Bern
Quasthoff, U. 1973. Soziales Vorurteil und Kommunikation. Eine sprachwissenschaftliche Analyse des Stereotyps. Ein interdisziplinärer Versuch im Bereich von Linguistik, Sozialwissenschaft und Psychologie. Frankfurt (Main)
Rachidi, R. 1989. Gegensatzrelationen im Bereich deutscher Adjektive. Tübingen
Rajchštejn, A. D. 1979. O mež'jazykovom sopostavlenii frazeologičeskich edinic. In: Inostrannye Jazyki v Škole 4, 7–8
Rajchštejn, A. D. 1980. Sopostavitel'nyj analiz nemeckoj-russkoj frazeologii: Moskva
Reichmann, O. ^{2}1976. Germanistische Lexikologie. Stuttgart
Reichmann, O. 1989. Geschichte lexikographischer Programme in Deutschland. In: Wörterbücher, 230–246
Reichmann, O. unter Mitwirkung v. Chr. Burgi u. a. 1989. Zur Vertikalisierung des Varietätenspektrums in der jüngeren Sprachgeschichte des Deutschen. In: Deutscher Wortschatz, 151–180
Reiffenstein, J. 1972. Österreichisches Deutsch. In: Haslinger (Hrsg.) Deutsch heute. München
Reiffenstein, J. 1977. Sprachebenen und Sprachwandel im österreichischen Deutsch der Gegenwart. In: H. Kolb; H. Lauffer (Hrsg.) Sprachliche Interferenz. Festschrift für Werner Betz, 175–183. Tübingen

Reiher, R. ²1980. Zur sprachlichen Kommunikation im sozialistischen Industriebetrieb. Texte und sprachliche Analysen. = LS/ZISW/A 71. Berlin
Reinhardt, W. 1971. Zu einigen produktiven Wortbildungsmodellen im deutschen Fachwortschatz der Technik. In: WZ der Technischen Universität Dresden, 1233ff. Dresden
Reinhardt, W. 1979. Institutionelle Sprachnormung und Sprachentwicklung. In: LS/ZISW/A 63, 87ff. Berlin
Reisig, Ch. K. 1839. Vorlesungen über lateinische Sprachwissenschaft. Hrsg. u. mit Anmerkungen v. F. Haase. Leipzig
Neubearbeitet:
T. 1 von H. Hagen. Berlin 1881
T. 2 von F. Heerdegen. Berlin 1890
T. 3 von J. H. Schmalz u. G. Landgraf. Berlin 1888
Richtungen der modernen Semantikforschung. 1983. Hrsg. v. W. Motsch u. D. Viehweger. Berlin
Ricken, U. 1984. Sprache, Anthropologie, Philosophie in der französischen Aufklärung. Ein Beitrag zur Geschichte des Verhältnisses von Sprachtheorie und Weltanschauung. Berlin
Ricoeur, P. 1986. Die lebendige Metapher. München
Rieger, B. 1989. Unscharfe Semantik. Die empirische Analyse, quantitative Beschreibung, formale Repräsentation und prozedurale Modellierung vager Wortbedeutungen in Texten. Frankfurt am Main; Bern; New York; Paris
Riesel, E. 1980. Der Subtext im Sprachkunstwerk. In: Sprachkunst. Beiträge zur Literaturwissenschaft XI, 2. Halbbd.: Stilistik und Sprachkunstforschung. Wien
Ris, R. 1979. Dialekte und Einheitssprache in der deutschen Schweiz. In: International Journal of the Sociology of Language 21, 41–61
Rössler, G. 1979. Konnotationen. Untersuchungen zum Problem der Mit- und Nebenbedeutungen. Wiesbaden
Rössler, G.; Gebhardt, H. 1978. Bemerkungen über den Zusammenhang von Lexikon und Semanalyse anhand eines einfachen Zeichenmodells. Mannheim
Rosch, E. 1975. The nature of mental codes for color categories. In: Journal of Experiments Psychology. Human Perception and Performance 1, 303–322.
Rosch, E. 1977. Human categorization. In: N. Warren (Ed.) Advances in cross-cultural psychology. Vol. 1. London
Rosenstein, A. 1884. Die psychologischen Bedingungen des Bedeutungswandels der Wörter
Rossipal, H. 1973. Konnotationsbereiche, Stilopppositionen und die sogenannten „Sprachen" in der Sprache. In: Germanistische Linguistik, H. 4, 5–87
Rothkegel, A. 1973. Feste Syntagmen. Grundlagen, Strukturbeschreibung und automatische Analyse. Tübingen
Rubinstein, S. L. ⁸1977. Sein und Bewußtsein. Die Stellung des Psychischen im allgemeinen Zusammenhang der Erscheinungen der materiellen Welt. Dt. v. H. Hiebsch. Berlin
Rupp, H. 1983. Tendenzen, Formen und Strukturen der deutschen Standardsprache in der Schweiz. LS/ZISW/A 111, 214–226. Berlin
Sandig, B. 1986. Stilistik der deutschen Sprache. Berlin; New York
Sandig, B. 1989. Stilistische Mustermischung in der Gebrauchssprache. In: Zeitschrift für Germanistik, H. 2, 133–150
Šanskij, N. M. 1969. Leksikologija sovremennogo russkogo jazyka. Moskva
de Saussure, F. 1931. Grundfragen der allgemeinen Sprachwissenschaft. Übers. v. Lommel. Hrsg. v. Ch. Bally und A. Sechehaye. Berlin; Leipzig
Schippan, Th. 1967. Die Verbalsubstantive der deutschen Sprache der Gegenwart. Habilitationsschrift. Leipzig
Schippan, Th. ²1975. Einführung in die Semasiologie. Leipzig
Schippan, Th. 1974. Lexikalische Bedeutung und Motivation. In: ZPSK. Bd. 27, H. 1–3, 212–222. Berlin

Schippan, Th. 1976. Hugo Schuchardts Beitrag zur Wortforschung. In: ZPSK. H. 5/6, 556–559. Berlin

Schippan, Th. 1979. Zum Problem der Konnotationen. In: ZPSK. Bd. 32. H. 6, 679–684. Berlin

Schippan, Th. 1983. K. Bühlers Organon-Modell der Sprache. In: ZPSK. Bd. 36. H. 5, 543–552. Berlin

Schippan, Th. 1983. Entwicklungstendenzen im deutschen Wortschatz der Gegenwart. In: LS/ZISW/A 111, 292–302. Berlin

Schippan, Th. ^{2}1987. Lexikologie der deutschen Gegenwartssprache. Leipzig

Schippan, Th. 1987. Konnotationen – ein noch immer aktuelles lexikologisches Problem. In: Zeitschrift für Germanistik 3, 354–360

Schippan, Th. 1989. Markennamen – Linguistische Probleme und Entwicklungstendenzen. In: BES. Bd. 9, 48–55. Leipzig

Schippan, Th. 1991. Bedeutungswandel. In: ZPSK Bd. 44, H. 1, 93–101. Berlin

Schippan, Th.; Sommerfeldt, K.-E. 1964. Lexikalische und aktuelle Bedeutung des Substantivs und des Adjektivs. Diss. Potsdam

Schirmer, A. ^{4}1960; ^{5}1965. Deutsche Wortkunde. Kulturgeschichte des deutschen Wortschatzes. Berlin (West)

Schlieben-Lange, B. 1975. Linguistische Pragmatik. Stuttgart; Berlin (West); Köln u. a.

Schlieben-Lange, B. 1987. Die „indétermination des mots" – Ein sprachtheoretischer Topos der Spätaufklärung. In: Bedeutungen und Ideen in Sprachen und Texten. Werner Bahner gewidmet. Hrsg. v. W. Neumann u. B. Techtmeier, 135–146. Berlin

Schlumbohm, J. 1977. Freiheit – Die Anfänge der bürgerlichen Emanzipationsbewegung in Deutschland im Spiegel ihres Leitwortes (ca. 1760–ca. 1800) Düsseldorf

Schmidt, W. 1959; ^{8}1978. Deutsche Sprachkunde. Berlin

Schmidt, W. 1963; ^{4}1967. Lexikalische und aktuelle Bedeutung. Ein Beitrag zur Theorie der Wortbedeutung. Berlin

Schneider, E. W. 1988. Variabilität, Polysemie und Unschärfe der Bedeutung. Tübingen

Schönfeld. 1974. Probleme und Ergebnisse soziolinguistischer Untersuchungen im Industriebetrieb. In: LS/ZISW/A 9, 117–130

Schröder, M. 1980. Zum Zusammenhang zwischen Benennungsmotiv, Motivbedeutung und Wortbedeutung. In: DaF, 327–330

Schröter, U. 1977. Zum Begriff und zur Bezeichnung sprachlicher Felder in der deutschen Sprache der Gegenwart. In: ZPSK. Bd. 30. H. 3, 235–243

Schuchardt, H. 1885. Über die Lautgesetze. Gegen die Junggrammatiker. Berlin

H.-Schuchardt-Brevier. Ein Vademecum der allgemeinen Sprachwissenschaft. ^{2}1928. Zusammengestellt und eingeleitet v. L. Spitzer. 2. erw. Aufl. Halle (Saale)

Schumacher, H. 1975. Ein Valenzwörterbuch auf semantischer Basis. In: Sprache der Gegenwart. Schriften des Instituts für deutsche Sprache. Bd. 39. Probleme der Lexikologie und Lexikographie. Düsseldorf

Schumann, H. B. 1979. Zum Problem der lexikalischen Stilebenen. In: LS/ZISW/A 51, 112–119

Schumann, H. B. 1985. Gehoben – bildungssprachlich – prestigious – veraltend. Markierungsversuche. In: LS/ZISW/A 122, 135–193

Schumann, H. B. 1990. Sprecherabsicht: Beschimpfung. In: ZPSK 43. H. 3, 259–281

Ščur, G. S. 1977. Feldtheorien in der Linguistik. Düsseldorf

Schwarzenbach, R. 1969. Die Stellung der Mundart in der deutschsprachigen Schweiz. In: Beiträge zur schweizerdeutschen Mundartforschung 17. Frauenfeld

Searle, J. R. 1971. Sprechakte. Frankfurt (Main)

Semantičeskaja struktura slova. 1971. Moskva

Šendels, E. I. 1967. Morphologische Synonyme. In: DaF, 340ff.

Sieber, P.; Sitta, H. 1987. Deutsch in der Schweiz. In: Zeitschrift für Germanistik, H. 4, 389–401

Šmelev, D. N. 1977. Sovremennyj russkij jazyk. Leksika. Moskva
Sonderegger, St. 1962. Die schweizerdeutsche Mundartforschung. 1800–1959. Frauenfeld
Sonderegger, St. 1964. Ein Jahrtausend Geschichte der deutschen Sprache in der Schweiz. In: Sprache, Sprachgeschichte, Sprachpflege in der deutschen Schweiz. Zürich. Hrsg. v. Deutschschweizerischen Sprachverein. Zürich 1964
Sornig, K. 1981. Soziosemantik auf der Wortebene. Stilistische Index-Leistung lexikalischer Elemente an Beispielen aus der Umgangssprache in Graz 1973–1978. Tübingen
Sprachgeschichte. Ein Handbuch zur Geschichte der deutschen Sprache und ihrer Erforschung. Hrsg. v. W. Besch; O. Reichmann; St. Sonderegger. 1. Halbbd. 1984; 2. Halbbd. 1985. Berlin (West); New York
Sprachliche Interferenz. Festschrift für Werner Betz zum 65. Geburtstag. 1977. Hrsg. v. H. Kolb u. H. Lauffer. Tübingen
Stachowiak, F.-J. 1982. Haben Wortbedeutungen eine gesonderte mentale Repräsentation gegenüber dem Weltwissen? Neurolinguistische Überlegungen. Linguistische Berichte 79, 12–29
Steger, H. 1986. Deutsche Sprache und Literatur in der Schweiz: Innensicht und Außenwirkung. Resümee einer Tagung. In: H. Löffler 1986, Das Deutsch der Schweizer, 175–192. Aarau
Steinitz, R. 1984. Lexikalisches Wissen und die Struktur von Lexikoneinträgen. In: LS/ZISW/A 116, 1–88. Berlin
Stepanova, M. D. 1953. Slovoobrazovanie sovremennogo nemeckogo jazyka. Moskva
Stepanova, M. D. 1973. Methoden der synchronen Wortschatzanalyse. Halle (Saale)
Stepanova, M. D.; Černyševa, I. I. 1975 u. 2. verb. Aufl. 1986. Lexikologie der deutschen Gegenwartssprache. Moskva
Stepanova, M. D.; Fleischer, W. 1985. Grundzüge der deutschen Wortbildung. Leipzig
Stern, G. 1931. Meaning and Change of Meaning. With special reference to the English language. Göteborg
Stötzel, G. 1988. Nazi-Verbrechen und öffentliche Sprachsensibilität. Ein Kapitel deutscher Sprachgeschichte nach 1945. In: Deutscher Wortschatz, 417–442
Strauss, G.; Hass, U.; Harras, G. 1989. Brisante Wörter von Agitation bis Zeitgeist. Ein Lexikon zum öffentlichen Sprachgebrauch. Berlin; New York
Strukturelle Bedeutungslehre. 1978. Hrsg. v. H. Geckeler. Darmstadt
Studien zu einem Komplexwörterbuch der lexikalischen Mikro-, Medio- und Makrostrukturen („Komplexikon"). 1987. Autorenkollektiv unter Leitung v. E. Agricola. = LS/ZISW/A 169 I/II. Berlin
Studien zum Deutschen Wörterbuch von Jacob und Wilhelm Grimm. Bd. I und II. 1990. Hrsg. v. A. Kirkness, P. Kühn u. H. E. Wiegand. Tübingen
Studien zur Semantik. 1974. Hrsg. v. S. Kanngießer; G. Lingrün. Kronberg
Telling, R. 1987. Französisch im deutschen Wortschatz. Lehn- und Fremdwörter aus acht Jahrhunderten. Berlin
Theoretische Probleme der Sprachwissenschaft. 1976. Berlin
Theoretische und praktische Probleme der Neologismuslexikographie. 1988. Überlegungen und Materialien zu einem Wörterbuch der in der Allgemeinsprache der DDR gebräuchlichen Neologismen. Hrsg. v. K. Heller u. a. = LS/ZISW/A 184. Berlin
Trautmann, R. ²1950. Die slavischen Ortsnamen Mecklenburgs und Holsteins. Berlin
Trier, J. 1931. Der deutsche Wortschatz im Sinnbezirk des Verstandes. Die Geschichte eines sprachlichen Feldes. Heidelberg
Ufimceva, A. A. 1962. Opyt izučenija leksiki kak sistemy. Moskva
Ullmann, St. 1967. Grundzüge der Semantik. Die Bedeutung in sprachwissenschaftlicher Sicht. Deutsche Fassung v. S. Koopmann. Berlin
Viehweger, D. 1976. Semantische Merkmale und Textstruktur. In: Probleme der Textgrammatik. Hrsg. v. F. Daneš; D. Viehweger = Studia grammatica XI, 195–206. Berlin

Viehweger, D. 1978. Struktur und Funktion nominativer Ketten im Text. In: Kontexte der Grammatiktheorie. Hrsg. v. W. Motsch = Studia grammatica XVII, 147–168. Berlin
Viehweger, D. 1979. Pragmatische Voraussetzungen, deskriptive und kommunikative Explizität von Texten. In: LS/ZISW/A 60, 81–100. Berlin
Viehweger, D. 1983. Sequenzierung von Sprachhandlungen und Prinzipien der Einheitenbildung im Text. In: Studia grammatica XXII, 369–394. Berlin
Viehweger, D. 1987. Wortschatzdarstellung im semantischen Wörterbuch. In: brücken. Germanistisches Jahrbuch DDR–ČSSR 1986/87, 209–222. Praha
Viereck, K. 1980. Englisches Wortgut, seine Häufigkeit und Integration in der österreichischen und bundesdeutschen Pressesprache. = Bamberger Beiträge zur Englischen Sprachwissenschaft. Bd. 8. Frankfurt; Bern; Cirencester
Viereck, W. 1984. Britisches Englisch und Amerikanisches Englisch/Deutsch. In: Sprachgeschichte. Ein Handbuch zur Geschichte der deutschen Sprache und ihrer Erforschung. Hrsg. v. W. Besch; O. Reichmann u. St. Sonderegger. Erster Halbband. Berlin; New York, 938–948
Voßler, K. 1946. Volkssprachen und Weltsprachen. München
Wahrig, G. 1973. Anleitung zur grammatisch-semantischen Beschreibung lexikalischer Einheiten. Tübingen 1973
Weinreich, U. 1970. Erkundungen zur Theorie der Semantik. Ins Deutsche übertr. v. L. Lipka. Tübingen
Weisgerber, L. 1927. Die Bedeutungslehre – ein Irrweg der Sprachwissenschaft? In: German.-Roman. Monatsschrift. H. 5/6, 161ff.
Wellander, E. 1917, 1923, 1928. Studien zum Bedeutungswandel im Deutschen. Teil 1–3. Uppsala 1917–1928 = Uppsala Universitets Årsskrift
Wichter, S. 1986. Sprache, Sprachen, Zeichenbegriff. In: Sprachtheorie. Jahrbuch 1986 des Instituts für deutsche Sprache. Hrsg. v. R. Wimmer, 237–255. Düsseldorf
Wichter, S. 1988. Signifikantgleiche Zeichen. Untersuchungen zu den Problembereichen Polysemie, Homonymie und Vagheit auf der Basis eines kommunikativen Zeichenbegriffs am Beispiel deutscher Substantive, Adjektive und Verben. Tübingen
Wiegand, H. E. 1970. Synchronische Onomasiologie und Semasiologie. Kombinierte Methoden zur Strukturierung der Lexik. In: Germanistische Linguistik. H. 3, 243–384
Wiegand, H. E. 1988. Was ist Fachlexikographie? Mit Hinweisen zum Verhältnis von sprachlichem und enzyklopädischem Wissen. In: Deutscher Wortschatz, 729–790
Wiegand, H. E. 1989. Der gegenwärtige Status der Lexikographie und ihr Verhältnis zu anderen Disziplinen. In: Wörterbücher, 246–280
Wiegand, H. E. 1989. Die lexikographische Definition im allgemeinen einsprachigen Wörterbuch. In: Wörterbücher, 530–588
Wiese, I. 1984. Fachsprache der Medizin. Eine linguistische Analyse. Leipzig
Wiese, J. 1987. Berliner Wörter & Wendungen. Berlin
Wiesinger, P. 1980. Zum Wortschatz im „Österreichischen Wörterbuch". In: Österreich in Geschichte und Literatur. 24, 367–397
Wiesinger, P. (Hrsg.) 1980. Sprache und Name in Österreich. Festschrift für Walter Steinhauser zum 95. Geburtstag. (= Schriften zur deutschen Sprache in Österreich 6) Wien
Wiesinger, P. 1983. Sprachschichten und Sprachgebrauch in Österreich. In: Zeitschrift für Germanistik 2, 184–195
Willkomm, H.-D. 1986. Die Weidmannssprache. Begriffe, Wendungen und Bedeutungswandel des weidmännischen Sprachgutes. Berlin
Wilske, L. 1978. Bemerkungen zur Feldtheorie in der sowjetischen Linguistik. In: ZPSK. Bd. 31. H. 5, 501–505
Wilske, L. 1979. Zur Anwendbarkeit des Feldbegriffs in der funktionalen Sprachbetrachtung. In: LS/ZISW/A 62/III, 50–58. Berlin
Wimmer, R. 1979. Referenzsemantik. Untersuchungen zur Festlegung von Bezeichnungsfunktionen sprachlicher Ausdrücke am Beispiel des Deutschen. Tübingen

Windisch, R. 1988. Voraussagbarkeit des Sprachwandels. In: Harald Thun (Hrsg.): Energeia und Ergon. Bd. II. Das sprachtheoretische Denken Eugenio Coserius in der Diskussion, 109–120. Tübingen
Wittgenstein, L. 1967. Philosophische Untersuchungen. Frankfurt (Main)
Wolf, D. 1991. Zur Vagheit in der Entwicklung der Sprachzeichendeutung. In: Diachrone Semantik und Pragmatik, 101–115. Tübingen
Wolski, W. 1980. Schlechtbestimmtheit und Vagheit – Tendenzen und Perspektiven. Methodologische Untersuchungen zur Semantik. Tübingen
Wolski, W. 1989. Die Synonymie im allgemeinen einsprachigen Wörterbuch. In: Wörterbücher, 614–628
Wolski, W. 1989. Partikeln im Wörterbuch: Verständlichkeit von Artikeltexten und Verständigung über Partikelbedeutungen. In: Wörterbücher in der Diskussion, 279–293
Wörterbücher; Dictionaries; Dictionnaires. 1989; 1990. Ein internationales Handbuch zur Lexikographie. Hrsg. von F. J. Hausmann; O. Reichmann; H. E. Wiegand; L. Zgusta. 1. Teilband 1989; 2. Teilband 1990. Berlin; New York (Wörterbücher)
Wörterbücher in der Diskussion. 1989. Vorträge aus dem Heidelberger Lexikographischen Kolloquium, hrsg. v. H. E. Wiegand. Tübingen = Lexikographica Series Maior
Wortschatz der deutschen Sprache in der DDR. Fragen seines Aufbaus und seiner Verwendungsweise. ²1988. Von einem Autorenkollektiv unter d. Leitung v. W. Fleischer. Leipzig
Wotjak, G. 1970. Zur Struktur deutscher Verben des Besitzes und Besitzwechsels. In: LAB 3, 58–72
Wotjak, G. 1971; ²1977. Untersuchungen zur Struktur der Bedeutung. Ein Beitrag zu Gegenstand und Methode der modernen Bedeutungsforschung unter Berücksichtigung der semantischen Konstituentenanalyse. Berlin
Wotjak, G. 1986. Zu den Interrelationen von Bedeutung, Mitteilungsgehalt, kommunikativem Sinn und kommunikativem Wert. In: Übersetzungswissenschaftliche Beiträge: Bedeutung und Translation. Hrsg. v. G. Jäger; A. Neubert. 9, 67–127
Wotjak, G. 1987. Bedeutung und Wissenskonfiguration – Eine Quadratur des Kreises oder wie löst man den Gordischen Knoten? In: Zeitschrift für Germanistik, H. 6, 698–708
Wotjak, G. 1989. Bedeutung und Wissenskonfiguration – ein Vorschlag zur Güte. In: Zeitschrift für Germanistik. H. 4, 459–470
Wunderlich, D. 1976. Studien zur Sprechakttheorie. Frankfurt (Main)
Wundt, W. 1900; ³1911. Völkerpsychologie. Eine Untersuchung der Entwicklungsgesetze von Sprache, Mythus und Sitte. Bd. 1: Die Sprache. 2 Teile. Leipzig
Wurzel, W. U. 1984. Flexionsmorphologie und Natürlichkeit. Ein Beitrag zur morphologischen Theorienbildung. = Studia grammatica XXI. Berlin
Wurzel, W. U. 1984. Zur Dialektik im Sprachsystem: Widerspruch – Motiviertheit – Sprachveränderung. In: DaF, 202–211
Wurzel, W. U. 1988. Zur Erklärbarkeit sprachlichen Wandels. In: ZPSK. Bd. 41. H. 4, 488–510. Berlin
Wüster, E. 1979. Einführung in die allgemeine Terminologie und terminologische Lexikologie. Hrsg. v. L. Bauer. 2 Bde. Wien; New York
Wustmann, G. 1911. Allerhand Sprachdummheiten. Kleine deutsche Grammatik des Zweifelhaften, des Falschen und des Häßlichen. Straßburg
Xuefu, Dou. 1989. Neologismus und Neologismenwörterbuch. In: Wörterbücher in der Diskussion. Vorträge aus dem Heidelberger Lexikographischen Kolloquium, hrsg. von H. E. Wiegand, 39–75
Zeichen und System der Sprache. 1961. 1962. Veröffentlichungen des I. Internationalen Symposions „Zeichen und System der Sprache" vom 28.9. bis 2.10.1959 in Erfurt. Berlin 1961 (1. Bd.), Berlin 1962 (2. Bd.)
Zeichen und System der Sprache. 1966. Veröffentlichung des II. Internationalen Symposions „Zeichen und System der Sprache" vom 8.9. bis 15.9.1964 in Magdeburg. Bd. 3. Berlin

Zinder, L. R.; Stroeva, T. V. 1975. Sovremennyj nemeckij jazyk. Moskva
Žirmunskij, V. M. 1960. O sootnošenii sinchronnogo analiza i istoričeskogo izučenija jazykov. Moskva
Zur Theorie der Wortbildung im Deutschen. Dem Wirken Wolfgang Fleischers gewidmet. 1988. = Sitzungsberichte der Akademie der Wissenschaften der DDR. Gesellschaftswissenschaften 4/G. Berlin
Zvegincev, V. A. 1957. Semasiologija. Moskva

Da er erst während der Drucklegung erschienen ist, konnte folgender Titel für den Text nicht mehr berücksichtigt werden:

Fleischer, W.; Barz I. 1992. Wortbildung der deutschen Gegenwartssprache. Tübingen = Reihe Germanistische Linguistik 44

Sachregister

Abbild 1, 125, 129–130, 132, 171, 196
Ablaut 83
Abstrakta 3, 7, 262
Adjektiv
  Komparation des 8
  wertendes 139
Äquivalenzbeziehung 91, 186, 206–207
Affigierung 115
Affix 42, 108, 113, 115, 119, 264–265
Affixoid 64, 84, 115–116, 246
Aktionsarten 46, 200
  egressive 46
  ingressive 46
Akzent 3
Allgemeine Semantik s. General Semantics
Allomorph 75, 83, 94
Allosemem 83–84
Alltagsbegriff 145–146, 151–152
Alltagslexik 233, 257
Alltagssprache 12, 52, 192, 214, 257
Analogie 120, 163, 166, 249, 254
Analytische vs. holistische Bedeutungsauffassung 170–174, 181, 186–187
Anrede 73, 140, 249
Antonym, Antonymie, antonymisch 37, 51, 61–62, 69, 111–112, 179, 193–194, 203, 214–215, 217–218
Appell, Appellfunktion 72–73, 136
Appellativa 62–65
arbiträr 77, 79, 99
archaisch, Archaismus 34, 45, 52, 78, 101, 157, 197, 241, 243, 248–250
Archaisierung 247–248
Archilexem 204, 211, 219
Archisemem 204
Argot 237
Assoziation, assoziativ 68–71, 140, 148, 163, 236, 251
Assoziationsmodell 68, 190
Assoziationstest s. Methoden
Ausdruck 2, 72–73, 136
Autosemantika u. Synsemantika 90, 93, 152
autosemantisch u. synsemantisch 92, 152

Basisdialekt 14
Basismorphem s. Morphem
Bedeutung 20, 24, 33, 39, 41, 50–51, 67, 77–78, 80, 86–88, 121–152, 163, 196
  aktuelle 75, 133, 135, 167
  assoziative 69
  Beziehungs- 89
  denotative 8, 42, 63, 125, 127, 133, 135, 144–146, 152–153, 155, 157, 159, 177, 195, 197, 201, 211, 254
  extensionale 174
  grammatische 89, 133, 152
  Grund- 168
  habituelle 133
  intensionale 133, 174
  konnotative 126, 133, 135, 152, 154–155, 159, 201, 254
  lexikalische 7–8, 121–136, 144–148, 152, 156
  potentielle u. aktuelle 134–135, 160, 179
  präsuppositionale 133
  referentielle 125, 127, 136, 179, 194
  relationelle 126, 128, 156
  signifikative 127
  usuelle u. okkasionelle 133
Bedeutungsbeziehungen, auch semantische Relationen, 26, 39, 51, 59, 61–62, 69–70, 110, 112–113, 125, 162, 174, 180–181, 185–186, 188, 193, 196–197, 219, 223
  hierarchische 6, 69, 114, 186, 190, 193, 204
Bedeutungsdifferenzierung 145, 162, 264, 267
Bedeutungsentlehnung 166, 243–244, 262, 266
Bedeutungsextension 137, 162, 165, 192, 204
Bedeutungsfunktion 223
Bedeutungsidentität 178, 180, 223
Bedeutungsintension 137, 144, 204
Bedeutungsisolierung s. Idiomatisierung
Bedeutungskonzeptionen (-theorien) 121–125, 170

297

behavioristische 66, 122–123
handlungstheoretische (gebrauchs-) 123–125
relationelle 126–129
zeichentheoretische 125–126
Bedeutungslehre s. Semasiologie
Bedeutungsstruktur 58, 67, 167–168, 211
Bedeutungsverwandtschaft 58
Bedeutungswandel u. -entwicklung 24, 26, 47, 65, 108, 139–141, 230, 241, 246, 250–261, 263
Ursachen und Triebkräfte 26, 65, 250–261
Bedeutungswissen, gegenstandskonstitutives 150, 153
Begriff 19–20, 33, 59, 67–68, 75, 96, 125, 127–129, 137–138, 144–152, 154, 171, 188–189, 257
Begriffssysteme 59, 96, 139
Behaviorismus, behavioristisch 65, 72, 122–124
Benennung 1, 7, 31, 33–34, 39–40, 47, 49, 77–78, 86–87, 96–98, 103, 136–139, 151, 187, 246
numerische 234
Benennungsfunktion (Nennfunktion) 4, 18, 72–73, 98, 202, 219, 223
Benennungsmotiv 32, 40–42, 45, 63, 96–97, 100–106, 138–141, 209, 257
Berufsbenennung 63
Berufsjargonismus s. Fachjargonismus
Berufssprachen 11, 228–229
Bezeichnung 31–34, 37–38
Bezeichnungsexotismus 266–267
Bezeichnungskette 37
Bezeichnungsübertragung 101, 256, 259–260
Beziehung, semantische s. Bedeutungsbeziehung
Bilateralität 27, 74, 79
Binnendeutsch 10–11

Darstellung 2, 30, 72, 136
Definition 205, 233
Demotivierung 47, 100–101, 106–107, 109–110, 120, 256
Denken und Sprache 18–20, 66–67, 121
Denotat, denotativ 7, 41, 61, 77, 125, 144, 148, 152–153, 156–158, 162, 172, 174, 202, 207, 209, 248, 256
Designat 127
Derivation 43, 83, 111, 114–115, 117, 119, 196
dephraseologische 49
explizite 117
implizite 83, 114, 117

Desemantisierung 119–120
Determination der Bedeutung 70, 136–141
Determinativkompositum s. Kompositum
Diachronie 5, 27
diachronisch u. synchronisch 39, 46, 56, 74, 118–119, 159, 186
Dialekt 10, 13–14, 16
Dialektwort 86, 207
Dialektologie 13, 26, 53
Differenzierung im Wortschatz 192
berufliche 191, 228, 232–233
regionale 173
soziale 191, 237–239
Diglossie 16
Distribution 82, 84, 113, 122–123, 144, 161, 173, 178, 212, 241, 250
Distributionsanalyse s. Methoden
Dublette, dialektale (landschaftliche) 12–13, 207

Ebene
graphemische 93
lexikalische 87
morphematische 93
morphologische 87
phonemische–phonologische 87, 93
phonetische 87
semantische 93
stilistische 87
syntaktische 87, 93
Eigennamen 43, 62–65, 73, 79, 235, 247, 263
Eindeutschung (Verdeutschung) 213, 241, 263–265
Einheit
grammatische 93
graphemische 91, 93
lexisch–semantische 93
phonemische 91, 93
Ellipse 166
Entlehnungen 11, 42, 44, 78, 105, 107, 233, 259–266
direkte 263
indirekte 263
literarische 261
Teil- 266
Entterminologisierung 230, 232, 235, 243
Erstbenennung 47, 105, 246
Etymologie, etymologisch 23–25, 27, 29, 40–45, 57, 169
Etymon 40–41
Euphemismus, euphemistisch 52, 86, 103, 148, 213, 236, 241, 249, 255, 258, 267

Existenzformen d. Sprache 11–12, 51, 174
Existenzweisen, kommunikative 12
Expansion 115
Expressivität, expressiv 148, 212, 230

Fachjargonismus 233, 236–237
Fachlexikographie 150, 235, 239
Fachsprache, fachsprachlich 2, 11, 52, 54, 158, 229–232, 236, 253
  Schichtung 232
Fachwort 54–55, 86, 152, 214, 231–232, 234–235, 256, 259, 267,
Fachwortschatz 228–236
„falsche Freunde" 265–266
Falsch- u. Scheinentlehnungen 268–269
Familienähnlichkeit 172
Farbadjektive 85, 172, 187, 203, 247
Fehletymologie s. Volksetymologie
Felder 38, 218–220, 224, 255
  assoziative 24, 102
  der Aufforderung 37
  Bedeutungs- 225
  Begriffs- 219, 225
  Bezeichnungs- 219
  funktional–kommunikative 9, 36, 219
  funktional–semantische 9, 36, 219, 225–226
  der Graduierung 226
  der Kausalität 36, 226
  der Modalität 36, 226
  onomasiologische 104, 219
  parataktische u. syntaktische 218, 221
  semantische 61, 218–219
  der Temporalität 9, 36, 226
  Wortfelder 27, 98, 204, 219, 223, 225
Feldtheorien 218
Formativ 3, 41–42, 62, 74–84, 88, 92, 94–95, 99, 125–129, 131–132, 139, 141, 144, 148, 151, 155–156, 160, 164, 168, 186, 250, 259
Formativvariante s. Allomorph
Formel, kommunikative 4, 50, 73, 79, 90, 95, 152, 159
Frame 35, 104, 256
Fremdaffix 83, 217, 234
Fremdes Wortgut s. Entlehnungen
Fremdwort 15, 45, 54, 213, 236, 241, 261–267
Fügungswert 59, 78, 197–198
Fugenelement 80, 84–85, 118
Funktionsverbgefüge 3, 48, 50
Funktionswörter 4, 17, 73, 89–91, 93, 152, 173
fuzzy-Logik 142

Gebrauch, elliptischer 166
Gebrauchspräferenzen 52, 158, 176
Gebrauchsrestriktionen 52, 158, 176, 195, 212
Gebrauchstheorien 123–125
Gedächtnis 67, 186, 188
Gefühlswert 24, 145–148, 153, 200, 232, 254, 267
Gemeinsprache 154, 214, 230, 233–236, 238, 259
General Semantics 21, 103
Generalisierung 25
Genus der Substantive 7, 169, 264–265
Genus verbi 8
Geschehenstyp 35, 62, 187–189, 198
Gesprächssteuerungsformel 50
Grammatik, grammatisch 3, 6–9, 22, 24–25, 30, 46, 53, 59, 62, 75, 80–85, 90, 93, 108, 116, 118, 168–170, 176, 197, 206, 226, 265
Grammatik, generative 6, 30, 47, 53, 75, 80, 108–109
Grammatik, historische 118
Grammatikmodell 6
Grammatiktheorien 4, 6, 30, 46
graphemisch 91, 93
Grundsynonym 212
Grundwortschatz 59
Gruppenjargon 237
Gruppenwortschätze 11, 14, 57, 228, 237–239
  der Berufe 228, 237–238
  der Familie 237
  der Freizeitgruppen 228
  der Jugend 237–238
  der Schüler und Studenten 238
Grußformeln 73, 90, 249

Halbaffix 64, 84, 108, 115–116, 119, 227
Halbterminus 229, 232
Handlungstheorien 123–125
Handwerkersprache 233, 237
Haupt- und Nebenbedeutung 167–168
Hecken, Heckenausdrücke, hedges 142–143, 172
  depräzisierende 143
  modifizierende 143
  präzisierende 143
  quantifizierende 143
Helvetismen 16–17
Herkunftsadjektive 8
Heteronym, Heteronymie 12–13, 15, 207
  diatopische 13
  diastratische 13

Heterosem 13
Hintergrundwissen, soziokulturelles 6, 40, 102, 112, 142, 153, 176–177, 191
Historismus 241, 248–249
Historiolekt 11
Hochsprache 14
Homoinym 212
Homonym, Homonymie 58, 81, 84–85, 92, 116, 119, 142, 163, 168, 170, 222
Hybride Bildungen 264
Hyperonym, Hyperonymie, hyperonymisch 51, 61–62, 111, 165, 179, 193, 195, 203–204, 207, 211, 218, 221
Hyponym, Hyponymie 61–62, 195, 202–204, 207, 211, 218, 221, 224

Identitätsbeziehung 174, 184–185, 206–207
Idiolekt 190
Idiomatisierung 46–47, 100–101, 104–107, 110–112, 120, 209, 224
  Stufen der 105
Idiom, Idiomatik 50
Idiomatizität 47–48, 88, 108, 112, 141, 180
Indizfunktion 2, 14, 249–250
Initialwort 117
Inklusionsbeziehung 204
Inkompatibilität, inkompatibel 176, 181, 194, 199–201
Interjektion 73
Internationalismus 233, 243, 262, 265–267
Ironie 201, 259
Isotopie 194

Jargon, Jargonismus 52, 158, 237
Jugendsprache 52, 158, 237
Junggrammatische Schule 26, 40, 65

„Kanten" u. „Knoten" semantischer Netze 36, 186–188
Kasusrollen, semantische 9, 116
Kategorien, morphologische 2, 7
Kernkonzept 35, 61
Kernwort 196, 222
Ketten, nominative 37–38, 194–195
KI–Forschung 5, 28, 30, 187, 190
Kindersprache 52, 107
Kinderwort 86, 88, 107, 115
Klammerwort 117
Kognitionspsychologie, kognitive Psychologie 28, 35, 70, 122, 124, 151
Kohyponyme 195, 203, 218
Kollektiva 7, 187, 203, 205

Genus- 205–206
Gruppen- 205
Kollokation, kollokationell 61
Kollokationstest s. Methoden
Kommunikationsabsicht 193, 252
-aufgaben 237
-bedürfnisse 63, 78, 104, 237, 252
-gegenstand 237, 252
-gemeinschaft 88, 190
-situation 74, 86, 88, 132, 150, 158, 176, 237
Komparation, komparierbar 8, 169
Kompatibilität, kompatibel 59, 174–176, 178, 180–181, 194, 198–199
Komplementarität, komplementär 69, 190, 193, 214–216
Komponente
  phonologische 76, 170, 181
  semantische 76, 181, 183
  syntaktische 76
Komposition 43, 84, 108, 115, 117–118
Kompositum 80, 82, 111–112, 115, 118–119, 147, 196, 243
  Determinativ- 3, 82, 111, 117, 243
  verdunkeltes 119
Kongruenz, semantische 199
Konjunktion 89–90, 152, 173
Konnotation, konnotativ 51–52, 59, 86, 126, 146, 155–160, 177, 179–180, 189, 196–197, 202, 207–208, 210–212, 231, 254–255, 266–267
Konstituente (UK) 114–115, 118
Konstituentenanalyse s. Methoden
Kontext, kontextuell 75, 82, 86, 88, 112, 130, 132, 135, 142, 148, 160, 176–179, 185, 208, 241
  außersprachlicher 176
  Makro-, Mikro- 176
  situativer 176
  soziokultureller 153, 193
  synonymischer 209
Konturenwissen s. Wissen
Konversheit, Konversivität 214, 216
Konversion 107, 116–117, 169
Konzept
  analytisches 58, 70, 170–172, 182, 186
  holistisches 58, 71, 170–173, 187
Konzept, konzeptuell 36, 38, 68, 70, 104, 165
Konzeptfamilie 165
Konzeptverschiebung 165–166, 256
Kopfwort 117
Kosewort 257

Kotext 75, 88, 132, 133, 135, 142, 160, 176–177
Kulturkontext 177
Kundgabe 2
Künstliche Intelligenz s. KI–Forschung
Kurzwortbildung 65, 108, 111, 117, 213, 234, 243, 245

„Landkarte und Gelände" 21
Langue u. Parole 75, 113, 134–135, 161, 167, 182
Lautbedeutsamkeit 100
Leerstellen der Verben 8
  semantische 161, 170, 198–199
Leerstellentest s. Methoden
Lehnbedeutung s. Bedeutungsentlehnung
Lehnbildung 262–263, 265, 268
Lehnübersetzung 243–244, 262, 266, 268
Lehnübertragung 262, 266, 268
Lehnwort 261–264
Lehnwortbildung 261
Leitsynonym s. Grundsynonym
Leitwörter 13, 15
Lexem 2–4, 7, 33, 47–48, 51, 79, 95, 108, 111, 144, 152, 193
Lexik s. Wortschatz
Lexikalisierung 46–47, 50, 100, 104, 107, 109–110, 112, 120, 209
Lexikalität 47–48, 108
Lexikographie 22–23, 50, 52–63, 92, 132, 149, 150, 168, 173, 187
Lexikologie 45, 53–63, 206
  allgemeine u. spezielle 5
  Gegenstand der 1–5, 29, 46, 53
  Geschichte der 18–28, 28–31, 32–33, 37, 46, 54–56
  historische 5, 29, 118
  Konzepte der 28–31
  strukturelle 30
Lexikologie
  und Lexikographie 53–62
  und Philosophie 18–22
  und Psychologie 24, 65–71
Lexikon 1–4, 6–7, 18, 30, 46–47, 50, 67, 76, 108–109
Literatursprache 11–14, 16, 196, 207
Lückentest s. Methoden

Manipulation 21
Markierung, stilistische 51–52, 195
Makrostruktur s. Struktur
Mediostruktur s. Struktur

Mehrdeutigkeit, reguläre 162–165, 169–170
Merkmalanalyse 58, 70, 149, 170–174, 186
Merkmale, semantische 70, 130–131, 170–175, 180–181, 183–184, 186, 203
Merkmalsmodelle 68, 70
Metalexikographie 53, 55
Metapher, metaphorisch 8, 24, 32, 51, 64, 75, 98, 101, 104, 112, 130, 148, 163, 165, 169–170, 176, 201, 211, 214, 233, 235–236, 241, 252, 256, 260
  indirekte 201–202
  poetische 201
Methoden 110
  Assoziationstest 69, 167, 190
  distinktive Opposition 82, 112, 181, 183, 185, 219
  Distributionsanalyse 113, 123, 178
  historisch–vergleichende 41–42, 44
  Kollokationstest 178
  Konstituentenanalyse 114
  Lückentest 208 ·
  Lückentext 208
  Merkmalsanalyse 58, 70, 149, 170–174, 181, 186
  Paraphrasierung 112
  Permutation 123
  Substitution 113, 123, 179, 208
  Transformation 109, 112–113, 139, 180
Metonymie, metonymisch 24, 51, 64, 98, 101, 104, 141, 163–165, 233, 245, 253, 256–257, 260
Mikrostruktur s. Struktur
Modalwort 142
Modell, strukturell–semantisches 113, 117–118
Modewort 148, 240–241
Monem 80
Monosemie 60, 221
Monosemierung 221, 223
Morph 83–85, 94–95
Morph, leeres 83–85, 118
Morphem 1–2, 41, 56, 79–85, 97, 100, 114–116, 243, 261, 263, 266
  additives 83, 85
  Basis- (Grund-) 3, 42, 81–85, 96, 100, 262
  Derivations- 42
  diskontinuierliches 83, 85
  freies u. gebundenes 81–85, 105, 111, 114, 116
  grammatisches 80–85, 118
  implizites 85
  replacives 83
  unikales 82, 85, 119

Wortbildungs- 42, 46, 81–85, 111, 262
Wurzel- 44
Morphematik, morphematisch 45, 91, 261
Morpheminventar 80, 107
Morphemvariante 83
Morphologie, morphologisch 6–7, 45–46, 79, 170
Morphosyntax, morphosyntaktisch 6, 197, 206
Morphvariante s. Allomorph
Motivation 32, 45, 47, 64, 96–104, 246–247, 254
  etymologische 41
  figurative 98, 101–102, 104–105
  morphematische 97, 100
  phonetisch–phonemische 97, 99
  semantische 98, 101
  situative 98
  Zeichenfeldmotivation 98
Motivationstyp 97–98, 104
Motivbedeutung 42, 97, 100, 103, 112, 180, 208–209, 212, 257
Motiviertheit 101
Movierung der Feminina 191
Multiheterosemie 222
Multilateralität 74, 79
Multisemie 222
Mundart 11–16, 51, 54–55, 191, 207, 249, 258
Mundartlexikographie 14, 55

Name (i. Sinne von Eigenname) s. dort
Name 127
Nebensinn 140, 146, 209, 212, 267
Neologismus, 107, 241, 243–247
Neosemantismus 244–246
Netz, semantisches 35–36, 70, 75, 98, 185–187, 189, 198, 222, 224–225, 253
Netzwerkmodelle 28, 68, 70–71, 187, 190
Neubenennung 259
Neubildung 98, 107, 243–244, 263
Neuentlehnung 245
Neuformativ 244–245
Neumotivierung 45, 213
Neusemantismus 244
Neusememe 245
Neuwort 243–246
Nischen 27, 111
Noem 129, 182
Noematik 182
Noematikon 182
Nomenklatur 229, 232, 235
Nomina actionis 43, 110–111, 170, 203

Nomina agentis 46
Nomina qualitatis 7, 110, 119, 170, 203
Nomination 31, 37–38, 47, 75, 87, 137, 219
Nominationstheorie 31, 37, 47, 49
Norm 74, 134, 160, 198, 240–241, 258

Okkasionalismus, okkasionell 10, 78, 95, 107, 115, 244, 256
Onomasiologie, onomasiologisch 25–26, 29, 31–34, 37–39, 57–59, 162, 174–175, 180, 192, 246
Onomastik 62–65, 263
Onomatopoetika, onomatopoetisch 99
Opposition, distinktive s. Methoden
Organon–Modell 72–73, 136, 210
orthoepisch 94
Orthographie, orthographisch 10, 79, 91, 94, 169, 248–249, 261

Paradigma
  komplexes 222
  lexisch–semantisches 203, 260
Paradigmatik, paradigmatisch 27, 61, 69–70, 88, 91, 112, 185, 190, 196–197, 202–203, 212, 218, 220–221, 223, 225, 252
Paradoxie 106
Paralexem s. Phraseologismus
Paraphrase 112, 139, 161, 185, 210–211
Paraphrasierung 59, 112, 194
Partikel 4, 73, 88, 91, 142, 152
Performativa 203
Permutation 123
Peripherie u. Zentrum 11, 48, 78, 81, 92, 113, 170, 211, 226, 240
Philosophie und Sprachwissenschaft 18–22
Phonem, phonematisch 80, 91, 93, 99, 261
Phonetik, phonetisch 88
Phonologie, phonologisch 7, 94
Phraseologie, phraseologisch 29–30, 47–50, 79
  historische 50
Phraseologismus 37, 47–50, 56, 79, 92, 95–96, 119
Phraseoschablone 227
Pluralbildung 7, 92, 169
Polarität 185–186, 214, 216–217
Polyheterosemie 60
Polysemie, polysem 58–60, 83–84, 92, 142–144, 162–167, 184, 214, 222, 230–231
  Ursachen der 165–168
Präfigierung 114–115, 117, 196, 216–217
Präfix 82–83, 111, 113, 147, 216
Präfixbildung 43, 111, 115

Präposition 89, 91, 152, 173, 216
Präsupposition, präsuppositiv 6, 154, 176, 189, 199, 201, 216
Pragmatik, pragmatisch 6, 20, 50, 96, 125–126, 131–133, 201, 231
Prestigewörter 267
Primärbegriff 224–225
Professionalismen 228–229
Pronomen 73, 152
Prototyp, prototypisch 28, 39, 68, 71, 131, 144, 172–173, 187
Prototypentheorie 28, 39, 68, 71, 142, 172, 252
Pseudoetymologie s. Volksetymologie
Psycholinguistik, psycholinguistisch 5, 35, 66–71, 122, 167, 188, 190
Psychologie und Sprachwissenschaft 24, 28, 61, 65–71, 121, 151, 190
Psychologie, psychologisch 24, 28, 65–71, 121, 129, 137, 150–151, 155, 171–172, 186–188, 224, 251, 258

Quasiterminus 229, 232, 234, 236

Redekontext 177
Redesituation 177
Referent 125–126
Referenz 75, 125–126
Referenzbedeutung, referentielle Bedeutung 125, 179
Referenzidentität, referenzidentisch 179
Referenzmodelle 68
Regel
  Abwandlungs- 2
  Gebrauchs- 1–2, 86, 133, 191
  Redundanz- 3, 205
  Zuordnungs- 77
Regelsystem 124
Reihen
  nominative 174
  thematische 31–32, 34–35, 38, 174, 202
Relation, semantische s. Bedeutungsbeziehungen
Relationssemantik 156
Remotivation 106
Reproduzierbarkeit 47–48, 78
Rotwelsch 237
Routineformel 50
Rückentlehnung 42, 263, 268

Sachgruppen 31–33, 58, 202
salopp 51–52, 157, 237

Schimpf- und Scheltwörter 86, 88, 148, 159, 164, 257
Schlagwort 192, 232, 247
Schriftsprache 16–17
Sem 129, 182–186, 199, 207, 221
Semanalyse 70, 182
Semantik, semantisch 20–21, 45, 50–51, 62, 64, 121, 125, 132–133, 201
  Semantic marker 183–184
  strukturelle 20–21, 64, 172, 183–184, 219
Semasioloie, semasiologisch 24, 26, 29, 31, 33–35, 38–39, 57–59
Semem 38, 60, 77, 92, 135–136, 138, 144, 160, 163–170, 185, 204, 221, 253, 266
Sememstruktur 60, 160–161, 178
Sememvariante 161
Seminventar 183
Semiotik 20, 125
Semtyp 183
Semtypologie 183
Signal, Signalfunktion 73, 210, 219
Signifikant 74
Signifikat 74, 127
Silbe 80, 94
Sinn 86, 127–129, 134, 179
Situationskontext s. Kontext
Slang 232, 237
  Betriebs- 232
  Labor- 232
  Werkstatt- 232
Solidaritäten, lexikalische 200
Sonderwortschatz 11, 191, 229, 237–238, 241
Sortenbeschränkungen, semantische 200
Soziolekt 11
Soziolinguistik, soziolinguistisch 5–6, 125, 158, 173, 190–191, 193
Spezialisierung s. Generalisierung
Sprachakt 122
Sprachdidaktik 59
Spracherwerb 2, 68, 71, 123–124, 173
„Sprachfossilien" 248
Sprachgeschichte 50, 53
Sprachinhalt 129
Sprachkontakt 261
Sprachkunde 18, 29
Sprachökonomie 120, 213, 243, 248, 268
Sprachpädagogik 25, 59
Sprachpolitik, feministische 191
Sprachsoziologie 26, 121
Sprachsystem 74, 78, 126, 132–135, 141, 153
Sprachvergleich 166
Sprachwandel 24, 78, 100, 106, 120, 163, 242–243, 251

Sprechakt 31, 74, 177
 indirekter 51, 177
Sprechsilbe 80, 94–95
Spreizwörter 241
Standard s. Literatursprache
Standardisierung 192
Standessprachen 11, 233, 253
Stereotyp, stereotypisch 28, 48, 50, 68, 130, 172
Stil, stilistisch 47, 50–52, 59, 196
Stileffekt 195
Stilistik 5, 50–52, 206
Stilmittel 239, 249–250
Stilneutralität 195
Stilschichtmarkierung 51–52, 196
Stilwert 195
Struktur
 Medio- 58, 60–61, 144, 160, 162, 166–167, 178
 Mikro- 58, 60–61, 70
 Makro- 60–61
 Tiefen- 67, 109
Strukturalismus 123
Substitution s. Methoden
Suffigierung, Suffix 15–16, 82, 84, 108, 111, 113, 117–119, 142, 147, 216
Superonym 61
Symbol, Symbolfunktion 73, 126, 210, 219
Symptom 73, 210, 219
Synästhesie 100, 260
Synchronie s. Diachronie u. Synchronie
Synekdoché 24
Synhyponymie 222
Synonym 86, 111, 203, 206, 209–211, 234, 236, 246, 248–249, 258
 Grundsynonym 212
 Leitsynonym 211
Synonymgruppen 211–213
Synonymie, synonymisch 9, 37, 39, 51, 61–62, 69, 111–113, 179, 193, 206–207, 211–212, 231, 267
 absolute 206
 Grade 212
 Konstruktions- 109
 partielle 39, 212
 Ursachen der 213
Syntagma 45–46, 50, 111, 178, 183
Syntagmatik, syntagmatisch 27, 61–62, 69–70, 88, 113, 125, 185, 190, 194, 196–197, 201–203, 218, 220–221, 223, 225, 252
Syntax, syntaktisch 6, 9, 24, 45, 48, 50, 108–109, 118, 125, 203, 206

Syntax u. Lexikologie 6–9, 75, 79
System 126
 lexisch–semantisches 2, 110, 188, 190, 258
Systembedeutung 67, 134–136, 196

Tabu, Tabuisierung 103, 258
Tabuwort 103, 213, 258
Tautologie 118
Teilentlehnung s. Entlehnung
Teilsystem, lexikalisches 1, 4
Terminoid 237
Terminologie, terminologisch 154, 229–235, 253, 267
Terminologienormung 230, 232
Terminologisierung 105, 243
Terminus 52, 64, 78, 229–236, 256, 265
„tertium comparationis" 163
Text 29, 38–39, 47, 50, 52, 68, 75, 79, 91, 95, 102, 104, 176, 179, 183, 193, 201, 203, 211
 -bedeutung 38, 67, 135–136, 181, 196
 -erzeugung 67
 -gestaltung 50, 52
 -interpretation 52, 174
 -rezeption 67–68
 -sorte 195, 249–250
 -thema 195
 -zeichen 75
Textwort vs. Systemwort 50, 68, 75–77, 87–88, 91, 93
Tiefenkasus 9
Topik 181, 194
Transformation s. Methoden
Transposition 115–116
Trivialname 229

Umgangssprache, umgangssprachlich 10–14, 16, 51, 157–159, 191, 229, 232, 258
Umlaut 83
Unbestimmtheit, semantische 20, 142–145

Vagheit der Bedeutung 20, 142–143, 145, 172
Valenz 8, 185, 194
Valenz des Verbs 8
Valenz, semantische 69, 88, 113, 198–199
valeur s. Wert
Variabilität 62, 74, 141–144, 153, 187, 253, 260
Variante, lexisch–semantische 75, 116, 162, 169, 203, 207, 214, 217, 265
Variante, regionale 10–11, 191
Varietäten 11, 13, 78, 230, 241
Verben, sprachhandlungsbezeichnende 227

Verkehrsdialekt 14
Verkehrssprachen 10–11, 23
Verwandtschaftsbenennungen 202
Volksetymologie 44–45, 130
Vorstellung 129

Warenname 64–65, 229
Weidmannssprache 233
Werbesprache 104, 107, 267
Werkstattsprache 232
Wert 27, 231
Werterhöhung 255
Wertminderung 255
Wertung 21–22, 51, 140, 145, 147, 210, 214
Wertwörter 147, 214
Wissen 67–68, 73–76, 125, 130–132, 136, 141, 149–154, 188
   enzyklopädisches (Welt-) 4–5, 102, 149–150, 152
   Fachwissen 154
   Konturenwissen 75, 130–131, 142, 144
   lexikalisches 2, 4–5, 7, 52, 67–68, 71, 74, 143, 159, 186–187, 190
   Sachwissen vs. Sprachwissen 144, 149–154, 186
   semantisches 38, 62, 67, 170, 181, 183, 201, 252
Wissensrepräsentation 5, 68, 129, 188
Wissensspeicherung 67–68, 151, 224
Witterungsverben 8
„Wörter und Sachen" 25, 32–33
Wörterbücher 22–23, 25, 52–62, 149, 173–174, 178, 252
   All- 56
   Antonym- 58
   Bedeutungs- 55, 57, 155
   Begriffs- 59, 61
   etymologische 40, 43, 54–55
   Distributions- 170, 178
   Fach- 55
   Fremd- 55
   Häufigkeits- 57
   historische 56
   Individual- 57
   Komplex- 61, 161
   Mundart- 55
   onomasiologische 33, 57–58, 60, 174
   Sach- 56
   Synonym- 54–55, 58
   Übersetzungs- 54
   Valenz- 53, 57, 60, 170, 178
   Wortfeld- 58
Wörterbuchtypologie 53, 56–58

Wort 1–2, 4, 7, 18–20, 62, 66, 72–73, 78–95, 153, 251
   autosemantisches vs. synsemantisches 90, 93, 152
   System- vs. Textwort s. Textwort vs. Systemwort
Wortart 7, 45, 88, 115, 168, 170, 173, 217
Wortart u. Bedeutung 45
Wortartwechsel s. Konversion
Wortbedeutung 7, 27, 38–39, 42, 47, 50, 67–68, 100–101, 103, 121–154, 157, 159–160, 170–171
Wortbildung 6, 27, 29–30, 45–47, 97, 107–120, 147, 233–234, 243, 259
Wortbildungsanalyse 112
Wortbildungsart 114–118
Wortbildungsbedeutung 84, 112, 114, 147
Wortbildungskonstruktion 3, 45–47, 96, 100–101, 107–120, 147, 196, 216–217, 234
Wortbildungsmittel 56, 107, 110, 113, 115, 147, 217, 261
Wortbildungsmodell 15, 108, 110, 112–113, 243, 246
Wortbildungsnest 113, 196
Wortbildungsparadigma 3
Wortbildungstheorie 30, 45–47, 107–110
Wortbildungstyp 114–118
Wortdefinition 85–93
Wortexemplar 88, 91
Wortfamilie 42–44, 54, 196
Wortfeld s. Felder
Wortgebrauch 58, 77, 131, 157–159
Wortgeographie 12–13, 26
Wortgeschichte 18, 25–26, 40, 62
Wortgleichung 25, 41
Wortgruppe 48–49, 79, 86, 96, 111–112
Wortgruppe, feste 48, 95, 111, 207
Wortgut
   fremdes s. Entlehnungen
   landschaftlich gebundenes 45
   veraltetes s. Archaismus
Wortkunde 18
Wortmarke 137
„Wortmeteor" 241
Wortschatz 1–5, 6–7, 10–17, 18, 50, 69, 88, 188
   politischer 191–192
   Schichtung des 10–17, 50, 228
Wortschatzelemente 110
Wortschöpfung 107–108, 243
Wortsippe s. Wortfamilie
Wortsyntax 6
Wortverbindung 79

Zeichen, sprachliches 1, 20, 27, 59, 66, 72–80, 95, 122–129, 151, 183, 245
Zeichenarten 74–77, 79
Zeichenbegriff
  historisch–reflexiver 77
  kommunikativer 77
Zeichenbeziehung 20–21
Zeicheninventar 1, 4, 76, 78
Zeichenklasse 65
Zeichenkombination 78–79
Zeichenmodell 72, 125–128, 132
Zeichenrelation 72
Zeichensystem 74, 78
Zeichentheorie 23, 72, 125–129
Zusammenrückung 118
Zweige, etymologische 43
Zweitbenennungen 47, 246